Veröffentlichungen der Historischen Kommission
der Deutschen Gesellschaft für Erziehungswissenschaft
Band 5

Inhaltsverzeichnis

Vorwort 12

Zur Einführung 14

Robert F. Lawson
Die Politik der Umstände. Eine Kritik der Analysen des Bildungswandels im Nachkriegsdeutschland 23

1 Vorbemerkungen 23
2 Unterschiede innerhalb der Zonen 25
3 Berlin 27
4 Ost-Deutschland 29
5 West-Deutschland 33
6 Zusammenfassung 36
Literatur 38

Otto Schlander
Der Einfluß von John Dewey und Hans Morgenthau auf die Formulierung der Re-educationspolitik 40

1 Die Notwendigkeit der Umerziehung 40
2 Die Schule im Agrarstaat nach den Vorstellungen Morgenthaus   41
2.1 Der Morgenthau-Plan 41
2.2 Germany is our problem 42
2.3 Die Auswirkungen auf die frühe Phase der Re-education 43
3 John Dewey als einer der Väter der Re-education 45
3.1 John Deweys Kritik an Kant 45
3.2 Deweys Auseinandersetzung mit Fichte und Hegel 48
3.3 Die deutschen Schulen als Stätten der Vermittlung des Idealismus 49
4 Zusammenfassung 51

Jutta-B. Lange-Quassowski
Amerikanische Westintegrationspolitik, Re-education und deutsche Schulpolitik 53

1 Einleitung 53
2 Planungskonzepte und Richtlinien für die Besatzungspolitik . 54
3 Die Re-educationspolitik der Wiederaufbauamerikaner 60
Literatur 65

James F. Tent
Educations and Religious Affairs Branch, OMGUS und die
Entwicklung amerikanischer Bildungspolitik 1944 bis 1949 .. 68

1 Vorbemerkungen 68
2 Die Vorgeschichte der amerikanischen Re-educationspolitik ... 68
3 Politische Probleme und Grundzüge der Re-education in der
  Amerikanischen Zone 72
Quellen und Literatur 85

Henry Kellermann
Von Re-education zu Re-orientation. Das amerikanische Reorientierungsprogramm im Nachkriegsdeutschland 86

1 Einige grundsätzliche Betrachtungen 86
2 Die erste Phase: Potsdam, Kontrollrat und OMGUS 89
3 Die zweite Phase: Das Re-orientation-Programm des Office
  of the High Commissioner US, Germany (HICOG) 95
4 Fazit 99
Quellen und Literatur 101

Günter Pakschies
Re-education und die Vorbereitung der britischen Bildungspolitik in Deutschland während des Zweiten Weltkrieges 103

1 Vorbemerkung 103
2 Re-education als politisch-ideologische Perspektive der Westalliierten 103
3 Die Diskussion der Re-education in Großbritannien 1940–1945 106
4 Die Planung der Re-education und die bildungspolitischen Vorbereitungen der britischen Regierung 108
Literatur 113

Kurt Jürgensen
Zum Problem der „Political Re-education" 114

1 Zeitliche Abgrenzung des Themas 114
2 Britische Zuständigkeiten im Erziehungsbereich 115
3 Die Ziele der politischen Re-education 117

4 Die Problematik der „Political Re-education"	119
5 Die Methoden der „Political Re-education"	124
6 „Vorzeitige" Bilanz?	134
Literatur	138

Edith Siems Davies
Der britische Beitrag zum Wiederaufbau des deutschen Schulwesens von 1945 bis 1950 140

1 Vorbemerkung	140
2 Der Besuch des britischen Kultusministers	142
3 Notlehrgänge für Lehrer	142
4 Vorbereitungen zur Wiedereröffnung der Schulen	142
5 Die Zusammenarbeit mit den deutschen Erziehungsbehörden	143
6 Lehrerkurse	147
7 Die Teilnehmer der Lehrerkurse – eine Analyse	148
8 Der Schulfunk	149
9 Assistentenaustausch	149
10 Musikunterricht in der deutschen Schule	150
11 Erfahrungen in Berlin mit Schülern der Adolf-Hitler-Schule	151
12 Zusammenfassung	152

Kathleen Southwell Davis
Das Schulbuchwesen als Spiegel der Bildungspolitik von 1945 bis 1950 153

1 Das Problem	153
2 Erweiterte Kontakte	156
3 Auf der Suche nach gemeinsamen Kriterien	160
4 Zusammenfassung	164

Geoffrey Bird
Die Wiedereröffnung der Universität Göttingen 167

1 Vorbemerkung	167
2 Die Zulassung von Professoren und Studenten	167
3 Ansätze der kulturellen Zusammenarbeit zwischen Deutschland und Großbritannien	171

David Phillips
Britische Initiative zur Hochschulreform in Deutschland: Zur Vorgeschichte und Entstehung des „Gutachtens zur Hochschulreform" von 1948 172

1 Einleitung 172
2 Die britische Kontrollkommission und die Association of University Teachers (AUT) 172
3 Der deutsch-britische Studienausschuß für Hochschulreform . 179
4 Zusammenfassung 187
Literatur 188

René Cheval
Die Bildungspolitik in der Französischen Besatzungszone 190

1 Die Situation Frankreichs 1945 190
2 Die Träger der Bildungspolitik 192
3 Die Anfänge 194
4 Die Bewältigung der Vergangenheit 196

Jérôme Vaillant
Was tun mit Deutschland? Die französische Kulturpolitik im besetzten Deutschland von 1945 bis 1949 201

1 Thesen 201
2 Vorgeschichte 201
3 Die bildungspolitischen Ziele der Besatzungsmächte 204
4 Die Kulturpolitik in der Französischen Besatzungszone 205
4.1 Aspekte der Entnazifizierung 205
4.2 Die Schulpolitik 206
4.3 Die Hochschule 207
4.4 Die internationalen Jugendtreffen 207
4.5 Komitees und Zeitschriften 208
5 Zusammenfassung 209
Literatur 209

Rolf Winkeler
Das Scheitern einer Schulreform in der Besatzungszeit. Analyse der Ursachen am Beispiel der französisch besetzten Zone Württembergs und Hohenzollerns von 1945 bis 1949 211

1 Einleitung 211
2 Die Schulreformdiskussion von 1945 bis 1949: Themen und Verlauf 211

2.1 Schulpolitik und Schulverwaltung in einer Phase bildungspolitischer Improvisation (1945–1946) 211
2.2 Die schulpolitische Restauration 1946–1947 215
2.3 Die Konsolidierung der Schulpolitik 1947–1949 220
3 Schulreform und politische Strukturen 223
3.1 Schulpolitische Bilanz 223
3.2 Ursachen für das Scheitern einer Schulreform 224
Literatur 227

Christoph Kleßmann
Politische Rahmenbedingungen der Bildungspolitik in der SBZ/DDR 1945 bis 1952 229

1 Einleitung 230
2 Zur historischen Interpretation des volksdemokratischen Konzepts 230
3 Einige Charakteristika der SBZ/DDR als Volksdemokratie und ihre Relevanz für das Bildungswesen 233
3.1 Bodenreform 234
3.2 Die Verstaatlichung wichtiger Industriebetriebe 235
3.3 Die Absicherung der kommunistischen Machtstellung im Parteiensystem 237
3.4 Entnazifizierung 239
3.5 Der Zielkonflikt zwischen sozialistischer Transformation und nationaler Einheit 241
4 Resümee 242
Literatur 243

Jan Kuhnert
Die Berufsschule im Rahmen der Einheitsschule. Ein Kernproblem der Bildungspolitik in der SBZ 245

1 Vorbemerkung 245
2 Ein Konzept der Besatzungsmacht? 245
3 Ansätze einer neuen Konzeption 250
4 Berufsschule und Einheitsschule 251
5 Das Schulgesetz von 1946 253
6 Die Berufsschulreform 1948 260
7 Arbeitsteilung und Berufsausbildung (zusammenfassende Thesen) 262
Literatur 264

Herbert Stallmann
Die Anfänge des Arbeiter- und Bauernstudiums in der SBZ/
DDR... 268

1 Vorbemerkung 268
2 Die Begünstigungen von Arbeitern und Bauern durch die ersten Zulassungsordnungen für die Hochschule 268
3 Zum Begriff „Arbeiterstudium" 270
4 Der Leipziger „Vorschul"-Plan 271
5 „Begabtenprüfungen" und „Arbeiterfakultät" 272
6 „Vorstudienanstalten" 273
7 Die Umwandlung der Vorstudienanstalten in „Vorstudienabteilungen" und ihre Angliederung an die Universitäten und Hochschulen 274
8 Die Gründung der Arbeiter- und Bauern-Fakultäten (ABF) .. 275
Literatur 276

Helmut Engelbrecht
Die Eingriffe der Alliierten in das österreichische Schul-
und Erziehungswesen nach 1945........................... 278

1 Vorbemerkungen 278
1.1 Aufgabenstellung 278
1.2 Quellenlage 278
1.3 Die österreichische Situation nach 1945 280
1.4 Die Stellung der Alliierten zu Schulfragen 281
2 Ereignisse und Maßnahmen zwischen dem Einmarsch der Alliierten und dem Einsetzen vertraglich abgesicherter Besatzungspolitik 283
2.1 Die Beschlagnahmung von Schulgebäuden 283
2.2 Die Bildungspolitik des österreichischen Staatsamts für Volksaufklärung, für Unterricht und Erziehung und für Kultusangelegenheiten sowie der österreichischen Schulräte 284
2.3 Die Wiederaufnahme des Unterrichts mit Hilfe der Alliierten 285
3 Koordination der Maßnahmen und Eingriffe der Besatzungsmächte im Rahmen der „Allied Commission for Austria" 287
3.1 Das „Quadripartite Committee on Educational Affairs" 287
3.2 Die „Education Division" der amerikanischen Besatzungstruppen 289
3.3 Aktivitäten des „Erziehungsdirektoriums der Alliierten Kommission für Österreich" 290

4 Handlungsunwilligkeit und Diskrepanzen in den Alliierten
 Gremien 294
4.1 Vielfalt der Lehrpläne 294
4.2 Das fehlende Schulgesetz 296
5 Formen des Eingreifens 297
5.1 Interventionen 297
5.2 Informationen und Impulse 298
5.3 Persönliche Kontakte 301
5.4 Kritik und Wünsche 302
5.5 Hilfeleistungen 303
6 Ergebnisse und Folgen 304
Quellen und Literatur 306

Register (Personen- und Sachregister) 309

Verzeichnis der verwendeten Abkürzungen 325

Vorwort

Zeitgeschichtliche Fragestellungen in der Erziehungsgeschichte können zum Dialog zwischen Forschern und ehemals Beteiligten führen. Die Archive geben inzwischen nach Ablauf der Sperrfristen die nötige Substanz an Grundlagen und Fakten für die Forschung frei. Die kritische Interpretation des Materials kann sich somit der narrativen Geschichtsschreibung bedienen, um die Ereignisse und Abläufe zu erschließen.

Alle Beiträge dieses Bandes wurden auf einer Tagung der Historischen Kommission der Deutschen Gesellschaft für Erziehungswissenschaft zum Thema: „Bildungspolitik der vier Besatzungsmächte in Deutschland" vom 17. bis 20. September 1979 im „Zentrum für interdisziplinäre Forschung" der Universität Bielefeld vorgelegt, in vier Arbeitsgruppen zu den Besatzungszonen diskutiert und anschließend überarbeitet. Weitere Artikel, die an anderer Stelle veröffentlicht werden, ergänzen diesen Sammelband.[1] Allen Autoren ist dafür zu danken, daß sie die Umarbeitung bzw. oft mühevolle Übersetzung in kurzer Frist durchführten.

Die Tagung verdankt ihr Gelingen der Mitwirkung von Prof. Dr. Oskar Anweiler (Bochum), Dr. Arthur Hearnden (Oxford/London)[2],

---

[1] Die Beiträge zur amerikanischen Besatzungspolitik erscheinen in Heft 2/1981 der Zeitschrift „Bildung und Erziehung": R. Boehling, Das anti-deutsche Vorurteil in den USA und seine Wirkung auf die Nachkriegspolitik in der US-Zone 1943—1947; D. P. Huden, Gleichheit und Elitestreben in der Erziehungspolitik der Besatzungszeit; R. L. Merritt, Öffentliche Perspektiven zur amerikanischen Besatzungspolitik; Ch. D. Biebel, Erziehungs- und Kulturpolitik gegen Ende der Besatzung. (AT); T. Davies, Erfahrungen im Berliner Schulwesen 1946—1962; S. Wenisch, Das Schriftgut der „Education and Cultural Relations Division" des „Office of Military Government for Bavaria".

Weitere Artikel sind für das Heft 17/18 (1981/82) der „Informationen zur erziehungs- und bildungshistorischen Forschung" (IZEBF) vorgesehen: L. J. Anderson, German GER Guest's Impression of British Education 1947—1950; A. Beyerchen, Deutsche Naturwissenschaftler und Forschungseinrichtungen im Spannungsfeld der alliierten Besatzungspolitik; M. Halbritter, Ziele und Praxis britischer Schulreformpolitik in der britischen Zone von 1945 bis 1949; W. Hinrichs, Der neue Ansatz der deutschen Volksschulpädagogik und Lehrerbildung unter westlicher Besatzungspolitik 1945/60. (AT); G. Kloss, Hochschulgründungen in der französischen Besatzungszone; H. Messmer, Zur Interpretation der antifaschistisch-demokratischen Bildungsreform in der SBZ; B. Rang, Alliierte Schulpolitik in Groß-Berlin. (AT); F. Pöggeler, Zum Wiederaufbau der Jugendhilfe in Westdeutschland 1945 bis 1949. (AT); H. Röhrs, Friedenserziehung. (AT); S. M. Shafer, Amerikanische Ursprünge der „civic education"; G. Pakschies, Umerziehung in Deutschland nach dem Zweiten Weltkrieg. Ein Literaturbericht; D. Waterkamp (Bearb.), Auswahlbibliographie „Die Bildungspolitik der Sowjetunion in der sowjetisch besetzten Zone Deutschlands".

[2] Vgl.: A. Hearnden (Hrsg.), The British in Germany. London 1978.

Prof. Dr. Jurgen Herbst (Madison, Wisc.) und Jérôme Vaillant (Lille/ Köln) [3]. Hätten Vertreter der Sowjetunion und der DDR der Einladung folgen können, wären die Arbeitsgruppen ausschließlich von Wissenschaftlern der ehemaligen Siegermächte geleitet und von Vertretern aller Nachfolgestaaten besucht worden. Jede Besatzungsmacht betrieb Bildungspolitik nach ihrer eigenen Auffassung. Die jüngeren Teilnehmer der Tagung sollten die Gelegenheit bekommen, das zu *erfahren*.

Wenn Demokratie ein „praktischer Lebensstil" (vgl. Kellermann, S. 91) ist, dann wurde er in Bielefeld praktiziert. In den Arbeitsgruppen gab es viele, oft sehr kritische Fragen an die ehemaligen Mitglieder der Militärregierungen. Die Debatte der Augenzeugen untereinander, oft erstmals über die Grenzen der früheren Zonen hinweg geführt, ergänzte die Diskussion in den Arbeitsgruppen. Der Dialog ließe sich nun auf deutscher Seite mit den Frauen und Männern der ersten Stunde fortsetzen. Angesichts der so unterschiedlichen Entwicklungen in den Ländern der Bundesrepublik sind aber noch erhebliche Forschungsinvestitionen nötig, bis die Vorgeschichte des Bildungswesens der Bundesrepublik erschlossen ist.

Es ist der Stiftung Volkswagenwerk zu danken, daß sie die Finanzierung der Tagung übernahm. Von der Stiftung wurde das Vorhaben durch Dr. Wolfgang W. Wittwer schon in der Planung mit Rat und Tat unterstützt. Dem Verlag Klett-Cotta muß wiederum für den Druck dieses Bandes gedankt werden. Dr. Jochen Grube von der Redaktion Pädagogik hat ihn immer mit großer Umsicht, Einfühlungsvermögen und mit allen Kräften gefördert. Wenn es der letzte Band dieser Veröffentlichungsreihe in diesem Verlag ist, so wird damit das Ende eines ersten Abschnitts in der Arbeit der Historischen Kommission dokumentiert.[4] Die Kommission, 1969 gegründet, wurde von 1973 bis 1980 von Wilhelm Roeßler und Georg Rückriem geleitet. Alle bisherigen Bände der Reihe sind somit unter der Verantwortung von Wilhelm Roeßler als Vorsitzendem des Vorstands erschienen.

Meiner Frau danke ich für ihre Mithilfe bei der Durchsicht der Manuskripte, der Herstellung der Register und den Korrekturen. Als Nachfolger im Amt des Vorsitzenden der Historischen Kommission und als Herausgeber übereigne ich diesen Band Wilhelm Roeßler als Dank für die inzwischen über zehn Jahre andauernde Zusammenarbeit.

Hannover, im März 1981   Manfred Heinemann

---

[3] Vgl.: J. Vaillant (Hrsg.), La dénazification par les vainqueurs. Lille 1981.
[4] Der noch ausstehende Teil 2 von Band 3 dieser Reihe: „Die historische Pädagogik in Europa und den USA" ist für 1982 vorgesehen.

Zur Einführung

Hiermit wird der fünfte Band von Tagungsberichten der Historischen Kommission der Deutschen Gesellschaft für Erziehungswissenschaft veröffentlicht, welche insgesamt die Aufgabe hatten, „den im heutigen Erziehungsbereich verantwortlich Handelnden ins Bewußtsein zu heben, welche in der Vergangenheit entstandenen Zusammenhänge und Bedingungen unbemerkt und unreflektiert noch die Voraussetzungen heutigen erzieherischen Handelns beeinflussen".[1] Bei der „historischen Erschliessung des Gegenstandsbereiches" des Bildungswesens in Deutschland von 1918–1949 wurden drei Perioden unterschieden: „Sozialisation und Bildungswesen in der Weimarer Republik" (Band 1), „Erziehung und Schulung im Dritten Reich" (Band 4.1, 4.2) und schließlich – im vorliegenden Band – „Umerziehung und Wiederaufbau. Die Bildungspolitik der Besatzungsmächte in Deutschland und Österreich" (Band 5), während sich der Band „Der Lehrer und seine Organisation" (Band 2) auf den gleichzeitig mit dem modernen Erziehungswesen im deutschen Kulturraum entstehenden Stand von professionalisierten „Lehrern"[2] und dessen Geschichte bezieht.

In dem gesamten Zeitraum von 1918 bis 1945 konnte das Geschehen im Bildungs- und Erziehungsbereich auf den sozio-kulturellen Gesamtzusammenhang der deutschen Staatsnation bezogen werden (wenn auch im Falle Österreichs unter Berücksichtigung kulturnationaler Gesichtspunkte). Ab 1918 blieb das Ziel der öffentlich verantworteten Bildung und Erziehung: „sittliche Bildung, staatsbürgerliche Gesinnung, persönliche und berufliche Tüchtigkeit im Geist des deutschen Volkstums".[3] In den 1949 entstehenden Staatsgebilden der Bundesrepublik Deutschland und der Deutschen Demokratischen Republik wird dagegen ein davon verschiedenes Bildungsziel angestrebt: In der Bundesrepublik soll zu einem seine Rechte und Pflichten wahrnehmenden freien Staatsbürger erzogen werden, während in der Deutschen Demokratischen Republik der im Geiste der kommunistischen Moral und des Nationalstolzes lebende Patriot als Ideal angestrebt wird.

---

[1] Band 1 dieser Schriftenreihe: „Sozialisation und Bildungswesen in der Weimarer Republik". 1976, S. 12.

[2] Vgl. dazu H. E. Tenorth, Statuspolitik und Professionalisierungspolitik. Zur Geschichte von Philologenverband und GEW in der Bundesrepublik Deutschland, in: Ebd. Band 2, S. 409–419.

[3] Art. 148, Abs. 1 der Weimarer Reichsverfassung.

Das bildungspolitische Bewußtsein in beiden Staatsgebilden bezieht sich auf die gemeinsame deutsche Vergangenheit, doch bedeutet die in dem vorliegenden Band behandelte „Periode" im historischen Bewußtsein der Deutschen Demokratischen Republik – eine Phase des Übergangs von der faschistischen zur kommunistischen Revolution,[4] die nur ein Teil des welthistorischen Entwicklungsprozesses ist, während sich in der Bundesrepublik ein unmittelbarer – „ungeschichtlicher" – Rückgriff auf die Menschenrechte durchgesetzt hat.

Bezeichnenderweise bezieht sich auch das Grundgesetz der Bundesrepublik Deutschland lediglich auf ein zwar lückenloses, aber ungeschichtliches System von Freiheits- und Gleichheitsrechten der Angehörigen einer Staatsnation, wie es in der Menschenrechtskonvention formuliert worden ist, enthält aber im eigentlichen Gesetzestext keinerlei Bezüge auf eine historisch gewachsene Kulturnation. Hinweise auf historisch gewachsene Phänomene sind nur in der Präambel enthalten, und für das Bildungswesen relevante Bezüge erscheinen in stark abgeschwächter Form jeweils isoliert in den Verfassungen einzelner Bundesländer. So heißt es z. B. in Art. 7 der Verfassung von Nordrhein-Westfalen: „Die Jugend soll erzogen werden im Geiste der Menschlichkeit, der Demokratie und der Freiheit, zur Duldsamkeit und zur Achtung vor der Überzeugung des anderen, in Liebe zu Volk und Heimat, zur Völkergemeinschaft und Friedensgesinnung".

Die Rekonstruktion des Erziehungsfeldes im deutschen Kulturraum vor dem letzten „epochemachenden Ereignis" – Konstituierung zweier (bzw. mit Österreich: dreier) Staatsgebilde mit jeweils eigenen Verfassungen – muß der Tatsache Rechnung tragen, daß von der „Gegenwart" eines jeden der Teilgebilde, die heute die Nachfolger der deutschen Kulturnation darstellen, auch im Bildungswesen jeweils andere Phänomene – darunter auch typische Einstellungshaltungen und Mentalitäten – zur aktuellen und zur antiquarischen Vergangenheit zu zählen sind. Deswegen muß von dem damaligen Selbstverständnis der Zeitgenossen ausgegangen werden, ohne Rücksicht darauf, was aus „rückwärts gewandter Prophetie" (Droysen) späteren Betrachtern als bedeutsam erscheint.

Wenn auch die von Droysen geprägte Wendung „rückwärts gewandte Prophetie" mit ihrem Umfeld bekannt sein dürfte, so kann das nicht ohne weiteres für den in sozialwissenschaftlichen Zusammenhängen gebrauchten Begriff „Mentalität" angenommen werden. Deswegen sei das Entscheidende anhand eines naheliegenden Beispiels illustrierend charakterisiert: In den Symposien, als deren Ergebnis die Beiträge dieser Reihe veröffentlicht worden sind, wurden, sei es immanent, sei es ausdrücklich, charakteristische Eigentümlichkeiten des mit „Mentalität" bezeichneten

---

[4] Vgl. K. S. Davis, insbesondere S. 161, R. F. Lawson, Ch. Kleßmann, J. Kuhnert in diesem Band.

Phänomens sichtbar: Schon während der ersten Tagung zeigte sich der Vorzug eines gemeinsamen persönlichen Gesprächs der in dem betreffenden historischen Gegenstandsfeld Arbeitenden. Zwar wurden Grunddifferenzen nicht unterdrückt – sie traten im Gegenteil deutlicher hervor; dennoch gelang es, zu Grundüberzeugungen zu kommen, die von allen akzeptiert wurden, weil sie sich auf gemeinsam gewonnene Erfahrungen stützten.

Es wurde eine weitreichende Verständigung und ein Einverständnis aller Gesprächspartner über adäquate Einstellungshaltungen erreicht,[5] die auch auf die Endredaktion der publizierten Abhandlungen erheblichen Einfluß hatte. Ein so geschaffenes „Klima" bestimmte auch Verlauf und Ergebnis der letzten, nicht mehr im strengen Sinne „historischen", sondern zeitgeschichtlichen Phänomenen gewidmeten Tagung, in deren Verlauf Historiker, Augenzeugen und ehemalige Mitwirkende einen gemeinsamen, alle Positionen und Perspektiven tragenden Gesprächshorizont erarbeiteten und sich ohne Aufgabe der eigenen Position zu einer Verständigungsgemeinschaft zusammenfanden.

Im „herrschaftsfreien Diskurs" dieses erziehungshistorischen Gespräches haben fast alle Teilnehmer die Erfahrung eines eigentümlichen, gruppendynamischen Prozesses gemacht: im modernen wissenschaftssprachlichen Jargon gesprochen, war es die Erfahrung eines „feed-back", einer Rückkoppelung, unter den Mitgliedern eines „invisible college" oder, um auf aus der deutschen Universitätsgeschichte bekannte sprachliche Dokumente zurückzugreifen, die Erfahrung einer „arbeitenden Geselligkeit": Im Herderschen Sinne haben sich alle Teilnehmer des Symposiums als „*ein* Gespräch" erlebt. Von jedem Teilnehmer wurde jener „zarte Reiz" erfahren, „welcher in der augenblicklichen Entwicklung unsrer Gedanken vor gespannten Zuhörern liegt, deren lebendige Gegenwirkung leise empfunden wird."[6] Bei „Erreichung solcher Endzwecke, ... bei welchen Menschen mitwirken müssen", muß man „als Augenzeuge bei den Handlungen und Reden, durch welche sich die Beschaffenheit ihres Geistes verrät, gegenwärtig sein, – man muß den Ausdruck der Mienen- und der Gebär-

---

[5] Vgl. Band 1, S. 15. Auf der Tagung über die Bildungspolitik der Besatzungsmächte in Deutschland ist dabei die so ermöglichte Erfahrung der beteiligten Historiker bedeutsam, im unmittelbaren Gespräch mit den seinerzeit Beteiligten – den deutschen betroffenen Lehrern einerseits und den in Schlüsselpositionen tätigen Vertretern der alliierten Besatzungsmächte (außer den Vertretern der Sowjetunion) andererseits – wichtige und aufschlußreiche Daten gewinnen zu können, für die sonst außer den Augenzeugen keine Quellen zur Verfügung stehen.
[6] F. A. Wolf, Kleine Schriften in lateinischer und deutscher Sprache. Hrsg. von G. Bernhardy. Halle 1869, Band 2, S. 1018/1019.

densprache zu Hilfe nehmen, um jene Äußerungen richtig auszulegen. Diese Aufmerksamkeit muß man auf viele Personen und viele ihrer Handlungen wenden können, um das, was in dem einen Falle zweideutig ist, sich durch einen anderen deutlicheren zu erklären. Alles dieses ... gibt der Umgang, wenn er ausgebreitet und zugleich in einem gewissen Grade vertraut ist".[7] Jeder einzelne Teilnehmer war bestrebt, „sich der eigentlichen Fähigkeit und Neigung eines jeden hinzugeben und die ganze Persönlichkeit jedes einzelnen in Anspruch zu nehmen".[8]

Mit der „Beschaffenheit des Geistes" einer Mehrzahl von miteinander in einem gemeinsamen Handlungs- und Verständigungszusammenhang stehenden Personen meint Garve jenes Phänomen, das wir noch heute umgangssprachlich mit Wendungen wie etwa „Mannschaftsgeist", oder früher „Korpsgeist" (esprit de corps) bezeichnen bzw. bezeichnet haben. Die Zeitgenossen Garves sprachen in diesem Zusammenhang auch von einem „Zeitgeist"[9], einem „vaterländischen" bzw. „nationalen Geist" und eine spätere Generation vom „Volksgeist". „Volksgeist" wurde als terminus technicus in der deutschen sogenannten „Geisteswissenschaft" beibehalten, aber ausdrücklich, z. B. von Spranger, betont, daß es sich bei solchen Begriffsprägungen nicht um unmittelbare Abbilder von Wirklichkeit handele – „noch niemals hat jemand einen solchen Geist gesehen" –, sondern um Ergebnisse einer Modellbildung im Rahmen von typologischen Betrachtungen.[10]

In der Sprache der heutigen Sozialwissenschaft bzw. Sozialpsychologie wird das oben angesprochene Phänomen mit „Mentalität" bezeichnet: „Die Mentalität ... ist geistig-seelische Disposition, ist unmittelbare Prägung des Menschen durch seine soziale Lebenswelt und die von ihr ausstrahlenden, an ihr gemachten Lebenserfahrungen ... Die individuelle Mentalität eines Menschen kann, gemessen an seinem Sozialstandort, nur typisch oder atypisch sein ... gegenüber der Mentalität ist die Frage ‚richtig oder falsch?' logisch unerlaubt."[11]

In der Zusammenschau der vorliegenden Bände dieser Reihe kann nunmehr eine für den Zustand des deutschen Bildungswesens bzw. des deut-

---

[7] Ch. Garve, Versuche über verschiedene Gegenstände aus der Moral, der Literatur und dem gesellschaftlichen Leben. Breslau 1800, 4. Teil, S. 12/13.
[8] W. Körte, Leben und Studien Friedrich August Wolf's, des Philologen. Essen 1833, S. 169/170.
[9] Vgl. W. Roeßler Artikel Pädagogik, in: Geschichtliche Grundbegriffe, Historisches Lexikon zur politisch-sozialen Sprache in Deutschland, Band 4, 1978.
[10] Vgl. Band 1, S. 19.
[11] Th. Geiger, Die soziale Schichtung des Deutschen Volkes. Stuttgart 1967, Nachdruck der Ausgabe 1932, S. 77/78.

schen Erziehungsfeldes in seinem historischen Wandel typische Mentalität herausgearbeitet werden. Bei Zuhilfenahme dieses begrifflichen Ordnungsmittels – das damit, wie bereits ausgeführt, nicht den Anspruch auf unmittelbare Abbildung der Wirklichkeit erheben kann – ist in „rückwärts gewandter Prophetie" folgende „Entwicklung" festzustellen: Bei der allmählichen Umstrukturierung eines vormodernen Gemeinwesens, das noch als „Herrschaft" beschrieben werden kann, zum modernen, demokratisch verstandenen Rechtsstaat ergibt sich schon früh die Notwendigkeit der Schaffung eines die Angehörigen dieses Staatswesens übergreifenden Gemeinschaftsgefühls bzw. einer übergreifenden vaterländischnationalen bzw. kultur-national geprägten Mentalität. Die Prägung bzw. Vermittlung einer solchen Mentalität wird in dem neu geschaffenen öffentlichen, staatlich verantworteten Erziehungs- und Bildungswesen geleistet und ist eine der Hauptaufgaben des neu entstehenden Berufsstandes, des „Lehrers" – der historisch gesehen die Funktion eines vormodernen „Hofmeisters und Pädagogen" mit denen des „Schulmeisters und Schulmannes" vereint.[12] Dieses „vaterländische" Denken und Fühlen wird zunächst im Rahmen der täglichen schulischen religiösen Besinnung, später in den allgemeinbildenden Schulen im Rahmen der dann sogenannten deutschkundlichen Fächer vermittelt, während der Religionsunterricht in seinem relativen Gewicht reduziert und auf den Bereich der privaten Überzeugung des einzelnen bezogen und verwiesen wird.

In diesem Zusammenhang wird gleichzeitig das System einer „volkstümlichen Bildung" im Rahmen einer „Theorie einer verzweigungsartig differenzierten Einheitsschule" mit einem durchgängig akademisch gebildeten Lehrerstand entwickelt. Die in solcher „Einheitsschule" bei Lehrern herrschende und den Schülern zu vermittelnde Mentalität soll die vorhandene „deutsch-nationale und deutsch-sozialistische Mentalität" im Hegelschen Sinne „aufheben".[13]

Voll entfaltet haben sich diese Bestrebungen allerdings erst in der Weimarer Republik. Ihre Entwicklung wurde durch die Entstehung eines

---

[12] Vgl. dazu W. Roeßler, Die Entstehung des modernen Erziehungswesens in Deutschland. Stuttgart 1961.
[13] Vgl. dazu W. Hinrichs „Ideen zur schichtenübergreifenden Sozialisation in der Weimarer Republik" in Band 1 der vorliegenden Reihe, S. 57–74; G. Petrat „Die gezielte Öffnung der Hochschulreife für alle Volksschichten in der Weimarer Republik", ebd. S. 75–89; H. Möller „Aufbau einer vollakademischen Lehrerausbildung in Thüringen zur Zeit der Weimarer Republik", ebd. S. 291–309; G. Paul „Die Auffassung von ‚Wissenschaft' in der Volksschullehrerbildung zwischen 1918 und 1945", ebd. S. 313–322; W. Scheibe „Die Stellung der Erwachsenenbildung im Bildungssystem des Weimarer Staates", ebd., S. 325–336.

übertriebenen deutschen Nationalgefühls und Nationalbewußtseins während und nach dem Ersten Weltkrieg begünstigt.

Mit dem Übergang von der konstitutionellen Monarchie, der Staatsform des Deutschen Reiches bis 1918, zu einer unmittelbar vom Volkssouverän eingesetzten Republik wird der bis dahin auch im „Kaiserreich" ausdrücklich weitergeführte transzendente Bezug der Staatsnation durch einen rein innerweltlichen, eben den volkhaft-nationalen, abgelöst und findet im Art. 148 Abs. 1 der Weimarer Reichsverfassung von 1919 seinen Niederschlag.[14]

Im sogenannten Dritten Reich setzt sich dann im Zusammenhang mit einer übergreifenden Ideologie der „natura naturans naturata" (nisus formativus; „Selbstformungskraft") eine rassisch-völkische Staatsideologie als die mentalitätsprägende und mentalitätsbestimmende „Bewegung" durch.[15]

Nach dem Zweiten Weltkrieg wird mit dieser teils untergegangenen, teils noch zu eliminierenden Staatsideologie auch zugleich das Bewußtsein einer nationalen Mentalität als Gefühl und Bewußtsein nationaler Identität diskreditiert. Allerdings gelingt es den Alliierten im Westen Deutschlands auf eine „Besetzern" und „Besetzten" gemeinsame übergreifende abendländisch-europäische Kultur bzw. deren Mentalität zurückzugreifen. Der Begriff „re-education" wird als „re-orientation" interpretiert und angewandt.[16] Doch bleibt im Bereich des früheren Nationalbewußtseins in der Bundesrepublik Deutschland ein „Leerraum". In der ebenfalls neu gegründeten Deutschen Demokratischen Republik jedoch soll im Lichte des Marxismus/Leninismus an das „progressive nationale pädagogische Erbe, insbesondere der schulpolitischen und pädagogischen Tradition der revolutionären Arbeiterbewegung angeknüpft werden."[17]

„Jeder Staat" – so heißt es bereits bei J. W. Süvern im Jahre 1817 – „wirkt durch seine ganze Verfassung, Gesetzgebung und Verwaltung erziehend auf seine Bürger ein, ist gewissermaßen eine Erziehungsanstalt im Großen, indem er unmittelbar durch alles, was von ihm ausgeht, seinen Genossen eine bestimmte Richtung und ein eigentümliches Gepräge des Geistes wie der Gesinnung gibt ... Alles wird der Staat in und mit seinen Bürgern erreichen können, wenn er sorgt, daß sie alle in einem Geiste von Jugend auf für seine großen Zwecke, deren eigentlicher Gegenstand

---

[14] Vgl. S. 14, Anmerkung 3.
[15] Vgl. Band 4, 1 + 2, insbesondere Band 1, S. 22–29.
[16] Vgl. E. S. Davies, K. S. Davis, R. Cheval, H. Kellermann in diesem Band.
[17] Dokumente zur Geschichte des Schulwesens in der Deutschen Demokratischen Republik, hrsg. v. Karl-Heinz Günther u. Christine Lost, Tl. 2/2: 1956–67/68, Berlin 1969, S. 421.

ja ihre Gesamtheit ist, gebildet, dadurch zugleich schon früh innerlich konsolidiert werden."[18] In einer Schrift „Unsere Nationalbildung" wird von dem damals allgemein als meinungsbildend angesehenen F. H. Ch. Schwarz angeführt: „Es bildet sich ein Nationalgefühl, welches alle Bürger durchdringt, ein gemeinschaftlicher Lebenshauch, der sie leitet, formiert, so daß jede Persönlichkeit sich durch ihn befreit, nicht gehemmt fühlt".[19] Im Jahr 1841 werden diese Grundgedanken im Staatslexikon von Rotteck/Welcker weiter differenziert: „Eine solche nationale Erziehung – wobei eben das Volk sich selbst erzieht, und der Staat, d. h. die Staatsgewalt oder Regierung nur die Aufgabe hat, diese Selbsterziehung in allen ihren guten Richtungen nicht zu hemmen, sondern sie vielmehr durch alle rechtlich erlaubte und ihm zu Gebote stehende Mittel zu befördern – ist zugleich von der größten Wichtigkeit für das ganze politische Leben des Volks, wofern sie nur sonst an und für sich zweckmäßig eingerichtet ist und besonders den einen in pädagogischer Hinsicht so wichtigen Punkt beachtet, daß die Volkstümlichkeit keineswegs als etwas in allen seinen Teilen absolut Vollkommenes anzusehen, sondern ebenfalls der Verbesserung und Fortbildung zum Höheren bedürftig und fähig ist, und daß zwischen ihr und der höher stehenden Humanität eine gehörige Ausgleichung stattfinden muß. Unter dieser Bedingung ist aber allerdings eine solche Volkserziehung die wichtigste Angelegenheit des Staats und muß die segensreichsten Wirkungen haben." In diesem Sinne der Verantwortungspflicht und der Begrenzung des Staats wird der Begriff ‚Staatspädagogik' bejaht: als das „System der pädagogischen Grundbegriffe, Grundsätze und Maximen . . ., wonach der Staat teils als Staatsgewalt oder Regierung innerhalb der angedeuteten Schranken auf die Leitung der Erziehung einzuwirken hat, teils in seinem höheren Sinne als die rechtlich organisierte Gesamtheit des Volks sich selbst erziehen soll."[20]

Wenig später findet sich die weitere Ausgestaltung, „daß ein gemeinsames Grundprinzip, ein Geist und Charakter, bewußt oder unbewußt alle durchdringt, die diesem Volke angehören, ihm angehört haben oder angehören werden".[21] „Hiernach aber würde man nur demjenigen deutsche Volksbildung zuschreiben können, in welchem der allgemeine deutsche Volksgeist eine individuelle, persönliche Existenz gefunden hat."[22]

[18] J. W. Süvern, Promemoria v. 23. 10. 1817 zu der Instruktion für die Provinzial-Konsistorien, in: Die Gesetzgebung auf dem Gebiete des Unterrichtswesens in Preußen. Vom Jahre 1817–1868. Berlin 1869, S. 8.
[19] F. H. Chr. Schwarz, Unsere Nationalbildung. Leipzig 1834, S. 8.
[20] Scheidler, Artikel Pädagogik, S. 341.
[21] J. H. Deinhardt, Der Begriff mit besonderer Rücksicht auf die höhere Schulbildung der Gegenwart. Kl. Schr., hrsg. v. H. Schmidt, Leipzig 1869, S. 143.
[22] Ebd.

Der Staat, der sich im Laufe seiner bisherigen Geschichte zu einem „ausgegliederten Kulturleben" durchgebildet hat, muß für seine künftigen Glieder eine seiner erreichten Kulturhöhe entsprechende Erziehung fordern: „Die Erziehung eines Volkes hat den Zweck, die Jugend zu dem zu machen, was das Volk schon ist. Die Bildungsstufe, die das ganze Volk einnimmt, wird durch die Erziehung auf die Jugend übertragen oder vielmehr aus der Jugend, die die lebendige Fähigkeit zu der Volksbildung in sich trägt, entwickelt."[23] Alle künftigen Staatsbürger sollen auf der Stufe ihrer jeweiligen Bildsamkeit „die Gegenwart, in der sie leben, als Resultat einer bestimmten Vergangenheit in ihrem Zusammenhang mit der übrigen Weltgeschichte verstehen und die vaterländischen Interessen in Rücksicht ihres notwendigen Verhältnisses zur Zukunft würdigen lernen."[24]

Von hier aus ist es über „staatsbürgerliche Gesinnung, persönliche und berufliche Tüchtigkeit im Geiste des deutschen Volkstums" der Weimarer Reichsverfassung nur noch ein kleiner Schritt zum – wie bereits zitiert – „progressiven nationalen Erbe, insbesondere der schulpolitischen und pädagogischen Traditionen der revolutionären Arbeiterbewegung".[25]

„Der Ausbau des sofort nach dem Krieg in Ostdeutschland errichteten Erziehungswesens war ein ziemlicher Notbehelf, der aber die Bildungserwartungen deutscher Sozialisten seit mehr als hundert Jahren verkör-

---

[23] Ders., Der Gymnasialunterricht nach den wissenschaftlichen Anforderungen der jetzigen Zeit, Hamburg 1837, S. 3. Mit dem methodischen Hilfsmittel des „repräsentativen Zitates", wie es hier Verwendung findet, wird es möglich, die jeweilige Einstellungs- und Erwartungshaltung sowie die Grundgestimmtheit zugleich mit den historischen „Fakten" zur Darstellung zu bringen; diese Methode eignet sich daher insbesondere für die historische Rekonstruktion und Dokumentation von ausschließlich der quantifizierenden Betrachtung nicht zugänglichen Phänomen wie insbesondere Mentalitäten. (Vgl. dazu W. Roeßler, Jugend im Erziehungsfeld. 2. Auflg. 1960, S. 22–31; ders. in „Entstehung des modernen Erziehungswesens in Deutschland", S. 19–21; ders. in Artikel „Pädagogik" Anm. 8 auf S. 625.) Zur genauen Erforschung bzw. Nachzeichnung der hier angeführten Mentalitäten wurden vom Verfasser für die oben genannten Publikationen verhaltenspsychologische Daten in großer Fülle aus der entsprechenden zeitgenössischen Publizistik und anderen öffentlich zugänglichen Quellen über das Alltagsleben und dessen Zusammenhänge erhoben – insbesondere Lebenshaltung, Gewohnheiten der Lebensführung, Lesegeschmack, Formen des Familienlebens und der Geselligkeit. Weiterhin wurden die jeweils zu unterscheidenden typischen Gruppen, Kommunikationskreise und Sozialschichten und die darin anzutreffenden überindividuellen Züge der Selbstdarstellung herausgearbeitet und die Nachweise dokumentiert.
[24] K. Rosenkranz, Die Pädagogik als System. Königsberg 1848, S. 104.
[25] Vgl. dazu auch im ganzen die Ausführungen in dem Artikel Pädagogik, a. a. O., insbesondere S. 634–641.

perte und das Fundament für die folgenden Entwicklungen legte. Gleichheit, Einigkeit und Säkularität waren die grundlegenden Prinzipien dieses Systems."[26] „Der geschichtlichen Dimension wurde eine Denkungsweise eingeräumt, die die fortschrittlichen Ideen von der deutschen Erziehungsgeschichte ablenkt, sie in die Sowjetunion führt und von dort wieder in den deutschen Ideenstrom der DDR zurückleitet. Sofern diese Ideen unter sowjetischen Gesichtspunkten interpretiert worden sind, müssen sie immer wieder neu gedeutet werden, um sie mit den sozialen Zuständen und Bestimmungen in der DDR in Einklang zu bringen. Bildungsformen sind in der Theorie also national in ihrer Bezugnahme auf die deutsche Geschichte und die gegenwärtige Gesellschaft der DDR. Da sie aber auf generellen kommunistischen sozio-ökonomischen Annahmen beruhen, stimmen sie mit den Entwicklungen anderer kommunistischer Länder überein und weichen von den Entwicklungen in Westeuropa, Westdeutschland inbegriffen, ab."[27]

Wenn hier von den „Bildungserwartungen deutscher Sozialisten" gesprochen wird, so bezieht sich R. F. Lawson auf eine faktisch ebenfalls in der Weimarer Republik durchgebildete Mentalität, die sich, wie bereits angeführt, als sozialistisch-nationale mit einer deutschnationalen Mentalität überschneidet, während von beiden Gruppierungen das Ziel einer „volkstümlichen Bildung" in einer gegliederten Einheitsschule verfochten wird. (Vgl. Anmerkung 4.)

Wenn, wie schon betont, es nunmehr möglich wird, aufgrund der mitgeteilten Ergebnisse jeweils spezifischer Aspektbetrachtungen in den vorliegenden Bänden eine „Mentalitätsgeschichte" im obigen Sinne herauszuarbeiten; zu einem umfassenden historischen Gesamtbild des Bildungswesens lassen sie sich noch nicht integrieren, die dargestellten Facetten erlauben es dem Sachkenner aber dennoch, den Umriß des noch darzustellenden Gesamtzusammenhanges zu erkennen.

Wilhelm Roeßler

---

[26] R. F. Lawson, Die Politik der Umstände: Eine Kritik der Analysen des Bildungswandels im Nachkriegsdeutschland in diesem Band, S. 20.
[27] Ebd.

Robert F. Lawson

Die Politik der Umstände: Eine Kritik der Analysen des
Bildungswandels im Nachkriegsdeutschland

1 Vorbemerkungen

In einer meiner früheren Arbeiten über die Auswirkungen der Besatzungszeit auf das deutsche Bildungswesen nach dem Zweiten Weltkrieg kam ich zu der Schlußfolgerung, daß der Wandel im Bildungswesen von historischen, sozialen und zeitgenössischen ausländischen Bestimmungsfaktoren abhängig war (Lawson, 1965, S. 204–212).

Die damit zusammenhängenden Veränderungen innerhalb der deutschen Gesellschaft würden somit anzeigen, daß es nicht die Schulen selbst sind, die diesen sozialen Wandel hervorrufen, sondern daß sie im Begriff sind, die Folgen eines solchen Wandels in ihr Erziehungsprogramm einzubeziehen. Die Fähigkeit der Schule, Wandel einzuleiten, ist begrenzt, vor allem in einer streng strukturierten Gesellschaft, in der Institutionen voneinander abhängen. Frühere, auf Fortschritt bedachte Versuche einer Schulreform bestanden hauptsächlich in Abweichungen von bestehenden kulturellen Gegebenheiten und trafen auf zu starken Widerstand, um in irgendeiner Weise realisiert zu werden. Sogar in Fällen, wenn ein Lehrer oder eine Schule unerschrocken radikale Erziehungsideen unterstützten, verringerte sich der neu erworbene Einfluß mit Sicherheit bald darauf, da die außerschulische Erfahrung des Schülers seinem formalen Bildungsgang widersprach. Heute aber stehen die Veränderungen innerhalb der weiteren Sozialstruktur in Wechselbeziehung zu fortschrittlichen Ideen, die von einer Spitzengruppe von Erziehern gefördert werden, um Einstellungen zu bewirken, die einer sozial-demokratischen Bildungsreform nicht abgeneigt sind. Damit soll nicht gesagt werden, daß der Strom der Impulse aus der Vergangenheit angehalten wird oder die Gruppe untergeordnet ist, die einen mehr konservativen Einfluß ausübt. Die Dynamik der sozialen Erfahrung aber wird dazu neigen, institutionelle Veränderungen in einem wichtigen Gebiet zusammenzuführen, und im Brennpunkt zeitgenössischer Tendenzen steht in Deutschland die soziale Demokratie. In dem Maße, in dem Bildungsziele mit den Neigungen der Gesellschaft zusammenzufallen beginnen, ändert sich der gesamte Geist der formalen Bildung.

Die wesentlichen Punkte, wie sie in den Direktiven des Alliierten Kontrollrats 54 festgelegt worden waren, und insofern sie frühere deutsche Reformversuche aufgriffen oder auf die nachkriegsdeutschen sozialen Bildungsbedürfnisse eingingen, üben noch heute großen Einfluß auf das deutsche Bildungswesen aus. Schulgeldfreiheit, einheitliche Richtlinien in der Lehrerausbildung, Verlängerung der Schulpflicht und internationale Betonung im Geschichts- und Politikunterricht sind dringende Anliegen im heutigen deutschen Erziehungswesen. In solchen Fällen, in denen das Ziel einer Besatzungsmacht eine typische amerikanische Eigenart widerspiegelte, wie z. B. die alle Schulzweige umfassende Gesamtschule, zeigen sich davon nur noch geringe Spuren. Sogar dort, wo ein amerikanischer Wesenszug ganz eindeutig hervorsticht, kann man annehmen, daß er von einem Interesse an solchen amerikanischen Methoden herrührt. Sie können behilflich sein, gemeinsam solche Probleme zu lösen, die die Bedürfnisse der Jugend in einer sich wandelnden Gesellschaft zu erfüllen versprechen. Hier besteht keine notwendige Verbindung zu den Plänen der Besatzungsmächte für neue Bildungsprogramme, es sei denn, daß diese Pläne mit amerikanischen Methoden in Einklang standen und so indirekt realisiert wurden.

Dieses neue Bildungsprogramm brachte eine Menge von Informationen aus dem Ausland mit sich, ermöglichte die Wiederentdeckung früherer deutscher Trends, tat neue Ideen im pädagogischen Bereich auf, gab Anstoß zum Wiedererwachen eines älteren Liberalismus oder rief zu Besinnung und Auseinandersetzung unter den deutschen Erziehern auf. In diesem Sinn trug das neue Bildungsprogramm zu einer Weiterentwicklung des deutschen Erziehungswesens bei. Derart geartete Reformanstöße sind jedoch nur entfernt mit der Auferlegung ausländischer Ideen oder mit der Übertragung vereinzelter Verfahrensweisen verwandt.

Es gibt zwei grundsätzliche Möglichkeiten, die deutsche Annahme amerikanischer Vorschläge für das Bildungswesen der Nachkriegszeit zu verstehen. Entweder bestehen die Ideen bereits, oder der Einfluß von außen ist der Anstoß, der im Einklang mit diesen Ideen die gesetzten Ziele und Verfahrensweisen fördert. Das bedeutet, daß der kulturelle „Boden" bereits auf Neuerung vorbereitet und die äußere Agentur für den „Regen" zuständig ist, der für Wachstum und Reifung erforderlich ist. Oder die außerhalb des nationalen Systems entstandenen Ideen werden eingeführt und modifiziert, um in das kulturelle Muster hineinzupassen. Es besteht also entweder eine zeitliche oder räumliche Distanz von der Ideenquelle, die durch das Eingreifen einer äußeren Kraft überbrückt wird – und darin liegt der wesentliche Beitrag. Aber der Empfänger schneidet den verbindenden Faden in gewissem Sinne durch, um sich das Besitzrecht sicherzustellen –, und darin zeigt sich ein Mangel an Übereinstimmung, was die Quelle der Erneuerungen anbetrifft.

Wenn man dies als den Versuch einer Untersuchung des Erziehungswesens in der Art der modernen Sozialwissenschaft ansieht, so halte ich im allgemeinen an dieser Schlußfolgerung fest. Die bei einem solchen Versuch häufig auftretenden Tendenzen, die Bedeutung des Bildungswesens zu übertreiben und schließlich zu einer stichhaltigen Interpretation zu gelangen und die Definition des Wandels auf das zu beschränken, was man bequem mitteilen kann, können jedoch zu fragwürdigen Folgerungen und Schlüssen führen[1].

---

[1] Solche Folgerungen lassen sich häufig in Abhandlungen über dieses Thema finden, wie z. B. bei A. Hearnden in „Education in the Two Germanies". 1. Was die Gegensätzlichkeit der beiden Staaten in der Planung und der Verwendung menschlicher Arbeitskräfte anbetrifft, so wird dieser Unterschied als ein folgerichtiges Ergebnis der voneinander abweichenden Entwicklungen der beiden

Ich beabsichtige in dieser Arbeit, von dem, wenn auch bedingten Einfluß der Besatzungsmächte auf das deutsche Erziehungswesen auszugehen; ich stelle aber die Meinung in Frage, daß institutionelle Autonomie und Einfachheit innerhalb der Richtlinien im Wandel des Erziehungswesens als gegeben anzusehen sind.

2 Unterschiede innerhalb der Zonen

Die einzigen Punkte, über die sich die Alliierten nach dem Krieg in bezug auf die Eroberung Deutschlands einig werden konnten, waren meist negativer Art, d. h. die Einteilung des Landes in Besatzungszonen und die Durchführung eines Programmes, das die politischen Doktrinen des Nationalsozialismus tilgen sollte. Ansonsten waren die Übereinkommen in bezug auf Wiederaufbau so unklar und verschwommen, daß sie fast bedeutungslos waren. Schließlich waren es dann die wirklichen Unstimmigkeiten zwischen der Sowjetunion und den Westmächten, die zu einer Teilung Deutschlands führten, die mit der westlichen Grenze der Russischen Besatzungszone etwa identisch war und die Einbeziehung früherer deutscher Gebiete östlich der Oder und Neiße in polnische oder sowjetische Gebiete hinein umfaßte (Heidelmeyer/Hendrichs, S. 2–8; Rhode/Wagner).

Die Behörden der Sowjetischen Besatzungszone waren auf einen Wiederaufbau des deutschen Bildungswesens gründlich vorbereitet, sowohl

---

Erziehungssysteme betrachtet (S. 208). 2. Was die Auswahl der Politik anbetrifft, schlägt Hearnden an einer Stelle vor, daß in der DDR „the social perspective was all important and caused the adoption of policies [educational] that in the short run were scarcely defensible on economic grounds" (S. 223). 3. Bei der Zusammenfassung der voneinander abweichenden Verfahrensweisen, die Ende der 50er Jahre herrschten, kommt er zu dem Schluß: „In the DDR it had been a decade of assiduous striving to bring about a transformation of the traditional [educational] heritage", wohingegen „The Federal Republic had shown itself no less determined in its resistance to change". Aus all diesen Zitaten gehen folgende Überzeugungen deutlich hervor: daß erstens soziale und wirtschaftliche Veränderungen direkt von Vorgehensweisen im Erziehungssystem beeinflußt sein mögen; daß zweitens die Bildungsinstitution unabhängig von politischer Autorität und dominierendem sozialen Gepräge bestehen kann, was bedeutet, daß grundsätzlich unabhängige Entscheidungen im Erziehungswesen getroffen werden können; und drittens, daß ein Wandel als institutional und eindeutig definiert werden kann und daß solch eine Definition mit den bereits akzeptierten soziopolitischen Richtlinien übereinstimmt (wie z. B.: Gesamtschulformen sind fortschrittlich und bewegen sich so im Sinne des sozial-demokratischen Wandels).

auf besondere als auch allgemeine Ziele und Verfahrensweisen (siehe Leonhard). Folglich war bereits 1946 ein Schulgesetz für diese Zone in Kraft getreten, dessen wichtigste Richtlinien wie folgt zu beschreiben sind: Beseitigung des Privatsektors im Bildungswesen, Verbreitung des allgemeinen Schulwesens in Form der einheitlichen achtjährigen Schule, Neugestaltung des Lerninhalts und organisatorischer Nachdruck auf berufsbildende und technische Ausbildung und schließlich Durchdringung der Schule mit kommunistischen Doktrinen.

Die Wiederherstellung eines Schulsystems nach traditionellem europäischem Vorbild in der Französischen Zone verlangte wenig aktiven Einsatz über das hinaus, was bereits von den Besatzungsmächten übereinstimmend vereinbart worden war. Besonderheiten in der Bildungspolitik im französischen Besatzungsgebiet zeigten sich lediglich in der Neuformulierung klassischer Bildungswerte und im Bestehen auf wenigstens minimalen Zugeständnissen an die französische Universalität in Kulturangelegenheiten.

Obwohl zwischen der Amerikanischen und der Britischen Zone wichtige Unterschiede hinsichtlich der Formulierung der Bildungspolitik als auch in den angewandten Methoden bestanden, so scheinen diese Unterschiede hier jedoch Fragen des Details zu sein (Lawson, 1965, Kapitel 3). Beide Zonen kennzeichnet ihr Bestreben, mit den deutschen Behörden beim Wiederaufbau des Bildungswesens zusammenzuarbeiten und den deutschen Beamten und Erziehern während der ganzen Besatzungszeit zumindest schrittweise und zunehmend Eigenständigkeit in der Entscheidung zu gewähren. Dieses Verfahren brachte große Unterschiede innerhalb der Schulprogramme mit sich, die dann schließlich in den Bundesländern der Amerikanischen und Britischen Besatzungszonen eingeführt wurden.

Unter den Besatzungsmächten herrschten bis 1947 keine schwerwiegenderen Unstimmigkeiten als in den deutschen Gebieten innerhalb der westlichen Zonen, und die bestehenden Unstimmigkeiten verhinderten die allgemeine politische Integration in diesen Zonen nicht, die von 1947 an stattfand.

Die grundlegende Ost-West-Differenz blieb weiterhin kritisch, und diese Tatsache liefert den Hauptbeweis für die folgenden Behauptungen, daß erstens der Eingriff einer Auslandsmacht, wenn er nicht zu einem totalen sozialen Wiederaufbau führt, keine entscheidende Rolle bei spezifischen institutionellen Veränderungen spielt und daß zweitens die spezifische institutionelle Form in der Hauptsache durch politische und wirtschaftliche Verfahren und durch Zielsetzungen bestimmt wird, die alle Institutionen einer Gesellschaft durchdringen.

In dem einzigen Fall, nämlich Berlin, in dem die Gesamtheit der Umstände eine gewisse Laborsituation bewirkte, die von unmittelbarem Auslands- oder einheimischem Kulturballast verhältnismäßig frei war, reflektierte das Bildungsergebnis eben genau die Einflüsse dieser soziopolitischen Umwelt (Lawson, 1972). Daher gebührt Berlin hier besondere Beachtung.

3 Berlin

Die Neutralisation der deutschen Kultur in der unmittelbaren Nachkriegszeit warf fundamentale Fragen nach den institutionalisierten kulturellen Einrichtungen auf. Die offensichtliche Verbindung zwischen den traditionellen deutschen Institutionen und dem verrufenen Naziregime schloß anfänglich jede Annahme über ein Fortbestehen aus. In dieser Situation war die Entscheidung über die Form der Veränderungen den gegenwärtigen Einflüssen und Schwierigkeiten unterworfen, die sich in der Nachkriegsatmosphäre am stärksten äußerten. Entscheidungen über die Grundlagen des Bildungswesens hängen eher vom Verhältnis der Schule zur Gesellschaft ab als von der Pädagogik innerhalb der Schule. Obwohl sich die Nachkriegsgesellschaft von Berlin in einem unnatürlichen Übergangsstadium befand, waren es gerade die Einflüsse dieses sozialen Milieus, die die anfänglichen Entscheidungen in Bildungsfragen bestimmten.

Abgesehen von solchen faßbaren Faktoren, von denen die ersten Maßnahmen des nachkriegsdeutschen Schulwesens behindert wurden, prägten gewisse primäre Einflüsse das Bildungswesen in seinem Anfangsstadium, die man grob als sozial, politisch und geographisch bezeichnen kann. Der dringendste Bedarf Nachkriegsdeutschlands richtete sich auf das Bestreben nach Mobilisierung, wobei alle vorhandenen menschlichen Hilfskräfte mit dem ungeheuer großen Ziel aufgestellt wurden, ein erschöpftes Land wieder zu beleben. Man konnte die Schulen nicht nur als Medien betrachten, die diesen dringenden Bedarf zu erfüllen hatten, sondern die gesamte Philosophie der Schule sollte dem Mobilisierungsgedanken entsprechen. Mobilisierung setzt eine totale Haltung voraus. Die traditionelle Struktur hingegen dreiteilte die Schulbevölkerung und legte Wert darauf, eine intellektuelle Elite heranzuziehen.

Der Wert der Sozialisierung, der sowohl von den russischen als auch den amerikanischen Erziehungsberatern befürwortet wurde, wirkte sich auf die Schule ähnlich aus. Selbst deutsche Erzieher bevorzugten eindeutig die Einführung organisatorischer Prinzipien und didaktischer Methoden, von denen sich die gesamte deutsche Jugend in einem offenen System umfassen ließ, das Sachkenntnisse und Anschauungen entwickelte, die die Jugend für Leben, Arbeit und verantwortungsbewußtes Bürgertum in ihrer Gesellschaft ausrüsteten. Obwohl verschiedene soziale Modelle zugrunde lagen, herrschte unter den maßgebenden Behörden doch allgemeine Übereinstimmung darüber, daß in einer sozial sachdienlichen Schulsituation der Nachdruck auf ausschließlich intellektuelle oder berufsbildende Richtlinien gedämpft werden mußte.

Berlins neue Insellage während der Nachkriegszeit verstärkte das Vorrecht auf autonome Entscheidungen in Bildungsfragen, das die Länder traditionsgemäß genossen hatten. Als Stadtstaat hatte Berlin in jedem Fall verhältnismäßig freie Hand in Kulturangelegenheiten. Die besonderen gesetzlichen Bestimmungen jedoch, die in Berlin bereits aus der früheren Nachkriegszeit herrschten, verstärkten die Tendenz der Berliner und gleichzeitig der Westdeutschen, Berlin mit seinen gegebenen Institutionen als einen Einzelfall zu betrachten. Somit konnte Berlin sich ganz seinen sozialen progressiven Neigungen hingeben; außerdem wurden internationale Ergänzungen zu den bisher zugänglichen institutionellen Ideen angeregt.

Und was schließlich am meisten Bedeutung hatte, war die Tatsache, daß die Form der Bildungspolitik in der frühen Periode entsprechend dem Ost-West-Kontext gestaltet werden mußte. Der von den folgenden politischen Konflikten ausgelöste Druck auf das Bildungswesen trat eigentlich nur an die Stelle früherer Belastungen und erzwang so genügend ideologische Kompromisse, die eine auf jenen Erziehungsgrundlagen basierende Synthese ermöglichten, die von den einzelnen an der Erstellung der Richtlinien beteiligten Parteien gemeinsam akzeptiert werden konnte.

Das Produkt war ein in der Tat einzigartiges Schulwesen, das man, bedingt durch die kritische Nachkriegssituation in Berlin, als eine Form der deutschen Einheitsschule bezeichnen kann. Es besteht kein Zweifel, daß die wesentlichen Bestandteile des damals errichteten Fundaments in den kommenden Jahren erhalten blieben. Es fügte die Elemente der Bildungstradition und die Werte von der Gleichheit aller in einem System der Mobilisierung zusammen. Als sich die Situation mit der endgültigen Teilung in den westlichen und östlichen Sektor der Stadt jedoch änderte und Westberlin seine Bande mit der Bundesrepublik natürlich verstärkte, wurden Form und Struktur des Erziehungswesens diesem Wechsel angepaßt. Ohne die radikalen politischen Differenzen, die sich während der früheren Konfrontationen geäußert hatten, wurde die Politik des Konflikts durch die Politik der Übereinstimmung ersetzt. Eine grundsätzliche Meinungsgleichheit in Kulturangelegenheiten konnte ziemlich pragmatische Entscheidungen zulassen, die großenteils von Fachpädagogen formuliert wurden.

4 Ost-Deutschland

Die Bildungsziele in Ost-Deutschland und die zu ihrer Erreichung notwendigen Strukturen wurden zu Beginn von der Sowjetunion bestimmt, und der sowjetische Einfluß bei der Bestimmung der Richtlinien blieb weiterhin entscheidend. Im Zuge der politischen Lösungen nach 1945 wurden institutionelle Einrichtungen vollständig neu organisiert. Von dieser Zeit an wurde das Erziehungswesen so gestaltet, daß es die zeitgenössische Interpretation sozialistischer institutioneller Form widerspiegelte; Aufgabe des Bildungswesens war es, die soziale Philosophie durch Verhaltensänderung und direkten Beitrag zum wirtschaftlichen Wachstum praktisch anzuwenden.

In den westlichen Zonen beabsichtigten die Militärregierungen ziemlich früh, die örtliche Autonomie wiederherzustellen. Das geschah durch unterschiedlich starken Druck auf die Deutschen, sich den britischen, französischen oder amerikanischen institutionellen Vorlagen anzupassen. Als die Militärregierungen ihre Kontrolle aufgaben, war es den Deutschen freigestellt, sich dem Besatzungsdruck zu widersetzen, was sie auch, in manchen Fällen sogar sehr leidenschaftlich, taten. Die frühere Behandlung dieser Fragen für die Sowjetische Zone in Moskau hatte jedoch zur Folge, daß die Ziele der sowjetischen Militärregierung und der lokalen deutschen Behörden später vollkommen übereinstimmten. Das Nationalkomitee Freies Deutschland hatte seit 1942 in der UdSSR gearbeitet, und dort hatte man ganz bestimmte Vorschläge für einen kommunistischen Wiederaufbau der deutschen Gesellschaft bis 1944 vorbereitet (Günther/Uhlig, S. 14). Außerdem waren die sowjetischen Berater für politische Aufgaben in den Gebieten ihrer jeweiligen Verantwortung gut vorbereitet, was in den westlichen Zonen im allgemeinen nicht der Fall war. Auf dem Gebiet der Erziehung z. B. besaßen die Militärberater gründliche Kenntnisse der Geschichte der deutschen Erziehung und waren so in der Lage, solche Zeitperioden und Ereignisse aus der Geschichte auszuwählen, die eine für den sozialistischen Wiederaufbau von Schule und Gesellschaft vorteilhafte Interpretation unterstützten (z. B. „Deutsche Lehrerzeitung", S. 1). Wie die Reaktion der allgemeinen Öffentlichkeit über die sowjetische Militärbesatzung auch ausgefallen sein mag, fest steht, daß die Kontrolle gründlich und vollkommen war; es herrschte offensichtlich ein reibungsloses Arbeitsverhältnis zwischen den deutschen Führern und den Militärbehörden.

Die pädagogische Literatur der Sowjetzone in der frühen Nachkriegsperiode und auch später spiegelt diese Übereinstimmung und Reibungslosigkeit nur allzugut wider. Dem Sowjetbefehl Nr. 40 wurde eindeutig als Verdienst zuerkannt, die Zielsetzung und den Inhalt einer demokratischen Schulreform festgelegt zu haben, was ganz im Gegensatz zu der westdeutschen Reaktion auf einige der grundsätzlichen Punkte innerhalb der Bildungsrichtlinien der Militärregierungen stand. Angeblich erfüllte unter den Besatzungsmächten nur die Sowjetunion die Verpflichtung, die sie im Potsdamer Abkommen auf sich genommen hatte, einen demokratischen Wiederaufbau der deutschen Gesellschaft anzustreben. Und angeblich war es einzig die Sowjetunion, die das gemeinsam vereinbarte Erziehungsprogramm durchführte, das diejenigen aus dem deutschen Erziehungswesen entfernte, die es bisher im nationalsozialistischen, militaristischen und rassistischen Sinne verseucht hatten (Schneller, S. 5–31).

Die Rechtfertigung des energischen Eingreifens der Sowjetunion beim Wiederaufbau Ostdeutschlands und, daraus folgend, der starke Einfluß der SED auf die internen Gesellschaftsprozesse ließen das Vorhandensein sowjetischer Prinzipien und Praktiken in jedem institutionellen Gebiet spürbar werden. Dem russischen Beispiel folgte man auch in Bildungsangelegenheiten während der 50er und 60er Jahre, nicht nur was die Verwaltungsmethoden betraf, sondern auch die spezifischen Entwicklungen in der Organisationsstruktur und im Lehrplan des Schulsystems (Baske/Engelbert, I, z. B. S. 160, 164, 180, 195, 232, 276, 278, 353). Außerdem wurde der Begriff des Bildungswesens in systematischer Weise erweitert und umschloß dann auch Jugendbewegungen, Massenmedien, soziale Einführungsrituale, Ausbildungsprogramme für Landwirtschaft und Fabrik, künstlerische und sportliche Betätigungen, paramilitärische und gesellschaftliche Aufgaben und außerdem eine Vielfalt an Beteiligungsmöglichkeiten für jung und alt außerhalb des offiziellen Lehrplans.

Die Durchführung eines Institutionsmodells, das in eine andere Gesellschaft verpflanzt wird, bringt nicht zu vermeidende Konflikte mit sich. In der ostdeutschen Situation wurden diese Konflikte mit zwei grundsätzlichen Strategien gedämpft. Die erste bestand in der Verwendung von Parteiinterpretationen, um ein leicht verschiebbares Gleichgewicht zwischen nationaler Unabhängigkeit und der gegenseitigen Abhängigkeit sozialistischer Länder zu erwirken.

Gleichgewichtsverschiebungen wurden dadurch motiviert, daß die Partei das angemessene Verhältnis zwischen der Sowjetunion und der DDR während einer bestimmten Entwicklungsphase einschätzte. So kam es, daß die nach dem Krieg stattgefundene Verschmelzung sowjetischer und deutscher Interessen nach der Unabhängigkeit einer allgemeinen Verkoppelung der beiden Systeme Platz machte, wobei unterschiedliche Handlungsweisen in speziellen Erziehungsgebieten immer deutlicher in Erscheinung traten. Weder die endgültige Kontrolle der Sowjetunion noch die Anwendung der sowjetischen Erfahrung im ostdeutschen System wurden je in Frage gestellt, denn diese Tatsachen wurden mit der Zeit eher als gegeben betrachtet und deshalb nicht angepriesen. Das Verhältnis wird erst in bezug auf ganz bestimmte institutionelle Fragen offenkundig.

Die zweite Strategie erforderte die Wiederherstellung einer nationalen Identität, die im Einklang mit dem internationalen Kommunismus stand. Der geschichtlichen Dimension wurde eine Denkungsweise eingeräumt, die die fortschrittlichen Ideen von der deutschen Erziehungsgeschichte ablenkt, sie in die Sowjetunion führt und von dort wieder in den deutschen Ideenstrom der DDR zurückleitet. Sofern diese Ideen unter sowjetischen Gesichtspunkten interpretiert worden sind, müssen sie immer wieder neu gedeutet werden, um sie mit den sozialen Zuständen und Bestimmungen in der DDR in Einklang zu bringen. Bildungsformen sind in der Theorie also national in ihrer Bezugnahme auf die deutsche Geschichte und die gegenwärtige Gesellschaft der DDR. Da sie aber auf generellen kommunistischen sozio-ökonomischen Annahmen beruhen, stimmen sie mit den Entwicklungen anderer kommunistischer Länder überein und weichen von den Entwicklungen in Westeuropa, Westdeutschland inbegriffen, ab.

Der Ausbau des sofort nach dem Krieg in Ostdeutschland errichteten Erziehungswesens war ein ziemlicher Notbehelf, der aber die Bildungserwartungen deutscher Sozialisten seit mehr als hundert Jahren verkörperte und das Fundament für die folgenden Entwicklungen legte. Gleichheit, Einheitlichkeit und Säkularität waren die grundlegenden Prinzipien dieses Systems. Sie bestimmten die Struktur des Erziehungssystems in der erweiterten achtjährigen Einheitsschule, zuerst im Vorschulprogramm und danach in den anschließenden berufsbildenden oder allgemeinbildenden höheren Schulen, denen beiden eine weiterbildende Funktion zukam.

Der ursprüngliche Reformversuch wollte hauptsächlich alte Formen und Normen eliminieren. Seit 1959 hat man sich positiv mit der Entwicklung des einheitlichen sozialistischen Schulsystems auseinandergesetzt. Das zentrale Verbindungsglied in diesem System wurde die zehnjährige allgemeine polytechnische Oberschule, die für alle Kinder vorgeschrieben und mit unterschiedlichen Mittelschultypen verknüpft ist, die alternative Ausbildungs- und Weiterbildungsmöglichkeiten anbieten. Die Reformen seit 1959 müssen als eine fortschreitende Entwicklung betrachtet werden, z. B. die Einführung und Verknüpfung von Prinzipien, die zu diesem Zeitpunkt bereits fest für das Bildungswesen aufgestellt waren. Das Vorschulprogramm wurde seitdem ständig ausgebaut, um einerseits eine größere Chancengleichheit zu ermöglichen und um außerdem die Frauen als Arbeitskräfte freizusetzen. Die zehnjährige Schule wurde strukturell verfeinert und hat nun drei Ebenen. Eine ständige Begleitforschung zielt auf die wissenschaftliche Bedeutung und die fruchtbare Anwendung curricularer Prinzipien auf den Lehrplan, um ein erfolgreicheres systematisches Lehren zu ermöglichen. Die Programme für die höheren Schulstufen wurden sorgfältig ausgearbeitet und differenziert und ihre Verbindungen zur Einheitsschule verstärkt, womit die Integration von berufsbildender und allgemeinbildender Erziehung gesichert, horizontale Flexibilität hergestellt und gleichzeitig individuelle Begabungen im Interesse der wirtschaftlichen Entwicklung gefördert werden (Anweiler). Die Richtung dieser Reform wird von gewissen grundlegenden Prinzipien bestimmt. Dabei sind Einheitlichkeit und polytechnische Bildung von entscheidender Bedeutung.

Das Konzept der *Einheitlichkeit* ist weit umfassend und bedeutungsvoll. Es umschließt nicht nur die schon verbundenen Teile des Systems, sondern auch die wesentlichen Glieder, die sie miteinander verbinden. Es schließt alle Schulen, alle Schultypen und Schulstufen ein sowie alle Bindeglieder zwischen den einzelnen Schulen, zwischen Schulen und anderen Bildungsstätten und zwischen dem Bildungswesen und anderen gesellschaftlichen Institutionen. Es beinhaltet Totalität und verlangt nach einer einzigen zentralen Planung und Autorität. In diesem Konzept wird das Erziehungswesen unter dem Aspekt der totalen sozialistischen Politik der DDR behandelt und von der für diese Politik zuständigen staatlichen Autorität bestimmt. Da Einheitlichkeit auch auf eine Normierung der Ziele und eine Kollektivierung der Schülerschaft hinzielt, wird das gleiche Konzept auch dazu genutzt, eine bewußte, aktive Anteilnahme der Bevölkerung an der Durchführung sozialistischer Politik anzuregen.

Die *polytechnische Bildung* spiegelt die industrielle Gesellschaft im Lehrplan der Schule wider. Wie Sozialkunde in den Vereinigten Staaten von Amerika ist die polytechnische Bildung gleichzeitig Lehrfach und Prinzip, von dem das gesamte Schulprogramm durchdrungen ist. Der Lehrplan entspricht den Hauptgebieten der wirtschaftlichen Produktion, und die Schüler erwerben Sachkenntnisse für Fabriken oder landwirtschaftliche Betriebe. Die Funktion der polytechnischen Bildung, die Jugend auf die richtige Berufswahl vorzubereiten, bringt sie in besonderen Bezug zur berufsbildenden Erziehung. Was in der allgemeinen Ausbildung noch wichtiger ist, ist die Nutzbarmachung des polytechnischen Unterrichts, um „technisches Denken", d. h. eine positive Einstellung der Arbeit gegenüber und die Anerkennung kollektiver Beziehungen anzuregen, die das Leben in einer modernen sozialistischen Industriegesellschaft bestimmen. Die jüngsten Reformen legten mehr denn je Gewicht auf das Vorhaben, eine allgemeine Wissenschaft der Technik zu entwickeln und dieses Fach in den Mittelpunkt der allgemeinbildenden Erziehung zu stellen. Obwohl einige westliche Staaten dieses Vorhaben als angemessen anerkannt haben, hat es doch in keinem anderen Land außerhalb des sozialistischen Blocks zu einer neuen Definition des Bildungsinhalts geführt. (Siehe Klein; Hurtienne, S. 168–192; Voelmy)

5 West-Deutschland

In West-Deutschland scheinen sich die Veränderungsmuster auf solche institutionellen Neueinrichtungen zu konzentrieren, die eine differenzierte Gesellschaft unterstreichen und entwickeln und die die Fähigkeiten der Gesellschaft, sich neuzeitlichen Bedingungen und Veränderungen anzupassen, in Betracht ziehen.

Eine Untersuchung dieses Veränderungsmusters bringt im wesentlichen zwei Aspekte: die Identifizierung der sozialen und politischen Faktoren, die Entscheidungen in der Bildungspolitik beeinflussen, und die Projektion dieser Bestimmungsfaktoren durch die Politik auf die eigentlichen institutionellen Veränderungen. Obwohl der Fortbestand der deutsch-europäischen Kultur nicht bezweifelt wird, kann man gegen eine soziale Organisation nicht einfach Stellung beziehen, keine einheitlichen Richtlinien für die Entwicklung der Institutionen erstellen und auch keine Zentralautorität einsetzen, die Differenzen ausgleicht oder abweichende Meinungen verwirft. Die Entwicklung ist aus den einzelnen Teilen besonderer Interessengebiete und Weltanschauungen, wie sie in einer pluralistischen Gesellschaft existieren, zusammengesetzt, um von den verschiedenen zuständigen Stellen in einem dezentralisierten System zusammengefügt zu werden.

Die außernationale Kontrolle West-Deutschlands während der Besatzungszeit wurde durch ihre Verteilung auf drei Regierungsmächte geschwächt, die selber unterschiedliche Auffassungen von Gesellschaft und

Erziehung hatten. Außerdem wurde diese Kontrolle als außer-kulturell verstanden und besaß daher nicht die Eigenschaften der allgemeinen, alles durchdringenden oder fortdauernden Anwendbarkeit. Deshalb stellte West-Deutschland die Form und Struktur eines Schulwesens wieder her, das sich in dieser Gesellschaft entwickelt hatte, mit zusätzlich internationalem Inhalt der Erziehungsideen und mit vagen liberaldemokratischen Zielen für das Bildungswesen.

Das Bedürfnis nach einer sozialen Reform als Folge des nationalsozialistischen Verhängnisse mußte notwendigerweise in das Erziehungswesen eingreifen, mit dem Ergebnis, daß die Debatte über die Schulreform seitdem immer noch akut ist. Sie wurde durch Meinungsverschiedenheiten, die sowohl intern als auch zwischen den verschiedenen Gruppen bestanden, kompliziert, was ein Nicht-System zur Folge hatte, das aus einer Kompromißlösung bestand, in der die verschiedenen Interessengebiete in Form verschiedener Schultypen vertreten waren. In einem sehr realen Sinn kann man die Reformbestrebungen im westdeutschen Bildungssystem als einen Versuch betrachten, diese diversen Interessengebiete in einer modernen Bildungsprogression zu vereinigen.

Die wichtigsten Wortführer in dieser Debatte waren die Kirchen, die politischen Parteien und die Lehrerverbände. Es handelte sich um die folgenden Streitfragen: Dauer und Funktion der Volksschule, Alter und Ausleseverfahren hinsichtlich der Einteilung der Schüler in Begabungsgruppen für die weiterbildende Erziehung, Rolle des Religionsunterrichts und, damit eng verbunden, der Platz der Schule zwischen Gemeinde und öffentlichem Schulsystem; außerdem wurde die angemessene Grundlage für den allgemeinen oder den nach dem jeweiligen Schultypus ausgerichteten Lehrplan diskutiert. Alle diese Streitfragen wurden in bezug auf die Frage nach der Rolle der Schule im sozialen Wandel beleuchtet, und die Stellungnahmen zu dieser Frage waren zwiespältig. Im Grunde waren es diejenigen, die in der Schule ein soziales Instrument sahen, die einem Wandel im Erziehungswesen am radikalsten zustimmten. Diejenigen, die die bereits gewohnten Traditionen zu bewahren versuchten, unterstützten zwar einen Wechsel im Erziehungswesen, aber nicht in einem solchen Ausmaß, daß sich der wesentliche Charakter der Schulen ändern würde. Dies bedeutete, daß sich die Beteiligten über gewisse institutionelle Neuformulierungen zwar einigten, aber weitreichende Reformen größtenteils verhindert wurden. Regional wurden, dem Leitsatz der Autonomie des Bundeslandes in Kulturangelegenheiten folgend, spezielle Entscheidungen getroffen. Sie entsprachen dem regionalen Einfluß der Wortführer und der Kompromißbereitschaft der teilnehmenden Fachleute.

Gewisse Reformanstöße setzten sich jedoch gegen diese Verschiedenheit der Ansichten durch. Sie kamen zwar nicht von den Schulen; sie wurden jedoch in das Bildungswesen aufgenommen und lösten gewisse soziale Erwartungen aus. Es sind hauptsächlich Anstöße aus den Bereichen der wirtschaftlichen Entwicklung, der sozialen Demokratie und der politischen Teilnahme, die man nur durch die Unterstützung des Bildungswesens wachzuhalten vermochte. Überdies wird die Bezugnahme dieser Begriffe erst deutlich, wenn man sie im Rahmen einer bestimmten politischen Gemeinschaft betrachtet, die immer deutlicher durch die westeuropäische Übereinstimmung charakterisiert wird. Die Normen und allgemeinen Erwartungen, die aus der europäischen Interpretation dieser Anstöße herrühren, haben tatsächlich einen gewissen Grad an Übereinstimmung in den Diskussionen über Erziehung erzielt. Es besteht schon lange kein haltbares Argument mehr gegen die Ausbreitung des einheitlichen Schulwesens, weder gegen die Neustrukturierung der Oberstufenklassen, die auf die verschiedensten Interessen und Talente ausgerichtet sind, noch gegen eine Modernisierung des Lehrplans durch Kernstudien und differenzierte Lehrgänge, die beide Bezug auf die Gesellschaft außerhalb der Schule nehmen. Es gibt auch kein stichhaltiges Argument mehr gegen die Behauptung, daß soziales Wohlergehen und wirtschaftlicher Fortschritt vom Ansporn auf ein im ganzen höherliegendes Bildungsniveau der Schulbevölkerung abhängen. Es besteht kein Einwand gegen die zentrale Bedeutung politischer Erziehung oder gegen die Verantwortlichkeit der Schule, der Jugend einer Nation die Prinzipien oder Verhaltensregeln eines demokratischen Systems zu vermitteln[2].

Die pluralistischen Normen einer Gesellschaft und die Traditionen der Vielfalt von Stellungnahmen gegenüber Erziehungsproblemen sind als gegeben zu betrachten. Es ist aber kaum anzunehmen, daß diese Antriebe alle Unstimmigkeiten in Detail- und Durchführungsfragen gelöst haben. Um dies zu rationalisieren und Maßnahmen im Sinne dieser Entwicklung einzuleiten, sind Planungsprogramme in Gang gesetzt worden, die nicht automatisch zu einheitlicher Planung führen, die aber eine Beschleunigung auf solchen Gebieten zu versprechen scheinen, in denen bereits eine grundsätzliche Übereinstimmung herrscht.

---

[2] In den neuesten Ergebnissen der „International Association for Evaluation of Educational Achievement" wurde ein totaler Umschwung in der Nachkriegsauffassung von der relativen Wirkungskraft des politischen Unterrichts festgestellt. In der Kenntnis des politischen Systems erzielten die westdeutschen Schüler mit die höchste Punktzahl innerhalb nationaler Gruppen, während die amerikanischen Schüler nur niedrige Punktzahlen erreichten. Veröffentlicht in: „Education" U.S.A., November 20, 1978.

Aus diesen Veränderungen entstand die Konzeption eines Schulsystems, das zwar noch die Prinzipien der Differenzierung auf einer einheitlichen Grundlage beibehält, die sich aber sowohl in horizontalen als auch in vertikalen Dimensionen ausdehnt, um eine breitere Schülerpopulation und eine größere Vielfalt der Unterrichtsprogramme zu umfassen – in seiner wesentlichen Form weicht dieses Konzept nicht sehr von dem ab, das der ostdeutschen Struktur zugrunde liegt.

6 Zusammenfassung

Betrachtet man noch einmal die Entwicklung der Systeme in den beiden deutschen Staaten, so findet man sowohl in den frühen als auch den späten Phasen des Wiederaufbaus des Bildungswesens und in den wesentlichen Strukturen eine erstaunliche Ähnlichkeit. Beide erkennen die Wichtigkeit von Vorschuleinrichtungen an. Beide entwickeln eine verbesserte, verlängerte Volksschule in einem alles umfassenden System, das aus bereits vorhandenen deutschen Komponenten zusammengesetzt ist; beide verwenden drei grundlegende Schularten in den höheren Klassen der Oberstufe, und beide ergänzen die Universität im System mit neuen spezialisierten Instituten höherer Ausbildung. Sogar innerhalb der Struktur zeigen sich Ähnlichkeiten in den Übergängen und den Wegen zur Weiterbildung. Vor den Reformen der 60er Jahre war die Volksschule in zwei Abschnitte zu je 4 Jahren mit einer allgemeinbildenden und berufsbildenden Ausrichtung eingeteilt. Im Augenblick haben sich die norddeutschen Länder der Bundesrepublik und die DDR einem System angenähert, das – den Sonderfall der Orientierungsstufe eingeschlossen – aus sechs Jahren Grundschulausbildung besteht. In die höheren Klassen ist die Berufsberatung eingefügt worden. Ihnen folgen vier Jahre allgemeinbildender Oberstufenausbildung, die sich in verschiedene Zweige gliedert. Schließlich folgen zwei oder drei Schuljahre, die entweder direkt in einen Beruf oder ein differenziertes Hochschulprogramm einmünden. Solche Verweise auf die Struktur des Bildungssystems decken möglicherweise eine fundamentale Übereinstimmung unter den Bildungspolitikern beider deutschen Staaten auf, was den wesentlichen Bildungscharakter und die Notwendigkeit für Modernisierungsstrategien betrifft.

Die Elemente der historisch entwickelten Kultur und ihre sozialen Folgen unterscheiden sich jedoch in beiden Staaten so sehr wie ihre Entwicklungsstrategien. Daher ist die Erklärung des Wandels nicht im Bildungswesen selbst zu finden, sondern im kulturellen Fortbestand und in der sozio-politischen Wirkung (siehe Dahrendorf, Kap. 2).

Betrachtet man die Debatte über die Einheitsschule in der Berliner Stadtversammlung von 1947, so läßt sich die Reichweite der ganzen Auseinandersetzung erfassen; sie zielt weit über die institutionellen Grenzen des Erziehungswesens hinaus, auch über die Irrelevanz einzelner institutioneller Lösungen hinsichtlich weit ausgreifender Probleme der zeitgenössischen Gesellschaft (siehe Stadtverordnetenversammlung, S. 33). Der entscheidende Streitpunkt über die Dauer der Volksschule verliert durch Veränderungen sozialer Formen und Gruppen an Deutlichkeit. Diese allgemeine Verwirrung durchdringt fast unbemerkt alle sich auf spezielle pädagogische, politische oder religiöse Prinzipien beziehenden Argumente. Das Versäumnis der politischen Interessen, Rechenschaft über die Veränderungen abzulegen, die den praxisbezogenen Inhalt ihrer sozialen Philosophien verändern, verstärkte die Widersprüche der Vergangenheit und führte zu Verzweiflung, da diese Widersprüche in der Gegenwart nicht realitätsnah gelöst werden konnten. In Wirklichkeit gab es eigentlich keine Neuformulierung des Kultursystems, das neu auftretende Änderungen einbezog. So wurden in gewissen Institutionen traditionelle Kulturnormen gleichzeitig mit radikalen Änderungen beibehalten, was Anlaß zu sozialen Unstimmigkeiten bot, die nicht, oder nur künstlich eingeleitet, aufgehoben werden konnten. Diese unterschwelligen Unstimmigkeiten haben Versuche innerhalb des deutschen Bildungswesens erschwert, kulturvermittelnde Funktionen regelmäßig zu erfüllen, die Jugend zu sozialisieren und die Modernisierung der Gesellschaft zu unterstützen. Das Kulturgut als Problem oder Wertfrage durchdringt nach wie vor die Entwicklungen im Erziehungswesen, und da es selbst den Wandel in Bildung und Gesellschaft beschränkt, kann es gut möglich sein, daß es die kulturelle Synthese verhindert, die für eine gegenwärtige wirkungsvolle Aktivierung des Institutionswesens notwendig ist.

Man kann trotzdem behaupten, daß der Krieg und die Besatzung einen massiven historischen Eingriff mit sich brachten. Man kann auch sagen, daß die bestimmenden Wesenszüge der Erziehungssysteme in beiden deutschen Staaten von eben diesen sozialen Begabungen stammen, die für die Anpassung dieser Formen notwendig sind. So wurden die Mittel, der Inhalt und die Zielsetzungen des Bildungswesens nach sozialen Prinzipien für die folgenden Gebiete ausgerichtet: für die Wirtschaft, für politische Entscheidungen, für die Planung, die Autorität und die maßgebende Kompetenz, für den sozialen Status und die soziale Mobilität. Darin eingeschlossen sind die dafür notwendigen Kompetenzen, die von der Schule bewertet werden, nämlich für Technik und Technokratie, für Beweisgrundregeln, für die Ergänzungsfähigkeit der Institutionen, darin eingeschlossen die Verkettung ihrer „Kontrollzentren", für soziales Verhalten und Verständigung und sogar für intellektuelle Begriffsbestimmungen.

Veränderungen im Bildungswesen werden durch die Tragweite politischer Manifestationen eines einschneidenden sozialen Wandels ausgelöst – diese Lehre zeigt der Eingriff geschichtlicher Ereignisse der Nachkriegszeit in das deutsche Erziehungswesen. Die Grundlagen sind soziopolitischer Natur. Es bleibt den Erziehern, die von diesen Grundlagen ausgehen, überlassen, solche Verfahrensweisen auszuarbeiten, die den ideologischen und verhaltensmäßigen Unterlagen institutionelles Format geben.

Die Kritik am deutschen und später westdeutschen Erziehungswesen richtet sich in der Hauptsache gegen seine Naivität, daß es unter allen institutionellen Systemen, die in dieser Zeit miteinander rivalisierten, ausschließlich versuchte, durch Verwendung der Schule, des Lehrplans und des Lehrers mit bereits erkannten Problemen fertigzuwerden, so, als wären sie nur Lösungen im Bildungsbereich unterworfen, ohne sich dabei einzugestehen, daß bei politischem Druck soziale oder wirtschaftliche Faktoren vorherrschen.

Literatur

Anweiler, Oskar: Strukturprobleme des allgemeinbildenden Schulwesens der DDR. In: W. Hilligen / R. Rasch (Hrsg.): Pädagogische Forschung und pädagogischer Fortschritt. Bielefeld 1970
Baske, Siegfried / Engelbert, Martha (Hrsg.): Zwei Jahrzehnte Bildungspolitik in der Sowjetzone Deutschlands. Bd. I und II, Berlin 1966
Butler, Eliza M.: The Tyranny of Greece over Germany. Boston 1958
Dahrendorf, Ralf: Society and Democracy in Germany. Garden City, N. Y. 1969
Deutsche Lehrerzeitung: Freunde seit der ersten Stunde. Nr. 18, 1961
Günther, Karl Heinz / Uhlig, Gottfried: Aktionsprogramm des Blocks der kämpferischen Demokratie. In: Geschichte der Schule in der Deutschen Demokratischen Republik 1954 bis 1968. Berlin 1969
Hearnden, Arthur: Education in the Two Germanies. Oxford 1974
Heidelmeyer, Wolfgang / Hendrichs, Guenther (Hrsg.): Documents on Berlin 1943–1963. München 1963
Hurtienne, Gerlind: Die Entwicklung der polytechnischen Bildung in der Sowjetunion und in der DDR in vergleichender Sicht. In: O. Anweiler: Bildungsreform. Stuttgart 1969

Klein, Helmut: Polytechnische Bildung und Erziehung in der DDR. Reinbek 1962
Kohlsdorf, Fred: Marxistische Philosophie und sozialistische Bildungskonzeption. In: Pädagogik. 1965
Lawson, Robert F.: Reform of the West German School System, 1945–1962. In: University of Michigan Comparative Education Series 1965 *(zit. als: Lawson, 1965)*
Lawson, Robert F.: The Ring and the Book: Educational Change in Berlin. In: R.-D. Heyman, R. F. Lawson und R. M. Stamp: Studies in Educational Change. Toronto 1972 *(zit. als: Lawson, 1972)*
Leonhard, Wolfgang: Die Revolution entläßt ihre Kinder. Frankfurt/M. 1961
Moore, Barrington: Social Origins of Dictatorship and Democracy. Boston 1966
Rhode, Gotthold / Wagner, Wolfgang (Hrsg.): The Genesis of the Oder-Neisse Line. Stuttgart 1959
Schneller, Wilhelm: Die Deutsche Demokratische Schule. Berlin 1955
Stadtverordnetenversammlung von Groß-Berlin. 1. Wahlperiode. Stenographischer Bericht, 45. (Ordentliche) Sitzung 1947. 2. Beratung des Schulgesetzes, S. 33
Voelmy, Willi: Polytechnischer Unterricht in der DDR seit 1964. Frankfurt/M. 1969

Otto Schlander

Der Einfluß von John Dewey und Hans Morgenthau auf die Formulierung der Re-educationspolitik

1 Die Notwendigkeit der Umerziehung[1]

Es kann keinem Zweifel unterliegen, daß die mit dem nationalsozialistischen Deutschland verfeindeten Mächte nach dessen Besiegung das in den Jahren 1933 bis 1945 pervertierte Erziehungswesen nicht bestehen lassen konnten. Erklärtermaßen war es in den Dienst der aggressiven deutschen Politik gestellt worden, indem es eine Jugend heranbildete, die bereit war, andere Länder zu erobern und fremde Völker zu unterjochen. Die Niederlage der Nationalsozialisten mußte daher begleitet werden von der Beseitigung des von ihnen beherrschten Schulwesens, wenn die Sieger nicht Gefahr laufen wollten, nach einiger Zeit erneut mit dem kriegerischen Deutschland konfrontiert zu werden. Wenn die Nationalsozialisten sich angemaßt hatten, den Krieg total zu führen, indem sie jeden einzelnen und jede Institution für den Kampf mobilisierten, so mußte auch die Niederlage total sein. Kein für die Kriegszwecke aktivierter Bereich konnte nach dem 9. Mai 1945 in der gleichen Weise weiterarbeiten wie in den Jahren zuvor. Es mußte zumindest der Versuch der Entnazifizierung unternommen werden. Die ihrem wahren Zweck entfremdeten Organe der Erziehung mußten von NS-Einflüssen gereinigt werden und die Funktion der Hinführung der Jugend zur Demokratie und Friedensbereitschaft erhalten.

Die Erfüllung der offensichtlich selbstverständlichen Forderung war aber mit Schwierigkeiten verknüpft. Der Patient, das deutsche Erziehungswesen, bedurfte einer sorgfältigen Behandlung, so daß er gesunden konnte. Der notwendigen Therapie mußte eine Diagnose vorausgehen, welche die Wurzel des Übels aufwies, so daß nicht nur an vordergründigen Symptomen herumkuriert wurde, sondern daß eine radikale Abkehr von dem Vergangenen möglich wurde. Eine mit einer gründlichen Diagnose verbundene Frage war die nach dem Zeitpunkt, an dem die Krankheit ausgebrochen war. Wurden unheilvolle Bestrebungen erst nach 1933

---

[1] Auf Literaturhinweise und ein Literaturverzeichnis wurde verzichtet. Dafür verweise ich auf meine im Verlag Lang (Bern/Frankfurt/M.) erschienene Dissertation „Reeducation – Ein politisch-pädagogisches Prinzip im Widerstreit der Gruppen".

in das deutsche Schulwesen getragen, oder war vielleicht schon das Erziehungswesen einer früheren Zeit neben anderen Kräften ebenfalls ein Wegbereiter des Nationalsozialismus gewesen? Wie hatte schließlich ein Bildungswesen auszusehen, das demokratischen Ansprüchen genügen konnte? Oder gab es vielleicht mehrere Ausprägungen desselben? Für welche Form sollte sich dann eine zukünftige Besatzungsmacht entscheiden? Abgesehen von der Haltung und der Reaktion derjenigen, die zu einer neuen Erziehung geführt werden sollten, stellte sich den Siegern ein ganzes Bündel von Fragen, die einer sorgfältigen Erörterung bedurften.

Es ist hier nicht der Ort, um sämtliche Aspekte, Voraussetzungen und Konsequenzen, Erfolge und Fehler, Irrtümer und auch richtige Einsätze innerhalb der Re-education zu würdigen. Vielmehr sollen ausschnittweise aus der Fülle der Programme und Konzeptionen zur Umerziehung zwei allerdings bedeutende Sichtweisen des Problems, welche zu verschiedenen Zeiten die Politik der US-Regierung nachhaltig beeinflußten, knapp dargestellt werden. Die Konzeptionen sind mit den Namen John Dewey und Hans Morgenthau jr. verbunden, die ohne offiziellen Auftrag ihre Vorstellungen von der Re-education entwickelten. Zwar war Morgenthau Finanzminister und Freund des Präsidenten Roosevelt, doch wurden seine Gedanken und auch der nach ihm benannte Plan mehr von dem Menschen als von dem Regierungsmitglied bestimmt. Nur für eine kurze Zeitspanne war sein Denken neben anderen Plänen im Hinblick auf die Re-education von großem Einfluß auf die offizielle Politik. Dies war ausreichend, um die Umerziehung in einer entscheidenden Phase in ein im Grunde ungünstiges Fahrwasser zu lenken. Die Auswirkungen seiner Pläne auf die Umerziehung seien zuerst behandelt, obwohl die grundlegende Kritik John Deweys an Deutschland und indirekt auch am deutschen Schulwesen bereits in den Tagen des Ersten Weltkriegs entstanden war. Die von seinen Vorstellungen mitbestimmte Periode der Umerziehungspolitik setzte erst dann ein, als sich die Besatzungsmacht von dem Programm Morgenthaus entfernte.

2 Die Schule im Agrarstaat nach den Vorstellungen Morgenthaus

2.1 Der Morgenthau-Plan

Hans Morgenthau dachte vor allem politisch, als er Roosevelt seinen Plan für die Zukunft Deutschlands vorlegte und als er 1945 der Öffentlichkeit sein Buch „Germany is our Problem" übergab. Wie zahlreiche

Amerikaner stand er zu dieser Zeit stark unter dem Eindruck der von den Deutschen verübten Greuel. Es war die Zeit, als die Berichte über die deutschen Konzentrationslager bekannt oder bestätigt wurden. Primär war für ihn, wie nach der Niederschlagung der nationalsozialistischen Herrschaft eine Wiedererstarkung Deutschlands verhindert werden konnte. Auch nach dem Ersten Weltkrieg und nach dem Frieden von Versailles war es den Deutschen gelungen, erneut eine militärische Macht zu werden, welche die Welt in Furcht und Schrecken versetzte. Eine Wiederholung ließ sich nach Morgenthau nur dadurch verhindern, daß die Grundlage der kriegerischen Stärke, die Industrie, welche den Kraftquell für stets neue militärische Abenteuer darstellte, zerschlagen wurde. Entscheidend war daher für ihn der Satz, welcher Deutschland lediglich eine Zukunft als Agrarstaat zugestand: „Germany's road to peace leads to the farm". Verglichen mit der Umwandlung des besiegten Landes in einen großen landwirtschaftlichen Betrieb, waren alle anderen Aufgaben, die sich den Siegern stellten, sekundär. Konsequenterweise waren die Passagen über das Erziehungswesen im Morgenthau-Plan knapp und wenig für einen Wiederaufbau geeignet. Die Anstalten der höheren Bildung waren zunächst zu schließen. Morgenthau erwartete, daß einige Zeit vergehen werde, bis ein Programm für die Arbeit der Institutionen verabschiedet sein werde, das die Grundlage für die weitere Tätigkeit sein sollte. Er konnte sich mit der Erstellung von Plänen ohnehin Zeit lassen, da ein agrarisch bestimmtes Land mit der damaligen landwirtschaftlichen Arbeitsweise nur wenige hochqualifizierte Kräfte benötigte. Diese sollten auf ausländischen Universitäten ausgebildet werden. Nur für die Elementarschulen sah er eine andere Regelung vor. Sie sollten eröffnet werden, wenn zuverlässige Lehrer und brauchbare Bücher zur Verfügung ständen. Aber im besiegten Nachkriegsdeutschland konnten die genannten Forderungen für lange Zeit unerfüllbar sein.

2.2 *Germany is our problem*

Die programmatischen Ausführungen des Finanzministers wurden erweitert in dem schon genannten Werk „Germany is our Problem". Wiederum dominierte die Politik. Fragen der Erziehung waren ihr untergeordnet. Insgesamt sah er nur geringe Chancen, ein großes Volk zur Demokratie zu erziehen. Er gebrauchte dabei das Wort von der „miseducation", die in Deutschland für zwei oder drei Menschenalter vorgeherrscht habe. Die deutschen Schulen seien die Institutionen gewesen, durch die ein kriegerischer Geist den Menschen vermittelt worden sei. Die Schulen vom Kindergarten bis zur Universität hätten den Gedanken der preußisch-deutschen Vorherrschaft vertreten, indem sie auf die Lehren von Hegel und Fichte zurückgegriffen und diese verbreitet hätten. In Fichtes „Geschlossenem Handelsstaat" sah er die Vorwegnahme der Wirtschaftspolitik von Hjalmar Schacht. Morgenthau sah den Unterschied zwischen einer friedlichen Politik und der Propagierung von Ideen des Militarismus bereits um das Jahr 1800 verwirklicht, als in den USA Jefferson und Hamilton um das Verständnis von Demokratie stritten, während in Deutschland in den Schriften der Philosophen der Krieg verherrlicht wurde.

Die Umerziehung war für Morgenthau zunächst und vor allem die Umwandlung des Landes aus einem Industrie- in einen Agrarstaat. Erst wenn dieser Prozeß abgeschlossen sei, könne die eigentliche erzieherische Arbeit beginnen. Ihr stand Morgenthau reichlich pessimistisch gegenüber. Anlaß zur Hoffnung gäben nur die deutschen Emigranten, welche aus Friedensliebe Deutschland verlassen hätten. Sie hätten die Hauptarbeit zu leisten in dem Bestreben, die Deutschen für eine friedliche Gesinnung zu gewinnen. Er erwartete, daß der Prozeß unendlich langsam vor sich gehen werde. Die größten Schwierigkeiten bei der Einpflanzung eines neuen Denkens würden die Familien leisten. Selbst wenn es möglich wäre, die Schule von NS-Einflüssen zu reinigen, müsse damit gerechnet werden, daß die in der Hitlerzeit herangewachsene Elterngeneration sich für einen neuen Geist resistent erweisen werde. Der tiefgreifende Einfluß der Väter und Mütter könne nur durch eine neue Generation, die in anderer Umgebung groß geworden sei, beseitigt werden. Auch die Entsendung von Lehrern aus den Ländern der Alliierten nach Deutschland lehnte er ab. Das Unternehmen war ihm viel zu zweifelhaft. Für viele Jahre rechnete er damit, daß die deutschen Schulen die Hoffnungen der Friedliebenden enttäuschen würden.

2.3 Die Auswirkungen auf die frühe Phase der Re-education

Wenn auch der Pessimismus Morgenthaus aus den Zeitumständen verständlich ist, so war er doch ein schlechter Ratgeber. Eine große Aufgabe wie die Umerziehung eines Volkes mit der Erwartung der Enttäuschung zu beginnen, mußte sich verhängnisvoll auswirken. Wenn auch Morgenthaus Vorschläge für die Gestaltung der Nachkriegspolitik umstritten und nicht allein Richtschnur waren, so hatten sie doch für eine begrenzte Zeit einen erheblichen Einfluß auf die Gestaltung der Besatzungspolitik. Die das Erziehungswesen betreffenden Anweisungen für den amerikanischen Befehlshaber in Deutschland, die Direktive

JCS 1067, war stark von Morgenthau bestimmt. Von der Konzeption des Finanzministers übernommen war der Auftrag, die deutschen Schulen zu schließen und den Geist des Nationalsozialismus zu verbannen. Morgenthau hatte mit einer größeren Zeitspanne bis zur Wiedereröffnung der Schulen und Universitäten in Deutschland gerechnet. JCS 1067 unterschied sich nur geringfügig von diesen Vorstellungen. Zunächst waren Schulbücher und Lehrpläne zu entwerfen, die von demokratischem Geist erfüllt waren. Nach der Erfüllung der Forderung konnten Volks-, Mittel- und Berufsschulen eröffnet werden. Eine längere Frist der Schließung war für die höheren Schulen und die Universitäten zu erwarten. Inzwischen war der Kontrollrat etabliert worden, dem es aufgegeben war, Pläne für die Institutionen der weiterführenden Bildung zu erarbeiten. In Abweichung von den Gedanken Morgenthaus war es dem Militärgouverneur überlassen, in Erwartung derartiger Programme Schulen und Universitäten nach vorläufigen Lehrplänen mit ihrer Arbeit beginnen zu lassen. Den Besatzungsbehörden war damit die Entscheidung über die zukünftige Gestaltung des deutschen Schulwesens überlassen.

Sicherlich war es notwendig, vorübergehend die Schulen zu schließen und nationalsozialistische und militaristische Lehren aus Schulen und Hochschulen zu verbannen. Dies konnte aber nur der erste Schritt sein. Aufbauende Maßnahmen nach dem Zusammenbruch und der Zerschlagung des pervertierten NS-Schulwesens mußten folgen. Diese wurden nicht genannt, eben weil das Hauptaugenmerk auf die primär politischen Ziele gerichtet blieb. Von dem Erziehungswesen blieben nur bittere Früchte zu erwarten, also war es nicht eilig, seine Wiedereröffnung voranzutreiben. Nun ist eine Besatzungsarmee zweifellos eher in der Lage, Schulen zu schließen, als das schwierige Geschäft einer Reform an Haupt und Gliedern der verschiedenen Schulen durchzuführen. Das aber wurde von ihr erwartet. Auch bei Anerkennung des guten Willens der für Schulfragen zuständigen Besatzungsoffiziere waren sie überfordert. Sie konnten Nazi-Lehrer und NS-Schulbücher entfernen, einen Neubau konnten sie nicht errichten. Genauere Anweisungen dazu fehlten. Ohne die deutschen Kräfte als konservativ oder gar reaktionär bezeichnen zu wollen, war ihnen damit Gelegenheit gegeben, auf die Verhältnisse vor 1933 zu rekurrieren, wenn nur die NS-Einflüsse ausgeschaltet blieben, was auch im Interesse der allmählich wieder erstehenden deutschen Schulverwaltungen lag. Die Beschränkung Morgenthaus und der von ihm maßgeblich bestimmten Erklärung JCS 1067 auf destruktive Maßnahmen hatte zur Folge, daß die amerikanische Besatzungsmacht zu dem Zeitpunkt ihrer größten Machtentfaltung ohne

Konzeption für die Re-education dastand. Diese Phase der Besatzungspolitik währte bis etwa Frühjahr 1947. Nun konnten die Offiziere mit einem fertigen Programm hervortreten. Doch in der Zwischenzeit hatten sich die deutschen Verwaltungen gefestigt, hatten im Rückgriff auf ältere Traditionen ihre Vorstellungen von der Überwindung des Nationalsozialismus entwickeln können und waren ihrer anfänglichen Rolle als Befehlsempfänger der Besatzungsmacht zumindest teilweise entwachsen.

3 John Dewey als einer der Väter der Re-education

Auf amerikanischer Seite wurde das Ungenügen der Besatzungspolitik im Hinblick auf das deutsche Erziehungswesen schon früh empfunden. Um die unbefriedigende Situation zu überwinden, bereiste seit Sommer 1946 die Zook-Kommission die US-Zone, um sich Eindrücke von dem deutschen Erziehungswesen zu verschaffen. Ihr im Herbst 1946 vorgelegter Bericht ist neben anderen Einflüssen von dem Geist des amerikanischen Pragmatismus bestimmt, so daß es erforderlich erscheint, die Gedanken des Mannes vorzustellen, der als Philosoph sich frühzeitig, schon in den Tagen des Ersten Weltkriegs, mit deutscher Philosophie und auch mit der Rolle der deutschen Schule auseinandersetzte.

1915 hatte John Dewey auf Einladung der Calvin McNair-Stiftung an der Universität von North Carolina drei Vorlesungen gehalten. Sie hatten die Philosophie des deutschen Idealismus zum Gegenstand. Ein weiteres Publikum erreichten sie, als sie in Buchform herausgegeben wurden. Neu ediert wurden die Ausführungen Deweys 1942, als der Zweite Weltkrieg seinen Höhepunkt erreicht hatte. Zu den Vorträgen von 1915 trat eine Weiterführung, welche Hitler-Deutschland im Zusammenhang mit der klassischen deutschen Philosophie sah. Die Edition von 1942 beanspruchte also nicht nur eine rein historische Geltung, sondern sie wurde von Dewey als eine Fortsetzung seiner früheren Gedanken verstanden, welche sowohl die vom Kaiserreich als auch die vom NS-Staat ausgehenden Gefahren erklären wollten. Zwischen beiden Erscheinungen erkannte er keinen wesentlichen Unterschied. Sie erwuchsen aus der gleichen Wurzel.

3.1 John Deweys Kritik an Kant

Dewey führte die von Deutschland stammende Bedrohung des Weltfriedens auf den deutschen Idealismus zurück. Insbesondere war es für ihn Kant, der den Boden für die deutschen Aggressionen bereitet hatte. Zweifellos finden sich in dem umfangreichen Schrifttum Deweys auch

Äußerungen über Kant, in denen er als ein Philosoph des Pazifismus und eines Weltbürgertums beschrieben wird. Aber derartige Aussagen über Kant wurden in den Kriegs- und Nachkriegsjahren in den Hintergrund gedrängt. In den Jahren der äußersten Verfeindung war der Königsberger Philosoph jeweils der Wegbereiter des deutschen Imperialismus.

Wie kam nun Dewey dazu, Kant in einem solchen Lichte zu sehen? Der Philosoph des deutschen Idealismus war für Dewey vor allem der Vertreter eine Dualismus, dessen grundlegende Unterscheidung eines Reiches der Freiheit und eines der Notwendigkeit er für verhängnisvoll hielt. Der von ihm festgestellten Aufspaltung verlieh Dewey Ausdruck, indem er dem ersten Vortrag die Überschrift „German Philosophy: The Two Worlds" gab. Im Bereich der Notwendigkeit, in der Naturwissenschaft, herrscht das eiserne Gesetz der Kausalität. Zu dieser Feststellung kam Kant nicht auf Grund der empirischen Forschungen Galileis oder Newtons, sondern dies war eine nicht zu bezweifelnde Tatsache, weil ohne sie keine Erkenntnis möglich war. Für den Pragmatiker Dewey handelte es sich dabei um eine a priori-Festsetzung, die der Nachprüfbarkeit entzogen war. Mit der Anerkennung eines die Menschen umgebenden unbedingten Gesetzes war ein ungeheurer Ansporn gegeben, diese Gesetze zu erkennen und sie für die Naturbeherrschung nutzbar zu machen. Die Deutschen nahmen den Impuls auf, erforschten die Naturgesetze und bauten wie kaum eine zweite Nation mit großen Erfolgen eine moderne Industrie und Wirtschaft auf, welche Grundlagen der Bedrohung der übrigen Welt wurden. Anders beschaffen war das Reich der Freiheit. Der Mensch hatte an beiden teil. Dem einen war er unterworfen, durch seine Teilhabe am zweiten war er in der Lage, selbst Zwecke zu setzen und neue Kausalketten zu begründen. Damit war er weit über die Natur erhoben, war er ein Wesen, das an einer übersinnlichen Welt partizipierte. Es war nicht in das Belieben des Menschen gestellt, die Welt des absoluten Sollens der Vernunft zu bejahen oder zu verneinen, es war seine Verpflichtung, die Gesetze der Vernunft anzuerkennen, die über beiden Bereichen stand und auf verschiedene Weise einsichtig wurde. In der sinnlichen Welt wurde sie erkennbar durch die wissenschaftliche Forschung, in der Welt des Sollens durch die moralische Bindung des Menschen.

Die Aufspaltung hatte nach Dewey gefährliche Konsequenzen. Die Menschen konnten sich ungehemmt und ungehindert der Erforschung der Naturgesetze widmen, und doch konnten sie dabei frei bleiben. Zugleich aber auch konnten sie militärische Notwendigkeiten anerkennen, so die Ausführung der von Vorgesetzten erteilten Befehle, ohne ihre innere Freiheit dabei zu verlieren, selbst wenn die Anordnung nicht den Forderungen der Vernunft und der Moral entsprach. Nach Dewey konnte der Mensch damit bis zur Schizophrenie getrieben werden, ungeachtet des Unheils, das er mit gutem Gewissen anrichten konnte.

Freilich war der Dualismus in der Kantschen Philosophie nicht das letzte Wort. Ziel waren seine Überwindung und die Herrschaft der Vernunft. Der Mensch hatte sich selbst durch eine entsprechende Erziehung den Forderungen der Pflicht zu öffnen, so daß sich eine Nation auf einen hohen Stand erhob und die Regierung die Menschen so behandelte, wie es ihrer durch die Vernunft verliehenen Würde entsprach. Die Versöhnung von Freiheit und Notwendigkeit war die primäre Aufgabe der Deutschen, ihre Mission war es, den Ausgleich und den Sieg der Vernunft in die übrige Welt zu tragen.

Dewey lag es fern, Hitler als einen Philosophen oder gar als einen Kantianer zu bezeichnen. Aber nach seiner Ansicht wurden die Gedanken des Königsbergers durch die deutschen Schulen und die Universitäten in das Volk hineingetragen. Wenn Hitler daher von einer deutschen Sendung sprach, konnte er sich darauf verlassen, daß durch die Verbreitung und Popularisierung der Kantschen Gedankengänge der Boden zum Verständnis der deutschen Aufgabe bereitet war. Dewey erkannte sehr deutlich, daß es erhebliche Unterschiede zwischen dem kaiserlichen Deutschland und dem NS-Staat gab. Durch die Gegensätze ließ er sich aber nicht darüber hinwegtäuschen, daß es eine ungebrochene Kontinuität zwischen beiden Staatsformen gab. So bestritt er den Anspruch der Nationalsozialisten, eine revolutionäre Bewegung darzustellen. Gewandelt hatten sich lediglich einige äußere Formen. In der Zeit des Ersten Weltkriegs hatte es noch genügt, wenn die Gebildeten in Deutschland die Kantschen Positionen vertraten. Im NS-Deutschland war dagegen eine Pseudoreligion mit dem entsprechenden Gepränge und der nötigen Propaganda aufgebaut worden, um die Massen für den Krieg und die Eroberungen zu begeistern. Um darzustellen, daß dem Anspruch nach der Kantsche Dualismus überwunden war, die Versöhnung von Freiheit und Notwendigkeit vollzogen war, gab Dewey seinem 1942 gehaltenen Vortrag über die Situation in Deutschland den Titel „The One-World of Hitler's National Socialism". Hitler hatte damit den Kantschen Auftrag in Deutschland erfüllt, nun konnte er an das Werk gehen, die Lösung anderen zuteil werden zu lassen.

Aber nicht nur der von Dewey diagnostizierte Dualismus von Freiheit und Notwendigkeit wirkte sich verhängnisvoll aus. Gleiches galt in den Augen des Amerikaners auch für die Kantsche Ethik. Kant hatte die Ethik von allen Zufälligkeiten, von zeitlichen und sozialen Bedingtheiten befreien wollen. In dem kategorischen Imperativ gab er dem Menschen einen unbedingt zuverlässigen Maßstab zur Bewertung seiner Handlungen. Damit hatte Kant zugleich die Autonomie des Menschen befestigt, der sich selbst nach der von ihm erkannten Pflicht entschied. An dieser Stelle wollte Dewey wie auch zahlreiche andere einen Ansatz für eine unheilvolle Entwicklung in Deutschland erkennen. Sicherlich war die von Kant gegebene Entscheidungsgrundlage lediglich ein formales Prinzip. Er vertraute darauf, daß der mit Vernunft begabte Mensch das Rechte erkennen und auch tun werde. Diesem Vertrauen begegnete Dewey mit Zweifel und Ablehnung. Er forderte eine andere Grundlegung des moralischen Verhaltens, denn das formale Prinzip sei neutral im Hinblick auf seine materiale Auffüllung. Das von der Kantschen Lehre hinterlassene ethische Vakuum verlange nach einer Auffüllung. In der Situation, aus der heraus die Schriften Kants entstanden seien, habe es sich angeboten, dem Staat das Recht zu übertragen, die Inhalte der Pflicht zu bestimmen. Gerade in dem Staat des aufgeklärten Absolutismus mit dem Philosophenkönig auf dem Thron sei es naheliegend gewesen, dem Staat die Aufgabe zu übertragen. Die Kantsche Ethik habe somit nicht die Befreiung und die Autonomie des Menschen gebracht, sondern eine festere Anbindung an den Staat, dem mit der Bestimmung des materiellen Kerns der Pflicht eine ungeheure Bedeutung zugewachsen sei. Die staatliche Gemeinschaft ist damit weit mehr als ein Zweckverband zur Herstellung des allgemeinen Wohles geworden, sie ist zugleich die Instanz, welche die Gewissen im höchsten Auftrag der Vernunft bindet. Erhöhung des Staates und Unterwerfung des einzelnen sind die katastrophalen Folgen der Kantschen Ethik in den Augen Deweys. Sowohl die Anerkennung des Reiches der Notwendigkeit als auch die Auslieferung des Individuums an den Staat haben die Grundlage dafür geschaffen, daß deutsche militärische Macht und wirtschaftliches Streben nach Hegmonie den Nachbarvölkern gefährlich wurden. Der subjektivistische Ansatz Kants war nach Dewey umgeschlagen in die Omnipotenz des Staates.

3.2 Deweys Auseinandersetzung mit Fichte und Hegel

Nach der gedrängten Deweyschen Kantkritik sei noch in aller Kürze dessen Stellungnahme zu Fichte und Hegel erwähnt. Dies kann nur in knapper Form geschehen, denn Dewey erblickte in beiden lediglich diejenigen, die die Kantsche Philosophie fortgesetzt hatten. Für den Amerikaner ist Fichte vor allem der Philosoph des Subjektivismus, der Denker, der die aus dem Willen folgende Tat forderte, in der sich der Mensch verwirklichte, in der er sich seine eigene Welt schuf. Zweifellos liegt dem Denken Fichtes eine gewisse Gewalttätigkeit zugrunde, denn das Individuum nimmt wenig Rücksicht auf die umgebende Welt, die zum Material des Menschen erklärt wird. Auch bei ihm fehlte der Übergang zu der Vormachtstellung des Staates nicht. Bis sich die Individuen zur sittlichen Höhe der Selbstverwirklichung erhoben, war der Staat als Erzieher dazu aufgerufen, sie zu dem Ziel zu führen. Wenn zunächst in einem „Geschlossenen Handelsstaat" das Ideal verwirklicht war, mußte es zu den anderen Nationen getragen werden.

Wie Fichte wurde auch Hegel von der Kritik Deweys nicht verschont. Sie entzündete sich vor allem an Hegels Absolutem, das sich schließlich in einem Volksgeist und in einem Staat manifestierte. Auch damit wurden die Menschen wiederum einem Ganzen ein- und untergeordnet, dem sie sich nicht widersetzen konnten, ohne gegen die Gesetze des Weltgeistes zu verstoßen. Nur Ehrfurcht war die dem Menschen geziemende Haltung gegenüber den Manifestationen des Absoluten. In dem bekannten Hegelschen Satz „Das Wirkliche ist vernünftig, und das Vernünftige ist wirklich" erblickte Dewey eine Haltung, welche bereit war, jede Kritik zu unterdrücken, jeden Mißstand, wenn nicht zu verteidigen, so doch zu decken und jede Eigeninitiative zur Besserung der sozialen Lage zu unterdrücken.

Es erübrigt sich in dem vorgegebenen Rahmen, Dewey und seine Sicht der Hauptphilosophen des deutschen Idealismus selbst wieder einer Kritik zu unterziehen, die zweifellos erforderlich wäre. Im Hinblick auf die Debatte um die Re-education ist es aber vor allem notwendig, die Folgen aus den Vorträgen Deweys zu erkennen und aufzuzeigen. Zwar hatte Dewey darauf verzichtet, unmittelbare Handlungsanweisungen für eine Umgestaltung des deutschen Erziehungswesens zu geben, noch lassen sich aus seiner Kantkritik direkte Konsequenzen für das Schulwesen ableiten. Und doch besaßen seine Ausführungen eine ungeheure Bedeutung für die 1915 noch nicht einmal dem Namen nach bekannte Re-education. Im Grunde hatte er diese schon in der Anfangsphase des Ersten Weltkrieges antizipiert.

3.3 Die deutschen Schulen als Stätten der Vermittlung des Idealismus

Die deutschen Schulen waren zunächst in die Kritik Deweys einbezogen, als er in ihnen die Institutionen erblickte, durch welche die philosophischen Lehren des Idealismus in das öffentliche Bewußtsein eindrangen. Sie waren Instrumente in der Hand des Staates, der durch die deutsche Philosophie glorifiziert worden war und dessen Lenker, zuerst Kaiser

Wilhelm II. und später Hitler, ein Interesse daran haben mußten, die ihnen günstigen Ideen durch die Schulmeister weitertragen zu lassen. Dewey konstatierte eine relative Unabhängigkeit der deutschen Schulen und Universitäten, zugleich aber auch, daß sie in einem freundschaftlichen Verhältnis zu den politischen Machthabern standen, die sich die Möglichkeit des Eingreifens bei grundsätzlichen Konflikten offengehalten hatten. Der verderblichen Situation mußte auf zweierlei Weise entgegengewirkt werden. Die Schulen mußten aufhören, primär Anstalten des Staates zu sein, und sie mußten mit einem neuen Geist erfüllt werden, der dem des deutschen Idealismus entgegengesetzt war. Die Re-education war damit die Lösung der Schulen aus der Hand des Staates und das Eindringen neuer geistiger Strömungen. Beide Aufgaben konnten durch eine Demokratisierung, so wie sie von Dewey verstanden wurde, gelöst werden. Für ihn bedeutete Herstellung demokratischer Grundsätze die Übernahme einer grundsätzlichen Offenheit, einer Haltung, bei der nichts a priori festgelegt ist und die stets durch Austausch der verschiedenen Meinungen einen fortwährenden Prozeß des „trial-and-error" nicht nach der Wahrheit, sondern nach jeweils brauchbaren Lösungsvorschlägen sucht. In aller Kürze war für Dewey die Demokratisierung gleich mit der Übernahme des amerikanischen, von ihm wesentlich mitbestimmten Pragmatismus. An die Stelle des Idealismus sollte der Pragmatismus treten.

In weiterer Konsequenz war damit auch der deutsche Schulaufbau betroffen. Dewey erblickte in jeder Über- und Unterordnung in einem Staat oder auch nur eines Sektors eine Affinität zu einer Philosophie, die durch ein Apriori gekennzeichnet war. Eine solche Festlegung war für ihn Teil des Dogmatismus, der den Prozeß der Meinungsbildung behinderte. Ein Beispiel für eine hierarchische Gliederung war für die von Dewey und von seinen Anhängern beeinflußten Amerikaner das mehrgliedrige deutsche Schulwesen. In seiner sozialen Schichtung verhinderte es den freien Austausch. Deshalb mußte es ersetzt werden durch einen Aufbau, der sich von den seitherigen Gliederungsprinzipien unterschied. Das anzubietende Muster war die amerikanische High School, in der die Schüler ohne Rücksicht auf Rasse, Konfession und soziale Zugehörigkeit gemeinsam unterrichtet wurden. Die demokratische Schule war für die Mehrzahl der Amerikaner die Schule, in der die Vielfalt der Meinungen und Erfahrungen ohne Hemmungen ausgetauscht werden konnten.

Nachdem bedingt durch die Morgenthausche Konzeption die amerikanische Besatzungsmacht sich auf die Vertreibung der Nazis aus den Schulen beschränkt hatte, ging im Sommer 1946 die mit vom Geiste Deweys inspirierte Zook-Kommission an ihr Werk. Nach ihren Vorstellungen war das deutsche Schulwesen undemokratisch. Es mußte ein Umwandlungsprozeß eingeleitet werden, der die Mehrgliedrigkeit überwand. Durch den Bericht der Zook-Kommission wurden Deweys Grundsätze neben mehr humanitären und liberalen Haltungen entscheidend für die Periode, in der die Besatzungsmacht am nachhaltigsten auf Reformen und Veränderungen im Schulwesen drängte. Hinter der ersten Phase der Politik der Umerziehung stand vornehmlich der Finanzminister Morgenthau, hinter der nächsten dominierend der Philosoph Dewey.

4 Zusammenfassung

Es ist schwierig, die beiden nicht genuin pädagogischen Ansätze zur Reform des deutschen Erziehungswesens zu würdigen. Zahlreiche Schwierigkeiten der Re-education-Zeit lassen sich zweifellos dadurch erklären, daß die Bereiche nicht eindeutig zu scheiden waren und sachfremde Einflüsse sich vordrängten. In der Gemengelage von Politik, Philosophie und Pädagogik war letztere in der schwächsten Position, da eben schon in der NS-Zeit außerpädagogische Bestrebungen in die Schulen eingedrungen waren. Die politischen Aspekte der beiden vorgestellten Programme haben dazu beigetragen, daß NS-Lehrer und Ideen aus den Schulen verdrängt wurden. Ein konstruktiver Beitrag zum Aufbau eines neuen Schulwesens konnte von der überwiegend politischen Morgenthauschen Konzeption nicht erwartet werden. Für die von Dewey beeinflußten Bestrebungen der Zook-Kommission wirkte es sich nachteilig aus, daß zum Zeitpunkt ihrer Umsetzung in eine aktive Besatzungspolitik auf dem Sektor des Erziehungswesens bereits eine gewisse Konsolidierung eingetreten war. Mit Einschränkungen arbeiteten die Schulen wieder in den Formen, die bis 1933 Gültigkeit hatten. Der günstigste Zeitpunkt eines Neuanfangs ohne die Vorentscheidung durch die Vergangenheit war verpaßt. Der Versuch, das bereits wieder laufende Schulwesen nach den Vorstellungen des Pragmatismus umzuwandeln, mißlang. Es gab zweifellos deutsche Fachleute, die sich für die amerikanische Art der High School einsetzten. Doch die Mehrzahl war von anderen Ideen erfüllt. Ohne in dem vorgegebenen Rahmen die notwendige Differenzierung leisten zu können, waren sie, global ausgedrückt, von dem Gedanken einer „abendländischen Renaissance" erfüllt. Das mehrdeutige Phänomen des Nationalsozialismus war ihnen nicht eine Fortsetzung idealistischer Positionen, sondern ein Abfall von einer großen Vergangenheit, die es wert war, erneuert zu werden. Indem die Mitwirkenden bei der Umerziehung die Krankheit Nationalsozialismus verschieden diagnostizierten, kamen sie zu grundsätzlich verschiedenen Therapien. Es wäre falsch, an ihrer grundsätzlichen Ablehnung des Nationalsozialismus und an ihrem Willen zur Demokratisierung zu zweifeln. Wenn die Demokratie von dem fairen Austrag von Meinungsverschiedenheit lebt, so mußte dies auch für die Re-education möglich sein. Machtpolitische Entscheidungen haben bei der endgültigen Festlegung keine zu unterschätzende Rolle gespielt. Aber es spricht für die Stärke des demokratischen Prinzips, daß die zunächst schwächere Seite sich durchsetzen konnte.

Jutta-B. Lange-Quassowski
Amerikanische Westintegrationspolitik, Re-education und deutsche Schulpolitik

1 Einleitung

Soll die Re-educationspolitik der Amerikaner über die bislang vorliegenden Studien hinaus untersucht werden, so ist sie in ein vielfältiges Beziehungsgefüge einzuordnen. Zunächst einmal ist sie Teil einer Gesamtbesatzungspolitik, die viele Ziele verfolgte. Daraus ergibt sich, daß der Stellenwert der Re-education nur bei Kenntnis der Ziel*vorstellungen* sowie der tatsächlich durchgeführten amerikanischen Politik bestimmt werden kann. Da es für die amerikanische Nachkriegspolitik zumindest zwei einander völlig gegensätzliche Konzepte gab, ist zu untersuchen, ob Vorstellungen von der Re-education sowie die Politik diesen Konzepten zugeordnet werden können und ob sich ein solches Konzept durchgesetzt hat oder ob die Re-educationspolitik sich eher ohne Konzept der jeweiligen politischen Lage anpaßte. Damit wird es notwendig, auch die deutsche Politik während der Besatzungszeit zu kennen und die Interdependenz von deutscher und amerikanischer Politik zu berücksichtigen. Die Wechselwirkungen zwischen der allgemeinen gesellschafts- und wirtschaftspolitischen Politik sowie der Kulturpolitik sind dabei zu erfassen. Dies ist ohne einen Rückgriff auf die verschiedenen politischen und pädagogischen Traditionen, die einerseits in Deutschland, andererseits in den USA die politischen Vorstellungen der Parteien bzw. der für die Besatzungspolitik und ihre Planungen Verantwortlichen bestimmten nur schwer möglich. Andererseits ist die Besatzungspolitik der USA gegenüber Deutschland einzuordnen in das außenpolitische Gesamtkonzept eines Landes, das die führende westliche Weltmacht war und somit die Besetzung Deutschlands unter machtpolitischen Gesichtspunkten vorgenommen hatte, die dem besiegten Land eine ganz bestimmte Rolle zudachten. Und last not least ist die amerikanische Außenpolitik durch inneramerikanische Konstellationen wie Tod des Präsidenten (Roosevelt), Wahlen und andere innenpolitische Vorgänge bestimmt, die nicht völlig außer Acht gelassen werden können. Zusätzlich zum Aufzeigen der globalen amerikanischen Außenpolitik und speziell der Besatzungspolitik in Deutschland, in die die Re-education eingebunden war, fehlt bis heute eine Arbeit, die die *gesamte* amerikanische Re-educationspolitik untersucht. Schul- und Pressepolitik waren bislang die am meisten beachteten Teile, von großer Wichtigkeit waren aber auch die Rundfunkpolitik, die Behandlung der Jugendverbände und vor allem die Austauschpolitik. Vor allem letztere ging weit über 1949 hinaus, den Zeitpunkt, an dem die meisten Untersuchungen enden.

Hier geht es darum, die Konturen der Einordnung der Re-education in den gesamtpolitischen Rahmen aufzuzeigen.

Am Ende der Planungsphase 1944/45 sind in Washington besonders zwei gegensätzliche Denkrichtungen bezüglich der Behandlung Deutschlands festzustellen, sowie verschiedene Positionen dazwischen. Auch wenn die Zuordnung einzelner Vorstellungen zu Konzepten den in der Realität vorhandenen Differenzierungen nicht immer Rechnung trägt, ist sie als wissenschaftliche Untersuchungsmethode doch gerechtfertigt und führt zu neuen Ergebnissen.

2 Planungskonzepte und Richtlinien für die Besatzungspolitik

Die beiden extremen Positionen in der amerikanischen Regierung können als Bestrafungskonzept einerseits und als Westintegrationskonzept andererseits gekennzeichnet werden. Das Bestrafungskonzept, das eng mit dem Namen des Finanzministers Morgenthau verknüpft ist, wurde für die Re-educationspolitik, soweit sie um *Schulreformen* bemüht war, inhaltlich kaum relevant. Doch die Kenntnis dieses Konzeptes bewirkte in Deutschland starke emotionale Abwehr, die die Arbeit der Re-educationsoffiziere behinderte. Morgenthau hatte strukturelle Maßnahmen zur weitgehenden Zerstörung des deutschen Industriepotentials und zur Reagrarisierung vorgesehen sowie zur Entmilitarisierung, zur politischen Dezentralisierung und Entstaatlichung sowie zur Entnationalisierung des deutschen Volkes (Morgenthauplan). Das Westintegrationskonzept sah vor, durch eine Beseitigung der nationalsozialistischen Elite die Voraussetzungen für die Errichtung einer Demokratie zu schaffen. Diese sollte eine starke, gut funktionierende kapitalistische Wirtschaft als Fundament haben. Die sicherheits- und die wirtschaftspolitischen Interessen der USA reichten nach diesen Vorstellungen bis an das Herz Europas, das deshalb intakt sein und d. h. wiederaufgebaut werden mußte. Diese Vertreter, bisher meist als sogenannte Realpolitiker benannt, sollen hier mit dem Stichwort „Wiederaufbauamerikaner" gekennzeichnet werden. Ihnen war die Intaktheit der deutschen Industrieanlagen, die Funktionsfähigkeit auch der deutschen Schwerindustrie und die Aufrechterhaltung der vollen Arbeitsleistung der Bergwerke zunächst einmal wichtigstes Besatzungsziel (CCS 551, App. D. Punkt 6). Erstrebenswert war ihnen die baldige Erreichung einer gewissen wirtschaftlichen Stabilität sowie eines „tolerierbaren", etwa mittleren europäischen Lebensstandards (Hammond, S. 342–347). Hungrige Mägen hielten sie für eine schlechte Grundlage für die neu zu errichtende Demokratie. So wie sie die wirtschaftliche Einheit Deutschlands für notwendig hielten, so sahen sie auch dessen gebietsmäßige Einheit und die Entwicklung stabiler politischer Verhältnisse als Voraussetzung für eine erfolgreiche Westintegration an. Auf dieser Seite war man sich durchaus des Dilemmas bewußt, als Siegermacht den Besiegten gegenüber eine Politik der Demokratisierung einzuleiten, und wollte schon deshalb nur ein „Minimum an Bitterkeit" entstehen lassen. So lehnte man explizit die Aufnahme einer Kriegsschuldklausel in eine etwaige Friedensregelung ab und verwarf außerdem ausdrücklich die Kollektivschuldthese (Dep. of State, 12. 1. 1945, FR, DP, S. 186).

Ob die Wiederaufbauamerikaner die Idee der Re-education aus eigener Überzeugung aufgegriffen hätten, ist bis heute nicht erforscht. Es gibt einigen Anlaß, daran zu zweifeln. Vermutlich auf Grund der breiten Diskussion dieser Idee in der Öffentlichkeit wurde der Gedanke jedoch in ihre Planungen einbezogen (im Kriegsministerium). Sicher spielte dabei auch der für Amerikaner so typische Glaube an die Realisierbarkeit eine Rolle. Dieser Glaube hatte seine Wurzeln jedoch nicht nur in den damals sehr populären Erkenntnissen der Sozialpsychologie, sondern er war tiefer noch in dem um die Zeit unerschütterlichen Vertrauen auf die Erziehung begründet und in der Überzeugung von der Vervollkommnungsfähigkeit des Menschen. Die Wiederaufbauamerikaner setzten dementsprechend ihre Re-educationshoffnung auf eine Umgestaltung des deutschen Schulwesens. Die Planer in London sind von der politischen Zuordnung her den Wiederaufbauamerikanern zuzurechnen. Da die Direktive für die Re-educationspolitik, die sie im Sommer 1944 ausarbeiteten, der Washingtoner Richtlinienkontroverse zum Opfer fiel und auch bis heute nicht in den Archiven gefunden worden ist, kann man nur von dem trotz Morgenthauscher Intervention kaum geänderten Handbuch („Basis Handbook for Military Government of Germany") auf die Absichten der Planer schließen. Entsprechend der generellen Leitlinie der Wiederaufbauamerikaner, so wenig wie möglich einzugreifen (CCS 551 App. A, Punkt 6), gingen die Planungen *nicht* von der Vorstellung aus, den Deutschen ein amerikanisches Schulsystem zu offerieren, sondern man vertraute darauf, daß die Deutschen selbst spontan einen Demokratisierungs- und Reformprozeß im Bildungswesen in Gang setzen würden. Den mit der Re-education beschäftigten Besatzungsoffizieren wurde deshalb empfohlen, das aufzugreifen und zu unterstützen, was von den Deutschen selbst vorgeschlagen würde, jedoch dasjenige zu verhindern, was der Bildung einer internationalen Einstellung der Deutschen feindlich gesonnen wäre (Dep. of State, 12. 1. 1945, FR, DP, S. 184). Trotz einer äußerst negativen Sicht vom hierarchischen deutschen Schulsystem verzichteten die Re-educationsplaner deshalb darauf, konkrete inhaltliche Pläne für die für notwendig gehaltenen Strukturreformen zu entwerfen. Sie gingen davon aus, daß in Weimar begonnene und geplante Reformvorhaben weiterentwickelt würden. Auch verzichteten sie bewußt darauf, Emigranten oder gar Amerikaner im deutschen Bildungswesen einzusetzen oder etwa neue Schulbücher zu entwerfen, sondern man hoffte, genügend „white German teachers" zu finden sowie schon in Weimar benutzte Lehrbücher ohne militaristische und nationalistische Tendenzen, auch wenn sie pädagogisch nicht gerade auf dem neuesten Stand waren (Knappen, S. 11).

Zu Roosevelts Lebzeiten hatte Morgenthaus Gedankengut einen starken Einfluß auf die Formulierung der Direktive, die nach Kriegsende gültig sein sollte. Versuche des State Departments, eine eigene Direktive zu verabschieden, die politischen Gestaltungsraum ließ, scheiterten. Die Wiederaufbauamerikaner konnten aber das in ihren Augen Schlimmste verhindern, die Zerstörung des deutschen Industriepotentials. Zwar mußten sie im Ringen um die Formulierung von JCS 1067 einer Stilllegung der deutschen Schwerindustrie zustimmen, aber in der Hoffnung, auch diese später rückgängig machen zu können. Außerdem erreichten sie eine Bestimmung, mit deren Hilfe es unter abgegrenzten Umständen möglich war, die deutsche Industrieproduktion für den Export wieder anzukurbeln und den Erlös für die Bezahlung von Importen zu verwenden (JCS 1067, Punkt 49. b). Dieser Sieg der Wiederaufbauamerikaner half von Beginn an, die von der Morgenthauseite nun anstelle der Zerstörung geplante Ausplünderung der deutschen Wirtschaft zu verhindern. Schließlich erhielt der Militärgouverneur einen kleinen Spielraum für eigene Entscheidungen in seiner Zone (Lange-Quassowski, S. 115–123).

Bezüglich der Re-education hatten die Wiederaufbauamerikaner die Wiedereröffnung der Volks-, Mittel- und Berufsschulen „zum frühest möglichen Zeitpunkt" nach Eliminierung der Nationalsozialisten erreicht, sowie die „Ermutigung der Entwicklung demokratischer Ideen" (Punkt 14. b und c).

Schon in Potsdam im Sommer 1945 gelang den Wiederaufbauamerikanern der Durchbruch. Morgenthau war bereits entlassen worden, seine Anhänger hatten auf die Verhandlungen dort keinen Einfluß. Mit Hilfe der Anerkennung der Verwaltung der polnisch besetzten Gebiete durch die Polen konnte auf Grund der voll durchgesetzten amerikanischen Bestimmungen zur Abwicklung aller wirtschaftlichen Fragen sowohl die in JCS 1067 festgelegte Politik der wirtschaftlichen Niederhaltung Deutschlands überwunden werden wie auch eine mögliche wirtschaftliche Unterdrückung durch die Sowjetunion. Mit der in Potsdam ausgehandelten Formel von der wirtschaftlichen Einheit Deutschlands bei gleichzeitiger Nichtanerkennung der sowjetischen Reparationsforderungen konnten die Amerikaner[1] auf die Alliierten Druck ausüben, zentrale Verwaltungsgremien zu schaffen. Wie die amerikanische Besatzungspolitik zeigte, fühlten die Amerikaner sich bei nicht Zustandekommen dieser Gremien legitimiert, den anderen Alliierten (konkret: den Russen) die Nichteinhaltung des Potsdamer Abkommens vorzuwerfen und für die Westzonen eine separate Entwicklung einzuleiten, die dann zur Spaltung Deutschlands führte. Diese mögliche Konsequenz hatten die Wiederaufbauamerikaner bereits 1944 in ihren Planungsberatungen vorausgesehen. Ihr wichtigstes Ziel war aber zu verhindern, daß Deutschland auf Grund zu großer Armut anfällig für den Kommunismus würde. Das am weitesten gesteckte Ziel war es, ganz Deutschland in das westlichkapitalistische Wirtschaftssystem zu integrieren. Sollte dies jedoch auf Grund der sowjetischen Politik nicht mehr möglich sein, so wollte man zumindest die unter westlichem Einfluß stehenden Gebiete in die eigene Machtsphäre einfügen. Die Potsdamer Bestimmungen sollten gegebenenfalls hierfür Grundlage und Rechtfertigung liefern. Da die Sowjetunion ihrerseits ähnliche Absichten bei den Potsdamer Verhandlungen verfolgte, kann man das Potsdamer Abkommen als „Manifest der deutschen Spaltung" bezeichnen (Lange-Quassowski, S. 123–130).

Da die Amerikaner demokratische Prinzipien vertraten und die Errichtung eines demokratischen Regierungssystems in Deutschland befürworteten, hatten sie kein Interesse, als Schuldige an der deutschen Spaltung dazustehen. Sie wußten, eine funktionsfähige Demokratie bedarf des Wohlwollens ihrer Bevölkerung. Auch antiamerikanische oder nationalistische Ressentiments konnten für die Stabilität einer Demokratie, zumal eines Teilstaates auf deutschem Boden, nur nachteilig sein. Insofern mußten sie bei ihrer Westintegrationspolitik vorsichtig vorgehen und konnten sie nicht offen und sichtbar forcieren. Erst als im Frühjahr 1946 bei der Pariser Außenministerkonferenz deutlich wurde, daß die wirtschaftliche Einheit der vier Besatzungszonen noch nicht zu

---

[1] Wenn nicht anders erwähnt, sind mit „die Amerikaner" hinfort immer die Wiederaufbauamerikaner gemeint.

erreichen war (Gimbel, Aufsatz), begannen sie, den auf der Grundlage von Potsdam möglichen Weg zur Stabilisierung der Wirtschaft in den Westzonen zu gehen.

Gleichzeitig begannen die Amerikaner nun auch die Basis für ihre Re-educationspolitik auszubauen. Am 16. Mai 1946 verabschiedeten sie die ersten langfristigen Richtlinien, das „Long-Range Policy Statement for German Re-education" (SWNCC 269). Mit dem durch die Entwürfe von MacLeish besonders vehement um die Re-education entbrannten Streit im State Department hatte der Entwurf für SWNCC 269 ab Mai 1945 unverändert in der Schublade gelegen. Zwar wiederholte dieses Dokument inhaltlich nicht viel mehr als einige Grundsätze der politischen Richtung der Wiederaufbauamerikaner wie: „Der kulturelle Wiederaufbau sollte vornehmlich das Werk der Deutschen selbst sein" (SWNCC 269/5 Punkt 6), und die Umerziehung müsse ein Teil eines umfassenden Programms zur Rehabilitierung der Deutschen sein. Aber auf der Basis dieser Richtlinie wurde nun eine aktivere Politik in Angriff genommen.

Eine Erziehungskommission wurde zur Bestandsaufnahme der Ergebnisse der bisherigen Politik und, um Vorschläge für die nächsten Jahre zu machen, in die Amerikanische Zone gesandt. Der Bericht der Kommission ist deutlich eingebunden in das politische Gesamtkonzept der Wiederaufbauamerikaner, u. a. mit Bemerkungen zu der Notwendigkeit, erst einmal akzeptable Lebensverhältnisse in Deutschland wiederherzustellen. Aufgrund der Klage der in Deutschland tätigen Re-educationsoffiziere forderte die Kommission, deren Kompetenzen durch ein Vetorecht zu ergänzen, das bei unzureichender Berücksichtigung der amerikanischen Leitlinien in deutschen Reformvorschlägen zur Anwendung kommen sollte. Dieser Vorschlag, sowie der, daß die amerikanischen Militärbehörden die Vorlage von deutschen Reformplänen zu festgesetzten Terminen verlangen konnten, wurde in die auf Grund des Berichtes (Zook-Report) revidierten Military Government Regulations (MGR) vom März 1947 übernommen. Somit wurde forthin für „alle wichtigen politischen Entscheidungen die endgültige Zustimmung von OMGUS" für notwendig erklärt, so z. B. für die Eröffnung neuer Schultypen, für Verwaltungsreformen und Gesetze, ja sogar für die Herausgabe von Lehrbüchern.

Der Bericht der Erziehungskommission drang weiterhin auf eine Reorganisierung sowie auf eine Verdopplung des Erziehungsstabes in der amerikanischen Besatzungszone. Beides wurde im Sommer 1947 von Herman B Wells in Angriff genommen, der inzwischen als Berater General Clays in kulturellen Angelegenheiten seinen Dienst angetreten hatte. Er sollte außerdem die Voraussetzungen für das inzwischen im Herbst 1946 von SWNCC als 269/8 verabschiedete Austauschprogramm zwischen Amerikanern und Deutschen schaffen (Kellermann, S. 32–36; Lange-Quassowski, S. 192–198).

Die dritte Bedeutung des Zook-Reports liegt darin, daß ein Teil seiner inhaltlichen Vorschläge in den MGRs sowie in der neuen Direktive JCS 1779 von 1947 als Prinzipien für die Prüfung der Reformfreudigkeit der deutschen Programme aufgestellt wurde. Während allerdings der politisch völlig unverbindliche Zook-Report mit seinen Vorschlägen stark am amerikanischen Schulmodell orientiert war, ermöglichten die relativ offen formulierten offiziellen Richtlinien durchaus ein Anknüpfen an in der Weimarer Zeit entwickelte deutsche Reformvorstellungen. Generelle Leitlinie der amerikanischen Forderungen war es, gleiche Bildungschancen für alle herzustellen. Dazu sollten *alle* Schulen Schulgeldfreiheit einführen und außerdem ein zusammenhängendes einheitliches Schulsystem bilden („schools ... shall form a comprehensive educational system"), das in aufeinanderfolgenden Schulstufen organisiert werden sollte (MGR 8–101.3. b–j). Mit anderen Worten, die überkommene zwei- bzw. dreigliedrige deutsche Schulstruktur sollte in ein gesamtschulähnliches System überführt werden. Zur inhaltlichen Reform übernahmen die MGRs den Vorschlag der Kommission, daß „alle Schulen größtes Gewicht auf die Erziehung zu staatsbürgerlicher Verantwortung und demokratischer Lebensweise legen sollen" (MGR 8–201.3. e).

Auf Grund der Revision von JCS 1067 durch Potsdam hatten es sich die Amerikaner ersparen können, gleich eine neue Direktive an die Stelle der hart umkämpften seit Mai 1945 gültigen zu setzen, was erneut große inneramerikanische Kontroversen ausgelöst hätte. Erst nachdem die z. T. antideutsche Stimmung in der amerikanischen Bevölkerung längst in Mitleid und auch bereits in eine antisowjetische Haltung umgeschlagen war, zumal der Kalte Krieg auch für die Öffentlichkeit immer deutlicher wurde, erst im Sommer 1947 verabschiedeten sie die Direktive 1779. Diese nun machte ganz deutlich, daß es den Amerikanern nicht nur um Wiederaufbau ging, sondern darum, „auf die Vorzüge eines freien Unternehmertums hinzuweisen", bzw. diese zu demonstrieren (Clay, S. 327). Die Direktive verpflichtete den Militärgouverneur explizit, „dem deutschen Volke die Möglichkeit zu geben, die Grundsätze und Vorteile einer freien Wirtschaft kennenzulernen" (JCS 1067, Punkt 21 c).

Im Vergleich zu den vagen Äußerungen von JCS 1067 zur Erziehungspolitik formulierte die neue Direktive auch die Richtlinien zur Re-education klar im Sinne der Wiederaufbauamerikaner, orientiert an den Empfehlungen des Zook-Reports. Darüber hinaus jedoch läßt JCS 1779 deutlich erkennen, daß die Re-educationspolitik der Wiederaufbauamerikaner nicht nur im Rahmen der geplanten Demokratisierung zu sehen ist, sondern auch unter dem Gesichtspunkt der Abwehr des Kommunismus. So formulierte JCS 1779, daß die amerikanische Regierung einerseits „Deutschland nicht ihre eigenen, geschichtlich entwickelten Formen der Demokratie und der gesellschaftlichen Ordnung aufzwingen" will, daß sie aber andererseits „ebenso fest davon überzeugt (ist), daß ihm keine anderen, fremden Formen aufgezwungen werden sollten" (Punkt 6. c). Zwar wäre es falsch, die Re-education als Teil eines Konzeptes für den Kalten Krieg zu werten, aber es ist doch wichtig, zu verdeutlichen, daß Re-education im Konzept der Wiederaufbauamerikaner die Deutschen von vornherein nicht nur gegen die nationalsozialistische Ideologie immunisieren sollte, sondern auch gegen die kommunistische. Da das gesamte Wiederaufbaukonzept der Abwehr des Kommunismus diente, war es nicht notwendig, das Re-educationsprogramm mit der Verstärkung des Kalten Krieges zu verändern. Wenn das Programm auch ohne Richtlinienwechsel 1948 erneut abgewandelt wurde, dann hatte das andere Gründe, wie zu zeigen sein wird.

3 Die Re-educationspolitik der Wiederaufbauamerikaner

Die Re-educationsoffiziere müssen von ihrer Grundeinstellung her der Seite der Wiederaufbauamerikaner zugerechnet werden. Allerdings reicht diese Kennzeichnung nicht aus. Sie waren darüber hinaus progressiv eingestellte amerikanische Erzieher, die in ihrer Mehrzahl stark von John Deweys Erziehungsphilosophie und Schultheorie beeinflußt waren, sowie von den Erfahrungen der Amerikaner mit ihrer Schulgeschichte und ihrer Schulorganisation (Lange-Quassowski, S. 57–81, S. 190 ff.). Diese Erfahrungen waren durch eine große Offenheit und Unvoreingenommenheit hinsichtlich der Bildbarkeit und der Fähigkeit des Menschen, aus Erfahrungen zu lernen, sowie dem aus der Aufklärung stammenden Glauben an die Vervollkommnungsfähigkeit bestimmt. Hieraus wie aus der Überzeugung, daß alle Menschen gleich *geschaffen* sind, wurde schon zur Revolutionszeit die Forderung nach Chancengleichheit im Bildungswesen abgeleitet. Ab 1890 wurde dann in Amerika das Gesamtschulsystem entwickelt, das von seiner Struktur her durchlässig konzipiert ist, besonders im Vergleich zum überkommenen vertikal gegliederten deutschen Schulsystem, dessen drei Züge zur Zeit der Besatzung noch absoluten Sackgassencharakter hatten. Ob die Organisation der Lernprozesse und der Inhalte in der amerikanischen Schule den Anspruch erheben kann, demokratisch zu sein, darüber ist in der amerikanischen historiographischen Erziehungswissenschaft im letzten Jahrzehnt ein erbitterter Streit zwischen drei verschiedenen wissenschaftstheoretischen Schulen ausgebrochen; auch darüber, ob die Schulstruktur aus demokratischen Motiven eingeführt worden ist (Lange-Quassowski, Aufsatz). In den vierziger Jahren jedoch bestand über die demokratische Funktion des einheitlichen Schulsystems in den USA noch ein weitgehender Konsens. Es wurde mehrheitlich befürwortet, da ihm eine optimale Ausschöpfung des Begabungsreservoirs nachgesagt wurde und die Masse der Bevölkerung überzeugt war, daß es die Chancengleichheit gewährleiste. Die zweite Funktion, die als sehr wichtig und als der Demokratie entsprechend angesehen wurde, war die, daß die Schule den Kindern aus allen gesellschaftlichen Schichten gleiche soziale Erfahrungen vermittelt. Sie wollte so ein Gefühl der Zusammengehörigkeit und damit ein Fundament für das demokratische Regierungssystem und den amerikanischen „melting pot of people" schaffen.

Im Gegensatz dazu bestärkte das dreigliedrige deutsche Schulsystem die tiefen Gräben zwischen den gesellschaftlichen Schichten und legte die Basis für Über- und Unterordnung und für das verhängnisvolle Führerprinzip. Davon waren die Umerziehungsoffiziere überzeugt. Sie hielten deshalb eine grundlegende Reform der deutschen Schulstruktur, der Organisation der Lernprozesse wie auch der Inhalte und der Lehrmaterialien für eine notwendige Voraussetzung, wenn die neu zu errichtende deutsche Demokratie auf die Dauer funktionieren sollte.

Es gibt drei mögliche Erklärungen, warum die Amerikaner die erste Phase der Besatzungspolitik (bis zu den neuen MGRs vom März 1947) so ungenutzt verstreichen ließen und sich weitgehend nur auf Entnazifizierung und Wiedereröffnung beschränkten.

(1) Gerade die Wiederaufbauumerzieher hatten damit gerechnet, daß die Deutschen selbst spontan Reformen in Gang setzen würden, und sie wollten und durften auf Grund der Richtlinien nur beratend tätig werden. Im Zook-Report wurde über diese Fehleinschätzung beredt Klage geführt und eine Änderung der Richtlinien verlangt.

(2) Die um ein Jahr verzögerte Verabschiedung des Long Range Policy Statement for German Re-education sowie die Memoranden des Unterstaatssekretärs MacLeish im State Department sprechen dafür, daß der Richtlinienstreit sich auf dem Gebiet der Re-education noch lange bis nach Kriegsende hinzog und kein anderes Ergebnis als hinausgeschobene Entscheidungen hatte.

(3) Da die Re-educationspolitik Teil des Wiederaufbaukonzepts war,

gelten für sie die gleichen Rahmenbedingungen wie für die Gesamtbesatzungspolitik. Und eine solche Bedingung war z. B., daß vor der Außenministerkonferenz in Paris im Frühjahr 1946 keine spektakulären besatzungspolitischen Schritte unternommen werden sollten, die die Einigung der Alliierten auf zentrale Verwaltungsgremien hätten erschweren können. Mit Paris aber gaben die Wiederaufbauamerikaner die Hoffnung, doch noch auf ganz Deutschland Einfluß gewinnen zu können, auf. Für die Zurückhaltung in der Re-educationspolitik waren vermutlich alle drei genannten Gründe zusammen verantwortlich.

Unter den verschiedenen mit Re-educationsfragen befaßten Abteilungen der Militärregierung war das im Zook-Report zum Ausdruck gebrachte Verlangen der Re-educationsoffiziere nach mehr Kompetenzen durchaus umstritten. Es gelang den engagierten Reformpädagogen jedoch, sich sogar bei Clay durchzusetzen und neue Richtlinien zu erhalten. Dies lag nicht unbedingt in der Logik des Wiederaufbaukonzepts, sondern kann auch allein auf das Engagement und die Überzeugungen der der politisch progressiven Bewegung zuzurechnenden Erzieher zurückzuführen sein, die, einmal mit der Re-educationsaufgabe betraut, nun auch effektiv sein wollten und sich der Idee der Re-education verpflichtet fühlten. Ab Januar 1947 jedenfalls wurde die Gangart der Re-educationspolitik mit dem Claytelegramm verschärft, die Deutschen erhielten konkrete Termine, zu denen sie Reformpläne vorlegen sollten, erhielten diese zurück, wenn sie den amerikanischen Anforderungen nicht genügten, mußten erneut Fristen hinnehmen etc. Während Bremen, Hessen und Württemberg-Baden sich diesem Verfahren zunächst beugten, exerzierten die Bayern mit Hundhammer an der Speerspitze der Reaktion ihren konservativen Kollegen in Hessen und Württemberg vor, wie erfolgreich deutscher Widerstand gegen angebliche Amerikanisierung sein kann. Die Bayern spielten vor allem auf Zeit. Und die Zeit arbeitete für sie, denn im Laufe des Jahres 1947 verschärften die Amerikaner ihr Tempo auf dem Weg in den Kalten Krieg. Ab Januar war Außenminister Byrnes mit seinem Konzept der Eindämmung des kommunistischen Einflusses (Containment) durch General Marshall ersetzt worden, der das machtpolitisch aggressivere Programm der Zurückdrängung des Kommunismus (Roll back) vertrat. So verkündeten die Amerikaner z. B. die sogenannte Trumandoktrin sozusagen als Startschuß zur Eröffnung der Moskauer Außenministerkonferenz, die doch eigentlich Fortschritte in Richtung auf alliierte Gemeinsamkeiten als Ergebnis haben sollte. (Die Botschaft Trumans bot Griechenland und der Türkei, die angeblich durch kommunistische Terroristen bedroht waren, neben wirtschaftlicher und finanzieller Unterstützung die Entsendung von zivilen und militärischen Fachkräften an) (Europa-Archiv, S. 819 f.). Die nächste Aktion gleich nach Moskau war der Marshallplan, der auch den unter kommunistischem Einfluß stehenden Ländern Europas angeboten wurde, allerdings schon für Italien und Frankreich mit Bedingungen verknüpft war, wie z. B. mit der Auflösung der Bindungen mit den Kommunisten in den Regierungen und Gewerkschaften (Niethammer, S. 59). Die ersten Vorbereitungen für die Gründung der Bizone waren ohnehin schon im Dezember 1945 getroffen worden (Gimbel, S. 92 ff.). Die Umorganisationen der Bizonenverwaltung 1947 und Anfang 1948 verliehen dem Wirtschaftsrat schließlich bereits fast den „Charakter einer echten Regierung" (Schmidt, S. 130), und eine solche war spätestens ab Anfang 1948 Verhandlungsgegenstand zwischen den westlichen Alliierten.

Noch wichtiger als die Kenntnis dieser Hauptdaten der amerikanischen Besatzungspolitik ist die Klarheit über die ordnungs- und parteipolitische Richtung der amerikanischen Eingriffe in deutsche Entscheidungsprozesse bzw. über die direkten amerikanischen Entscheidungen zur Präjudizierung der deutschen Wirtschaftsordnung. Auch wenn jüngste Publikationen ausdrücklich mit dem Ziel der „Revision revisionistischer Thesen" antreten (H. A. Winkler, S. 7), so bewirken sie doch mit ihren Ausführungen und Differenzierungen z. B. zur Sozialisierungspolitik gerade eine Bestätigung der in den letzten 10 Jahren wiederholt nachgewiesenen Tatsache, daß – entgegen mancherlei Planungen (D. Winkler, S. 88–111) – die konkrete *Politik* der Militärregierung eine aktive und erfolgreiche Antisozialisierungspolitik war. Die Wirtschaftsordnungspolitik der Amerikaner entsprach voll der in JCS 1779 zum Ausdruck gebrachten Zielsetzung, die Vorzüge einer kapitalistisch organisierten Wirtschaft zu demonstrieren. Als das in der CDU und CSU organisierte Bürgertum erkannte, daß der Kapitalismus mit Hilfe der Politik der Amerikaner eine neue Chance erhielt, gab es die anfangs selbst in seinem Kreis befürworteten Sozialisierungsneigungen sehr schnell auf und nutzte die Unterstützung der Amerikaner zur Restauration des überkommenen Wirtschaftssystems. Dessen Wiederherstellung hatte, wie schon aus den Planungen deutlich geworden ist, für die Wiederaufbauamerikaner höchste Priorität. Gleichzeitig jedoch war ihnen äußerst an einer Übereinstimmung mit der Mehrheit der deutschen Bevölkerung bzw. deren Repräsentanten gelegen. Sie wollten vermeiden, als Verantwortliche für die Restaurationspolitik bzw. als Schuldige an der Spaltung Deutschlands dazustehen. Für diese Kollusionspolitik kam die SPD nicht in Frage, weil sie erklärtermaßen andere wirtschaftspolitische Ziele verfolgte. Die SPD jedoch war diejenige Partei, die die

Amerikaner hätten unterstützen müssen, wenn ihre Re-educationspolitik hätte erfolgreich sein sollen. Die von Bremen vorgelegten Reformpläne entsprachen den amerikanischen Vorstellungen am ehesten. Die CDU/CSU dagegen leistete, als die Amerikaner mit ihren Reformforderungen Ernst machten, angeleitet von Hundhammer zunächst passiven und im Laufe des Jahres 1947 zunehmend auch aktiven Widerstand. Das heißt, sie mobilisierte – über Elternvereine, Philologenverbände, Kirchen, Unternehmerverbände und andere Organisationen mehr – das deutsche Bürgertum gegen die angeblich geplante Amerikanisierung des deutschen Schulwesens. Genau das aber paßte überhaupt nicht ins Konzept der Wiederaufbauamerikaner, die die deutsche Bevölkerung gerade emotional auf ihre Seite ziehen wollten. Die Byrnes-Rede in Stuttgart und die für den Marshallplan gegebenen Begründungen sind hierfür vortreffliche Beweise (Lange-Quassowski, S. 137–147).

In diesen machtpolitischen Weichenstellungen und Zusammenhängen ist der Grund dafür zu sehen, warum die soeben erst forcierte Re-educationspolitik schon 1948 wieder entscheidend revidiert wurde. Die Reorganisation und Vergrößerung der Re-educationsabteilung zum 1. März wurde zum Anlaß genommen, den entschiedensten Reformvertreter unter den Amerikanern, Tom Alexander, durch Herman B Wells zu ersetzen. Letzterer hatte erstens mit der Politik der Befehle nichts zu tun gehabt, zum zweiten verlagerte er bereits den *Schwerpunkt* der Re-educationspolitik weg von der anfangs befürworteten Änderung des deutschen Schulaufbaus hin zur Intensivierung des *Austauschprogramms,* das mit SWNCC 269/8 inauguriert worden war. Alonzo Grace erteilte dann den geplanten *Strukturreformen* eine endgültige Absage mit seiner Devise „from directive to persuasion" (Überzeugung statt Direktiven) und „education of the people at the grass roots level" (Erziehung des Volkes an der Basis). Damit war zumindest das Kernstück der in den MGRs von 1947 erhobenen Re-educationsforderungen gescheitert. So war es nur konsequent, daß das Besatzungsstatut die von den Re-educationsoffizieren massiv geforderten Vorbehaltsrechte in Erziehungsangelegenheiten nicht enthielt. Was die von der Erziehungskommission vorgeschlagene Änderung der *Unterrichtsinhalte* anbelangt, waren mit der Fortexistenz der alten Dreigliedrigkeit wesentliche Weichen gestellt. Demokratische Inhalte, staatsbürgerliche oder politische Erziehung zur Entwicklung demokratischer Einstellungen in einer hierarchischen Schulorganisation sind an sich schon ein Widerspruch. Zwar war mit dem Abbruch der Strukturreformpolitik nicht von vornherein auch ein Scheitern der Bemühungen um die Einführung neuer Inhalte unabdingbar. Und bei der Anregung für einen politischen Unterricht an den Schulen bzw. für die

Einführung sozialwissenschaftlicher Fächer an den Universitäten konnten die amerikanischen Social Studies Experten auch gewisse Erfolge aufweisen (vgl. z. B. Shafer; Lange-Quassowski, S. 213–242). Aber ob ein solcher Sozialkunde- oder Gemeinschaftskundeunterricht, der ohnehin jahrelang nicht in alle Schulformen eingeführt wurde, in einem aus der Feudalzeit überkommenen elitären Schulsystem überhaupt effektiv sein kann, muß sehr in Frage gestellt werden. Eine Untersuchung der Erfolge des Austauschprogramms aber steht noch aus.

Trotz dieser aus der Sicht der meisten Umerziehungsexperten sehr negativen Bilanz ist die Frage, ob die Demokratisierungspolitik der Wiederaufbauamerikaner – und die Re-education war Teil der Demokratisierungspolitik – gemessen an deren eigenen Absichten erfolgreich verlaufen ist, zu bejahen. Die wesentlichen Ziele waren die Westintegration der Deutschen und deren Orientierung an demokratischen Institutionen und Verfahren auf der Basis einer funktionierenden kapitalistischen Wirtschaftsordnung. Hierzu war vor allem die Überwindung nationalistischer Revanchegelüste sowie sozialistischer Bestrebungen notwendig. Mit der Ostpolitik der Regierung Brandt/Scheel und der weitestgehenden Akzeptierung der Wirtschaftsordnung durch die Sozialdemokratie sowie der im Verhältnis sehr stabilen wirtschaftlichen Lage in der BRD sind diese Ziele weitgehend erreicht (vgl. dazu auch den interessanten Aufsatz von Löwenthal), auch wenn m. E. die endgültige Bewährungsprobe dieser Demokratie noch nicht bestanden ist (Lange-Quassowski, S. 242–246).

Literatur

Bungenstab, Karl-Ernst: Umerziehung zur Demokratie? Re-education-Politik im Bildungswesen der US-Zone 1945–49. Düsseldorf 1970
CCS 551, Direktive für die in der Zeit vor der deutschen Niederlage besetzten Gebiete, vom 28. April und 31. Mai 1944. Abgedruckt bei Hajo Holborn: American Military Government, Its Organization and Policies. Washington 1947, S. 135–143
Clay, Lucius D.: Entscheidung in Deutschland. Frankfurt o. J. [1951]
Department of State, Foreign Relations of the United States, Diplomatic Papers, The Conferences at Malta and Jalta 1945, Dep. of State Publication 6199. Washington 1955
Europa-Archiv. Hrsg. von Wilhelm Cornides, Frankfurt/M., 2. Jg. (Juli 1947 bis Dez. 1947)
Fichter, Michael: Der Wolf-Report und die gegensätzlichen gewerkschaftspolitischen Zielsetzungen in der US Militärregierung für Deutschland. In: IWK Internationale wissenschaftliche Korrespondenz zur Geschichte der deutschen Arbeiterbewegung. Berlin Jg. 14. H. 4, Dezember 1978, S. 443–455
FRC = US National Archives, Federal Records Center, Suitland Maryland

Gimbel, John: Amerikanische Besatzungspolitik in Deutschland 1945–1949. Frankfurt 1971

Gimbel, John: Byrnes und die Bizone – Eine amerikanische Entscheidung zur Teilung Deutschlands? In: Schriftenreihe der Vierteljahrshefte für Zeitgeschichte, Stuttgart, Sondernummer 197 (Aspekte dt. Außenpolitik im 20. Jhdt.), S. 193–210 *(zit. als: Gimbel, Aufsatz)*

Hammond, Paul Y.: Directives for the Occupation of Germany: The Washington Controversy. In: Stein, Harold, ed. American Civil-Military Decisions, A Book of Case Studies. Birmingham, Alabama 1963, S. 311–464

Institute on Re-education of the Axis Countries, Report on the Re-education of Germany. New York, June 15th, 1945, OMGUS-Akten, FRC Box 308 – 1/5

JCS 1067, Direktive vom 28. 4. 1945, abgedruckt in: Cornides, Wilhelm / Volle, Hermann: Um den Frieden mit Deutschland. Dokumente zum Problem der deutschen Friedensordnung 1941–1948 ... Dokumente und Berichte des Europa-Archivs Bd. 6. Oberursel (Taunus) 1948, S. 58–73

JCS 1779, Direktive vom 17. Juli 1947, abgedruckt in: Cornides/Volle, Bd. 6, S. 100–105

Kellermann, Henry J.: Cultural Relations as an Instrument of U.S. Foreign Policy. The Educational Exchange Program Between the United States and Germany 1945–1954. Dep. of State Publication 8931, March 1978

Knappen, Marshall: Historical Report Winter 1941, Spring 1946, o. O. u. J., Memorandum on the Background of Education and Religious Affairs Section, OMGUS, FRC, Occ. area 1015, S. 8–11

Lange-Quassowski, Jutta-B.: Neuordnung oder Restauration? Das Demokratiekonzept der amerikanischen Besatzungsmacht und die politische Sozialisation der Westdeutschen: Wirtschaftsordnung – Schulstruktur – Politische Bildung. Opladen 1979

Lange-Quassowski, Jutta-B.: Das Lehrstück Re-education. Das deutsche Schulwesen zwischen Okkupation und Restauration. In: Ernst-August Roloff (Hrsg.): Schule in der Demokratie? Stuttgart 1979, S. 71–99 *(zit. als: Lange-Quassowski, Aufsatz)*

Löwenthal, Richard: Bonn und Weimar, Zwei deutsche Demokratien. In: Winkler, H.-A., S. 9–25

MGR, Headquarters, United States Forces, European Theater, Office of Military Government, (US.Zone), Military Government Regulations, Title 8, Education and Religious Affairs

Morgenthauplan, deutsch abgedruckt in: Deuerlein, Ernst: Die Einheit Deutschlands. Bd. 1: Die Erörterungen und Entscheidungen der Kriegs- und Nachkriegskonferenzen 1941–1949. Darstellung und Dokumente. Frankfurt u. a. 1961², S. 318–320

Niethammer, Lutz: Das Scheitern der einheitsgewerkschaftlichen Bewegung nach 1945 in Westeuropa. In: aus politik und zeitgeschichte, beilage zur wochenzeitung das parlament, B 16/75

Schlander, Otto: Reeducation – Ein politisch-pädagogisches Prinzip im Widerstreit der Gruppen. Eruditio Bd. 1. Bern, Frankfurt 1975

Schmidt, Eberhard: Die verhinderte Neuordnung 1945–52. Zur Auseinandersetzung um die Demokratisierung der Wirtschaft in den westlichen Besatzungszonen und in der Bundesrepublik Deutschland. Frankfurt 1970

Shafer-Mueller, Susanne: Postwar American Influence on the West German Volksschule. Ann Arbor, Michigan 1964

SWNCC 269, Long-Range Policy Statement for German Re-education, revised and approved by the State-War-Navy Coordinating Committee, 16 May 1946, z. T. abgedruckt bei Bungenstab, S. 181
SWNCC 269/8 u. a. abgedruckt bei Bungenstab, S. 192 ff.
Winkler, Heinrich August (Hrsg.): Politische Weichenstellungen im Nachkriegsdeutschland 1945–1953. Geschichte und Gesellschaft, Sonderheft 5. Göttingen 1979 *(zit. als: Winkler, H. A.)*
Winkler, Dörte: Die amerikanische Sozialisierungspolitik in Deutschland 1945 bis 1948. In: Winkler, H.-A., 88–110 *(zit. als: Winkler, D.)*
Zook-Report, Department of State, Report of the United States Education Mission to Germany, Dep. of State Publication 2664, European Series 16, Washington D. C. 1946

James Tent

Education and Religious Affairs Branch, OMGUS und die Entwicklung amerikanischer Bildungspolitik 1944 bis 1949

1 Vorbemerkungen

Die amerikanische Politik der „Re-education" gehört in den Kontext jener alliierten Strategien zur Änderung des deutschen Erziehungssystems, die von den vier Siegermächten als Beiträge zur „Demokratisierung" Deutschlands verstanden wurden. Das amerikanische Erziehungssystem stand in anderen Traditionen als die europäischen. Von grundlegender Bedeutung blieb die Frage: Sollten, und wenn ja, wie konnten amerikanische Normen und Modelle eingesetzt werden bei dem Versuch, Deutschland zu „demokratisieren"? Die amerikanische politische Planungsarbeit war auf die Dauer nicht konsistent. Nicht überraschend war daher, daß die Education and Religious Affairs Branch (ERA) auf wiederholte Schwierigkeiten stieß.

2 Die Vorgeschichte der amerikanischen Re-educationspolitik

Die ersten Planungsversuche begannen 1944 in England mit der Gründung des German Country Unit (GCU), eines Beratungsstabs General Eisenhowers und seines Supreme Headquarters Allied Expeditionary Forces (SHAEF). Die GCU erstellte Richtlinien und verfaßte Handbücher über Verhaltensregeln für die britischen und amerikanischen Streitkräfte bei der Invasion Deutschlands. Ein Teil der GCU hieß Education and Religious Affairs Subsection und zählte zu seinen Mitgliedern John Taylor, George Geyer und Marshall Knappen. Direktor der Briten war Donald Riddy. Von Anfang an waren zwei Mängel des amerikanischen Bildungsunternehmens deutlich: Es mangelte einmal an Personal und zum anderen an Beratung und Unterstützung aus Washington und aus Amerika ganz allgemein (Knappen, S. 40). So befanden sich die GCU-Erziehungsexperten in der schwierigen Lage, die veraltete atlantische Charta als Grundlage ihrer Bildungspolitik verwenden zu müssen, was eine Beibehaltung der Idee eines „vereinten Deutschlands" (in der Nachkriegszeit) mit einem zentral gelenkten Erziehungsministerium bedeutete.

Die Briten waren in einer günstigeren Lage, weil sie sich auf ihren gerade eben erschienenen „1944 Education Act" stützen konnten; allgemeine diplomatische Anweisungen erhielten sie von Sir Alfred Zimmern im Auslandsamt. Davon profitierten auch die Amerikaner im GCU, aber die britisch-amerikanische „Ehe" löste sich bereits im Sommer 1944 auf. Man fürchtete, die Sowjets würden auf eine gemeinsame Front über nichtmilitärische Angelegenheiten mißtrauisch reagieren. Es entstand das amerikanische U.S. Group Control Council und die Control Commission (British Element). Demgemäß mußten die Amerikaner jetzt von der eigenen Verwaltung genauere Anweisungen bekommen. Bereits im März 1944 teilte Sir Frederick Bovenschen General John Hilldring im War Department, Civil Affairs Division (WARCAD) mit, daß die Erziehungsexperten dringend Direktiven aus Washington brauchten. Hilldring wandte sich an das State Department, das im Mai den Sonderausschuß „Interdivisional Committee on Germany" bildete. Der Ausschuß verfaßte eine Schrift, die „eine grundlegende Änderung der deutschen Haltung gegenüber Krieg und Ultra-Nationalismus" verlangte. Um dieses Ziel zu fördern, mußten die Vereinigten Staaten Prinzipien und Praxis der Demokratie in den deutschen Schulen kultivieren (862.42/1–1545, Brief, Hilldring). Derselbe Ausschuß empfahl auch eine Säuberungsaktion gegen Lehrer mit nationalsozialistischer Einstellung und gegen nationalsozialistische Propaganda in den Schulbüchern. Er betonte aber auch, daß die Reform des deutschen Erziehungssystems soweit als möglich den Deutschen in verantwortlicher Mitwirkung überlassen werden müsse. Wenn die Sieger den Deutschen die Freiheit überließen, „die vortrefflichsten Seiten ihrer ureigenen kulturellen Tradition heranzuziehen", so förderten sie eine ideologische Umkehr damit am ehesten. Die amerikanische Unterstützung sollte sich zunehmend auf Beratung und indirekte Kontrolle beschränken (862.42/1–1545, Entwurf, 18. 7. 44).

Im Januar 1945 wandte sich Colonel Mark Howe (WARCAD) ungeduldig an das State Department. Er meinte, der amerikanische Botschafter James Winant und die Erziehungsexperten bei Taylor in London würden so gut wie keine Richtlinien des eigenen Staates besitzen. „Die britische Haltung zu den Problemen ist höchstwahrscheinlich weiter entwickelt als bei uns." Dadurch geriete die amerikanische Bildungspolitik unvermeidlich ins Schlepptau der Briten, Russen oder Franzosen (862.42/1–1545, Vermerk, Howe an MacLeish, 15. 1. 45). Eine solche Möglichkeit würde die öffentliche Meinung Amerikas gewiß verurteilen. Noch im Januar wurde Archibald MacLeish im State Department mit der führenden Stellung für deutsche kulturelle und erzieherische Angelegenheiten betraut. MacLeish meinte, es sei verfrüht, mitten im Kriege die künftigen Probleme der Erziehung für Deutschland richtig einzuschätzen. Er erließ deshalb die erste Akte des Interdivisional Committee, die ein halbes Jahr lang im Department unbeachtet blieb. MacLeish äußerte sich kritisch gegenüber seinem Mitarbeiter Bryn Hovde zu der Frage, ab das notwendige deutsche Personal vorhanden sei: „Existieren solche Deutsche? Wie finden wir sie? Mir scheint es, als könnten wir die Frage der Umerziehung Deutschlands so lange nicht richtig beantworten, bis wir Deutschland besetzt haben. Erst dann ist zu bestimmen, ob einsatzfähiges Personal tatsächlich vorhanden ist" (862.42/2–745, MacLeish an Hovde, 7. 2. 45).

Gleichzeitig sammelte in London Captain Paul Shafer die sogenannten „Weiß-Grau-Schwarz-Listen" für das Military Government, die die erwünschten bzw. unerwünschten deutschen Erzieher aufzählten. Bald befaßte sich auch Bryn Hovde mit der Bildungspolitik in Deutschland. Er plante eine Education Section der alliierten Siegermächte im neu besetzten Deutschland und kam zu dem Schluß, mit einer dezentralisierten Erziehungsverwaltung rechnen zu müssen. In einem geheimen Schreiben vom Februar wies ein anonymer Beamter des State Department darauf hin, daß eine Einmischung der Militärregierung in die Frage der konfessionell orientierten Schulen nicht beabsichtigt sei (862.42/2–1845, Entwurf, 18. 2. 45).

In Europa bereiteten die ERA-Experten die SHAEF-Handbücher und Direktiven für baldigen Gebrauch durch die alliierten Streitkräfte vor. Besonders wichtig waren die sogenannten „civil affairs detachments" oder G-5's, die eine Militärregierung im Krieg bildeten. Zu Beginn waren die Ratschläge einfach: alle Erziehungsinstitutionen waren sofort zu schließen. Damit standen die ERA-Experten am Anfang eines ihrer größten Unternehmen: die Auswahl von Notschulbüchern für den Unterricht nach Ende des Krieges.

Parallel zu den siegreichen Offensiven der Alliierten im Frühling 1945 beschleunigten die Beamten des State Department ihre Planungsarbeit. Am 27. März bat Hovde um die Einberufung eines Planungsausschusses von Personen, die über eingehende Kenntnisse der europäischen bzw. deutschen Erziehung verfügten (862.42/3–275, Hovde an MacLeish). Demgemäß versammelte sich in Washington am 13. und 14. Mai 1945 ein Ausschuß von vier Zivilisten, sechs Beamten des State Department, außerdem Mark Howe und John Taylor als Beauftragte der WARCAD bzw. der Militärregierung. Howe sprach als erster und gab zu, daß die bisherige Joint Chiefs of Staff (JCS) Direktive Nr. 1067, Paragraph 14 über Erziehung „viel zu wünschen übrig läßt". Viel Vertrauen in eine Viermächteverwaltung oder Allied Control Council vermochte er nicht aufzubringen, weil alle von ihr ausgehenden Direktiven Übereinstimmung verlangten. Deshalb brauchten die amerikanischen Befehlshaber in der Zone langfristige Direktiven von amerikanischen Planungsstäben. Taylor stimmte den Worten Howes völlig zu. Um den Beginn der Diskussionen zu erleichtern, hatten schon eine Woche vorher drei Beamte des State Department, Eugene Anderson, Gordon Bowles und Leon Fuller, einen Entwurf zur langfristigen Reform des deutschen Erziehungssystems erdacht. Jetzt revidierten ihn Reinhold Niebuhr, Edward Lindemann, John Milton Potter und Martin McGuire. Auch Taylor und Howe nahmen engeren Anteil an den Diskussionen (862.42/5–1445, Entwurf, 13. bis 14. 5. 45).

Der Planungsstab des State Department erkannte die Wichtigkeit einer massiven Säuberungsaktion gegen alle nationalsozialistischen und militaristischen Einflüsse in den Schulen und Universitäten. Gleichzeitig war es notwendig, den Deutschen Ideale einzuprägen, wie zum Beispiel die Würde des Individuums, Toleranz, individuelle Freiheit, Teilnahme an bürgerlichen Verantwortlichkeiten sowie Anerkennung der Gleichheit aller Nationen und Rassen. Wie schon zuvor das Interdivisional Committee des State Department war jetzt der neuerlich errichtete Planungsausschuß überzeugt, daß es unmöglich sei, von oben solche Ideale aufzuzwingen. „Bei der Ausübung ihrer Aufgabe sollen die Besatzungsbehörden sich merken, daß dauerhafte Änderungen nur dann erreichbar sind, wenn sie von den Deutschen selbst herbeigeführt und gepflegt werden" (ebd.). Der Ausschuß faßte eine allmähliche Übertragung der Autorität an die deutschen Behörden ins Auge, die entsprechend den Umständen so schnell wie möglich erfolgen sollte. Im Laufe weiterer Diskussionen stimmten die Zivilexperten mit den Plänen des State Department überein und äußerten ähnliche Gedanken über die Wichtigkeit des Erbes einheimischer deutscher Kultur, das universelle Grundzüge widerspiegele. Sie mutmaßten auch, daß solch ein Unternehmen von antinationalsozialistischen Elementen geführt werden müsse. Sie würden auch religiöse, politische und intellektuelle Überzeugungen zeigen, die den Nationalsozialismus ablehnten (ebd.). Dieser Entwurf verzeichnete auch einige spezifische Details des Re-educations-Projekts und endete mit dem Vorschlag, daß die Amerikaner die kulturellen Beziehungen Deutschlands mit anderen Ländern eiligst wiederherstellen sollten.

Ende Mai 1945 vollendete der Ausschuß seine Arbeit mit Hilfe dreier Universitätsrektoren: Edmund Day, George Shuster und Frank Graham. Dieses Mal schlossen sich MacLeish und Anderson den Diskussionen an. Darauf übergaben sie dem State Department ihr „Long-Range

Policy Statement for German Reeducation". Nach geringfügigen Änderungen wurde dieser Entwurf zum Grundsatz der amerikanischen Bildungspolitik in Deutschland erhoben und erschien in der Öffentlichkeit als „State-War-Navy Coordinating Committee" (SWNCC), Dokument Nr. 269/5 (862.42/6–245, Vermerk, Anderson an Hovde, 2. 6. 45). Zum Schluß blieb die Parole: größtmögliche verantwortliche Mitwirkung der Deutschen bei der Rekonstruktion ihres Erziehungssystems. Oder mit den Worten des SWNCC 269/5: „The reconstruction of the cultural life of Germany must be in large measure the work of the Germans themselves."

Bemerkenswert war das Begehren des State Department, künftig auch Mitglieder zu akzeptieren, die nicht unbedingt Experten des deutschen Erziehungssystems waren, sondern möglichst „einen gesunden Menschenverstand" zeigten. Taylor als Fachmann war die Ausnahme. Die Beamten des State Department „äußerten die Abneigung, deutsche Flüchtlinge im Beratungsausschuß anzustellen" (862.42/5–1445, Entwurf, 13. bis 14. 5. 45). Aber Reinhold Niebuhr war anderer Meinung. In einem Gespräch mit MacLeish schlug er einen deutschen Wissenschaftler und amerikanischen Staatsbürger für den Ausschuß vor, den Harvard Erziehungsexperten Robert Uhlich (862.42/6–145, Niebuhr an MacLeish, 31. 5. 45). Der Vorschlag blieb ohne Reaktion. Sofort tauchten beim Versuch, einen neuen Chef für die ERA anzuwerben, unüberwindliche Probleme auf. An erster Stelle kam Frank Graham in Frage, Rektor der Universität von North Carolina. Aber er wehrte alle Angebote ab, ja sogar ein Angebot von Präsident Truman selbst (862.42/5–3145, Vermerk, Joseph Grew, 31. 5. 45). Das State Department sowie das War Department versuchten gemeinsam, aber vergeblich, andere berühmte Erziehungsexperten um ihre Mitarbeit zu bitten. Schließlich mußte Taylor mit dem Rang eines Majors wieder nach Deutschland zurückkehren, um sein Amt als Chef der ERA fortzuführen. Noch während seines Aufenthalts in Amerika bemühte er sich um mehr Erziehungspersonal.

3 Politische Probleme und Grundzüge der Re-education in der Amerikanischen Zone

Die ERA-Mitglieder tagten in Frankfurt zur selben Zeit wie der Planungsstab im State Department. Dabei vertraten die Experten „vor Ort" dieselbe Meinung: maximale Verwendung deutscher Kräfte bei dem Versuch, das deutsche Erziehungssystem zu reformieren (OMGUS,

Adjutant General Akten, 1944/45, Nr. 16, Vermerk, 14. 5. 45). In dieser Ansicht stimmten alle amerikanischen Planungsstäbe überein.

In Wirklichkeit hatten die Amerikaner keine andere Wahl, als sich auf deutsche Initiativen zu verlassen. In der Amerikanischen Zone waren am 8. Mai nur zehn Bildungsexperten vorhanden, und die Macht der ERA-Offiziere innerhalb der Militärregierung war fühlbar gering. Die in Frankfurt versammelten Beamten waren nur der Rest von etwa 200 Erziehungsfachleuten, die in den Jahren 1942 und 1943 von der U.S. Armee angeworben worden waren. Die meisten von ihnen dienten unmittelbar als Soldaten im Kriege. Eine typische Karriere machte John Taylor. Als ehemaliger Student des berühmten Pädagogen Professor R. T. Alexander vom Columbia Teacher College hatte Taylor schon zur Zeit der Weimarer Republik Erfahrung mit dem deutschen Erziehungswesen gesammelt. Im Jahre 1942 meldete er sich freiwillig zur Armee und erhielt sofort die „civil affairs"-Schulung an der Universität von Virginia. Wegen der Landungen in Nordafrika wurde die Schulung plötzlich abgebrochen und er nach Algier versetzt, um an einer Schule des Civil Affairs Training (CAT) zu unterrichten. Für ihn bestand die Gefahr, bei der Eroberung Italiens an der Front eingesetzt zu werden, wenn er noch länger am Kriegsschauplatz geblieben wäre. Der bloße Zufall wollte es, daß er Prof. T. V. Smith in Algier traf, denn letzterer sollte nach London versetzt werden. Smith meldete sich bei General Eisenhower im SHAEF an und überredete ihn, Taylor nach London zu versetzen (Interview mit Taylor, 10. 9. 77). Offensichtlich hatte die Mehrheit der zukünftigen Pädagogen während des Krieges nicht so viel Glück wie Taylor, und bei den massiven Neuaufstellungen der amerikanischen Streitkräfte in der Nachkriegszeit entdeckte ERA-Offizier E. Y. Hartshorne wiederholt Fälle, in denen ehemalige Erziehungsoffiziere ihre ursprünglichen Anweisungen einfach ignoriert hatten und stillschweigend mit den Kampfdivisionen, an die sie zeitweilig angeschlossen worden waren, in die Vereinigten Staaten zurückkehrten (OMGUS, 307-2/5, ERA-Protokolle, 4. 9. 45). Ein anderer führender Experte in der ERA war Marshall Knappen, der im Mai 1945 durch die Zone reiste und seinen Vorgesetzten sehr beunruhigt von seinen Erfahrungen berichtete: „Fast alle ERA-Offiziere wollen aus dem Militärdienst scheiden..., und wenn nicht wirksame drastische Maßnahmen getroffen werden..., ist keine Aufsicht mehr da, um die Verwaltung des deutschen Erziehungssystems richtig zu kontrollieren" (POLAD, Karton 737, Bericht, Knappen, 30. 5. 45). Nach zwei Jahren Militärdienst war keiner der Erziehungsoffiziere befördert worden. Sie fühlten sich wie Fremde in der eigenen Armee. Der Botschafter und Political Adviser for Germany,

Robert Murphy, war darüber besorgt und schickte Knappens Bericht an General Lucius Clay. Zwar bekam er von einem Stabsoffizier des Generals die Antwort, daß Clay das Problem ernstlich ins Auge fasse, aber weiter geschah nichts. Ende 1945 wurden Taylor und Knappen schließlich zu Oberstleutnants befördert. Aber die ERA-Staffel vermehrte sich kaum, denn in Europa waren Erziehungsexperten im Militärdienst entweder nicht vorhanden oder schlicht unqualifiziert. Deshalb mußte Taylor im Sommer 1945 in den Vereinigten Staaten weitere Pädagogen anwerben, was insofern ungünstig war, weil sich zu diesem Zeitpunkt eine enorme Arbeit vor den Angehörigen der ERA häufte und sie genau in dieser Zeit ihren Chef dringend brauchten. In den ersten zwei Jahren der Besatzung betrug die Stärke des ERA-Stabes etwa fünfzig Mann. Erst nach Ende des Jahres 1947, als Herman Wells die Leitung des Programms übernahm, stieg die Zahl der Erziehungsoffiziere erheblich an.

Im Sommer 1945 vermochten sie die ersten Schritte der Erziehungsreform nur unter großer Schwierigkeit zu beaufsichtigen und auch das nur oberflächlich. Mit Hilfe der umfangreichen Information Control Division (ICD) veröffentlichten ERA-Offiziere sogar fünf Millionen Notschulbücher in der Druckerei des ehemaligen „Völkischen Beobachters" (Knappen, S. 82). Die Entnazifizierung wurde anfangs hauptsächlich von Abteilungen der United States Forces, European Theater (USFET), genannt „G-5 Detachments", beaufsichtigt. Aber alle G-5-Abteilungen fanden nur schwer geeignete Ersatzlehrer (OMGUS, 76-3/10, Bericht, 19. 7. 45). Im Universitätsbereich versuchte es E. Y. Hartshorne. Schon im Sommer 1945 veranstaltete er in Marburg das erste University Planning Committee (UPC) und vermochte mit Hilfe von Rektor Ebbinghaus, mit dem ihn ein ausgezeichnetes Arbeitsverhältnis verband die Philipps-Universität als ein Modell für die Wiedereröffnung aller anderen Hochschulen in der Amerikanischen Zone vorzustellen (OMGUS, 302-1/5, ERA-Jahresbericht, 1946, S. 26). Nur aufgrund der energischen Hilfe anderer Abteilungen der Militärregierung und insbesondere der Unterstützung durch die Deutschen selbst konnte der ERA-Stab die Grundschulen Anfang Oktober, die Gymnasien Ende November und die Universitäten im Dezember 1945 eröffnen. Eine Ausnahme wurde für die medizinischen Fakultäten der Universitäten gemacht, die schon im August und September 1945 ihre Tore öffneten. Die ehemaligen Wehrmacht-Mediziner, die im Kriege nur eine flüchtige wissenschaftliche Ausbildung erhalten hatten, wurden jetzt dringend gebraucht, um der kranken Bevölkerung beizustehen. Obwohl die schnelle Eröffnung der medizinischen Fakultäten schon deshalb notwendig war, führte sie aber zu der unvermeidlichen Tendenz, alle anderen Fakultäten der Universitäten auch möglichst rasch zu öffnen. Der ehemalige Chef der ERA in Hessen, Vaughn DeLong, stellte fest, die außerordentlich schnellen Säuberungen der Fakultätsmitglieder im Herbst 1945 spielten eine erhebliche Rolle bei den tragischen und noch größeren Säuberungsaktionen an den Universitäten im Jahre 1946 (Interview mit Vaughn DeLong, 7. 6. 77).

Daß das ERA-Personal hinsichtlich der Vollendung des Unternehmens stark von den Leistungen anderer größerer Zweige der Militärregierung abhing, war ein Zeichen ihrer schwachen Stellung innerhalb des OMGUS. Die Vorgesetzten der ERA-Branch gehörten der Public Health and Welfare Division, später der Internal Affairs and Communications Division an. Demzufolge war die ERA auf ihrem langen Instanzenweg durch die Hierarchie der Militärregierung bis hinauf zu Clay abhängig von den verschiedensten Dienststellen mit deren divergierenden Auffassungen über ihre Zuständigkeit. Vorschläge, die über die normalen Dienstwege gingen, blieben manchmal monatelang liegen, bevor eine Entscheidung getroffen wurde (Knappen, S. 79). Glücklicherweise hatte der Chef der Public Health, Generalmajor M. C. Stayer, Verständnis für den ERA-Stab, und weil er den höchsten permanenten Dienstgrad in der Zone bekleidete, pflegte er ERA-Berichte oder Entwürfe direkt von Taylor an Clay weiterzugeben (Interview mit Taylor, 10. 9. 77). Aber diese Art der Umgehung der Bürokratie, auch wenn sie hilfreich war, reichte kaum aus, die Position der ERA in der Militärregierung erheblich zu verbessern. Die Schwäche dieser Position zeigte sich an zahllosen Beispielen. Lehrer aus Amerika mußten mit Verzögerungen ihrer Reise rechnen, bevor sie endlich in die Zone gelangten. Offiziere, die Kampfdivisionen zugeteilt worden waren, wurden per Flugzeug ohne weiteres nach Deutschland transportiert, die ERA-Beamten aber kaum; so erhielt z. B. Dr. Fritz Karsen, um den sich die ERA lange bemüht hatte, seine Stelle im Dezember 1945, aber es gelang ihm erst Anfang Mai, in der Zone anzukommen, weil er mit dem Schiff reisen mußte (OMGUS, 307–2/5, ERA-Protokolle, 2. 4. 46). Solche Hindernisse, die sich ständig vor den ERA-Beamten auftürmten, wurden bald unter den bedeutendsten Pädagogen in den Vereinigten Staaten bekannt. Im Frühling 1946 verließ George Geyer die Militärregierung, aber zuvor unternahm er noch eine Anwerbungsreise durch Amerika. Er erfuhr bald, daß manchen potentiellen Mitarbeiter gewisse Zweifel plagten: „Mrs. May war zu schlau für uns", telegraphierte er Taylor nach Berlin. „Sie kam in Berührung mit fünf hervorragenden Erziehern. Unter diesen waren einige, die die Chicago-Parole akzeptierten. Die Arbeit bestand nur aus ein viertel Dienstleistung und drei viertel Papierkrieg. Deswegen will sie nichts davon wissen..." (OMGUS, 306-2/5, Telegraphenkonferenz. 10. 6. 46).

Unzufrieden waren die Beamten des War Department und State Department, die an dem Projekt der Umerziehung beteiligt waren darüber, daß sie noch immer keinen neuen Chef für die ERA gefunden hatten. John Hilldring von der WARCAD und William Benton vom State Department kamen nach Gesprächen mit anderen Beamten Ende Januar 1946 überein, daß ein bekannter Erziehungswissenschaftler als Chef der ERA immer noch wünschenswert sei. Als sie aber Clay um seine Meinung fragten, erwiderte er, daß er mit Taylor in der ERA und mit General McClure in der ICD zufrieden sei: „Dieses Unternehmen haben wir bis jetzt mit den Landsern durchgeführt, und jetzt will ich, daß sie die Generäle werden" (WARCAD, Adjutant General Akten, Nr. 350, Brief, Clay an Hilldring, 6. 3. 46). Die führende Stelle der ERA blieb damit zwar unverändert, ihre untergeordnete Position in der militärischen Hierarchie jedoch auch.

Wenn Hilldring sich nur ein paar Wochen später an Clay gewandt hätte, wäre letzterer vielleicht ganz anderer Meinung gewesen, denn Mitte April erhoben sich kritische Stimmen in der amerikanischen Presse. Einige Journalisten wiesen auf den noch lebendigen gefährlichen Geist des Nationalsozialismus in Schulen und Universitäten hin. Schon im Januar erfuhr Pastor Martin Niemöller von Unruhen unter den Erlanger Studenten, als er das Prinzip der Kollektiv-Schuld verteidigte. Sensationelle Geschichten verbreiteten sich schnell, und die führenden Stellen der Militärregierung nahmen die Sache bitter ernst (OMGUS, 304-1/5, Knappen Bericht, 12. 2. 46). Auch die Universität München hielt für Journalisten viele Gerüchte und Verleumdungen bereit. Der ERA-Chef Bayerns, Captain Alfred Pundt, widerlegte die Presseangriffe zwar als „wild und übertrieben", und sein Vorgesetzter, General Walter Muller, stimmte darin mit ihm überein (OMGUS, 306-2/5, Telegraphenkonferenz, 10. 5. 46). Aber andere Abteilungen wie Special Branch, Policy Enforcement Branch, Intelligence Branch der ICD und Counterintelligence Corps (CIC) unterstützten die Ansichten der Journalisten. Endlich schrieb Clay an die Vorgesetzten der ERA: „Diese Berichte über die Münchner Universität tauchen wieder auf..., wird sich Ihr Personal mit General Muller in Verbindung setzen, die wahren Tatsachen herausfinden und, wenn nötig, das Haus reinigen?" (OMGUS, Adjutant General Akten, 1945/46, Nr. 46, Vermerk, Clay an IA & C Division, 25. 6. 46). Taylor setzte sich sofort mit Muller und mit dem ERA-Stab in Verbindung. Aber seine Besprechungen mit ihnen überzeugten ihn, daß die Presseangriffe ungenau und übertrieben waren. Dennoch glaubten ihm manche Berater Clays nicht. Prof. Walter Dorn behauptete, der Militärregierung bleibe keine andere Wahl, als Deutschlands geschlossenste Clique, d. h. die Professoren, zu sprengen. Bedeutende Persönlichkeiten in der obersten Behörde wie die Generäle Charles Gailey und Clarence Adcock unterstützten Dorn. Ihren Ratschlägen folgend befahl Clay im Herbst 1946 eine neuerliche Entnazifizierungsaktion an allen Universitäten der Zone.

Weil Taylor seit der Weimarer Zeit enge Beziehungen zu deutschen Erziehern unterhielt, war es ihm wohl bewußt, daß viele seiner deutschen Kollegen sich nur zwangsweise der Partei angeschlossen hatten. Also holte er unverzüglich einige davon in die ERA, weil sie ausgezeichnete Kenntnisse besaßen und weil sie ohnehin keine überzeugten Parteimitglieder gewesen waren (Interview mit Taylor, 28. 8. 79). Im Gegensatz zur ERA brauchten die Entnazifizierungsabteilungen der Militärregierung keine Verantwortung für neue Arbeitsprogramme auf sich zu nehmen. Daher konnten sie es sich leisten, rücksichtslos zu entnazifizieren, und das taten sie auch. Im Herbst 1946 wurden Hunderte von Professoren und Angestellten der Universitäten kurzfristig entlassen. Das Ansehen der Militärregierung allgemein und auch das der ERA sank. Diese umfangreichen Aktionen schwächten den Ruf der ERA auch innerhalb der Hierarchie der Militärbehörde. So schrieb ein ehemaliger Oberst der Infanterie, Gordon Browning, über die Universität Würzburg, sie sei zum ersten Male seit dem Aufbruch vom Nazismus „gereinigt" worden, was auch ein offener Tadel für die ERA war (OMGUS, 19–2/8, Vermerk, Browning an Boyle, 31. 8. 46). Ähnliche Kritik übte Ende 1946 der Chef der Policy Enforcement an der ERA; Taylor wies diese Angriffe aber heftig zurück. Er versicherte, daß die Methode der Entnazifizierungsabteilungen, alle vertriebenen Parteimitglieder auf Lebenszeit aus den Universitäten zu verbannen, sich völlig dem Prinzip widersetze, daß „Re-education" möglich sei (OMGUS, 304-1/5, Vermerk, Taylor an IA & C, 22. 1. 47). Auch der amerikanische Generalkonsul in München, Sam Woods, entdeckte ähnliche Meinungsverschiedenheit zwischen ERA und den Entnazifizierungsabteilungen, als es im Frühling wegen des bayerischen Staatsministers für Erziehung, Dr. Hans Meinzolt, zum Konflikt kam (862.42/4–1647, Woods Bericht, 16. 4. 47). Schließlich opponierten auch die jüngst organisierten Visiting Experts gegen eine weitere Entnazifizierung, mit der Begründung, daß sie jetzt Schaden stifte. Aber arm an Einfluß, wie sie war, konnte die ERA nichts dagegen unternehmen. Sogar Colonel Browning gab zu, daß der Mangel an geeigneten Offizieren das gegenwärtige Umerziehungsunternehmen unmöglich mache. Also kamen die amerikanischen Erziehungsexperten beim Versuch, die anfänglich negativen Aufgaben ihres Unternehmens zu verwirklichen, wiederholt in Verlegenheit. Noch schlimmer wurde es, als sie versuchten, ein neues hochfliegendes Erziehungsprogramm für Schulen und Universitäten aufzubauen. Zugleich geriet das Prinzip der größtmöglichen Initiative der Deutschen beim Wiederaufbau ihres Erziehungssystems ins Wanken.

Am 25. März 1946 berichtete Parker Buhrman aus München an seinen Chef in Berlin, Robert Murphy, daß er Gesprächen zwischen amerikanischen und deutschen Erziehungsfachleuten beiwohne, die „auf einen Mangel an definitiven Richtlinien für deutsche Schulen, insbesonders für die Gymnasien hindeuteten". Eine große Rolle spielten die Neuaufstellungen der G-5-Abteilungen, doch noch bedeutender war die Behauptung des OMGUS: „Der Wiederaufbau Deutschlands ist ein deutsches Unternehmen." Im Laufe der Diskussion wurde aber zugegeben, daß zwölf Jahre Isolierung und eine Tradition von Antiliberalismus die Deutschen für einen liberalen Aufbau ihres Erziehungssystems untauglich gemacht hätten. Buhrmann beklagte außerdem die bildungspolitischen Vorstellungen der Amerikaner, wenn man einmal von der Entnazifizierung absieht (POLAD, Karton 758, Vermerk, Buhrman an Murphy, 25. 3. 46).

Kurz darauf erfuhr Clay vom War Department, daß ein Stab von Bildungsexperten nach erfolgreicher Arbeit soeben aus Japan zurückgekommen sei. Die Andeutung war unverkennbar. Die Amerikaner sollten einen ähnlichen Stab nach Deutschland schicken. Clay fragte Taylor nach seiner Meinung, aber der ERA-Chef war anfangs von der Idee nicht begeistert. Eine Auswertung der laufenden Programme hatte er schon im Dezember 1945 ins Auge gefaßt, aber eine Bildungskommission für Deutschland wie diejenige für Japan erschien ihm unnötig und unerwünscht, weil sie fast sicher Zwangsmaßnahmen vorschlagen würde. Er verwies darauf, daß die deutschen Gesprächspartner jetzt ihre eigenen Pläne erstellten und sich über die geeigneten Maßnahmen mit den ERA-Experten berieten. Genau dieses Verfahren sicherte nämlich die positiven amerikanischen Einflüsse beim Wiederaufbau des Erziehungssystems. Taylor wehrte das Angebot deshalb ab (OMGUS, 308-1/5, Vermerk, Taylor an IA & C, 29. 4. 46), aber seine Ansichten wurden nicht akzeptiert. Die Idee einer Auswertung wurde weiter diskutiert, und Taylor mußte trotz allem letzten Endes der Bildungskommission zustimmen. Er hielt jedoch daran fest, daß sich ihre Funktion nur auf zwei Dinge beschränken würde: erstens die Verbreitung von positiven Informationen über die Bildungsprogramme in der Zone an das amerikanische Publikum, und zweitens, daß die Bildungskommission nur das laufende Programm zu überprüfen habe. Clay war einverstanden, und bald darauf bildete sich ein amerikanisches Komitee von Bildungsexperten, das von Ende August bis Ende September 1946 die Zone bereiste. Bereits im Oktober übergaben die Mitglieder dem State Department ihren Bericht. Wie Taylor von Anfang an geahnt hatte, überstieg er bei weitem die Grenzen der Abschätzung und Wertung. Die Mitglieder der Kommission verhielten sich nicht neutral, sondern befürworteten die Einsetzung amerikanischer Normen und Modelle: Einheitsschulen, Primar- und Sekundarstufenseminare mit engeren Verbindungen zu den Universitäten, sozialkundliche Curricula, ein zusätzliches Schuljahr, Kuratorien für die Universität usw. Die Gesandtschaft vertrat die Notwendigkeit einer Verstärkung der Priorität und Machtstellung der ERA innerhalb der Militärregierung. Zuletzt mußte die amerikanische Regierung den ERA-Programmentwürfen eine stabile Finanzlage zugestehen, zum Beispiel eine für die Unterstützung von akademischen und kulturellen Austauschprogrammen (State Department, Occupation, S. 217–219).

Aber der Bericht der Zook-Kommission erbrachte kaum einen Konsens im State Department. Assistant Secretary of State William Benton übergab den Arbeitsbericht der Gesandtschaft und ihres Vorsitzenden George Zook an den Staatssekretär Byrnes. In seinem Begleitbrief kritisierte Benton scharf die Idee, berufsorientierte und humanistische Curricula unter ein Dach zusammenzufassen (862.42/10–1546, Vermerk, Benton an Leverich, 17. 10. 46). Die Kritik Bentons rief heftige Angriffe aus anderen Richtungen hervor. Schuldirektor Willard Spalding aus Portland, Oregon, griff die Stellungnahme Bentons heftig an und verbreitete allgemein eine Widerlegung des Briefes. Er verteidigte stark die Anwendung amerikanischer Normen in Deutschland (862.42/11–1246, Spalding Bericht, 11. 11. 46).

Weniger umstritten war der Vorschlag, den ERA-Stab anzuheben und die Finanzlage der Bildungsprogramme zu stärken, aber im Augenblick waren solche Empfehlungen einfach nicht ausführbar. Während der Besprechungen zwischen Colonel Robert McRae von WARCAD, Clay und ERA – initiiert von der Militärregierung und die Frage des Personals betreffend – stimmten alle Teilnehmer überein, daß das ERA vergrößert werden müsse. Aber neue finanzielle Hilfsquellen des U.S. Congresses waren nicht vorhanden. Und genau zu dieser Zeit hungerte und fror Deutschland im bitterkalten Winter der Jahreswende 1946/47. Clay ordnete all seine Mittel diesen unmittelbaren Prioritäten unter. Das Ausmaß der Tragik wird aus dem Aufsatz eines zwölfjährigen Schulmädchens mit dem Thema „Der schönste Tag meines Lebens" deutlich. Den Tag bezeichnete sie als „den 17. Februar 1947, als mein Bruder starb. Da erbte ich seinen Mantel, seine Schuhe und seine Wolljakke." (Commonweal, 11. Juni 1948, S. 208). Statt eines personellen Zuwachses mußte der ERA-Stab die Entlassung einiger Youth Activities-Beamten im Laufe allgemeiner Reduzierungen des Personals hinnehmen (Knappen, S. 81).

Auch wenn die mangelhafte personelle Ausstattung der ERA und ihre schwache Position in der Militärbehörde unverändert blieb, so verwirklichten sich doch bald neue Hilfeleistungen aus Amerika. Im Frühjahr 1947 zogen die ersten Visiting Experts in die Zone ein. Begründet wurde dieses Programm mit einer Aufstockung der ERA-Kräfte durch reisende Experten, die spezifische Details eines Entwurfs zur Re-education mit deutschen Erziehern beratschlagen konnten, ohne das ERA-Personal erheblich zu vermehren. Die Ergebnisse waren unterschiedlich, weil die neuen Bildungsexperten entweder keine Sprachkenntnisse besaßen oder die Zeit einfach nicht reichte, um die komplizierten Probleme genau zu überprüfen. Manche von ihnen neigten dazu, ausschließlich amerikanische Normen und Modelle anzuwenden. Viele aber erzielten auch gute Erfolge, wie die ERA-Chefs in den Ländern zugaben (OMGUS, 49-3/10, Vermerk, Bergman an ERA, OMGUS, 10. 6. 47). Im Oktober 1946 schien die amerikanische Regierung mit der Annahme der Direktive SWNCC 269/8 „Exchange of Persons" endlich das Problem der kulturellen Isolierung der Deutschen zu bewältigen. Aber Eugene Anderson aus dem State Department konnte nur pessimistisch reagieren: „Der gegenwärtige Standpunkt der Militärregierung zu diesem Vorschlag ist unbekannt. Aber ihre früheren Erfahrungen deuten auf die Wahrscheinlichkeit hin, daß die Militärregierung nicht mitwirken wird. Eine Denkschrift wird vorbereitet, um die Militärregierung dringend aufzufordern, diese neue Verantwortung zu übernehmen" (862.42/11–1346, Vermerk, Anderson an Leverich, 13. 11. 46). Die Sorge Andersons war berechtigt. Nicht nur die reisenden Experten, sondern auch das Bildungsaustausch-Programm blieben bis Ende der Besatzungszeit nahezu bedeutungslos (Kellermann, S. 27–29). Aber die Tatsache, daß ein Austauschprogramm, auch wenn es nur mäßig war, überhaupt existierte, war doch eine Art Sieg für George Zook und die Erziehungskommission.

Für lange Zeit verhielt sich John Taylor bezüglich der Natur des Bildungsprogramms neutral. Er befürwortete ein Programm, das sich über die Weimarer Aufbauschulen in Richtung der Einheitsschule bewegte, eine Idee, die den Plänen der Kommission ähnlich war. Anfang 1947 hatte er noch deutsche Initiativen geduldet, war dann aber zur Befürwortung amerikanischer Modelle übergegangen. Seine Ansichten legte er auf einer Versammlung aller Erziehungsminister in der Amerikanischen Zone im Februar 1947 dar, wo er für die einheitliche Durchführung der getroffenen Maßnahmen in allen drei Ländern plädierte. Die Schwerpunkte dieser Maßnahmen entsprachen den Prinzipien des 1946 erschienenen Arbeitsberichts (OMGUS, 301-1/5, Taylor Rede, 19. 2. 47). Taylor war sich der Hindernisse gegen eine solche Reform bewußt, vor allem der Last der alten Traditionen und der möglicherweise unangenehmen Auseinandersetzung über konfessionelle Schulen. Er hoffte aber, man würde durch „freundliche Verständigung der beiden Konfessionen" eine Lösung finden. Taylors Worte waren aufrichtig, und er unterstützte energisch seine Vorschläge im Allied Control Council. Kennzeichnend für die ernsthafte Einstellung Taylors war die Verkündigung der Allied Control Authority (ACA) Direktive Nr. 54, deren Punkte enge Verwandtschaft mit Taylors Programm aufwiesen. Aber zur Zeit ihrer Veröffentlichung war Taylor nicht mehr der ERA-Chef. Schon im April nahm er Abschied von der Militärregierung, um den Vorsitz der Universität von Louisville zu übernehmen. Seine Nachfolge übernahm provisorisch Prof. Alexander, der sich in seiner Persönlichkeit sehr von Taylor unterschied. Obwohl schöpferisch, energisch und scharfsinnig, war sein stures, reizbares Wesen doch weniger beeindruckend. Es war unter seinen Mitarbeitern allgemein bekannt – dies gestand Alexander sogar selbst ein –, daß er kein geschickter Verwalter war. Bei seinem Abschied von der Militärregierung warnte Taylor General Clay: Alexander sei vielleicht ein begabter Mann, aber kaum der richtige Chef, um die ERA dauernd zu leiten. Doch bei der Suche nach einem neuen Chef hatte Clay kaum mehr Erfolg als zu Beginn der Besatzung. Deshalb blieb Alexander der provisorische Chef bis Ende November 1947, als Herman Wells in die Zone kam (Interview mit Taylor, 10. 9. 77; OMGUS, 303-3/5, Alexander an Snyder, 9. 6. 48).

Alexander war ein emphatischer Vertreter der amerikanischen Modellvorstellungen, die er nicht nur – wie bereits Taylor – befürwortete, sondern von oben her aufzwingen wollte. Der seit dem Jahr 1944 bestehende Konsens der Planungsstäbe zerbrach bereits im Frühjahr 1947, als die Entnazifizierung an Bedeutung verlor. Das führte zum offenen Konflikt in Bayern, wo Kultusminister Hundhammer und Kardinal Faulhaber, die Humboldtsche Bildungsideale vertraten, heftig gegen Alexanders amerikanisch geprägte Vorstellungen protestierten. Gerade die Schulreform in Bayern zeigte deutlich die schwache Position der ERA innerhalb der eigenen Militärregierung. Der wohlwollende, aber bedeutungslose ERA-Chef von Bayern, Walter Bergman, vermochte kaum, seinen Stab vereinigt in den Streit gegen die bayerischen Kulturbehörden zu führen (Interviews mit Martin Mayes, 2. 9. 77, und mit William Swarm, 29. 8. 79). Die Initiative ergriffen nun andere Personen in der Militärregierung Bayerns. Der Military Governor von Bayern, General Muller, und sein Nachfolger Van Wagoner spielten eine besondere Rolle bei den Verhandlungen über die Schulreform. Auch Clay sandte endlich Inspektoren nach München, um das Problem irgendwie zu lösen. Er wechselte das Personal in den Schlüsselstellungen der Militärregierung Bayerns aus, was aber ohne sichtbare Wirkung blieb. Alexander hatte schon vorher gleichgesinnte Bildungsfachleute nach Bayern versetzt, um die Zusammensetzung der ERA in München zu beeinflussen. Charles Falk zum Beispiel war nicht der Chef der ERA Bayerns, aber seine Persönlichkeit übte einen starken Einfluß auf den Stab aus. Alexander schickte auch eine Beamtin, Mildred English, nach München, aber sie berichtete Ende November 1947, daß jetzt ernste Spaltungen in der bayerischen ERA zu beobachten seien (OMGUS, 308-1/5, English Bericht, 23. 12. 47). Die Bayern wußten diese Schwäche wohl zu nutzen. Einige ERA-Beamte nannten die bayerische Krise scherzend „Tom Alexanders Kulturkampf". Colonel William Swarm jedoch, der ein „civil affairs"-Fachmann für Clay war, bezeichnete die Lage als gefährlich. Zwar konnten die Amerikaner die Bayern wie die Nazis durch Androhung von Gewalt einschüchtern und eine Entscheidung erzwingen. Aber für eine Demokratie war eine solche Handlungsweise unannehmbar (Interview mit William Swarm, 24. 8. 77). Der Hinweis von Swarm war deutlich. Gleichzeitig warnte auch der Generalkonsul Sam Woods in München die Amerikaner davor, in eine Sackgasse zu steuern. Als die Militärregierung Hundhammer zwang, dem bayerischen Landtag ihr eigenes Bildungsprogramm vorzulegen, und letzterer ihn ablehnte, gerieten die Militärbehörden mit einer demokratisch gewählten Volksvertretung in Konflikt (862.42/1–2248, Woods Bericht, 22. 1. 48).

Diese Krise gab Anlaß zu einem Versuch Clays, einen Kompromiß zu finden. Überdies war Clay von Alexander enttäuscht, als der ERA-Chef im Namen des Generals den bayerischen Kultusminister seines Amtes zu entheben versuchte (Erklärung von Martin Mayes, 29. 8. 79). Nicht nur Alexander verlor an Geltung. Falk, der am eifrigsten amerikanische Erziehungsmodelle in Bayern vertrat, kehrte im Juni 1948 in die Vereinigten Staaten zurück. Clay selbst mischte sich in die Diskussionen in Bayern ein und schloß im August 1948 mit Ministerpräsident Ehard ein Kompromißabkommen. Der bayerische Landtag billigte ein Gesetz für freie Schulbücher und für die Abschaffung von Schulgeldern. Dafür verlangte die Militärregierung nicht die sofortige Annahme der anderen

Punkte des ursprünglichen amerikanischen Schulprogramms, die dann in Vergessenheit gerieten. Bedingt durch die drastisch unglückliche Erfahrung dieser Krise knüpfte der Versuch wieder an die Vorstellungen von 1945 an.

Dr. Wells arbeitete energisch an der Vermehrung des ERA-Personals und wandelte im Februar 1948 die ERA in die lang erwünschte Education and Cultural Relations Division (ECR) um. Ende des Jahres 1948 forderte sein Nachfolger, Dr. Alonzo Grace, eine handlungsfähige, weitgespannte Organisation mit besseren Programmen; die Wahrheit aber war, daß sich die amerikanische Behörde trotz des personellen und finanziellen Zuwachses zunehmend auf Beratung und indirekte Kontrolle beschränkte (Zink, S. 206). In Washington berieten Henry Kellermann und Thomas Goldstein im State Department besorgt über die Gefahr eines Rückzuges der deutschen Intellektuellen von den Besatzungsbehörden in der U.S. Zone. Im Gegensatz zu den Amerikanern gaben die Russen ihren Intellektuellen wenigstens besser zu essen! Was tun? Aber Goldstein lehnte alle hochfliegenden neuen Programme ab. Er hielt es für besser, an den laufenden Austauschprogrammen festzuhalten (862.42/11–2847, Kellermann an Goldstein, 28. 11. 47; Goldstein an Kellermann, 1. 12. 47), deren Finanzlage endlich ausreichend unterstützt wurde. Dadurch erhielten Hunderte von deutschen Verwaltungsbeamten, Lehrern, Professoren und Studenten zum ersten Mal seit Jahren die Möglichkeit, ins Ausland zu fahren. Sogar Minister Hundhammer reiste 1950 auf der „Grand Tour" zwischen Washington und Los Angeles, obwohl sich Alonzo Grace, den er gekränkt hatte, darüber heftig ärgerte (OMGUS, 303-2/5, Grace an Johnston, 30. 6. 50).

Wells erwies sich auch als ein geschickter Entdecker finanzieller Quellen, vor allem beim U.S. Congress, und verstärkte dadurch die Bildungsarbeit in der Zone (Kellermann, S. 33–35). Trotzdem blieb bis 1948 die Frage der Finanzierung der laufenden Programme immer aktuell, denn die Schatten des Kalten Krieges ermöglichten eine große Veränderung der Prioritäten in der Militärregierung. Zum Beispiel wurden im August 1947 von der Militärregierung versorgungstechnische, mithin finanzielle Einwände gegen die Zulassung von acht Professoren aus Chicago an einer deutschen Universität erhoben, obgleich die Wissenschaftler von Chicago aus bezahlt wurden. Im Mai 1948, als die Gründung der Berliner Freien Universität verhandelt wurde, stellte sich im Zeichen des Kalten Krieges und der amerikanischen Luftbrücke die finanzielle Seite als kein gravierendes Problem mehr dar. Überrascht war Wells, als Clay rasch alle Mittel für eine möglichst schnelle Eröffnung der FU zur Verfügung stellte (Brief, Wells an Tent, 28. 12. 77).

Das letzte Problem, das die amerikanischen Besatzungsbehörden entscheiden mußten, war die Dauer der amerikanischen Erziehungskontrolle. Das Grundgesetz der künftigen Bundesrepublik, das im April 1949 diskutiert wurde, überließ den Deutschen die Aufsicht über ihr Erziehungssystem. Es wurde entschieden, daß die Amerikaner nur einen „Minimalstab" behielten, um die deutschen Erziehungsbehörden zu beraten. Darüber beunruhigt schrieb Alonzo Grace an einen privaten Ausschuß von amerikanischen Erziehungsexperten, der von George Zook und Herman Wells geleitet wurde. Grace klagte, daß der Minimalstab in Wirklichkeit ein „Schein-Stab" sei. Trotz einer Koalition zwischen dem Privat-Ausschuß, Kellermann und der Re-orientation Branch der Militärregierung in Washington, um den Deutschen einen „hochqualifizierten Stab von der hiesigen Stärke" zur Verfügung zu stellen, scheiterte der Versuch völlig (862.42/5–249, Brief, Wells, Zook an Acheson, 29. 4. 49; 862.42/6–1549, Brief, Kellermann an Byroad, 15. 6. 49). Mit der Einsetzung des High Commissioner (HICOG) in Deutschland wurde die ECR-Division in eine untergeordnete Abteilung der Public Affairs Division umgewandelt. Somit bestimmten die Deutschen wieder allein über ihr Erziehungssystem. Grace und die Mehrzahl seines Stabs kehrten nach Amerika zurück.

Das Fazit der Besatzungserfahrung war, daß die amerikanische Politik zunächst auf größtmögliche Mitverantwortung der Deutschen an der Rekonstruktion ihres Erziehungssystems zielte. Der Konsens verlor sich aber in Kompetenzstreitigkeiten und Richtungskämpfen, die auf amerikanischer Seite in dem Maße wuchsen, in dem Geltung und Einfluß der ERA abnahmen. Die Versuche, deutsch-amerikanische Kooperation durch amerikanische Verordnungen zu ersetzen, gipfelten 1947 in der Krise in Bayern. Die Erfahrung dieser Krise gab Anlaß zu dem Versuch, wieder an die Vorstellungen von 1945 anzuknüpfen. Wie die Planungsstäbe des State Department und der ERA vorausgesehen hatten, gab es für Programme ohne deutsche Mitwirkung keine Chance, wenn ihre Realisierung nicht auf Oktroy und Machtentfaltung gestützt sein sollte. Am Ende hatte man begriffen, daß die Vorstellung, „one people could reeducate another towards democracy" einfach naiv war.

Zweifelsohne wären einige Probleme, mit denen die ERA zu kämpfen hatte, weniger gravierend gewesen, hätte sie über die gleiche Macht und Unabhängigkeit verfügen können wie ihre englischen und französischen Kollegen, wenngleich auch diese ohne deutsche Mitwirkung nicht bestehen konnten. Mit der Erziehungsplanung allein war es freilich ohnehin nicht getan: Die Gesamtheit der Maßnahmen der Militärregierung einerseits und die wirtschaftlichen und gesellschaftlichen Rahmenbedingungen des Wiederaufbaues andererseits waren für die langfristigen Zielvorstellungen des „educational planning" bestimmender als die spezifischen Details der Erziehungsplanung selbst.

Quellen und Literatur

Unveröffentlichte Quellen

National Archives of the United States Washington, D. C. und Suitland, Maryland: Record Group 59, U.S. Department of State, Decimal File Nr. 862.42: Re-education of Germany
  Record Group 84, Office of the Political Adviser for Germany *(zit. als: POLAD)*
  Record Group 165, U.S. War Department, Adjutant General Files, Decimal Nr. 350 *(zit. als: WARCAD)*
  Record Group 260, Office of Military Government, U.S. (for Germany) *(zit. als: OMGUS)*
Interviews, James Tent mit John Taylor, Martin Mayes, William Swarm und Vaughn DeLong, 1977–1979
Briefwechsel, Wells an Tent

Literatur

Kellermann, Henry: Cultural Relations as an Instrument of U.S. Foreign Policy. The Education Exchange Program between the United States and Germany, 1945–1954. Washington, D. C. 1978
Knappen, Marshall: And Call It Peace. Chicago 1947
State Department: Occupation of Germany, Policy and Progress, 1945–1946. Washington, D. C. 1947
Zink, Harold: The United States in Germany, 1945–1955. Princeton 1957

Henry Kellermann

Von Re-education zu Re-orientation

Das amerikanische Re-orientierungsprogramm im Nachkriegsdeutschland

1 Einige grundsätzliche Betrachtungen

Der Historiker, der sich um eine Wertung der Bildungspolitik der Alliierten im Nachkriegsdeutschland bemüht, hat keine leichte Aufgabe. Vergleichsmöglichkeiten bestehen so gut wie keine. Diejenigen von uns, denen ausgangs der vierziger Jahre die Aufgabe gestellt wurde[1], das sogenannte „Re-education"- oder „Re-orientation"-Programm zu entwerfen und durchzuführen, konnten sich an keine geschichtlichen Vorbilder anlehnen. Präzedenzfälle für geistige oder pädagogische Reparationen existierten nicht, schon gar nicht als Bestandteil eines Besatzungs- oder Befriedungsplans. Theorien über die Behandlung Deutschlands gab es in Hülle und Fülle. Aber ein offizieller Plan, der sich mit solch scheinbar esoterischen Begriffen wie Erziehungs- und Bildungsreform befaßte, stand nicht zur Verfügung. Re-education war ein Fall sui generis, ein erstmaliges und wahrscheinlich ein einmaliges Experiment.

Es verwundert daher nicht, daß die Einschaltung der Re-education in die alliierte Besatzungspolitik von Anfang an bedeutendes Aufsehen erregte und zugleich Gegenstand eines heftigen Meinungsaustausches auf beiden Seiten des atlantischen Ozeans wurde. Kritiker, und durchaus nicht ausschließlich im deutschen Lager, rügten das Vorgehen der Alliierten als eine unzulässige Überschreitung völkerrechtlicher Normen, als eine Demonstration der „Arroganz der Macht", als eine illegitime Einmischung in interne Verhältnisse oder auch als belanglos, naiv, voreilig und unrealistisch. Ein weiterer Vorwurf, der eine gewisse Popularität gewann, stützte sich auf die Vermutung einer moralisierenden Proselytenmacherei seitens der Alliierten und richtete sich insbesondere gegen die vermeintliche Absicht einer Neuausgabe Deutschlands nach amerikanischem Ebenbilde.

---

[1] Der Verfasser war Direktor der Abteilung im Department of State, die für den Entwurf und die Überwachung der Richtlinien und das Programm für kulturelle und Informations-Angelegenheiten von 1950–1953 verantwortlich war. Die Umwandlung der Re-education zur Re-orientation fiel in seine Amtsperiode.

Die Kritik war zum Teil verständlich, aber überwiegend unberechtigt. Man muß die Motive und die Genesis des alliierten Bildungsprogramms kennen, um diejenigen widerlegen zu können, die behaupten, das Siegerdiktat enthalte einen ideologischen Vierjahresplan, der auf einen geistig-kulturellen „unconditional surrender" hinziele. In Wahrheit stellte das Re-education-Programm einen Kompromiß zwischen sozial-ethischen (humanitären), politischen und praktischen Erwägungen dar und war als solches das Ergebnis einer schrittweisen, stark experimentellen, ständiger Korrektur unterliegenden Strategie. Es war allen gegensätzlichen Behauptungen zuwider im Grunde genommen völlig unideologisch und bewußt pragmatisch[2]. Ohne Zweifel stand die Re-education und später die Re-orientierungspolitik ursprünglich im Zeichen moralischer Motive. Das trifft im besonderen Maße auf die Vereinigten Staaten zu. Die moralische Komponente ist nun einmal aus der amerikanischen Politik nicht herauszudenken. Der Kampf gegen den Nationalsozialismus wurde von weiten Teilen der amerikanischen Bevölkerung als ein Kreuzzug des Guten gegen das Böse verstanden. Die kriminellen Ausartungen des Nazi-Regimes und seiner Kriegsführung erhoben dann den moralischen Faktor zu einem Generalnenner der alliierten Politik und öffentlichen Meinung. Es war daher durchaus logisch, daß er sehr stark die Nachkriegspolitik der Alliierten bestimmte, zunächst in der Form der Kaltstellung und Bestrafung der Schuldigen und in weiterer Folge in der Gestalt einer Reform an Haupt und Gliedern.

Die Einbeziehung des Moralischen in das Re-education-Programm ist somit unbestreitbar. Als logische Begründung genügt dieser Hinweis nicht. Es wäre in der Tat eine grobe Vereinfachung der alliierten Politik, das Motiv der Re-education auf die moralische Funktion zu begrenzen. Vielmehr muß mit aller Klarheit betont werden, daß Re-education ab ovo als ein Instrument der politischen Neuordnung und des demokratischen Wiederaufbaus und als solches als eine Ergänzung der Politik mit nichtpolitischen Mitteln begriffen wurde, sozusagen als der lange Hebel am Besatzungsapparat.

Die Gründe sind einleuchtend. Das Ende des Krieges hatte die militärische Phase beschlossen und den Zusammenbruch des Nazisystems besiegelt. Mit der Beseitigung der äußeren Machtsymbole war jedoch die

---

[2] Es scheint notwendig, diese Komponenten zu betonen, um gewissen Behauptungen zu begegnen, die in einigen der Diskussionsbeiträge wiederholt erhoben wurden und die auf der Konferenz selbst zur Sprache kamen. Radikalvorschläge wie der des „Morgenthau-Plans" fanden keinen Eingang in die Vorbereitungen des offiziellen Programms, die der Verfasser an zentraler Stelle leitete.

Bewältigung des ideologischen Nachlasses nicht garantiert. Man befürchtete das Wiederaufflackern eines untergründigen Widerstandes in der Form des „Werwolfes" oder von Femebünden verschworener SS- und SA-Veteranen – Vermutungen, die sich auf Erfahrungen der Weimarer Republik stützten, aber sich dann nicht bestätigten. Auf jeden Fall glaubte man nicht, sich der Illusion hingeben zu dürfen, daß die militärische Entscheidung in einer spontanen Wiedergeburt eines demokratischen Staates resultieren würde. Die erste Phase war beendet. Die zweite, nicht-militärische der Befriedung Deutschlands stand erst am Anfang. Entnazifizierung und Entmilitarisierung waren die negative Seite der Medaille, Re-education oder Re-orientation war die positive. Die Rehabilitierung einer Bevölkerung, speziell der Jugend, die jahrelang unter dem Einfluß politischer Parolen gelebt hatte, erforderte eine weit tiefergehende Untersuchung und Revision nicht nur eines Erziehungssystems, das die einseitige politische Indoktrination zum Pflichtfach gemacht hatte, sondern darüber hinaus die Überprüfung der vornazistischen pädagogischen Traditionen, die sich als unfähig erwiesen hatten, die nötigen moralischen Widerstände in Lehrerschaft, Schülerschaft und Lehrstoff einzubauen.

Das Wagnis, eine ganze Nation „umzuerziehen", d. h. zu einer moralischen und geistigen Katharsis zu bewegen, hat in der Geschichte, jedenfalls der Neuzeit, kaum seinesgleichen. Als ein rein moralisches Unternehmen mochte Re-education weder realistisch noch realisierbar erscheinen; als eine Art langfristiger Versicherung gegen eine Wiederholung der Ereignisse, die zum Nationalsozialismus und zum Zweiten Weltkrieg geführt hatten, nämlich durch eine systematische Beeinflussung herrschender Wertvorstellungen und Methoden der pädagogischen Praxis, bot sie Aussicht auf Erfolg.

Ein drittes Kennzeichen des Re-orientierungsprogramms war sein ausgesprochen pragmatischer Charakter. Er zeigte sich nicht allein in der Abwesenheit eines ideologischen und bis in alle Einzelheiten festgelegten Planes, sondern in der wiederholten Anpassung des Gesamtprogramms sowie der einzelnen Projekte an den raschen Wechsel der politischen Ereignisse, die zu Ende der vierziger und Anfang der fünfziger Jahre den Terminkalender der alliierten Politik bestimmten und enorm verkürzten. Der Terminwechsel, wie erinnerlich, entsprang nicht westlicher Initiative, er war im wesentlichen das Resultat des Zusammenbruchs der Viermächtekontrolle und des danach einsetzenden Kalten Krieges. Infolgedessen waren die ersten zehn Jahre der Nachkriegszeit Zeugen von mindestens drei grundsätzlichen Ziel- und Strukturänderungen. Das autoritäre System der Militärregierung, das sich durchweg und daher auch im Bereich des Erziehungswesens der Methode der direkten Intervention bediente, wich der indirekten Einflußnahme durch den Hochkommissar, die eine stetig wachsende Mitverantwortung deutscher Kreise betonte. Mit der dann folgenden Normalisierung der deutsch-amerikanischen Beziehungen auf vertragsmäßiger Grundlage kam das Konzept der Partnerschaft auf der Basis der Gleichberechtigung und Gegenseitigkeit. Darüber hinaus erfuhr das Programm fortlaufende Veränderungen infolge der Maßnahmen der zuständigen Sachbearbeiter in Deutschland, denen die offiziellen Richtlinien weiten Spielraum zur Entfaltung eigener Initiativen ließen. Unter der Leitung von Persönlichkeiten wie Herman Wells, Shepard Stone und James Read auf amerikanischer Seite bemühte man sich, die verantwortlichen deutschen Stellen speziell mit pädagogischen Neuentwicklungen vertraut zu machen, die den deutschen Sachverständigen infolge einer zwölfjährigen Isolierung nicht zugänglich gewesen waren.

Zur Illustration kann die nachfolgende Beschreibung des Re-education-Programms unter OMGUS (Office of Military Government, US, Germany) und des Re-orientation-Programms unter HICOG (Office of the High Commissioner, US, Germany) dienen.

2 Die erste Phase: Potsdam, Kontrollrat und OMGUS

Die ersten Beschlüsse der Alliierten von 1945 maßen der Frage der Reorientierung nur untergeordnete Bedeutung bei. Das Primat der militärischen, politischen und wirtschaftlichen Regelungen war unumstritten. Entmilitarisierung, Entnazifizierung und Reparationen nahmen den Vorrang ein. Das Protokoll der Potsdamer Konferenz erwähnte Erziehung erst als siebentes der „politischen Prinzipien", die für die Behandlung Deutschlands in der unmittelbaren Nachkriegszeit für maßgeblich erklärt wurden. Die Anordnung war kurz bemessen. Sie beschränkte sich auf die Entfernung des nazistischen und militaristischen Lehrstoffs als Vorbedingung für die Entwicklung demokratischer Ideen (Department of State, S. 49). Die erste Direktive des amerikanischen Generalstabs an den Befehlshaber der amerikanischen Besatzungsmacht (JCS 1067) (ebd., S. 26), obgleich etwas detaillierter im Wortlaut, ging über den Beschluß der Potsdamer Konferenz nicht hinaus. Sie begnügte sich im wesentlichen mit der Zitierung der Potsdamer Formel, aber erhob zum ersten Male die Forderung nach einem „positiven Re-orientierungsprogramm".

Es war der Staatssekretär Byrnes, der in seiner Stuttgarter Rede (ebd., S. 3 ff.) im September 1947 das vorwiegend negative Konzept von Potsdam und JSC 1067 bedeutungsvoll erweiterte. Unter Berufung auf die positiven Vorschläge der Potsdamer Konferenz forderte Byrnes die aktive Mitwirkung der deutschen Bevölkerung am demokratischen Wiederaufbau eines freien und unabhängigen Staatswesens. Aber weder Byrnes Rede noch JCS 1067 enthielten irgendwelche genaueren Hinweise auf die kulturelle oder Bildungskomponente des Wiederaufbaus.

Die erste entscheidende Initiative kam von der Zivilseite der amerikanischen Regierung. Eine Gruppe von Experten unter dem Vorsitz von Archibald McLeish, damals Unterstaatssekretär für öffentliche und kulturelle Angelegenheiten im State Department, bestand darauf, daß Reeducation zu einem integralen Bestandteil, ja in gewissem Maße zu einer Vorbedingung der Gesamtrehabilitation erklärt werde. Der von ihnen entworfene Vorschlag wurde im August 1946 von dem Koordinierungsausschuß der Staats-, Heeres- und Marineministerien als „Langfristige Richtlinie, SWNCC 269/5" an OMGUS übermittelt. Er besagt ausdrücklich, daß „Re-education in Zusammenhang mit den politischen Richtlinien stehen müsse, die auf die Stabilität einer friedlichen deutschen Wirtschaft hinzielten und die Hoffnung auf eine endliche Wiederherstellung der nationalen Einheit aufrechterhielten" (Kellermann, S. 20). Mit dieser Formulierung schlug SWNCC zum ersten Male die Möglichkeit einer Equivalenz oder zumindest einer Korrelation zwischen den politischen, wirtschaftlichen und kulturellen Aspekten der amerikanischen Besatzungspolitik vor. Es bedurfte noch weiterer zwei Jahre, ehe dieser höchst unorthodoxe Gedanke in die Wirklichkeit umgesetzt wurde.

Historisch gesehen ging die Einführung der kulturellen Komponente – nicht lediglich als eine Zensurmaßnahme zur Ausmerzung nationalsozialistischen oder militaristischen Gedankengutes, sondern als Element eines schöpferischen Neuaufbaus – auf Vorschläge zurück, die bereits 1944 von einem Sachverständigenausschuß im State Department, dem Interdivisional Committee on Germany ausgearbeitet worden waren. Der Ausschuß warnte davor, daß ein rein negatives Programm nur im Chaos enden könnte, und er betonte zugleich, daß die Eliminierung ultranationalistischer und militaristischer Doktrinen nur zu erreichen wäre, wenn die Hitlerischen Perversionen durch konstruktive Wertvorstellungen und Zielsetzungen ersetzt würden, „die sich auf Elemente der besten deutschen Tradition stützten und der deutschen Bevölkerung die Möglichkeit böten, hoffnungsvoll in die Zukunft zu sehen" (Department of State, S. 23).

Das Protokoll der Potsdamer Konferenz und JSC 1067 hatten die positive Note aufgegriffen, aber sich grundsätzlich auf die Aufstellung gewisser Richtlinien, wie z. B. „die Entwicklung demokratischer Auffassungen" beschränkt. Erst SWNCC 269/5 bemühte sich um eine Definition der Prinzipien, die der Re-education zugrunde zu liegen hätten. Der Katalog der sieben Prinzipien war keineswegs originell. Er war der Gedankenwelt eines humanitären Idealismus und dem Erfahrungsbereich der fortschrittlichen Erziehungsreformer entliehen und enthielt solche Forderungen wie das Universalgebot der Gegenseitigkeit der Verpflichtungen, die Menschen und Völker unabhängig von Rasse, Nationalität oder sonstiger Gruppenzugehörigkeit eingehen, Integrität und Freiheit des Individuums, Recht und Pflicht aller Staatsbürger zur verantwortlichen Mitwirkung an der demokratischen Verwaltung des Gemeinwesens, freier Meinungs- und Informationsaustausch und internationale Verständigung, und als die große Antithese zum Nationalsozialismus: Toleranz anderer Kulturen und Rassen. Darüber hinaus griff aber SWNCC 269/5 der These von Byrnes vor, indem sie bestimmte, daß die Reeducation sich soweit wie möglich geeigneter deutscher Quellen bedienen solle, da, wie es im Text heißt, „der kulturelle Wiederaufbau zu einem großen Teile das Werk der Deutschen selber sein müsse". Schließlich verlangte die Direktive die baldige Wiederherstellung kultureller Beziehungen als eines sicheren Mittels zur Beendigung von Deutschlands Isolierung und seiner Wiedereinfügung in den Kreis der friedliebenden Nationen[3].

Inhalt und Wortlaut der sieben Prinzipien verkörpern westliches Denken. Der amerikanische Einfluß wird in der Definition der Demokratie sichtbar, die im Sinne Deweys und gemäß amerikanischer Tradition nicht nur schlechthin als Staatsform oder Regierungssystem, sondern als praktischer Lebensstil verstanden wird. Die Betonung dieses Kriteriums erwies sich als eines der wichtigsten und grundlegenden Elemente der Reorientierung, und gelegentliche Beweise seiner Verwirklichung gehörten zu der Liste der sichtbaren Erfolge, die von amerikanischer Seite verbucht werden konnten.

Die dann folgende Rede von Byrnes verankerte das positive Motiv der deutschen Mitarbeit in der amerikanischen Außenpolitik. Sie gab gleichzeitig auf General Clays Initiative hin den Anlaß zu einer Revision von JCS 1067. Die im Juli 1947 erlassene JCS 1779 Direktive adoptierte zwar nicht den von SWNCC 269/5 vorgeschlagenen Katalog der sieben Prinzipien, aber sie akzeptierte Re-education als einen inte-

---

[3] Der genaue Text ist in U.S. Department of State: Germany 1947–1949 S. 541–542 zu finden.

gralen Bestandteil der Demokratisierungspolitik. Sie wies General Clay weiterhin an, deutsche Initiative und verantwortliche Teilnahme am kulturellen Wiederaufbau zu fördern, für die Herstellung internationaler kultureller Kontakte zu sorgen, die Einführung demokratischer Methoden, Institutionen, Programme und Lehrstoffe zu beschleunigen und die Ein- und Ausreise qualifizierter Personen zu gestatten und zu unterstützen (Department of State, S. 40/41).

Im Mittelpunkt der alliierten Erziehungsvorschläge stand die Reform des Schulwesens. Sie richtete sich im Kern gegen das herrschende „Klassensystem", das den Zugang zu Universitäten und damit zu akademischen Berufen, dem höheren Beamtentum und der Diplomatie, in der Praxis für weniger als 10 % der Schülerschaft, nämlich für eine intellektuelle oder finanziell gesicherte Elite, meistens Mitglieder des gehobenen Mittelstandes, reservierte. Im Jargon der derzeitigen Schulreformbestrebungen in den Vereinigten Staaten könnte diese Art der Diskriminierung als „social segregation" gekennzeichnet werden. Der Berliner Kontrollrat schlug statt dessen die Form der *Einheitsschule* („comprehensive educational system") vor, in dem Volks- oder Grundschulen und höhere Schulen („elementary and secondary education") zwei aufeinanderfolgende Stufen des Unterrichts anstelle zweier sich überschneidender und konkurrierender Systeme von unterschiedlicher Qualität bilden würden. Die Bestimmung war die logische Folgerung des im ersten Abschnitt der Direktive Nr. 54 verkündeten Prinzips der Gleichberechtigung aller im Erziehungswesen („equal educational opportunity for all"). Weiterhin bestand die Direktive auf Schulgeldfreiheit, kostenloser Verteilung der Schulbücher und anderer Lehrmittel, Betonung der Staatsbürgerlehre im demokratischen Sinne, Anhebung der Lehrervorbildung zu vollem akademischen Niveau, u. a. m. (Department of State, S. 550).

Die entsprechenden Erlasse der amerikanischen Militärregierung[4] entsprechen fast wörtlich den Anweisungen der Direktive Nr. 54, der JCS 1779 und SWNCC 269/5, aber detaillieren mit größerer Sorgfalt die Rolle der amerikanischen Autoritäten in der Überwachung und positiven Unterstützung deutscher Reformbestrebungen, namentlich in der Planung der Erziehungsziele und der Gestaltung des Lehrstoffs. Die verantwortliche Beteiligung kompetenter deutscher Stellen war ein Kriterium, das von Anfang an mit besonderem Nachdruck betont wurde.

So weit, so gut. Der Rahmen war gesetzt, die Prinzipien waren ge-

---

[4] „Military Government Regulations" (US), Title 8, part 1 & 2, ebd. S. 541, 545 ff.

klärt. Aber die Ausführung war der Initiative der deutschen Sachverständigen und in weiterer Folge dem Ermessen von OMGUS überlassen. Es war insbesondere den zuständigen Regierungsstellen in den Ländern anheimgegeben, die erforderliche Gesetzgebung im Rahmen der von den Alliierten entwickelten Grundsätze, wie z. B. der allgemeinen Gleichberechtigung, der Einheitsschule, der Schulgeldfreiheit, der Staatsbürgererziehung, auszuarbeiten und der Militärregierung zur Genehmigung vorzulegen.

Das Ergebnis war, wie zu erwarten war, nicht durchweg befriedigend. Einige Länder mit liberaler politischer Vergangenheit wie Württemberg-Baden, Hessen und Städte wie Berlin, Hamburg und anfänglich Bremen adoptierten die Reformvorschläge ganz oder zum Teil. Andere, wie zum Beispiel Bayern, unter dem maßgeblichen Einfluß von Erziehungsminister Alois Hundhammer, leisteten entschiedenen Widerstand. Die Opposition entstammte nicht verhärteten oder verschleppten nationalsozialistischen Motiven. Sie beruhte vielmehr zu einem bedeutenden Grade auf der Auffassung, daß sich die Befugnisse einer Militärregierung nicht auf Gebiete erstrecken dürften, die sich nicht nur ihrer Kompetenz, sondern grundsätzlich der Einmischung Außenstehender entzögen. Die Eigengesetzlichkeit der kulturellen Traditionen sei und bleibe tabu. Speziell im Falle Deutschlands hätten die Errungenschaften der Wissenschaft, Philosophie, Literatur der vornationalsozialistischen Vergangenheit zur Genüge den zeitlosen Wert des Erziehungssystems bewiesen. Das System sei nicht schuldig. Vielmehr sei es selbst das Opfer politischer Vergewaltigung geworden.

Die Wortführer der Opposition waren zumeist konservative, zum Teil reaktionäre Elemente, die für eine Wiederherstellung des Status quo ante plädierten und damit eine im Grunde genommen restaurative Politik befürworteten. Sie verteidigten in der Tat ein System, das in seiner Glanzzeit zweifellos zum Weltruf Deutschlands als einer der führenden Nationen auf dem Gebiet der Wissenschaft und Kultur beigetragen hatte, das aber wenig Verständnis und kaum Respekt für die Institutionen der Demokratie oder für andere Kulturen erweckt hatte. Die Weimarer Republik erfreute sich, besonders bei der jüngeren Generation, keines großen Ansehens, und ihre Verfassung und Flagge waren Gegenstand unverhohlener Geringschätzung. Der Geschichtsunterricht in vielen Schulen endete „wegen Zeitmangels" gewöhnlich mit der Beschreibung des Ersten Weltkrieges und des „Versailler Schanddiktats".

Eine Rückkehr zu den bewährten Prinzipien der Weimarer Republik hätte daher die traditionelle Gleichsetzung von Erziehung und reiner Wissensvermittlung wiederhergestellt mit den herkömmlichen Methoden der erforderlichen geistigen und körperlichen Disziplin, einschließlich der Prügelstrafe.

Es muß allerdings betont werden, daß die Reaktion auf die Schulreform nicht durchweg negativ war. Von seiten weiter Kreise der fortschrittlichen Lehrerschaft wurde sie lebhaft begrüßt. Kontrollrat-Direktive Nr. 54 wurde zum Beispiel von einigen als eine Verkörperung „der besten Ideen der deutschen Schulreformbewegung" gefeiert. Aus ähnlichen Gründen wurde die Beendigung der alliierten Reformprojekte als „verfrüht" bedauert [5].

Der Vollständigkeit halber muß weiterhin berichtet werden, daß der Grund zu der zwiespältigen Reaktion auf die Reformvorschläge nicht allein bei der Opposition zu finden war. Er war vielmehr zu einem gewissen Grade auch in der ambivalenten Haltung der amerikanischen Stellen zu suchen. Die Position General Clays war nicht immer völlig klar und scheint verschiedentlich gewechselt zu haben. In seinem 520 Seiten umfassenden Bericht „Decision in Germany" widmet Clay das 15. Kapitel dem „Appeal to the German Mind" und darin etwa fünf Seiten dem Erziehungsprogramm (Clay, S. 298 ff.). Damit soll nicht gesagt sein, daß Clay die Rolle der Erziehungsreform innerhalb der Gesamtrehabilitation verkannte. Er selbst bezeichnete die Schulreform als eines seiner größeren Programmziele (ebd., S. 302). Aber in der Reihenfolge seiner Prioritäten trat sie hinter den politischen und wirtschaftlichen entschieden zurück. Das hatte seine Gründe. Der Winter 1946/47 war außergewöhnlich streng. Die deutsche Bevölkerung fror und hungerte. Demokratie, sagte Clay, kann nicht vor leeren Mägen doziert werden. Die zur Verfügung stehenden Gelder würden für die Einfuhr von Lebensmitteln benötigt, nicht für Holz und Papier zum Druck von neuen Lehrbüchern und Zeitungen. Der Etat für Erziehungsfragen war knapp. Die Sachbearbeiter waren z. T. gut ausgewählt, aber ihre Zahl war gering, und sie rangierten ziemlich weit unten in der bürokratischen Pyramide. Clay war nicht bereit, größere Beträge vom Kongreß zu verlangen. Er beschränkte die Erziehungsreform im wesentlichen auf die politische Reinigung der Lehrkörper und des Lehrstoffs und daneben auf pädagogische Beratung.

Erst die Ernennung von Herman B Wells, Präsident der Universität von Indiana, zum Erziehungs- und Kulturberater Clays schuf eine Wandlung. Dank Wells energischer und weitsichtiger Einwirkung wurde die Erziehungsstelle zur Abteilung erhoben, der Etat erhöht und das Austauschprogramm mehr als vervierfacht.

---

[5] Artikel von Dr. Karl Bungardt in der „Allgemeinen Lehrerzeitung" vom 15. März 1952, zitiert auf Seite 51, Kellermann, a. a. O.

3 Die zweite Phase: Das Re-orientation-Programm des Office of the High Commissioner US, Germany (HICOG)

Die entscheidende Wende kam mit dem Übergang von der Militär- zur Zivilkontrolle durch das State Department und mit der Ernennung von John J. McCloy 1949 zum amerikanischen Hochkommissar. Die große Linie der Politik blieb die gleiche: ein demokratischer Aufbau auf der Basis der Gleichberechtigung und der gleichen Pflichten für alle. Aber Methode und Format veränderten sich, und zwar nicht nur in Nuancen, sondern in grundsätzlichen Aspekten. Das galt insbesondere für die Bildungspolitik. Aus Re-education wurde Re-orientation[6]. Der Unterschied war mehr als nur semantisch. Er bedeutete eine noch stärkere Beteiligung deutscher Elemente und zugleich eine Schmälerung der amerikanischen Funktionen durch grundsätzliche Begrenzung auf Beratung und Hilfeleistung („advise and assist")[7]. Er bedeutete dagegen nicht die Preisgabe der Re-orientation als eines der Hauptziele der Besatzungspolitik oder, wie die Direktive an den Hochkommissar bestimmte, der „Demokratisierung der gesellschaftlichen Beziehungen und Institutionen, der Erziehung, des Informationswesens und des öffentlichen Lebens" (ebd.). Clay war ebenfalls vom Wert der Re-education auf lange Sicht überzeugt gewesen, aber unter der Bedingung, daß sie so rasch wie möglich von deutschen Sachverständigen übernommen würde. Kurz vor seiner Abberufung war er bereit, die weitere Verantwortung völlig auf deutsche Stellen abzuwälzen.

Das State Department war anderer Ansicht. Es stimmte der Auffassung amerikanischer Erziehungskreise zu, daß demokratische Re-orientierung die längste und entscheidendste Aufgabe der Besatzungsmächte bleibe. Es erklärte fernerhin, daß die Regierung der Vereinigten Staaten die Hoffnung von Amerikanern und Deutschen auf dauernde Sicherheit

---

[6] Die Fortsetzung der Re-education mit anderen Mitteln wird verschiedentlich von Historikern und Kritikern übersehen, für die die Re-educationsperiode im Jahre 1949 zu Ende ist und die sie daher nicht völlig zu Unrecht als eine Verfehlung bezeichnen. Diese Zäsur ist historisch unzulässig und die Kritik unberechtigt. Das Programm des Hochkommissars in den folgenden 4–5 Jahren auf dem Gebiet der Re-orientation sicherte nicht nur die Kontinuität des kulturellen Wiederaufbaus, die der Erziehungsreform zugrunde lag, sondern erweiterte und vertiefte die reformistischen Bestrebungen, die unter der Militärregierung begonnen worden waren. Entscheidende Veränderungen im Bildungswesen und darüber hinaus im Gesellschaftswesen der Bundesrepublik lassen sich auf die Auswirkungen des Re-orientationsprogramms zurückführen.
[7] Policy Directive to the High Commissioner, 6. Februar 1950.

zerschlagen würde, wenn sie diese Aufgabe mit der Einsetzung einer demokratischen Regierung als erfüllt betrachte urnd davon Abstand nähme, die deutsche Bevölkerung in der Ausübung ihrer neugewonnenen demokratischen Rechte zu unterstützen[8]. Anstatt das Programm zu beenden oder zu verkürzen, sollte die Re-orientation zu einer Zentralfunktion des Amtes des Hochkommissars erhoben werden – auf gleicher Ebene mit den politischen und wirtschaftlichen Ämtern –, und das Programm, das Budget und der Beamtenapparat sollten entsprechend vergrößert werden. Die offizielle Bezeichnung der Stelle, die sich des Re-orientierungsprogramms unter HICOG annahm, war Amt für öffentliche Angelegenheiten. Es umfaßte den Erziehungs- und Kulturdienst, den Austauschdienst, den Informationsdienst mit drei Tageszeitungen, Zeitschriften, Pressedienst, Rundfunkstationen, einschließlich RIAS, die sogenannten „Amerikahäuser" und Bibliotheken u. a. m. Der Austauschdienst allein schickte innerhalb der folgenden zehn Jahre 14 000 Personen auf die Reise.

Hinter dieser massiven Struktur verbarg sich ein wichtiges politisches Motiv. Diejenigen von uns, die sich der Vergangenheit erinnerten, waren überzeugt, daß einer der Gründe des Zusammenbruchs der Weimarer Republik der Mangel an Verständnis und Unterstützung war, den die Alliierten des Ersten Weltkrieges gegenüber denjenigen Elementen in Deutschland gezeigt hatten, die sich um einen echten demokratischen Aufbau bemühten. Eine Wiederholung mußte unter allen Umständen vermieden werden. Diesmal war den demokratischen Kräften die materielle, politische und intellektuelle Hilfe zu gewähren, die ihren Vorgängern in den zwanziger Jahren versagt worden war.

OMGUS hatte ähnliche Ziele im Auge. Aber es hatte ermahnt und befohlen. Viereinhalb Jahre nach Ende des Krieges waren diese Methoden nicht mehr brauchbar. An die Stelle des Willens der Militärregierung trat nun die gesteuerte und schließlich die geteilte Initiative, d. h. eine profilierte und großzügige Unterstützung gemeinsam ausgearbeiteter Pläne und Projekte, in gewissem Sinne ein kultureller Marshallplan. Das bedeutete u. a. die Bewilligung öffentlicher Gelder durch den Kongreß.

Unter Clay hatte sich der Haushaltsplan für das gesamte Bildungswesen auf $ 1,025.433 belaufen. Jetzt wurde er auf $ 48,000.000 erhöht,

---

[8] Brief des stellvertretenden Secretary of State an Dr. Zook, Präsident des American Council on Education, und Dr. Wells, 6. Juni 1949: s. Germany – 1947–1949, S. 544/545.

d. h. auf fast die Hälfte des Gesamtetats für HICOG. Unter OMGUS umfaßte das jährliche Austauschprogramm ursprünglich 50 und nach Wells Ankunft 157 Personen; unter HICOG umfaßte es 3.415 Personen. Die erforderlichen Gelder in Höhe von $ 6–7.000.000 kamen zumeist aus amtlichen Kassen, aber erfuhren eine weitere Ergänzung durch Beträge, die von Privatorganisationen für bestimmte Programme (z. B. „teenagers") zur Verfügung gestellt wurden.

Die wahre Bedeutung des HICOG-Re-orientierungsprogramms kann jedoch statistisch allein nicht erfaßt werden. Sie lag vielmehr in der engen Verflechtung des Bildungsprogramms mit dem Gesamtprogramm des demokratischen Wiederaufbaus, d. h. in einer sorgfältig geplanten Koordinierung der politischen, sozialen und pädagogischen Reformprojekte. Das Re-orientierungsprogramm war nicht ein Bildungsprogramm im eigentlichen Sinne; es beschränkte sich nicht auf das Erziehungswesen, sondern umfaßte fast alle reformbedürftigen Gebiete des öffentlichen Lebens. Eines seiner ersten Projekte war z. B. die Unterstützung einer Initiative des Bundestags, die Unabhängigkeit der gesetzgebenden Körperschaft gegenüber der Bundesregierung bei der Vorbereitung von Gesetzesvorlagen zu sichern und damit die verhängnisvolle Tradition des „gouvernementalen Gesetzgebungsdienstes" zu brechen (Lohmann, S. 127/128). Eine Studienreise von Bundestagsabgeordneten, die den sogenannten „Legislative Reference Service" der Kongreß-Bibliothek in Washington eingehend in Augenschein nahmen, führte dann zur Errichtung der Wissenschaftlichen Abteilung des Bundestags. Das Projekt war ein typisches Beispiel für ein weiteres Kennzeichen des HICOG-Programms, nämlich einer stark differenzierten Mischung amerikanischer und deutscher Beiträge zu einem Prozeß der Selbsthilfe und Selbstrehabilitierung. Deutsche Mitarbeiter saßen in der Redaktion der „Neuen Zeitung" und des RIAS und waren an der Auswahl der Austauschprojekte und der Austauschler maßgeblich beteiligt. Der Austausch wurde in der Tat das Kernstück des Bildungsprogramms. Die Beobachtungen und Eindrücke, die sogenannte „leader", d. h. prominente Vertreter des öffentlichen Lebens, Spezialisten aller Art und Studenten von ihrem Aufenthalt in den Staaten oder europäischen Ländern heimbrachten, ergänzten und ersetzten die Beratungsvorschläge amerikanischer Sachverständiger und die des HICOG-Stabes und, so hoffte man, würden die Initiative für freiwillige, eigenständige und daher dauerhaftere Reformen liefern, eine Hoffnung, die sich im späteren Verlauf als nicht unberechtigt erwies.

Ein weiteres Merkmal der großen Differenzierung des Programms war seine scharfe Ausrichtung auf die Erfassung von Persönlichkeiten und

Gruppen, die zur Übernahme entscheidender Funktionen im politischen, wirtschaftlichen und kulturellen Leben berufen schienen. Ein zukünftiger Bundespräsident und Bundeskanzler, Mitglieder des Kabinetts, des Bundestags und des Verfassungsgerichts, Universitätspräsidenten, Bürgermeister, prominente Vertreter der Polizei und des Strafvollzugs, der Gewerkschaften, Parteien und vor allem des Erziehungswesens nahmen an von langer Hand gründlich vorbereiteten Spezialprojekten teil. Um dem Vorwurf zu begegnen, die Elite zu bevorzugen, wurde das Programm auf alle Schichten der Bevölkerung ausgedehnt, d. h. ohne Rücksicht auf den Rang in der bürokratischen oder akademischen Hierarchie, das Alter oder die gesellschaftliche Stellung umfaßte es Lehrer, Geistliche, Anwälte, besonders Referendare, Landwirte, Sozialarbeiter, Vertreter von Frauengruppen, Jugendführer, Studenten, Praktikanten und „teenager".

Von besonderer Bedeutung war die Konzentrierung auf die bereits erwähnten „Spezialprojekte", eine Methode, die schon von OMGUS ins Auge gefaßt worden war, aber dann in den Anfängen steckenblieb. Es bedeutete, daß wichtige Austauschgruppen unter dem Gesichtspunkt eines gemeinsamen Interesses an Problemen zusammengestellt wurden, die in Deutschland Gegenstand akuter Untersuchung und etwaiger Reform waren und für deren Bewältigung die Beobachtung amerikanischer Erfahrungen Vergleichs- oder Lösungsmöglichkeiten zu bieten in der Lage war. Ein gutes Beispiel liefert der Besuch des Sicherheitsausschusses des Bundestags, der unter der Leitung des Vizepräsidenten das neue Wehrpflicht- und Soldatengesetz vorbereitete. Der Besuch des Ausschusses galt vornehmlich einem eingehenden Studium der Handhabung der Zivilkontrolle über das Militär in den USA.

Darüber hinaus ermöglichte die Umstellung des Re-orientierungsprogramms auf eine gelenkte Selbsthilfe in ausgewählten Bildungsbereichen die Einführung oder Neubetonung von Lehrstoffen, Lehrfächern und Einrichtungen, die zuvor nie oder nur ungenügend behandelt oder während der Zeit des Nationalsozialismus unterdrückt worden waren. Zu diesen Neuerungen gehörten die Einführung der Politologie als einer selbständigen akademischen Disziplin, die Gründung von Hochschulen für Politik, die Rehabilitierung der Sozialwissenschaft, die Umgestaltung der Bibliotheken, um nur einige der vielen Bereiche anzuführen. Auf nicht-akademischem Gebiet wäre die Reformierung des Polizeiwesens und des Strafvollzugs, die Einschaltung der Individualinitiative in die Politik, besonders die Lokalpolitik, die modernisierte Kinderfürsorge durch die Schaffung von „child guidance clinics" und die Anerkennung der „mental hygiene" als eines wissenschaftlich begründeten Experiments in der Gestaltung zwischenmenschlicher Beziehungen zu erwähnen. Jede dieser Reformen war das Werk der Heimkehrer von Austauschbesuchen oder das von Experten, die nach Deutschland geschickt wurden.

4 Fazit

Die Frage nach Erfolg oder Mißerfolg des alliierten und amerikanischen Bildungsprogramms ist bisher nicht zufriedenstellend beantwortet worden. In den fünfziger Jahren wurde sie vom Kongreß gestellt, der die Bewilligung weiterer Gelder vom Nachweis der erfolgreichen Verwendung der gewährten Mittel abhängig machte. Der Beweis wurde Jahr für Jahr erbracht, und Mitglieder der verschiedenen Ausschüsse fanden nie Anlaß, die beantragten Beträge zu kürzen oder zu verweigern. Eine systematische Untersuchung, die sich mit den Auswirkungen des Programms auf weite Sicht befaßt, existiert dagegen nicht. (Mein Buch über den deutsch-amerikanischen Kulturaustausch befaßt sich, wie der Titel besagt, mit Teilaspekten.)

Das einschlägige Material, das uns zur Verfügung steht, ist unvollständig und fragmentarisch. Wichtige Anhaltspunkte liefern die Ergebnisse der Meinungsumfragen, die von OMGUS und HICOG durchgeführt wurden. Aber wie alle Meinungsumfragen bestätigen sie zumeist nur die unmittelbaren Effekte der Einflußnahme; über langfristige Auswirkungen sagen sie wenig aus. Relativ aufschlußreich sind Untersuchungen, die sich mit Teilnehmern an diesem Austausch befassen. Der Eindruck, den die Aussagen der letzteren hinterlassen, ist überwiegend positiv. Der Kontakt mit Amerikanern und der amerikanischen Umgebung mündete im allgemeinen in eine Verbesserung des amerikanischen „Image" und ein besseres Verständnis der amerikanischen Politik, Kultur, des Lebensstils usw. Bisweilen gab es auch negative Resultate. Gewisse Schwierigkeiten ergaben sich im Studentenaustausch, da gelegentlich Unterschiede in der Auffassung akademischer Rechte und Pflichten zu Mißverständnissen und Auseinandersetzungen führten. Die deutschen Studenten sahen in der „test"-Disziplin des amerikanischen College eine Unterdrückung der akademischen Freiheit, und die amerikanischen Studenten, die nach Deutschland fuhren, wußten oft mit ihrer Wahl- und Entscheidungsfreiheit nichts anzufangen und verbummelten ihre Semester. Das waren jedoch Ausnahmen. Im großen und ganzen erfreute sich das Austauschprogramm unbestrittener Beliebtheit, sowohl in Deutschland als auch in den Staaten. Vertreter der amerikanischen wie der deutschen Öffentlichkeit, einschließlich der Hochkommissare, des Kongresses, des Bundespräsidenten, des Bundeskanzlers, des Bundestags und anderer Autoritäten, haben das wiederholt bestätigt.

Der besondere Wert des Austauschprogramms erwies sich aber in seinem Beitrag zur Einführung beständiger Reformen. Es schuf zunächst die psychologischen Vorbedingungen zur Normalisierung und später zu einer positiven Gestaltung der deutsch-amerikanischen Beziehungen. Die direkte Folge dieser Entwicklung war der Abschluß des Fulbrightabkommens von 1952 und der Kulturvereinbarung von 1953, der ersten bilateralen diplomatischen Nachkriegsübereinkommen. Weiterhin erweckte das Studium amerikanischer Einrichtungen, Praktiken und Lebensweise in vielen Besuchern das Interesse, ihre Beobachtungen und Erfahrungen aus den Staaten in den deutschen Bedürfnissen gemäße Neuerungen umzusetzen. Diese Reforminitiativen wurden auf fast allen Gebieten des öffentlichen Lebens entfaltet und resultierten in wichtigen strukturellen und praktischen Änderungen[9]. Es ist daher durchaus berechtigt, die deutschen Teilnehmer am Austauschprogramm gegen Ende der HICOG-Periode als Mitträger der Bildungsreform zu betrachten. Bemerkenswerterweise nimmt die gegenwärtige Literatur, die sich mit der Frage der Bildungsreform befaßt, von den Reformbemühungen der unmittelbaren Nachkriegszeit kaum Notiz. Die Tendenz ist unverkennbar, den Beginn der heutigen Bestrebungen zur Bildungsreform auf den Gründungstag des Deutschen Bildungsrats im Jahre 1965 zu verlegen. Ein Bericht der Inter-Nationes z. B., der 1974 erstattet wurde, enthält so gut wie keinen Hinweis auf die Bildungsprogramme der Alliierten, sondern erklärt statt dessen, daß die ersten 10 bis 15 Jahre nach Beendigung der Feindseligkeiten der Wiederherstellung der Schulgebäude und der Beseitigung des Lehrermangels gewidmet waren [10]. Nach anderen Berichten waren Reformen des Lehrstoffes den Vorbildern des Weimarer Systems entlehnt (Littmann). Gelegentlich findet man eine Andeutung, derzufolge gewisse Neuerungen, wie zum Beispiel die der Einheitsschule, dem Einfluß des Austauschprogramms der „angelsächsischen" Länder zuzuschreiben sei.[11]

Natürlich ist es schwierig, nach einem Vierteljahrhundert, in dem über das Thema kaum irgendwelche Akten geführt worden sind, die Veränderungen in der Substanz und der Struktur des deutschen Erziehungs- und

---

[9] Bedauerlicherweise gibt es keinen vollständigen Katalog dieser Reformen. Einige Beispiele sind in meiner Beschreibung des Austauschprogramms auf Seite 216 f. zu finden.
[10] Inter Nationes, 1974, zitiert in: Bildung und Wissenschaft, 3–74, „The School System in the Federal Republic of Germany".
[11] Ebenda.

Bildungswesens mit Bestimmtheit auf die Maßnahmen der Besatzungsmächte zurückzuführen. Es kommt hinzu, daß in den sechziger Jahren eine systematische Reformbewegung einsetzte, die frühere Bemühungen gleicher Art einfach überschattete. Es ist daher durchaus verständlich, wenn heutzutage von deutscher Seite Anspruch auf die Urheberschaft der entscheidenden Reformen erhoben wird. Erfolge sind in der Tat zu verzeichnen. Die Zahl der deutschen Hochschulen hat sich ungefähr verdreifacht. Im Jahre 1977 immatrikulierten sich 18,4 % eines Altersjahrgangs. Damit wurde dem bisher höchsten Prozentsatz junger Menschen der Zugang zu akademischen Berufen, der höheren Beamtenschaft, der Diplomatie und dem industriellen Management ermöglicht. Die Politologie und die Sozialfürsorge sind vollwertige akademische Lehrfächer geworden. Mehr als 200 Gesamtschulen bestehen, in denen die traditionellen Schulformen unter dem gleichen Dache eine Harmonisierung der Lehrgänge und des Lehrstoffs anstreben.

Das sind unbestreitbar Zeichen bedeutenden Fortschritts auf dem Weg zu einer Neuordnung des deutschen Bildungswesens. In ihrer heutigen Gestalt sind sie das Verdienst deutscher Fachleute und Politiker und keineswegs ein Abklatsch englischer, französischer oder amerikanischer Vorbilder. Die Absicht dieser Untersuchung ist daher nicht, die Eigenständigkeit der deutschen Bildungsreform in Frage zu stellen oder auch nur zu schmälern. Sie soll vielmehr nur an gewisse Vorgänge erinnern, die heute bereits der Geschichte angehören, die aber möglicherweise nicht ohne Einfluß auf die gegenwärtige Entwicklung blieben. Als Mitbeteiligter an den Reformbestrebungen der unmittelbaren Nachkriegszeit kann der Verfasser nun einmal nicht der Versuchung widerstehen, Spuren der Vergangenheit in den heutigen Bestrebungen zu entdecken und die Genugtuung über erzielte Erfolge zu teilen. Er überläßt das letzte Wort jedoch dem Historiker.

Quellen und Literatur

Literatur

Clay, Lucius D.: Decision in Germany. Garden City, New York 1950
Inter Nationes: The School System in the Federal Republic of Germany. Nachdruck von Bildung und Wissenschaft
Kellermann, Henry J.: Cultural Relations as an Instrument of U.S. Foreign Policy, Department of State Publication, 1978
Littmann, Ulrich: An Introduction to the Confusion of German Education. Druck des Deutschen Akademischen Austauschdiensts, Bonn-Bad Godesberg 1972

Lohmann, Karl: Der Deutsche Bundestag. Frankfurt a. M./Bonn 1967
Smith, John Edward: The Papers of General Lucius D. Clay, Germany 1945 –1949, Indiana 1974
U.S. Department of State: Germany, 1947–1949, The Story in Documents, Government Printing Office, 1950

Andere nicht direkt zitierte Quellen

DIVO-Institut
Foreign Affairs Document and Reference Center, U.S. Department of State, Washington, D.C.
General Archives Division, Washington National Records Center, Suitland, Maryland
History Files, Bureau of Educational and Cultural Affairs, U.S. Department of State
National Archives, National Archives Building, Washington, D. C.

Günter Pakschies

Re-education und die Vorbereitung der britischen Bildungspolitik in Deutschland während des Zweiten Weltkrieges

1 Vorbemerkung

In dem folgenden Beitrag gehe ich von der These aus, daß die britischen Planungen zur Bildungspolitik in Deutschland für die Zeit nach Beendigung der Kampfhandlungen des Zweiten Weltkrieges untrennbar mit dem alliierten Kriegsziel der Umerziehung Deutschlands verbunden waren. Zur Erläuterung und Untermauerung dieser These wird zunächst der Re-educations-Gedanke als politisch-ideologische Perspektive der westlichen Alliierten für die Nachkriegszeit interpretiert und danach anhand der einschlägigen Literatur die Umerziehungsdiskussion in Großbritannien während der Kriegsjahre zusammenfassend skizziert. Es folgt die Darstellung der konkreten Re-educations-Planungen und der bildungspolitischen Vorbereitungen durch offizielle britische Regierungsgremien auf der Basis neuerdings zugänglicher Akten.

2 Re-education als politisch-ideologische Perspektive der Westalliierten

Obwohl die Re-educations-Diskussion sowohl in den USA als auch in Großbritannien nachweislich im Jahr 1940 begann (Blättner, Bungenstab, Pakschies, Schlander), enthalten die Dokumente der alliierten Kriegskonferenzen (vgl. v. Münch) keine expliziten Ausführungen zur Umerziehungsproblematik und zur Bildungspolitik. Angesichts der Kriegserfolge der Deutschen standen die militärischen, kriegswirtschaftlichen und außenpolitischen Probleme der Anti-Hitler-Koalition insbesondere während der ersten Kriegsjahre im Vordergrund. Allerdings implizieren einige Deklarationen, insbesondere Roosevelts Botschaft an den amerikanischen Kongreß (6. 1. 1941), die sogenannten „Vier Freiheiten" und die von Roosevelt und Churchill am 14. 8. 1941 verkündete Atlantikcharta (vgl. v. Münch, S. 3 f.) eine politisch-ideologische Perspektive der Alliierten, die als allgemeinste inhaltliche Ausfüllung des Re-educations-Gedankens interpretiert werden kann. Sowohl die „Four

Freedoms" als auch die Atlantikcharta hatten zum Zeitpunkt ihrer Deklaration die Funktion eines politisch-ideologischen Gegenkonzepts zu Hitlers außenpolitischer Theorie und Praxis einer „Neuordnung" Europas und der Welt. Der nationalsozialistischen Eroberungs- und Hegemonialpolitik in Verbindung mit ihrer abscheulichen „Rassenpolitik" wurden in den genannten Deklarationen u. a. die Prinzipien der internationalen Zusammenarbeit auf der Basis gleichberechtigter Nationen und weltweiter Abrüstung entgegengesetzt und humane Grundrechte wie Rede- und Religionsfreiheit, sowie das Recht auf wirtschaftliche und soziale Sicherheit postuliert (vgl. v. Münch, S. 3 f.). Der Geist und die Prinzipien der Atlantikcharta bildeten in der Diskussion um Re-education den Ausgangspunkt für die Entwicklung positiver Umerziehungsmaßnahmen.

Für die Entwicklung von Negativmaßnahmen im Rahmen eines Re-education-Konzepts war die Frage, inwieweit das deutsche Volk mit dem Nationalsozialismus zu identifizieren sei, außerordentlich bedeutsam. Die Frage wurde u. a. für die westlichen Alliierten auch deshalb brisant, weil die UdSSR im Februar 1942 einen eindeutigen Standpunkt zu diesem Problem bezog. In einem Befehl vom 23. 2. 1942 führte Stalin dazu aus: „In der ausländischen Presse wird manchmal darüber geschwätzt, daß die Rote Armee das Ziel habe, das deutsche Volk auszurotten... Das ist natürlich eine dumme Lüge... Es wäre... lächerlich, die Hitlerclique mit dem deutschen Volke, mit dem deutschen Staate, gleichzusetzen. Die Erfahrungen der Geschichte besagen, daß die Hitler kommen und gehen, aber das deutsche Volk, der deutsche Staat, bleibt" (v. Münch, S. 4).

Die führenden Politiker der Vereinigten Staaten waren nicht bereit, eine gleichermaßen klare Position in dieser Frage zu beziehen (vgl. Koß, S. 26). Die britische Haltung zum Problem der Verantwortlichkeit des deutschen Volkes für die nationalsozialistische Eroberungspolitik war durch vansittartistische Auffassungen mitbestimmt. Lord Vansittart vertrat in einem für das Foreign Office verfaßten Memorandum vom 14. 3. 1940 mit dem bezeichnenden Titel „The Nature of the Beast" und in zahlreichen Propagandaschriften (vgl. Pakschies, S. 279) die These: „We are fighting the *character* of the German people" (Public Record Office (PRO)/Foreign Office (FO) 371/24389 – C 4229). Fünfmal seit 1864 hätten die Deutschen einen Angriffskrieg begonnen, und das kriegerisch-aggressive Verhalten gegenüber ihren Nachbarvölkern sei das wesentliche Merkmal des „deutschen Volkscharakters". Zwar sind diese Thesen nicht in vollem Umfang von der britischen Regierung übernommen worden, andererseits wurde aber auch die Differenzierung Stalins zwischen deutschem Volk und Naziführung abgelehnt. Ein Mitarbeiter des Foreign Office führte dazu im Januar 1943 aus:

„This is a dangerous topic from the point of view of internal controversy, and any discussion of it would arouse the wrath of Lord Vansittart and his followers and the suspicions of our European Allies ... In the past we have for this reason avoided making any clearcut distinction..." (PRO/FO 371/30958 – C 13125).

Die Briten wollten mit dieser Politik des „Sowohl-als-Auch" ein Gleichgewicht herstellen „... between the needs of our political warfare against Germany and the danger of absolving the German people of all responsibility for the war..." (ebd.).

Bereits im März 1940 hatte ein anderer hoher Beamter des Foreign Office Bezug nehmend auf das obengenannte Vansittart-Memorandum die Situation so gekennzeichnet:

„There are two main alternatives. Either to put the Germans in a straight waistcoat until they mend their habits or to appease them until we are finally destroyed. It seems to me essential to find an escape from this dilemma, because I do not believe that a people's character can be changed by external influences" (PRO/FO 371/24389 – C 4229).

Wie weiter unten noch zu zeigen sein wird, sahen viele britische Politiker den Ausweg aus dem Dilemma in einer Umerziehung der Deutschen nach Beendigung des Krieges.

Auch auf der höchsten politischen Ebene der alliierten Planung, auf den Konferenzen von Casablanca (Januar 1943), Teheran (Dezember 1943) und Jalta (Februar 1945), gewannen der Gedanke der Umerziehung der Deutschen als Mittel zur Verhinderung eines dritten und von den Deutschen provozierten Weltkriegs und die Diskussion entsprechender negativer Re-educations-Maßnahmen zunehmend an Raum. Zwar wurde der Umerziehungsbegriff nicht verwendet, aber wie am Beispiel der Unconditional-Surrender-Formel von Casablanca gezeigt werden kann, treffen die Formulierungen inhaltlich den mit dem Begriff gemeinten Sachverhalt:

„The elimination of German ... war power means the unconditional surrender by Germany ... It does not mean the destruction of the population of Germany ..., but it does mean the destruction of the philosophies in those countries which are based on conquest and subjugation of other people" (zit. n. Koß, S. 25 f.).

Führende Politiker in den USA (vgl. Koß, S. 26) und in Großbritannien waren überzeugt, daß nur eine Umerziehung des deutschen Volkes die in Casablanca, Teheran und Jalta geforderte Vernichtung der nationalsozialistischen Weltanschauung erzielen könne. Der spätere konservative britische Erziehungsminister R. A. Butler führte dazu z. B. im Mai 1943 vor dem britischen Unterhaus aus: „The best way to start the re-education of Germany is to show the enemy what things she cannot do... I would say without hesitation... that a complete and unconditional surrender must precede any such attempt." (Parl. Deb./H. C., 27. 5. 1943, Vol. 389. 1856). Butler verband in seiner Rede die in der alliierten Deutschlandpolitik nicht unumstrittene Formel von der „bedingungslosen Kapitulation" Deutschlands mit der Umerziehungsforderung in der Weise, daß beide Kriegsziele sich wechselseitig begründeten. Die „bedingungslose Kapitulation" selbst war für Butler eine entscheidende Maßnahme mit umerzieherischer Wirkung. Andererseits sollte der Hinweis auf die erforderliche Umerziehung der Deutschen das Postulat der „bedingungslosen Kapitulation" begründen; denn ein Waffenstillstand und Friedensvertrag wie 1918/19 hätten die Siegermächte nicht in die Lage versetzt, so weitgehenden Einfluß auf die deutsche Bevölkerung zu nehmen, wie es der Umerziehungsgedanke nahelegte.

3 Die Diskussion der Re-education in Großbritannien 1940—1945[1]

Das Problem einer Umerziehung des deutschen Volkes wurde während des Krieges im britischen Parlament, in politischen Parteien und Institutionen, in der englischen Publizistik und in der Öffentlichkeit lebhaft diskutiert. Weitgehender Konsens der Re-educationsdiskussion bestand in der Auffassung, daß der Nationalsozialismus in Deutschland nicht eine politische Theorie unter anderen sei, sondern der Begriff — deutlicher noch die Kurzfassung Nazi — ein Element der Kriminalität, Amoralität und Inhumanität im deutschen Volk bezeichne. Dieses Element des Nazismus, das allein durch die militärische Niederlage Deutschlands nicht zu beseitigen war, begründete die Notwendigkeit der Re-education, wenn nicht nach kurzer Zeit eine erneute Aggression der Deutschen in Kauf genommen werden sollte. Bei aller Unterschiedlichkeit in bezug auf die Einzelmaßnahmen herrschte ebenfalls Einmütigkeit in der Befürwortung der Entnazifizierung der Massenmedien und des Erziehungswesens, sowohl in personeller Hinsicht als auch im Hinblick auf

---

[1] Da diese Diskussion an anderer Stelle ausführlich dargestellt worden ist, kann ich mich hier auf eine kurze zusammenfassende Skizzierung beschränken. Vgl. Pakschies, S. 24 ff.; Husemann; Koszyk.

Schulbücher, Lehrpläne und Lehrmaterial. Ebenso wie die vorgeschlagenen strukturellen gesellschaftlichen Reformen zur Beseitigung des Militarismus und zur Entmachtung der Kriegsmaterial produzierenden Konzerne stellte die Entnazifizierung nach Meinung der Briten die negative, aber notwendige Seite des Umerziehungsprozesses dar, der durch positive Re-educationsmaßnahmen ergänzt werden sollte. Dazu bedurfte es demokratischer Methoden und vor allem der Zusammenarbeit mit den Deutschen selbst.

Das zuletzt genannte Element der Zusammenarbeit und der wachsenden Initiative der Deutschen selbst im geplanten Prozeß der Umerziehung berührte natürlich wiederum das Problem der deutschen Kollektivschuld, wie sie in den Thesen der Vansittartisten vertreten wurde. Eine ausdrückliche Gegenposition zu diesen Auffassungen stellte die Theorie vom „anderen Deutschland" dar, die innerhalb der deutschen Emigration in England, von linksliberalen Intellektuellen wie dem Verleger Victor Gollancz und von einigen „linken" Labour-Politikern und Gewerkschaftlern vertreten wurde (vgl. Pakschies, S. 34ff.). Die Anhänger dieser Theorie betonten, daß nicht das deutsche Volk global zu verurteilen sei, sondern die Kräfte des Militarismus, die Großindustriellen und die Junker. Die für „Preußendeutschland" typische Allianz zwischen diesen Mächten müsse gebrochen werden. Die zentrale Stellung zur Überwindung des Nationalsozialismus wurde jedoch dem deutschen Widerstand gegen das Hitlerregime eingeräumt. „This time", so beschwor Victor Gollancz 1942 seine Zeitgenossen,

„there must be a fight of those below culminating in the overthrow of those above. Unless the German people themselves overthrow their militarists, junkers and industrialists by means of a democratic ... revolution, the terrible lesson of the past will be repeated." (Gollancz, S. 33).

Je mehr im Verlauf des Krieges deutlich wurde, daß ein solcher antifaschistischer Volksaufstand in Deutschland ausbleiben würde, desto mehr konnten die vansittartistischen Thesen in der britischen Öffentlichkeit an Raum gewinnen. Selbst die Gegner Vansittarts gingen nunmehr davon aus, daß bei Kriegsende nur eine kleine Minderheit geeigneter Deutscher zur Kooperation in der Re-educationsarbeit bereit wäre.

Zusammenfassend ist festzustellen, daß der Gedanke der Umerziehung in der Deutschlandpolitik der westlichen Alliierten seit Kriegsbeginn zunehmend eine Rolle spielte und Umerziehungspläne in der britischen Öffentlichkeit breit diskutiert wurden. Im folgenden Abschnitt soll nun die Behandlung der Re-educationsfrage durch offizielle Gremien der britischen Regierung dargestellt werden.

4 Die Planung der Re-education und die bildungspolitischen Vorbereitungen der britischen Regierung

Nach der Darstellung eines hausinternen Foreign Office Memorandums vom Februar 1944 (PRO/FO 371/34463) beschäftigten sich – ähnlich wie in den USA – zunächst inoffizielle Stellen in London mit der Re-educationsfrage. Mit Rücksicht auf die zwischen den alliierten Mächten ungeklärten politischen Probleme in der deutschen Frage (Dismemberment, Dreimächtekontrolle, Reparationen) wollten die Briten den Eindruck vermeiden, als lägen in der Re-educationsfrage bereits detaillierte Planungen vor. Als zum Beispiel die London International Assembly im Frühjahr 1943 in einem Report die Kontrolle des deutschen Nachkriegs-Erziehungsprozesses durch Erziehungsoffiziere der Alliierten vorschlug, beeilten sich die Briten gegenüber Washington klarzustellen, daß der Report durch keine offizielle britische Regierungsstelle autorisiert und die britische Regierung zur Zeit nicht gewillt sei, irgendeine Stellungnahme zur Re-education abzugeben (vgl. PRO/FO 371/34463). Eine ähnliche Zurückhaltung geht aus einem Papier des Kriegskabinetts vom 8. 8. 1943 hervor, in dem es heißt:

„It must be understood that any scheme for the re-education of Germans, young or old, by means of textbooks, teachers, censors or advisers supplied by the United Nations may be ruled out as futile ... Effort from without to convert the Germans will merely harden their unrepentant hearts. Germans alone can re-educate their fellow-countrymen..." (PRO/FO 371/39093 – C 1997).

Erst nach der Moskauer Außenministerkonferenz (Oktober 1943), auf der nach einer Initiative Edens u. a. die Errichtung einer European Advisory Commission (EAC) beschlossen worden war, intensivierten die Briten ihre Re-educations-Planungen. Sowohl im War Office als auch im Foreign Office arbeiteten nunmehr Gremien an Entwürfen für eine Re-educationsdirektive (vgl. Koszyk, S. 3 ff.). An der Arbeit waren z. B. John-Morton Troutbeck, Leiter der German Advisory Section des Foreign Office, Sir William Strang, britischer Repräsentant in der EAC und R. A. Butler, Präsident des Board of Education, beteiligt (vgl. PRO/FO 371/34463). Auf einer gemeinsamen Sitzung verschiedener Abteilungen des Außen-, Informations- und Kriegsministeriums unter der Leitung Troutbecks am 9. 12. 1943 wurde ein erstes Memorandum mit dem Titel „The Re-education of Germany" verabschiedet, das über das Ministerial Committee on Armistice Terms and Civil Administration dem Kriegskabinett am 27. 1. 1944 gedruckt vorgelegt wurde (PRO/FO 371/

39093 – C 1997). Die Verfasser des Memorandums vermerkten dazu: „It was considered essential that Soviet and United States agreement should be obtained to a joint policy on this matter, and it seemed likely that the Foreign Office memorandum might later come before the European Advisory Commission." (PRO/FO 371/34463 – C 14991.)

Zur Legitimation ihrer Arbeit bezogen sich die Autoren einleitend auf den Artikel 54 eines Waffenstillstandsentwurfs, der die Forderung nach Unterdrückung der Nazi-Ideologie und der Nazi-Lehre enthielt, und wiederholten in aller Ausführlichkeit den Standpunkt des oben zitierten Kabinettpapiers über die Nutzlosigkeit der Umerziehung. Da das gesamte weitere Memorandum aber von der Re-education der Deutschen handelt und die Rolle des Erziehungswesens betont wird, ist zu vermuten, daß die einleitenden Abschnitte eine Konzession gegenüber den Mitgliedern des Kriegskabinetts darstellten, die nach wie vor die Umerziehungsidee skeptisch betrachteten.

In drei weiteren Abschnitten behandelten die Autoren des Memorandums die *Grundannahmen,* die *Ziele* und die *Methoden* der Umerziehung. Man vermutete zum ersteren, daß
- die Deutschen nach der Niederlage großes Interesse an der Weltanschauung der Sieger und an den Prinzipien einer „popular democracy" haben würden[2];
- NS-Doktrinen und -Methoden stark abgelehnt würden und daß man nicht zuletzt deshalb die eigenen Ideen nicht aufzwingen dürfe;
- die Hauptschwierigkeit der Erziehungsreform bei den Sekundar- und Hochschullehrern liegen würde;
- andererseits aber bei diesen Lehrern ein professionelles Interesse an neuen Lehrbüchern und Lehrmethoden bestehen würde.

Da diese Liste der Grundannahmen weder von einer Theorie abgeleitet noch empirisch gestützt werden konnte, spiegeln die einzelnen Positionen die subjektiven Meinungen der Verfasser wider, was auch in der internen Kritik im Foreign Office zum Ausdruck kam (vgl. z. B. die Aktennotiz von N. B. Ronalds vom 20. 12. 1943, PRO/FO 371/34463 – C 14991).

Der Abschnitt über die *Ziele* der Umerziehung enthält neben dem einleitenden Hinweis, daß die durchzuführenden Maßnahmen im Erziehungsbereich auf keinen Fall die Verwaltungsarbeit der zukünftigen Militärregierung erschweren dürften, folgende Intentionen:

---

[2] Der Begriff „popular democracy" wurde im Hinblick auf die Verhandlungen mit der UdSSR im EAC gewählt.

- sobald wie möglich typische nationalsozialistische, nationalistische oder militaristische Doktrinen, Prinzipien und Methoden im deutschen Erziehungswesen auszurotten;
- den früher vorhandenen Respekt vor objektiven Fakten wiederherzustellen oder gar noch auszudehnen;
- das Interesse an den Ideen der „popular democracy" zu wecken, wie z. B. Meinungsfreiheit, Freiheit der Rede, der Presse und der Religion.

Im *Methoden*abschnitt wurden die Prinzipien formuliert, die die tatsächliche Besatzungspolitik der Briten im Bildungsbereich angeleitet haben: „... Control over German education should aim on the whole at being as indirect, invisible and remote as is compatible with its being effective. We should appear to guide rather than lead, to influence rather than to initiate." (PRO/FO 371/39093 – C 1997.) Eine weitere Formulierung klingt wie eine Vorwegnahme der Bildungspolitik in der Britischen Zone:

„In many spheres, it will be better for us to insist that certain things shall not be done, rather than that other things shall be; i.e., lay down what the Germans must not do, but otherwise leave them to do what they like." (ebd.)

Diesen Prinzipien entsprechend wurde weiterhin empfohlen, die Schule und den Schulverwaltungsapparat so wenig wie möglich zu stören. Selbst ein vorübergehendes Schließen der Schulen sollte nach Auffassung der britischen Nachkriegsplaner vermieden werden. Weiterhin wurde eine Säuberung der Lehrbücher von nationalsozialistischer Ideologie gefordert und betont, daß die neuen Lehrbücher von Deutschen in Deutschland erstellt werden müßten. Den Einsatz ausländischer Lehrer lehnte man ab.

Im übrigen – so schließt das Memorandum – wird das Verhalten der alliierten Truppen in Deutschland eine wichtige Rolle im Prozeß der Umerziehung spielen.

Im Sommer und Herbst 1945 entstanden weitere Entwürfe für eine Re-educationsdirektive, und mit der Direktive Nr. 8, die als Endfassung dieser Bemühungen im Oktober 1944 in ein Handbuch mit dem Titel „Germany and Austria in the Post-Surrender Period: Policy Directives for the Allied Commanders in Chief" Eingang gefunden hat (vgl. PRO/WD 220/220 und 220/215), gelangten die Re-educationsplanungen zu einem vorläufigen Abschluß. Ein Vergleich dieser Endfassung mit dem oben ausführlicher dargestellten ersten offiziellen Entwurf zeigt nur geringfügige Änderungen. Kritiker des ersten Entwurfs, wie z. B. der britische Mitarbeiter im SHAEF, Colonel Gayre, und der leitende Officer in der entstehenden britischen Kontrollkommission, General Kirby, hatten genauere Bestimmungen in bezug auf die inhaltliche Gestaltung der Lehrpläne und Lehrbücher gefordert (vgl. PRO/FO 371/39093 – C 3564 und 39094 – C 6028). Sie konnten sich nicht durchsetzen. Statt dessen betont § 7 der Direktive Nr. 8 u. a.: „... you will not interfere with or attempt to reshape the curricula of German schools..." (PRO/WO 220/215).

Weiterhin fällt auf, daß die Direktive Nr. 8 in den Verbotsbestimmungen im Vergleich zum ursprünglichen Entwurf präzisiert worden ist. § 12 enthält genaue Bestimmungen zur Entnazifizierung der Lehrinhalte und -materialien, und ein Anhang regelt die Entnazifizierung des Lehrpersonals.

Obwohl die britische Re-educationsdirektive nie im EAC diskutiert worden oder gar genehmigt worden ist, lag eine gewisse Abstimmung zumindest mit den Amerikanern insofern vor, als zahlreiche Formulierungen mit der Direktive CCS 551 der Combined Chiefs of Staff in Washington vom April 1944 übereinstimmen (vgl. PRO/WO 220 + 235). Die Formulierungen haben ebenfalls sowohl in SHAEF als auch in britische Direktiven des Jahres 1945 Eingang gefunden[3] und erhielten somit praktische Bedeutung für die Anleitung der Erziehungsoffiziere in der Britischen Zone.

Obwohl die Briten im Prinzip davon ausgingen, daß Umerziehungsmaßnahmen auch im Bereich des Erziehungswesens von den Deutschen selbst initiiert und durchgeführt werden sollten, hielten sie für die erste Phase der Besetzung eine Ausnahme für notwendig. Da die Planer im Sommer und Herbst 1944 noch davon ausgingen, daß die Schulen in Deutschland nicht geschlossen und die meisten Lehrbücher und -materialien eingezogen würden, setzten sie praktische Vorbereitungen zur Schulbuchbeschaffung in Gang. Zur Koordinierung dieser Aufgabe wurde im Mai 1944 ein Gremium mit der Bezeichnung Working Party on the Re-education of Germany geschaffen (vgl. PRO/FO 371/39091, 39094, 39096). Unter dem Vorsitz von Prof. Dodds aus dem Research Department des Foreign Office trafen sich in regelmäßigen Abständen Vertreter des Außen- und Kriegsministeriums, des Board of Education und des SHAEF. Zwischen dem 10. Mai und dem 1. November 1944 fanden insgesamt 13 Sitzungen statt, auf denen Beschlüsse über auszu-

---

[3] Vgl. „Technical Manual on Education and Religious Affairs" vom Februar 1945 und Directive on Education, Youth Activities and German Church Affairs, Bünde, November 1945.

wählende Schulbücher, Lesehefte, didaktische Materialien für die Hand des Lehrers und Schulfunksendungen gefaßt wurden. Durch ihre Spezialisierung auf Schulbuchfragen hat die Working Party wichtige Vorarbeiten für die spätere Textbook Section der Britischen Kontrollkommission geleistet (vgl. Halbritter).

Die oben dargestellten britischen Re-educationsdirektiven des Jahres 1944 und die Aktivitäten der Working Party belegen den in der Eingangsthese unterstellten Zusammenhang zwischen bildungspolitischer Planung der Briten und Re-education. Der Zusammenhang ist schon deshalb auf den ersten Blick erkennbar, weil in dieser Phase der britischen Nachkriegsplanung alle bildungspolitischen Reformmaßnahmen von den Briten selbst als Re-educationsmaßnahmen interpretiert worden sind. Darüber hinaus hat das grundlegende Prinzip der britischen Umerziehungskonzeption, das der *indirekten* Kontrolle und Beeinflussung, dazu geführt, daß die Negativmaßnahmen der Umerziehung, wie Entnazifizierung des Lehrpersonals und der Lehrmethoden, -bücher und -materialien, relativ präzise geplant und nach 1945 strikt durchgeführt worden sind. Dagegen wurden keine Beschlüsse darüber gefaßt, was an die Stelle des nationalsozialistischen Bildungswesens treten sollte. Bildungspolitisch eminent wichtige Entscheidungen über die Lehrplanreform, Dauer der Grundschule, Gymnasialreform und Konfessionsschule wurden den Deutschen zu einer Zeit überlassen, als die demokratischen Kräfte in Deutschland nach eigenen Einschätzungen noch außerordentlich schwach waren.

Diese Entwicklung war ganz gewiß nicht im Sinne der Re-educationsplaner. Vielmehr muß davon ausgegangen werden, daß durch Rücksichtnahme auf die unterschiedliche Interessenlage der Alliierten (vgl. Strang, S. 442 f.), aus wirtschaftspolitischen Gründen (vgl. Pakschies, S. 144 f. u. S. 157 f.) und nicht zuletzt durch vansittartistische Vorstellungen die planenden Gremien genötigt waren, sich auf relativ allgemeine Aussagen zu beschränken.

Einen Tiefpunkt für die Re-educationsplaner im Außen- und Kriegsministerium stellt die Non-Fraternization-Direktive vom Herbst 1944 dar, die als SHAEF-Direktive auch für die britischen Truppen Gültigkeit besaß (vgl. PRO/FO 371/46729). Wie weiter oben zitiert, betrachteten die Planer das Verhalten der alliierten Besatzungstruppen in Deutschland als eine wichtige einleitende Maßnahme im Prozeß der Re-education; und nun waren die Soldaten strengstens angewiesen, jeden freundschaftlichen Kontakt mit der deutschen Bevölkerung zu vermeiden! Was die Briten betrifft, so drückt sich in dieser Tatsache ein gegen Kriegsende wachsender Einfluß vansittartistischen Denkens aus, das jedem Deutschen grundsätzlich Gefährlichkeit und antidemokratisches Denken unterstellte. Re-education dagegen war für die britischen Nachkriegsplaner Weg und Ziel für den gemeinsam mit antifaschistischen deutschen Minderheiten durchzuführenden Prozeß des demokratischen und friedlichen Wiederaufbaus Deutschlands im Rahmen der europäischen Völkerfamilie.

Literatur

Blättner, Dorothea: Britische Einwirkungen auf das deutsche Erziehungs- und Bildungswesen. Unveröffentlichte Staatsexamensarbeit, Kiel 1960
Bungenstab, Karl-Ernst: Umerziehung zur Demokratie? Düsseldorf 1970
Gollancz, Victor: Shall our Children Live or Die? A Reply to Lord Vansittart on the German Problem. London 1942
Halbritter, Maria: Schulreformpolitik in der Britischen Zone 1945–1949. Diss. Karlsruhe 1977
Husemann, Harald: Anglo-German Relations in Higher Education. In: Hearnden, Arthur (Hrsg.): The British in Germany. London 1978
Koß, Siegfried: Vorstellungen der Alliierten von Nachkriegsdeutschland. In: Aus Politik und Zeitgeschichte, B 42–43/1972, S. 15–30
Koszyk, Kurt: Umerziehung der Deutschen aus britischer Sicht. In: Aus Politik und Zeitgeschichte, B 29/1978, S. 3–12
Münch, Ingo v.: Dokumente des geteilten Deutschland. Stuttgart 1968
Pakschies, Günter: Umerziehung in der Britischen Zone 1945–1949. Weinheim 1979
Schlander, Otto: Re-education – Ein politisch-pädagogisches Prinzip im Widerstreit der Gruppen. Bern/Frankfurt/M. 1975
Strang, William: Potsdam After Twenty-Five Years. In: International Affairs, Vol. 46, 3/1970, S. 441–455

Kurt Jürgensen
Zum Problem der „Political Re-education"

1 Zeitliche Abgrenzung des Themas

In den vorliegenden Darstellungen zur Bildungs- und Schulpolitik während der Besatzungszeit wird für den Bereich der Britischen Zone zu Recht das Inkrafttreten der Verordnung Nr. 57 der Militärregierung als eine wichtige Zäsur herausgestellt[1].

Damals wurde nämlich den vier Ländern in der Britischen Zone, und zwar Nordrhein-Westfalen, Niedersachsen, Schleswig-Holstein und Hamburg, die Zuständigkeit im Bildungsbereich übertragen. Die Militärregierung behielt sich allerdings ein grundsätzliches Einspruchsrecht gegen die Ländergesetzgebung vor. Mit dieser Verordnung Nr. 57, die den Ländern klare Kompetenzen zuwies, sollte ihre politische und verfassungsrechtliche Stellung auch im Hinblick auf die erstmals im April 1947 durchgeführten Landtagswahlen gestärkt werden. Fortan gab es ja in den Ländern demokratisch legitimierte Regierungen, nämlich die CDU-geführte Landesregierung unter Ministerpräsident Karl Arnold in Nordrhein-Westfalen (nach Ministerpräsident Amelunxen ab Juni 1947; Kultusminister: Frau Christine Teusch, nach Kultusminister H. Konen, ab Dezember 1947), die SPD-geführte Landesregierung unter Ministerpräsident Hinrich Kopf in Niedersachsen (Kultusminister: Adolf Grimme), die SPD-geführte Landesregierung unter Ministerpräsident Hermann Lüdemann in Schleswig-Holstein (Minister für Volksbildung: Wilhelm Kuklinski) und den SPD-geführten Senat der Hansestadt Hamburg unter dem Ersten Bürgermeister Max Brauer (hier bereits seit November 1946 gemäß der vorausgegangenen Bürgerschaftswahl; Schulsenator: Heinrich Landahl)[2].

Der Schwerpunkt meiner Darlegungen bezieht sich auf die beiden Jahre nach Inkrafttreten der Verordnung Nr. 57, und zwar aus zwei Gründen: Zum ersten: Ich möchte mich gegenüber dem Beitrag von

---

[1] Als neue Untersuchung liegt vor: Halbritter, Schulreformpolitik, Weinheim **1979**.

[2] Vgl. zu den Wahlen und Regierungen in allen Besatzungszonen gemäß Stand vom 1. August 1948 die Darstellung: Das politische Gesicht Deutschlands. Wegen der Fehler in den geschichtlichen Einführungen ist nur bedingt zu empfehlen: Storbeck, Die Regierung des Bundes und der Länder, München 1970.

Günter Pakschies in diesem Band abgrenzen, der hauptsächlich der Re-education in ihrer Vorbereitungsphase während des Krieges und in der frühen Besatzungszeit behandelt. Zum zweiten: Ich stütze mich bei meinen Ausführungen im wesentlichen auf das Aktenmaterial im Public Record Office, London. Hier können beim Arbeitsstand 1979 gemäß der 30-Jahresregel die Akten des Außen- und des Kriegsministeriums wie die Kabinettakten bis zum Jahresende 1948 eingesehen werden, und jedes Jahr kommt ein weiterer Akten-Jahrgang hinzu. Zu den freigegebenen Akten gehören aber noch nicht die Bestände der einstigen Control Commission for Germany/British Element (abgekürzt: CCG/BE) und ihrer Unterbehörden. Die einsehbaren Akten sind – relativ gesehen – reichlicher für die Jahre 1947–48 als für die vorausgegangenen Jahre. Dies hängt mit der Ausweitung des Kompetenzbereiches des Außenministeriums zusammen; im Frühjahr 1947 wurde nämlich das Control Office in das Außenministerium eingegliedert. Für die Jahre 1947–48 kommen überdies wichtige tradierte Quellen hinzu. Wir können nämlich auf die überwiegend gedruckt vorliegenden Erfahrungsberichte des Educational Advisers of the Military Governor (Berater in Erziehungsfragen), Robert Birley, zurückgreifen.

Meine Darlegung ist also als dokumentarischer Bericht angelegt. In Ergänzung zu diesem Bericht verweise ich auf die zu dieser Thematik bereits vorliegende wissenschaftliche Literatur, insbesondere auf den Aufsatz von Kurt Koszyk, der den bisherigen Wissensstand aufzeigt.

2 Britische Zuständigkeiten im Erziehungsbereich

Die Verordnung Nr. 57 der britischen Militärregierung trat zum 1. Januar 1947 in Kraft. Damit war keineswegs eine sofortige Verringerung der im Erziehungswesen tätigen Bediensteten der britischen Militärregierung verbunden; ihre Anzahl betrug zur Jahreswende 1946/47 etwa 200. Im Gegenteil: Zusätzlich zur Education Branch, die die in den Ländern, in den Regierungsbezirken und Kreisen tätigen Educational Control Officers instruierte, wurde das wichtige Amt des Educational Adviser für den britischen Militärgouverneur geschaffen. Erst 1948–49 wurde die Zahl der Bediensteten allmählich bis auf etwa 50 reduziert (s. Birley, 1947; 1950; 1963).

Bezogen auf den von mir behandelten Zeitraum nenne ich einige Namen. Direktor der Education Branch (mit Sitz in Bünde und in Bad Rothenfelde, teilweise auch in Berlin) war 1947–48, und zwar in der Nachfolge von Professor Riddy, Brigadier Hume; der Deputy Director of the Education Branch war der spätere Gymnasialdirektor in Coventry, Mr. Herbert Walker. Sie instruierten – um ein Beispiel zu geben – in Kiel, wo für das Land Schleswig-Holstein bis zum Jahresende 1947 Hugh de Crespigny, ab Jahresanfang 1948 Mr. William Asbury das Amt des Regional Commissioner innehatten, den Chief Educational Officer Mr. Wilcox und den University Control Officer, eine resolute Dame, Miss Cunningham.

Das Amt des Educational Advisers war direkt dem Militärgouverneur der Britischen Zone zugeordnet; das war in der Nachfolge von Feldmarschall Montgomery bis zum Herbst des Jahres 1947 Luftmarschall Sir Sholto Douglas. Er war als Oberkommandierender zugleich Oberbefehlshaber der britischen Streitkräfte und überließ die Führung der CCG/BE weitgehend seinem Vertreter, dem stellvertretenden Militärgouverneur, Generalleutnant Sir Brian Robertson. Vom 1. November 1947 war – unter gleichzeitiger Beförderung zum General – Sir Brian Robertson Oberkommandierender und Militärgouverneur; Generalleutnant Brownjohn war sein Vertreter, doch behielt Robertson die Führung der CCG weitgehend selber in der Hand. Sein Berater in Fragen der Erziehung war – wie erwähnt – Mr. Robert Birley (später Sir Robert), der im April 1947 in die Britische Zone kam und zugleich seine Stellung als Headmaster of Charterhouse aufgab. Der Deputy Educational Adviser war Mr. Creighton. Das Office of the Educational Adviser befand sich in Berlin, mit einer „Außenstelle" in Bad Rothenfelde, weil ja der Educational Adviser – wie der Political Adviser – direkt dem Commander-in-Chief und Military Governor zugeordnet war.

Die Zuständigkeit für die Besatzungspolitik teilten sich in der Londoner Regierung des Kriegsministerium, das Außenministerium und das eigens geschaffene Control Office for Germany and Austria. Leiter des Control Office war der sog. Deutschland-Minister John Hynd als Chancellor of the Duchy of Lancaster (ein alter Kabinettstitel für besondere Aufgaben). Persönliche Differenzen mit dem Außenminister Ernest Bevin und vor allem die wegen der Außenministerkonferenzen ab März/April 1947 (in Moskau) gesteigerte Verantwortung des Außenministeriums für die Lösung der deutschen Frage führten im Frühjahr 1947 zu wesentlichen Änderungen. Das Kontrollbüro wurde als German Section in das Außenministerium eingegliedert und mit dem dort bestehenden German Department (fortan: German Political Department) verknüpft. Die politische Führung der German Section oblag als neuem Chancellor of the Duchy of Lancaster, der dem Außenminister Ernest Bevin unterstellt war, dem Lord Pakenham. Amtschef der German Section wurde der Ständige Unterstaatssekretär Sir William Strang (bis dahin der politische Berater des britischen Militärgouverneurs). Die German Section umfaßte elf Abteilungen, und zwar neben dem bereits erwähnten German Political Department als personalstärkste Abteilung das German Educational Department. Ihr stand Mr. Crawford als Abteilungsleiter vor. Die Aufsicht über diese wie auch andere Abteilungen oblag dem Assistant Under Secretary of State Sir Ivone Kirkpatrick[3].

So kann auch an der Neuorganisation im Außenministerium deutlich werden, welch hohe Bedeutung der Erziehungspolitik zugemessen wurde. Dabei galt die Verordnung Nr. 57, die den Ländern der Britischen Zone die Verantwortung für den Kultusbereich gegeben hatte, nicht als eine hemmende Schranke für die britische Erziehungspolitik in Deutschland, sondern als Chance, um in Zusammenarbeit vor allem mit den Deutschen, denen man wegen ihrer erwiesenen antifaschistischen Haltung Vertrauen schenkte, demokratische, friedfertige Gesinnung zu wecken und zu fördern. Denn es lag auf der Hand, daß sich Gesinnung nicht befehlen und nicht kraft Verordnung durchsetzen ließ. Sie konnte nur geweckt werden durch das Beispiel, durch Überzeugung, im Gespräch. Unausgesprochenermaßen verwies die Verordnung Nr. 57 nur auf diese Möglichkeiten, die auch allein der Sache dienlich waren.

3 Die Ziele der politischen Re-education

Wir fragen: Um welche Sache ging es denn eigentlich? Eine recht genaue Antwort gibt der Leserbrief eines prominenten Mannes in der „Times". Am 8. Mai 1945, als in London wie überall in Großbritannien überschwenglich der VE-Day (der „Victory in Europe"-Tag) gefeiert wurde, schrieb Mr. Birley, damals noch Headmaster of Charterhouse, einen Brief an den Herausgeber der angesehenen Zeitung. Unter dem Leitgedanken „Re-educating Germany" stellte Birley klar: Die Umerziehung der Deutschen sei eine unausweichliche Pflicht der Alliierten. Dabei gehe es um mehr als nur um eine vollständige Entnazifizierung, Entmilitarisierung und Bestrafung der Kriegsverbrecher. Birley nannte drei weit darüber hinausgehende Ziele: Zum ersten: Es gehe darum, in den Deutschen den Sinn für politische Verantwortung als Grundlage der Demokratie zu wecken. Der Mangel an Verantwortungsbereitschaft unter den „Wissenden" – Birley meinte damit das sog. Bildungsbürgertum und vor allem die Professorenschaft an Universitäten und Hochschulen

---

[3] Personalangaben nach den gedruckten Jahresbänden des Foreign Office, London: „Foreign Office List" (für 1947 und 1948).

– habe den Nationalsozialisten den Weg zu Macht geebnet. Zum zweiten: Es gehe darum, in Deutschland an die geistigen Traditionen der Zeit Goethes und Humboldts anzuknüpfen. Zum dritten: Die Deutschen müßten bereit sein, die slawischen Völker der Russen, Polen, Tschechen und die südslawischen Völker als ebenbürtig und gleichberechtigt anzuerkennen. Ja, am Verhältnis der Deutschen zu den Tschechen und Polen werde sich der Grad ihrer erreichten „Umerziehung" ablesen lassen.

Rückblickend auf seine Erfahrungszeit als Berater für Erziehungsfragen hat Sir Robert Birley am 24. April 1963 in einer Vorlesung an der St. Andrews University bestätigt:

„What was really needed was the development of a sense of personal responsibility in politics." (Birley, 1963)

Für Birley waren die Deutschen ein großenteils „geistig krankes" Volk; so sprach er am 8. Mai 1948, also genau drei Jahre nach dem Erscheinen des Leserbriefes in der „Times" und nach einjährigem Aufenthalt in Deutschland, von „Germany's spiritual sickness", und er sprach von seiner Entschlossenheit, seine Aufgabe in der Britischen Zone in den Dienst der „Heilung" zu stellen, und das hieß:

„Establishment of democracy".
„Ensuring that Germany becomes a stable society in which there is a widespread and effective will to peace."

So lesen wir in Birleys Brief vom 8. Mai 1948 an Sir Ivone Kirkpatrick im Außenministerium (FO 371/70707).

In einem von Mr. H. Walker unterzeichneten Memorandum der Education Branch vom August des Jahres 1948 (FO 371/70713) wird präzisiert: Durch das Erziehungssystem sei in Deutschland der Gemeinschaftssinn zu wecken, der Respekt vor der Meinung des Andersdenkenden, die Achtung der persönlichen Freiheit des Glaubens und des Gewissens sicherzustellen. Aber Vorschläge für eine Reform des Erziehungssystems wurden nicht gemacht.

Das Memorandum bedient sich stellenweise genau der Formulierungen, die in einigen Paragraphen der „Directive on Education, Youth Activities and German Church Activities" vom November 1945 als Beschreibung des „long term objective" der britischen Besatzungspolitik enthalten ist. Die auch in dieser Direktive genannten kurzfristigen Zielsetzungen bezogen sich auf das schnelle Wiederingangkommen der praktischen Schul- und Erziehungsarbeit in Schule, Hochschule und in Erwachsenen-Bildungsstätten und auf die Eliminierung nationalsozialistischer Ideen und Methoden. (Jürgensen, 1976, S. 299 ff.).

Noch einmal: Diese erste Phase, zu der vom Herbst des Jahres 1945 an die Wiedereröffnung der Schulen und Universitäten und die Entnazifizierungsmaßnahmen (mit Entlassungen, Berufsverboten, Inhaftierungen u. a. m.) gehörten, sind nicht Gegenstand dieses Berichts. Uns interessiert, wie in der zweiten Phase vom Jahresanfang 1947 bis zur Gründung der Bundesrepublik Deutschland der Weg zur „demokratischen Umerziehung" der deutschen Bevölkerung beschritten wurde.

4 Die Problematik der „Political Re-education"

Die „Political Re-education" war keineswegs unumstritten. Im Rückblick von heute auf die Nachkriegszeit ist der Begriff von denen, die damals in Deutschland im Erziehungswesen tätig waren, geradezu verdrängt worden. Auf der „Anglo-German Conference on Post-War Educational Reconstruction", die im Januar 1975 in Oxford stattfand, hat kein einziger, der über seine Erfahrungen in Deutschland berichtete – und es waren darunter aufschlußreiche Berichte, die Dr. Hearnden später veröffentlicht hat, – das Wort Re-education in den Mund genommen. Dabei springt es einem in den Akten jener Jahre, die im Bestand des Außenministeriums im Public Record Office, London, einzusehen sind, immer wieder in die Augen.

Diese offenkundige Verdrängung geht darauf zurück, daß schon damals in der Besatzungszeit britischerseits sehr wohl die der „Political Re-education" innewohnende Problematik empfunden wurde. Dies hat drei Gründe.

(1) So wie die Briten die „Political Re-education" verstanden, hatte sie nur scheinbar einen Rückhalt in der Potsdamer Vereinbarung vom 2. August 1945. In der damaligen offiziellen Mitteilung über die Ergebnisse der Konferenz hieß es in Abschnitt III,7:

„Das Erziehungswesen in Deutschland muß so überwacht werden, daß die nazistischen und militaristischen Lehren völlig entfernt werden und eine erfolgreiche Entwicklung der demokratischen Ideen möglich gemacht wird." (Potsdam 1945)

Robert Birley betrachtete dies zwar als einen verbal vernünftigen Ausgangspunkt für die Erziehungsarbeit in Deutschland. Doch es war schnell offenkundig, daß die Begriffe wie „successful development of democratic ideals" ganz unterschiedlich verstanden wurden. Der Alliierte Kontrollrat ging einer Definition der Begriffe tunlichst aus dem Wege. Er wahrte so den Schein einer Übereinstimmung. Aber in der eigenen Besatzungszone tat jede Besatzungsmacht das, was sie für richtig hielt. Damit war das Problem gelöst, aber auf Kosten der inneren Einheit Deutschlands.

(2) Die Übernahme der obersten Regierungsgewalt in Deutschland, die am 5. Juni 1945 in einer Erklärung der vier militärischen Oberbefehlshaber General Eisenhower, Marschall Schukow, Feldmarschall Montgomery und Armeegeneral de Lattre de Tassigny festgestellt wurde [4], war für die britischen Verantwortlichen in Europa ein Novum. Gewiß, in Übersee hatte man im Laufe der Geschichte viel Erfahrung im Umgang mit anderen Menschen und auch mit hochstehenden Kulturvölkern – etwa in Indien – gesammelt, und man griff gerne auf diese Erfahrungen zurück. Die Erziehungsarbeit als Teil der Besatzungspolitik in einem Lande gleicher Kulturstufe war aber geschichtlich gesehen etwas Neues, so wie Robert Birley dies am 13. September 1948 in einem Referat ausführte (FO 371/70714):

„It is now three years and three months since the end of the war, the beginning of the Occupation of Germany and the beginning of an educational experiment which is probably unique in history. I do not know whether it has ever before been the avowed intention of an occupying power to try to alter the characteristics of a defeated nation by influencing its educational system."

Zwei Gesichtspunkte waren, so Birley, zu bedenken, wollte man diesen „Erziehungsversuch" verstehen (wobei am Rande kritisch zu sagen wäre: Das Erziehungs-System ließen die britischen Verantwortlichen gänzlich unangetastet). Birley verwies zum einen auf die Tatsache, daß im Laufe des 19. Jahrhunderts Bildung und Erziehung staatliche Aufgaben geworden waren. Folglich schloß die Übernahme der vollen Regierungsgewalt in Deutschland auch die Erziehung ein. Birley sagte (ebd.):

„So it was no doubt inevitable that when the British Control Commission was set up in the British Zone of Germany it should include an Education Branch."

Zum anderen hatte der nationalsozialistische Zugriff auf das Erziehungswesen – übrigens während des Krieges auch in den besetzten

---

[4] Vgl. im Europa-Archiv, erstes Jahr 1946, S. 213–215: Erklärung in Anbetracht der Niederlage Deutschlands und der Übernahme der obersten Regierungsgewalt.

Ländern – gezeigt, welche Bedeutung die Bildungseinrichtungen für das politische Denken hatten, und diese Erfahrung galt es nun in einem umgekehrten, das heißt demokratisch-freiheitlichen Sinne zu nutzen.

Dieses Bemühen hatte zweifelsohne – das zeigt die Untersuchung der britischen Presse in der Nachkriegszeit[5] – einen Rückhalt in der öffentlichen Meinung des Landes. Ganz entgegengesetzt etwa zur britischen Deutschland-Politik nach dem Ersten Weltkrieg war es der britischen Regierung nach dem Zweiten Weltkrieg möglich, sich so stark in Deutschland und eben auch für seine „Umerziehung" zu engagieren.

(3) Die „Political Re-education" war ein Problem im Verhältnis zu den Deutschen, mit denen man zusammenarbeiten wollte. In einem Memorandum, das die Education Branch am 13. August 1948 der Konferenz des Militärgouverneurs Sir Brian Robertson mit den Regional Commissioners vorlegte, wurde festgestellt (FO 371/70713):

„– ‚Re-education' depends on the general Allied policy towards Germany. If this policy is wrong, no amount of inspection or control or suggestion will ensure the adoption of democratic methods or prevent the revival of Nationalistic teaching.
– We are all agreed that ‚re-education' is one of the chief objects of our Occupation. It must be remembered however that there is no word the Germans, even the most friendly Germans, detest so much and none which is liable to call forth such powerfull reactions as this word ‚re-education'."

Mag man als Beispiel für eine in der Tat kritische deutsche Reaktion auf das Wort „Re-education" den im April 1947 in Braunschweig erschienenen Aufsatz von Georg Alexander nehmen. Hier heißt es:

„Umerziehung – das hat den üblen Beigeschmack von Schulmeisterei, und dies hat zur Folge, daß das pädagogische Objekt sich von vornherein dem Nachdenken darüber verschließt, ob und inwieweit die Absicht dem eigenen Nutzen entspricht...
Es ist dahin gekommen, daß die deutsche Fragestellung nicht mehr lautet: Was haben wir im eigenen nationalen Interesse zu tun? Sondern: Mit welchem Recht maßen sich die Alliierten eine Umerziehung an? Da diese Frage nach der Legitimation des pädagogischen Auftrags aus mannigfachen Gründen verneint wird, sind gleichzeitig die Quellen, aus denen die Kräfte zu einer geistigen und sittlichen Regeneration unseres Volkes fließen könnten, verschüttet." (Alexander, S. 131/132)

In der Tat war die Frage nach der Legitimation der „Political Re-education" auch in den Augen vieler im Erziehungswesen tätigen britischen

---

[5] Ich verweise auf die von mir angeregte Staatsexamensarbeit: Helmut Raffel, „Das Deutschlandbild des Jahres 1945 in der britischen Presse", Kiel 1978.

Offiziere ein Problem. In der deutschen Gesellschaft und im deutschen Kulturleben waren nach dem Zusammenbruch die Spuren der nationalsozialistischen Herrschaft überraschend schnell getilgt oder zumindest, von Ausnahmen abgesehen, nicht mehr erkennbar. Andererseits stand das geistige Leben in Deutschland, das sich trotz vielfältiger Not sehr bald wieder regte, ganz im Zeichen der christlich-humanistischen Tradition, zu der auch die Blütezeit der deutschen Kultur in der Klassik und in der Romantik gerechnet wurde. Sir Robert Birley sprach immer wieder mit größter Hochachtung von der deutschen Kulturleistung im 18. und 19. Jahrhundert (Birley, 1978). Als Beispiel für viele seien seine Bemerkungen über Wilhelm von Humboldt zitiert, den er am 13. September 1948 (FO 371/70714) bezeichnete als

„the greatest figure in the history of modern Education. To him, more than to anyone else, is due the belief in the world of our time that Education is one of the great forces of human society."

Man hatte also ein Volk „umzuerziehen", das solche großen Denker und Reformer hervorgebracht hatte.

Das berührte manche um so unangenehmer, wenn sie gewahr wurden, daß der Nationalsozialismus in Deutschland die Gewaltherrschaft einer Minderheit über die Mehrheit, der es an politischem Verantwortungsbewußtsein gefehlt hatte, gewesen war. Sir Robert Birley verwies auf den Widerstand gegen Hitler, um zu zeigen, daß der Nationalsozialismus das christlich-humanistische Kulturerbe in Deutschland keineswegs beseitigt hatte. Er hat in späteren Jahren das bekannte Buch „Das Gewissen steht auf" mit Lebensbildern aus dem Widerstand in einer englischen Fassung (1957) herausgegeben und mit einer feinsinnig geschriebenen Einleitung versehen. Während seiner Tätigkeit als Erziehungsberater begegnete er Persönlichkeiten wie Adolf Grimme und Christine Teusch, die um ihrer Überzeugung willen im Dritten Reich Verfolgung erlitten hatten, ja in Konzentrationshaft gewesen waren. Man lese nach – etwa in Birleys Rückblick 1978 –, mit welcher Hochachtung er über seine deutschen Gesprächspartner im Erziehungsbereich sprach und daraus für sich selbst die Schlußfolgerung gezogen hatte:

„Would I, I used to think to myself, have shown the courage that they had? For me to try to preach democracy to them would have been insulting."

Wir begegnen in Birleys Berichten auch anderen Personen. So erwähnt er (ebd.) eine Berliner Schulrätin, die wegen ihrer Klugheit und ihrer

Zivilcourage aufgefallen war. Nach Birley war sie ein Mensch wie wir, und er schloß seinen Bericht:

„We had been able to bring her in touch with British schools and teachers so that she really felt that she was a member of the same family. What we had never attempted to do was to ‚re-educate' her, to teach her democracy. That would have been an insult."

Derartige Erlebnisse hat es, auf deutscher wie auf britischer Seite, auch in „unteren Rängen" gegeben. Das ist mir oft in Gesprächen bezeugt worden.

Gerade auch die erste Phase der britischen Erziehungsarbeit, in der es vor allem um praktische Maßnahmen zur Überwindung vieler Notstände ging, hatte zu vielen persönlichen Kontakten zwischen britischen Educational Control Officers und deutschen Verwaltungsbeamten, Lehrern, Jugendbeauftragten, Vertretern politischer Parteien geführt. Daraus erwuchs – trotz der Erschwernisse eines anfänglichen Fraternisierungsverbots und anderer Reglementierungen – menschliches, bisweilen sogar freundschaftliches Verstehen.

Mr. Herbert Walker, der Deputy Director der Education Branch, stand mit dem Hamburger Schulsenator Landahl in einem herzlichen Kontakt, und da er schon seit Juli 1945 in der Britischen Zone war, hatte er (wie er mir kurz vor seinem Tode im Juli 1977 berichtet hat) eine ganze Reihe von freundschaftlichen Beziehungen angeknüpft. Er war deshalb besonders empfindlich gegenüber dem Wort „Re-education", das im Londoner Foreign Office zum üblichen Sprachgebrauch gehörte. So lesen wir in einem Schreiben des Chancellor of the Duchy of Lancaster, Lord Pakenham, vom 6. April 1948 (FO 371/70704B):

„The re-education of the Germans – this task remains of the utmost importance."

Die Education Branch reagierte im August 1948 mit einem von Mr. H. Walker unterschriebenen Memorandum auf die allzu häufige und unbekümmerte Verwendung des Wortes „Re-education". Hier heißt es (FO 371/70713):

„We detest the word re-education as much as the Germans. This is an Education Branch, not a ‚Re-education Branch', and that word has never been used in our directives."

Dies ist richtig, soweit mir die „Education Instructions to German Authorities" bekannt sind (Jürgensen, 1976, S. 299 ff., S. 307 ff.).

Auch Sir Robert Birley distanzierte sich später rückblickend ganz grundsätzlich von dem „entsetzlichen Wort Re-education" (Birley, 1978, S. 46):

„There was coined the horrible word ‚re-education' to express our policy in Germany."

Er erwähnte nicht, daß auch er schon 1945 die Forderung „Re-educating Germany" erhoben hatte (vgl. oben seinen Leserbrief an die Times vom 8. Mai 1945).

Später in Deutschland gebrauchte er das Wort nicht mehr. In den Schriftstücken des Office of the Educational Adviser und der Education Branch sprach man generell von „education" und von „educational reconstruction"; man meinte damit genau dasselbe wie mit dem Begriff „Re-education". Man vermied dieses Reizwort und hielt doch an seinen inhaltlichen Zielsetzungen fest: politisches Verantwortungsbewußtsein zu wecken und zu stärken und eine auch in der deutschen geschichtlichen Tradition verankerte demokratische Gesinnung zu festigen. Wie konnte das geschehen?

5 Die Methoden der „Political Re-education"

Um das, was mit der political Re-education bezweckt war, zu erreichen, konnte man viele Wege beschreiten. Wir wollen uns darüber Klarheit verschaffen und beiseite lassen, ob man dieses Wort gebrauchte oder tunlichst vermied; denn in der Sache selbst gab es auf britischer Seite keinen Dissens.

Bei den Methoden sei zunächst das erwähnt, was man nach dem Rat des Educational Adviser unbedingt zu unterlassen hatte. Dazu gehörte das bloße Reden über Demokratie, das Theoretisieren: „Democracy, in our sense of the term, cannot be taught", pflegte Birley zu sagen (Birley, 1963). Demokratie als Gemeinschaftsform des gesellschaftlichen Zusammenlebens müsse einfach erlebt werden. Birley warnte auch vor dem Gedanken, britische Einrichtungen nach Deutschland übertragen zu wollen, und sagte am 3. Dezember 1947 in einem Vortrag (Birley, 1947, S. 28):

„It is no use supposing that British institutions can be transplanted to German soil."

Wir mögen kritisch fragen, ob er mit dieser Warnung überall Gehör gefunden hat. Nicht zu Unrecht hat Wolfgang Rudzio in einem

Aufsatz die Frage gestellt „Export britischer Demokratie?". Diese Formulierung mag vielleicht etwas zu grobschlächtig sein. Aber im Bereich der Kommunalverfassung, in dem sich Wolfgang Rudzio besonders gut auskennt, hat es schon einen starken englischen Druck gegeben: Man habe das Vorbild der britischen Lokalverwaltung zu beachten, weil dort besser als in der deutschen Magistratsverfassung das Prinzip des „responsible government" zu verwirklichen sei (Rudzio, 1968; 1969). Aber man sollte diesem Bereich nicht zuviel Gewicht beimessen, zumal die Entwicklung in Schleswig-Holstein zeigt, daß noch während der Besatzungszeit eine Rückkehr zu den tradierten deutschen Formen möglich war.

Mit dem Erlaß der Verordnung Nr. 57 hatte sich die britische Militärregierung selber die Möglichkeit genommen, lenkend und reformierend in das Schul- und Hochschulwesen einzugreifen. Man hoffte vor allem auf eine Hochschulreform, weil – so Birley – die deutschen Universitäten zu gesellschaftsfremd und zu sehr auf Spezialistentum ausgerichtet seien. Eine deutsche Reformkommission, an deren Arbeit auch Professor Lindsay, Master of Balliol, Oxford, und Professor von Salis, Zürich, beteiligt waren, legte zwar 1948 einen guten Bericht vor, doch wurden aus ihm keine Konsequenzen gezogen. Sir Robert Birley und seine Mitarbeiter haben dies sehr beklagt (Birley, 1950, S. 40–42; Husemann; zum Gutachten vgl. den Artikel von David Phillips in diesem Band).

Es sind nun die Maßnahmen zu betrachten, bei denen die Initiative und auch die Durchsetzung weitgehend in britischer Verantwortung lagen.

(1) Mehr und mehr wurden Deutsche aller Berufsschichten und der verschiedensten politischen Parteien nach England eingeladen, wobei die Education Branch besonderen Wert auf solche Personen legte, die in der Schule und in der Erwachsenenbildung tätig waren. Sie sollten in England Demokratie „erleben".

In der Tat mehrten sich von 1947 an die Einladungen an Deutsche, nachdem im Jahr zuvor nur wenige – unter ihnen Kurt Schumacher und Adolf Grimme – nach England reisen konnten[6]. Robert Birley warb in England darum, daß Deutsche eingeladen wurden, und er begründete, was er sich davon versprach (Birley, 1947, S. 28):

---

[6] Unmittelbar wiedergegebene Eindrücke enthält der BBC-Rundfunk-Vortrag von Staatsminister Adolf Grimme, „Deutsche Selbstbesinnung von England aus". In: Adolf Grimme, Selbstbesinnung, Braunschweig 1947 (BBC-Sendung vom Juni 1946).

„We can offer the strength of our own traditions to Germany ... What is needed, is the stimulus of mind on mind. By visits to this country we can show young Germans and especially the educators of the next generations a living democratic tradition."

(2) Sir Robert Birley warb in England dafür, daß befähigte Landsleute für eine gewisse Zeit – möglichst für ein Jahr und länger – nach Deutschland gingen, um in der Militärregierung und als Gastprofessor bzw. Lektor an Universitäten und Hochschulen Dienst zu tun. Seine Worte (Birley, 1947, S. 28):

„English educators, and the best minds among them, should be prepared to go to Germany ... The task we have set ourselves in Germany cannot be accomplished unless men who in their lives and in what they say, can express what this country has to offer, will be ready to go to Germany to work in the Control Commission or in the universities for periods of at least a year or even more."

Mitglieder der Kontrollkommission, die schon längere Zeit in Deutschland waren und sich um ihre berufliche Zukunft in ihrem Heimatland Gedanken machten, sollten zum Bleiben ermuntert werden, und dafür sei ihnen gemäß Vorschlägen, die im Außenministerium diskutiert wurden, die Sicherheit der „tenure" zu geben, also eine Dienststellung auf Lebenszeit im Zivildienst zu garantieren. Der Unterhaus-Abgeordnete Mr. Corlett setzte sich in einem Briefwechsel mit der German Section im Außenministerium im Juli 1948 mit großem Nachdruck für solche Regelung ein. Er argumentierte wie folgt (FO 371/70713):

„... Such officials have desired to make a real contribution to the difficult problem of democratising Germany, and have worked tireless and selflessly to that end ... In my view they should be encouraged to stay in Germany ... We should grant these really experienced educational experts security of tenure."

(3) Wo immer Deutsche und Briten sich begegneten, sollte das Gespräch gesucht, die freie Diskussion über die verschiedensten Sachfragen gefördert und dabei das Für und Wider des Problems einander leidenschaftslos gegenübergestellt werden. Sir Robert Birley lud in sein Haus in Bad Rothenfelde zu „Wochenend-Parties" ein. In relativ kleiner Zahl sollten sich deutsche Persönlichkeiten in leitender Stellung mit britischen Persönlichkeiten der CCG/BE und mit Gästen aus Großbritannien treffen. Ein Beispiel: Die Einladungsliste für das erste Wochenende im August 1948 umfaßt unter den deutschen Teilnehmern Namen wie: Ludwig Bergstraesser, Eugen Kogon, Hanns Lilje, Rudolf Pechel, Carlo Schmid, Theodor Steltzer. Thema der Wochenendgespräche sollten die Probleme und Aspekte der neuen westdeutschen Verfassung sein. Zu

dieser Zeit des Hochsommers 1948 standen die Einberufung des Parlamentarischen Rates und die Ausarbeitung des Grundgesetzes unmittelbar bevor.

Was hier gleichsam auf hoher Ebene geschah, sollte in möglichst vielen deutsch-britischen Gesprächskreisen eine Entsprechung haben. Unter dem Namen „Die Brücke" gab es – vor allem dank der Initiative von Generalmajor Sir Alec Bishop (verantwortlicher Offizier für das Informationswesen, Stabschef und ab Januar 1948 Regional Commissioner des Landes Nordrhein-Westfalen)[7] eine große Zahl von britischen Informationszentren und Diskussionszirkeln in der ganzen Britischen Zone. Vielversprechend war das sich in Schleswig-Holstein, dort besonders in der Stadt Schleswig, entwickelnde German-British Christian Fellowship.

Im Grunde genommen war die menschliche Begegnung wichtiger als die Erörterung von Sachfragen. Britische Erwartung war es vor allem, daß ein Vertrauensverhältnis geweckt wurde und daß die „ungeübten" Deutschen den Mut zur freien, kontrovers geführten Diskussion fanden. Über seine eigenen deutschen Diskussions- und Verhandlungspartner urteilte Sir Robert Birley später im Rückblick ohne Einschränkung so (Birley, 1978, S. 57):

„These people needed to feel that others were prepared to have confidence in them. This could only be done through close personal relationships."

(4) Der Förderung der Erwachsenenbildung und der Lehrerfortbildung wurde seitens der CCG besondere Aufmerksamkeit geschenkt. Ein Beispiel zur Erwachsenenbildung: Im Herbst 1946 war das Jagdschloß Göhrde in Niedersachsen nach skandinavischem Vorbild als Heimvolkshochschule eingerichtet worden. Über die erfolgversprechende Arbeit dort zog Fritz Borinski im Februar 1948 Bilanz: „Ein Leben im neuen Geist".

Für außerordentlich wichtig wurde die Lehrerfortbildung erachtet. Dabei standen Tagungen der Gymnasiallehrer im Vordergrund. Zu ihnen wurden auch Lehrer aus Großbritannien eingeladen. Im Zeitraum von Jahresmitte 1947 bis Jahresmitte 1949 fanden in der Britischen Zone 63 Kurse statt, die von insgesamt etwa 2500 Gymnasiallehrern besucht wurden; das waren 20 % aller Gymnasiallehrer, und bezogen auf die Altersgruppe bis 45 Jahren sah die Teilnahme-Bilanz noch günstiger aus. Mit Genugtuung stellte Sir Robert Birley 1963 in seinem Vortrag fest (a. a. O.):

---

[7] Unveröffentlichte Memoiren: Major-General Sir Alec Bishop, Look back with Pleasure, Vol. I–II(Beckley, Sussex 1971).

„It was mostly the younger who came to these courses. In fact, about one half of the Secondary School teachers in the British Zone under the age of forty-five took the opportunity to study the teaching of their subject, along with teachers of another country – a record which must be unique in the history of Education."

Sir Robert Birley fügte hinzu, daß ihm ein Grundsatz besonders am Herzen lag:

„At these courses there was one invariable rule for our British guests. They were not to talk about democracy."

Demokratie war in den persönlichen Kontakten und Gesprächen zu „erleben", es sei denn, daß „Demokratie" Teil eines geschichtlichen Stoffgebietes war.

Bei der Auswahl der Lehrgangsthemen wurde der Auseinandersetzung mit der deutschen Geschichte und mit der Entwicklung des demokratischen Staatsgedankens zunehmende Aufmerksamkeit geschenkt.

Im Unterschied zu Berlin, wo die Viermächteverantwortung eine besondere Situation bedingte, gehörte der Geschichtsunterricht im Prinzip von Anfang an zum Schulpensum in der Britischen Zone, wenngleich er nicht gern gegeben wurde und bei notwendigen Unterrichtskürzungen oft als erstes ausfiel. Es gab Unterrichtshilfen. Schon die erste Schulfunksendung, die der Nordwestdeutsche Rundfunk im November 1945 ausstrahlte, enthielt auch ein Programm für den Geschichtsunterricht. Die Themen lauteten: Kampf gegen den Aberglauben (Hexerei); Schillers Flucht (1782); Jacob Grimms Entlassung (Protest der „Göttinger Sieben" gegen die Aufhebung der Hannoverschen Verfassung 1837)[8].

In der Education Branch hatte man die Beobachtung gemacht, daß vielfach die Abkehr vom Nationalsozialismus eine um so stärkere Hinwendung zu Bismarck und Hindenburg zur Folge hatte, und in ihnen sah man natürlich nicht die Leitbilder eines freiheitlich-demokratischen Denkens in der deutschen Geschichte. Dieses Problem wurde im Herbst 1948 ausführlich zwischen Brigadier Hume, dem Direktor der Education Branch, und seinem Vertreter Mr. Walker einerseits und dem German Educational Department im Außenministerium andererseits diskutiert, und zwar mit dem Ergebnis: es seien Geschichtskurse mit Beteiligung britischer Geschichtsprofessoren in Deutschland zu veranstalten; in Verbindung mit dem British Council seien deutsche Geschichtslehrer

---

[8] Nordwestdeutscher Schulfunk. Beiblätter für die Zeit vom 12. November 1945 bis 21. Dezember 1945, Hamburg 1945.

nach England einzuladen, um Kurse an englischen Universitäten zu besuchen; die Arbeiten der Historiker, die sich mit der liberalen Tradition in Deutschland beschäftigten, seien zu fördern, wobei besonders auf Georg Eckert, Braunschweig, und seine Schrift „Die Revolution von 1848/ 49" verwiesen wurde.

Die Frage eines neuen kritischen Geschichtsbewußtseins beschäftigte auch Sir Robert Birley. Er hielt die Auseinandersetzung mit Alfred Webers Schrift „Abschied von der Geschichte" (1945) für wichtig. Auch von Max Weber, dem schon 1920 verstorbenen Bruder Alfred Webers, war – so Birley – viel zu lernen, weil nämlich Max Weber bei aller Bereitschaft, Bismarcks staatsmännische Leistungen anzuerkennen, doch nicht für dessen Schwächen blind war. Birley in seinem Vortrag im Dezember 1947 (Birley, 1947, S. 15):

„Max Weber used often to claim that the great wrong done by Bismarck to Germany was his refusal to allow her any political education."

Die Besatzungszeit war zu kurz, um eine Wandlung des Geschichtsbewußtseins in Deutschland beeinflussen zu können, zumal von der Geschichtslehre keine spürbaren neuen Impulse ausgingen. In diesem Sinne beklagte Mr. Walker in einem Schreiben an das Foreign Office vom 3. Dezember 1948 (FO 371/70713) „the unhappy situation with regard to the teaching of history".

(5) Sir Robert Birley warnte vor zu schulmeisterlicher Kritik an dem, was man glaubte kritisieren zu müssen; dazu gehörte sicherlich zu Recht, so Birley, das Geschichtsbewußtsein. Aber er appellierte an seine Landsleute, grundsätzlich der Kritik das Verstehen vorausgehen zu lassen. In seinem Vortrag im Dezember 1947 sagte er sehr eindringlich (Birley, 1947, S. 30):

„We must be ready to learn about the history and traditions of Germany before we can usefully speak."

Und wenn gesprochen wurde, um zu kritisieren, dann nicht klagend, schon gar nicht verletzend, sondern freundschaftlich von Mensch zu Mensch. Birley (ebd.):

„When we do speak we must not do so publicly, but only as friends can talk with one another."

Diese Haltung, dem ehemaligen Kriegsgegner, dem so viel Schuld und Versagen angelastet wurde, in einer Bereitschaft zu verstehen oder gar in

Freundschaft zu begegnen, schloß – so Birley – Selbstgerechtigkeit aus. Jeder einzelne – wo immer er zu Hause war – stand seines Erachtens vor der Frage, inwieweit das, was in Deutschland „umzuerziehen" war, Ausdruck einer Krisenerscheinung in der ganzen christlichen Zivilisation war. Robert Birley war hiervon überzeugt. Seine Worte im Dezember 1947 (Birley, 1947, S. 10):

„It is important to realise that much that is wrong in Germany is part of what is wrong with our civilisation as a whole ... It will bring a much needed realism in Germany if speakers from other countries, and England in particular, when visiting Germany would speak of the crisis of our civilisation as one affecting other nations also."

Wie Birley dachten auch andere prominente Vertreter des britischen Geisteslebens und der Politik. Wir mögen an Victor Gollancz, den jüdischen Verleger und Schriftsteller, denken, an sein Buch (1947) „In darkest Germany", in dem die Not in diesem Lande eindringlich beschrieben wurde, und an sein bekanntes Wort „Hitler in uns"; wir denken an Lordbischof Bell of Chichester und seine Reden im britischen Oberhaus, in denen er sich der eigenen Selbstgerechtigkeit – etwa hinsichtlich der alliierten Kriegsführung – widersetzte.

Wollte man das eigene Gewissen schärfen und der allgemeinen Krisis in den christlich-abendländischen Kulturnationen entgegentreten, so gab es nur den Weg, den christlichen Glauben zu stärken. Die Krise der Zivilisation war eben eine Krise des Glaubens.

Die Verantwortlichen im Außenministerium nahmen die Überlegungen von Birley, Gollancz, Bell im Grundsätzlichen schon an, aber doch in einer Abstufung. Denn nirgendwo sei die Krisis so stark wie eben in Deutschland. Mit dem deutschen Namen seien eben auch Völkermord, Judenmord, Gaskammern verbunden; zu Weimar gehöre Auschwitz. Wollte man aus Birleys Überlegungen eine Folgerung ziehen, dann standen die britischen Verantwortlichen vor der Frage: „How to promote Christianity in the British Zone of Occupation?" (vgl. Aktenkonvolut FO 371/70707).

Diese Frage löste sofort eine Diskussion darüber aus, ob eine weltliche Macht überhaupt befugt sei, den christlichen Glauben zu fördern. Sir Robert Birley wies am 8. März 1948 in einem Brief an Sir Ivone Kirkpatrick sehr deutlich auf die Grenzen weltlicher Zuständigkeit hin, und seiner Auffassung wurde im Außenministerium generell zugestimmt. Mr. Dean, Leiter des German Political Department, machte nach Gesprächen mit Sir Ivone Kirkpatrick und mit Mr. Crawford, Leiter des German Educational Department, folgenden Vermerk:

„I personally think that the logical arguments set out at Mr. Birley's letter are unanswerable. The task of HMG as an occupying power is primarily not religious but secular and political. On the other hand I do feel that it is part of HMG's policy to promote Christianity and that we could take a number of steps in this direction without becoming involved in religious controversy and disputes."

Aber es gab für Robert Birley eine darüber hinausgehende Möglichkeit zu wirken, nicht als Mitglied der CCG/BE, sondern als Christ. Und das hieß: Auf der Grundlage der eigenen Glaubensüberzeugung konnte das gleichberechtigte Gespräch unter Christen geführt, die Krise in der christlichen Zivilisation erörtert, der Glaube gestärkt und die Freundschaft unter den Völkern angebahnt und gefestigt werden. In diesem Sinne erinnerte Sir Robert Birley die Förderer und Freunde des Burge Memorial Trust – so benannt nach dem früheren Bischof Burge von Oxford – an die Satzung der Stiftung, in der ihre Aufgabe genannt ist (Birley, 1947, S. 3):

„to forward the cause of international friendship through the Churches and to promote a better and wider understanding of the international obligations of Christian peoples."

Zu den Angesprochenen gehörten an diesem 3. Dezember 1947, als Robert Birley in der Westminster School in London seinen Vortrag über die britische Verantwortung in Deutschland hielt, u. a.: Lord Lindsay, Arnold Toynbee, Bischof Bell of Chichester. Von ihnen wissen wir, wie sehr sie sich der Verpflichtung bewußt waren, die Robert Birley in ihr Gedächtnis zurückgerufen hatte.

Das gilt ganz besonders für Bischof Bell, der seit seinem ersten Besuch in Deutschland nach dem Kriege im Oktober 1945 die Gemeinsamkeit aller christlichen Kirchen herausstellte und für die deutsche evangelische Kirche den Weg zur Ökumene öffnete. Bischof Bell gehörte zu der Delegation der ökumenischen Bewegung, die Zeuge der bewegenden Erklärung des Rates des EKD, der sog. Stuttgarter Schulderklärung, war (Jürgensen, 1976, S. 161 ff., S. 228 ff.).

Birley war sich darüber im klaren: Den Kirchen in England und den Kirchenführern oblag eine schwere Aufgabe. Sie hatten im eigenen Lande die englischen Christen von der christlichen Verpflichtung zu überzeugen, geistige Brücken zu den deutschen Christen zu schlagen. Birley sagte in seinem Vortrag am 3. Dezember 1947 (Birley, 1947, S. 31 f.):

„The way in which the Churches can help is a matter for ourselves. They can bring, in all its urgency, the challenge of which I have spoken, to the people of Britain. They can show them that Germany is, in the Christian sense of the term, a ‚neighbour'. In doing this they can, I believe, do something to solve what is the deepest spiritual problem of our day."

(6) Im letzten Punkt ist über Wilton Park zu sprechen.

Bisher ist dieser Aspekt ganz beiseite geblieben, weil er nicht zur Erziehungsarbeit *in* der Britischen Zone gehört; und doch hat er nach Maßgabe der Akten im Public Record Office (siehe u. a.: FO 371 46740–46745 und 55888–55692) eine große Bedeutung gehabt: das ist die „politische Umerziehung" der deutschen Kriegsgefangenen in England.

Es gibt hier viele Parallelen zur „Political Re-education" in der Britischen Zone, und sicherlich sind in England Erfahrungen gesammelt worden, die der Erziehungsarbeit in der Britischen Zone zugute kamen. Eine besondere Bedeutung hatten in England die sechswöchigen Kurse, die seit Januar 1946 im Kriegsgefangenen-Lager 300 in Wilton Park, 30 Kilometer westlich London, für Kriegsgefangene in ganz Großbritannien veranstaltet wurden. Dies geschah mit maßgeblicher Hilfe derer, die als Deutsche in den dreißiger Jahren nach Großbritannien emigriert waren und bei dem geistigen Wiederaufbau Deutschlands helfen wollten. Namentlich zu nennen ist unter ihnen vor allem Heinz Koeppler; er war der Rektor („Warden") von Wilton Park und hat dort ganz stark die organisatorische und inhaltliche Arbeit bestimmt. Seine Verdienste wurden schon damals hoch anerkannt, doch blieb seine Person nicht ohne Kritik: er sei menschlich zu distanziert, und er sei nicht vertraut genug mit der deutschen Nachkriegssituation, so hieß es in Kreisen der Education Branch. Sein Verhältnis zur CCG/BE besserte sich wesentlich nach dem mehrtägigen Besuch von Mr. Walker, dem stellvertretenden Leiter der Education Branch, in Wilton Park im Oktober 1948.

Seit Januar 1947 kamen zu den ca. 250 WP-Lehrgangsteilnehmern etwa 60 Zivilisten aus der Britischen Zone hinzu. Ihre Auswahl erfolgte nach den Vorschlägen der örtlichen Educational Control Officers. Nach Rückkehr der letzten Kriegsgefangenen im Juli 1948 fanden die Kurse im verkleinerten Rahmen – die Zahl blieb bei etwa 60 – nur noch für deutsche Zivilisten aus der Britischen Zone, in ganz geringem Maße auch aus den anderen westlichen Zonen und aus Berlin statt.

Fortan war für Wilton Park nicht mehr das Kriegsministerium, das die Kriegsgefangenenlager verwaltete, zuständig, sondern das Außenministerium. Das Lager stand nunmehr in Gefahr, aufgrund der schwierigen britischen Haushaltslage zum 31. März 1949 aufgelöst zu werden. Doch Wilton Park überzeugte so sehr durch die dort geleistete Erziehungsarbeit, die Mr. Walker gleich nach seinem erwähnten Besuch in einem ausführlichen Bericht darstellte, daß sich General Sir Brian Robertson persönlich am 20. Dezember 1948 in einem Brief an den englischen Außenminister Bevin für Wilton Park als „educational training centre" einsetzte. General Robertson stimmte dem Gedanken zu, daß Wilton Park sich allmählich zu einem internationalen Begegnungszentrum entwickeln sollte. Diesen Weg ist Wilton Park unter der Leitung von Heinz Koeppler, der unlängst geadelt wurde, tatsächlich gegangen. Aber nach Meinung von General Robertson hatte damals die britische Erziehungsaufgabe gegenüber Deutschen eindeutig den Vorrang. Er schrieb an den Außenminister (FO 371/70704 E):

„I believe that our country has a particular contribution to make towards the development of enlightened and democratic thought in Germany and I think that it might be a pity to submerge this contribution by endeavouring to create a pronouncedly international atmosphere. I strongly recommend that an early decision should be taken to continue Wilton Park after the end of the financial year 1948/49."

Der besondere Wert von Wilton Park lag darin, daß während seines sechswöchigen Programms eine vorzügliche Verbindung von Vorlesungen (grundsätzlich mit Aussprache), Diskussionen unter Leitung von englischen Tutoren, abendlichen Gastvorträgen (aus den verschiedensten gesellschaftspolitischen, geschichtlichen und philosophischen Wissensgebieten) mit prominenten Gastrednern (wie: Lord Lindsay, Professor Jodds, Lindley Fraser, Professor Taylor, Professor Toynbee, auch Deutschen wie Adolf Grimme, Kurt Schumacher und Karl Barth) einerseits und von Besichtigungen öffentlicher Einrichtungen an zwei „extra mural days" der Woche hergestellt wurde.

Die gemessen an der Not in Deutschland relativ angenehme Versorgung und Unterbringung wie auch die sorgfältig überlegte Auswahl von Teilnehmern aus den verschiedensten Berufs- und Altersgruppen trug erheblich zum Gelingen von Wilton Park bei. Die Mischung von Kriegsgefangenen und Zivilisten in den achtzehn Monaten 1947–48 brachte natürlich psychologische Schwierigkeiten mit sich. Das Niveau der Kurse war nicht immer auf gleicher Höhe, aber die Zufriedenheit überwog bei weitem. Das galt für die deutschen Teilnehmer genauso wie für die britischen Verantwortlichen. Die sechswöchige intensive Berührung mit „English life, people and ideas" (so Mr. Creighton, 30. 10. 1947; FO 371/70704B) war für die eben nicht schulmeisterliche, sondern gleichsam unmerkliche „political re-education of the Germans" (so Lord Pakenham, 6. 4. 1948; ebd.) von außerordentlich großem Wert, um schließlich am Ende eines Erziehungsprozesses „ein künftiges demokratisches Deutschland" (wie es in Mr. Walkers Bericht vom Oktober 1948 heißt; FO 371/70704 D) in die Gemeinschaft der Völker aufzunehmen.

6 „Vorzeitige" Bilanz?

Es ist klar, daß die Wege und Ziele der „Political Re-education" auf ein demokratisches Deutschland ausgerichtet waren. Dieses neue Deutschland stellte man sich als einen in sich ausgewogenen demokratischen Bundesstaat vor, dessen Verfassungsformen in Kreis, Land und Bund den Grundsätzen des „Responsible Government" zu folgen hätten. Unter diesem Gesichtspunkt ist die Länderordnung der Britischen Zone zu sehen, die unter Einbezug der Überlegungen des Zonenbeirates in Hamburg im Jahre 1946 und – wenn man die erstmals am 20. April 1947 durchgeführten Landtagswahlen als Abschluß nimmt – im Jahr 1947 zur Schaffung der Länder Nordrhein-Westfalen, Niedersachsen und Schleswig-Holstein neben den Hansestädten Hamburg und Bremen führte (Wagner; Hüttenberger; Jürgensen, 1969; Vogelsang).

Die Weiterentwicklung zu einem deutschen Bundesstaat und darüber hinaus zu einer wie auch immer gearteten europäischen Gemeinschaft war nicht Sache der britischen Deutschlandpolitik allein. In Kreisen der Education Branch sah man diese Ziele – auch angesichts der offenkundigen Divergenzen und Spannungen unter den Besatzungsmächten – als in weiter Ferne liegend an. Mr. Walker sprach ja im Oktober 1948 noch – wie oben erwähnt – ganz vage über „a future democratic Germany".

Dabei waren zu diesem Zeitpunkt die Würfel längst gefallen. Der Parlamentarische Rat in Bonn beriet seit dem 1. September 1948 über das Grundgesetz für die drei westlichen Zonen, aus denen dann im folgenden Jahr die Bundesrepublik Deutschland wurde. Zu erwarten und zum Teil bereits vorbereitet war die Mitarbeit dieses westdeutschen Staates in der im April 1948 geschaffenen OEEC (Organisation für europäische wirtschaftliche Zusammenarbeit).

Im Außenministerium hatte man sich früher als in der Education Branch auf die neue Situation eingestellt, die im Zusammenhang mit dem Scheitern der Außenministerkonferenzen in Moskau und London (Frühjahr und Spätherbst 1947) und mit den Beschlußfassungen auf der Londoner Konferenz der westlichen Alliierten (erstes Halbjahr 1948) zu sehen ist. Mr. Crawford, der Leiter der Abteilung für Fragen der Erziehung in Deutschland im Außenministerium, teilte deshalb Mr. Koeppler am 20. Juli 1948 mit, daß man bei den Kursthemen in Wilton Park der beabsichtigten Gründung des westdeutschen Staates Rechnung zu tragen habe. Man müsse, so Mr. Crawford, Vertrauen in die demokratische Entwicklung Deutschlands haben, und man habe dieses Vertrauen zu stärken. Er gab folgende Empfehlung (FO 371/70704 C):

„We must avoid doing anything which suggests that we think them (gemeint: die Deutschen, d. Verf.) unready to set up an independent democratic government and we must make it clear that our aim is to help them to do so. Therefore in all discussions and lectures we should not probe for the weak points in German history or in the German character, but for the strong points. The aim should be to encourage the Germans to build on the good elements in themselves and in the country as a whole, and to develop a wellfounded self-confidence in their ability to conduct a democratic state."

Ganz im Sinne dieser Worte sprach auch der parlamentarische Unterstaatssekretär Lord Henderson bei der Eröffnung der Kurse in Wilton Park am 11. November 1948 und am 10. Januar 1949. Er fügte hinzu (FO 371/70704 E), man habe gemeinsam eine große Aufgabe anzupakken, nämlich ein gemeinsames Europa zu schaffen, und in ihm werde das neue demokratische Deutschland seinen gleichberechtigten Platz haben. Diesen Zielen habe auch Wilton Park zu dienen.

Während die amtlichen Vertreter des Außenministeriums diese Meinung vertraten, warnte Sir Robert Birley in Deutschland als Educational Adviser sehr eindringlich davor, den Deutschen jetzt schon das „politische Reifezeugnis" auszustellen. Aus Bad Rothenfelde sandte er am 24. Juli 1948 ein langes Memorandum an den Militärgouverneur Sir Brian Robertson. Er schrieb (FO 371/70716):

„I do not consider that a democratic order in Germany, in political life, social relations, or education, is any way assured."

Birley begründete seinen Standpunkt mit der von ihm beobachteten mangelnden demokratischen Verantwortungsbereitschaft unter den jüngeren Menschen, mit der mangelnden Demokratisierung von Form und Inhalt des deutschen Erziehungswesens und mit einer ausgesprochen undemokratischen nationalen Gesinnung vieler Menschen. Antikommunistische oder gar anti-russische Haltung – wie etwa derzeitig im westlichen Berlin unter der Blockade – sei doch kein Beweis für demokratisches Denken. Sir Robert Birley wollte nicht mißverstanden sein und fügte hinzu (ebd.):

„There is no doubt of the existence of a number of Germans, some of them young men and women, who have a genuinely democratic outlook and are hard to build a democratic Germany."

Aber daraus seien keine Fehlschlüsse zu ziehen:

„These Germans would be too few and the traditions too weak to survive against the opposing forces."

Nachdrücklich plädierte Sir Robert Birley dafür, die Arbeit der für die Kontrolle der Erziehungsmaßnahmen zuständigen Offiziere – wenn auch in einem anderen Rechtsstatus nach Gründung des westdeutschen Staates – fortzusetzen.

General Sir Brian Robertson sandte das Memorandum am 6. August 1948 an den Leiter der German Section im Außenministerium, Unterstaatssekretär Sir William Strang. Zugleich distanzierte er sich aber in einem Begleitschreiben sehr deutlich von dem Inhalt des Memorandums und schwächte seine Aussagekraft überhaupt ab: es enthalte lediglich die ganz persönliche Auffassung von Mr. Birley, und er fügte hinzu (FO 371/70716):

„I should not wish it to be taken as representing the opinion of myself either as an individual or a Head of the Control Commission."

Robertson präzisierte seine Einwände gegen das Memorandum: Birley gehe darin von einem zu engen Demokratieverständnis aus. Man könne doch nicht, wie es den Anschein habe, Demokratie und Nationalgefühl als Gegensätze einander gegenüberstellen. Die Demokratisierung sei natürlich in Deutschland weiterzuführen, aber nicht unter der Ägide der Kontrollkommission, die General Robertson interessanterweise umschrieb als eine „benevolent colonial authority". Eine solche Charakterisierung der britischen Stellung in Deutschland ist mir sonst nirgendwo bei einem verantwortlichen Mitglied der CCG/BE begegnet. General Robertson führte seine Überlegung weiter (ebd.):

„The democratisation of Germany will not be achieved by means of a protracted and delayed tutelage."

Es kam Robertson darauf an, in anderer Form – etwa durch die Arbeit des British Council – die engen britisch-deutschen Beziehungen fortzusetzen und damit auch im Hinblick auf die weitere demokratische Entwicklung Deutschlands eine britische Einflußmöglichkeit sicherzustellen; es kam ihm darauf an, Deutschland als Partner der westeuropäischen Gemeinschaft anerkannt zu finden.

General Sir Brian Robertson befand sich in völliger Übereinstimmung mit der Deutschlandpolitik des Außenministeriums, auf die er ohnehin einen relativ starken Einfluß genommen hat. Am Ende seines Briefs vom 6. August 1948 an Sir William Strang, der noch bis vor kurzem sein Political Adviser gewesen war, schrieb er:

„Our efforts should be concentrated on increasing the attraction to the Germans of western ideas, western civilisation, western prosperitiy and western strength. Very much remains to be done in this field. Somehow we have to persuade the people of the countries of western Europe that they must regard the Germans as fellow Europeans and that the continued existence of western European civilisation demands that Germany should be brought into the comity of western European nations as a partner and not as a servant."

War nun in der Arbeit der Education Branch zur demokratischen „Umerziehung" – entgegen dem dringenden Rat von Robert Birley – „vorzeitig" Bilanz zu ziehen? Sicherlich nicht; denn diese Arbeit war – wenn sie erfolgreich sein sollte – von den Deutschen selber weiterzuführen, und zwar in der Gemeinschaft der europäischen Länder und in vielen persönlichen Begegnungen von Mensch zu Mensch – über die nationalen Grenzen Westeuropas hinweg.

Im August des Jahres 1949, als die Wahlen zum 1. Bundestag stattfanden, verließ Sir Robert Birley Deutschland.

Es wurden Formen der Überleitung gefunden, um auch nach Inkrafttreten des Besatzungsstatuts – in ihm wurden bis zum Ende der Besatzungszeit im Mai 1955 die Beziehungen zwischen der Bundesrepublik Deutschland und den drei westlichen Hohen Kommissaren geregelt – die Arbeit der Education Branch fortzusetzen. Mehr und mehr gingen die Aufgaben auf das British Council über.

Sir Robert Birley wurde nach seiner Rückkehr nach England Leiter des berühmten Eton College. Er war und ist noch ein relativ häufiger, gern eingeladener und gern gesehener Besucher in der Bundesrepublik Deutschland. Fünfzehn Jahre nach seinem kritischen Urteil über den im Sommer 1948 erreichten „demokratischen Reifegrad" der Deutschen, nämlich am 24. April 1963, sprach er in einer langen und bemerkenswerten Vorlesung an der St. Andrews University über „British Educational Control and Influence in Germany after the 1939–45 War". Als Sir Robert Birley zum Schluß seiner Ausführungen kam, mochte er sich an seine Skepsis von 1948 erinnern. Erziehungsarbeit, so sagte er, reife langsam; man könne die Früchte der Arbeit oftmals erst nach einer Generation sehen.

So war Robert Birleys Urteil auch nun noch vorsichtig, als er sich über die Demokratie in der Bundesrepublik äußerte; aber das Urteil war doch ein Zeugnis des Vertrauens. Birley sagte:

„There are many signs in Western Germany today that democracy is more firmly rooted than most of us would have believed possible in 1945."

Mit einem Unterton des Stolzes sah er darin auch eine Frucht der Erziehungsarbeit, wie sie die Besatzungsbehörden der drei westlichen Alliierten geleistet hatten. Und so fügte er seinem Urteil über die westdeutsche Demokratie die Worte an, mit denen er seine Vorlesung beendete:

„Perhaps we may allow some of the credit for this to the work of those French, American and British who, for a few years, were allowed as one of the results of military victory to influence the building up of new educational ideals in Western Germany."

Literatur

Alexander, Georg: Re-education. In: Denkendes Volk. Blätter für Selbstbesinnung. Organ der Volkshochschulbewegung, hrsg. von Staatsminister Adolf Grimme, Jg. 1947, S. 131–132

Birley, Robert: The German Problem and the Responsibility of Britain. The Burge Memorial Lecture, London 1947 *(zit. als: Birley, 1947)*

Birley, Robert: Education in the British Zone of Germany. In: International Affairs. Vol. XXVI/1, Jg. 1950 *(zit. als: Birley, 1950)*

Birley, Robert: British Educational Control and Influence in Germany after the 1939–45 War. Text of Irvine Memorial Lecture delivered at St. Andrews University, 24th April 1963, ungedrucktes Manuskript im Besitz des Verfassers *(zit. als: Birley, 1963)*

Birley, Robert: British in Retrospect. In: The British in Germany *(zit. als: Birley, 1978)*

Borinski, Fritz: Ein Jahr Leben im neuen Geist. Heim-Volkshochschule Göhrde. In: Denkendes Volk. Blätter für Selbstbesinnung. Organ der Volkshochschulbewegung, hrsg. von Staatsminister Adolf Grimme, Jg. 1948, S. 33–35

Das Gewissen steht auf. Lebensbilder aus dem deutschen Widerstand von 1933–1945. Gesammelt von Annedore Leber, 1956; engl. Ausgabe: Conscience in Revolt. Introduction by Robert Birley, London 1957

Das politische Gesicht Deutschlands. In: Europa-Archiv, drittes Jahr 1948, S. 1481 ff.

Halbritter, Maria: Schulreformpolitik in der Britischen Zone. Diss. phil. Karlsruhe 1977

Hüttenberger, Peter: Nordrhein-Westfalen und seine parlamentarische Demokratie. Siegburg 1973

Husemann, Harald: Anglo-German Relations in Higher Education. In: The British in Germany

Jürgensen, Kurt: Die Gründung des Landes Schleswig-Holstein nach dem Zweiten Weltkrieg. Der Aufbau der demokratischen Ordnung in Schleswig-Holstein unter dem ersten Ministerpräsidenten Theodor Steltzer. Neumünster 1969 *(zit. als: Jürgensen, 1969)*
Jürgensen, Kurt: „Die Stunde der Kirche". Die Ev.-Luth. Landeskirche Schleswig-Holsteins in den ersten Jahren nach dem Zweiten Weltkrieg. Neumünster 1976 *(zit. als: Jürgensen, 1976)*
Koszyk, Kurt: „Umerziehung" der Deutschen aus britischer Sicht. Konzepte und Wirklichkeit der Re-education in der Kriegs- und Besatzungsära. In: Beilage zur Wochenzeitung „Das Parlament", Jg. 1978/B 29 − „Aus Politik und Zeitgeschichte"
Potsdam 1945. Quellen zur Konferenz der Großen Drei. Hrsg. v. Ernst Deuerlein, dtv-dokumente 152/153, München 1963
Public Record Office (London), Abt. F.O. 371 (für Foreign Office 371), Nr. 70707 *(zit. als: FO 371/70707)*; entsprechend der Hinweis auch auf anderen Akten derselben Abteilung.
Rudzio, Wolfgang: Die Neuordnung des Kommunalwesens in der Britischen Zone. Zur Demokratisierung und Dezentralisierung der politischen Struktur. Eine britische Reform und ihr Ausgang. Stuttgart 1968 *(zit. als: Rudzio, 1968)*
Rudzio, Wolfgang: Export englischer Demokratie? Zur Konzeption der britischen Besatzungspolitik in Deutschland. In: Vierteljahrshefte für Zeitgeschichte Jg. 17 (1969)
Storbeck, Anna Christine: Die Regierung des Bundes und der Länder seit 1945 (Handbuch der Politik, Bd. 4). München 1970
The British in Germany. Educational Reconstruction after 1945. Hrsg. u. eingel. v. Arthur Hearnden. London 1978
Vogelsang, Thilo: Hinrich Wilhelm Kopf und Niedersachsen. Hannover 1963
Wagner, Volker: Bildung der Länder in den westlichen Besatzungszonen und Entstehung der Bundesrepublik Deutschland. In: Geschichte der deutschen Länder / „Territorien-Ploetz", Bd. II. Würzburg 1971

Edith Siems Davies

Der britische Beitrag zum Wiederaufbau des deutschen Schulwesens von 1945 bis 1950

1 Vorbemerkung

Schon acht Monate vor Ende des Zweiten Weltkrieges wurde bereits geplant, wie die britische Kontrollkommission ihre zukünftige Arbeit laut Artikel Sieben des Potsdamer Vertrages durchführen sollte. Es war vorgesehen, alle Aspekte des deutschen Erziehungswesens so zu kontrollieren, daß alle Spuren des nationalsozialistischen (NS) Regimes getilgt und der Weg zu einer demokratischen Lebensweise geebnet werden sollten.

Im Oktober 1944, als ich meine erste Besprechung über die zukünftige Aufgabe hatte, muß ein gewisser Optimismus im britischen Lager geherrscht haben, denn am selben Abend flogen während meines Feuerwachdienstes in dem Gymnasium in der Grafschaft Kent, wo ich Deutsch unterrichtete, ununterbrochen die V-1 über die Schule hinweg auf ihrem Weg nach London. Es schien mir höchst unwahrscheinlich, daß ich einmal an den Abflugsort dieser Höllenmaschinen reisen würde, um überhaupt irgendeine Kontrolle, geschweige über das Erziehungswesen dort auszuüben!

Im August 1945 kam es aber doch dazu, und mit etwa 20 Kollegen von der Erziehungsabteilung der Kontrollkommission der Britischen Zone landete ich auf einem Flugfeld einige Kilometer von Osnabrück. Als wir durch die Stadt fuhren, gewann ich einen frühen Einblick in die Situation, die mir als Referentin für das Schulwesen bevorstand. Die Stadt schien aus Haufen von Schutt und Trümmern zu bestehen. Hier und da zwischen den Trümmern saßen Kinder, sie saßen einfach so da, spielten nicht und sahen uns mit leblosen Augen an, als unsere Jeeps vorbeiholperten, denn die Straße war eher eine Berg- und Talbahn als ein Verkehrsweg.

Unser Ziel war Bünde, eine wenig beschädigte Kleinstadt in Westfalen. Sie wurde das Hauptquartier der Abteilung Erziehungs- und Kirchenangelegenheiten, beide eine Unterabteilung der Abteilung Innere Angelegenheiten und Kommunikation. Andere Unterabteilungen dieser Division waren Kommunalverwaltung, öffentliche Gesundheit und öffentliche Sicherheit. Es gab deshalb manche Gelegenheit zur Zusammenarbeit.

Einer gründlichen Vorbereitung für unsere Arbeit hatten wir uns in London unterzogen. Das massive Werk „Handbook of German Education", von der alliierten Nachrichtenabteilung verfaßt, war unsere Bibel und gab uns einen tiefen Einblick in die Erziehungssituation in Deutschland in den Jahren der Weimarer Republik und des Dritten Reichs.

Zuerst reiste ich in der Britischen Zone von Stadt zu Stadt, um den Zustand der Schulgebäude abzuschätzen. Auch die Schulleiter wollte ich kennenlernen. In der Zeit zwischen den Weltkriegen hatte ich Deutschland in jedem Sommer besucht und in den sechs Jahren vor Kriegsausbruch hauptsächlich in Hamburg viele Schulbesuche gemacht, natürlich immer mit Genehmigung der Schulverwaltung. Mein letzter Schulbesuch war im August 1938, aber noch zu Ostern 1939 brachte ich eine Gruppe von 22 englischen Primanerinnen nach Köln und Königswinter, wo diese sich mit den örtlichen Mitgliedern der Hitlerjugend glänzend verstanden. Meine Kollegin und ich hatten die größte Mühe, unsere Julias von ihren Schlafzimmerbalkons in ihre Betten zu jagen, während ihre deutschen Romeos unten auf der Straße mit robuster Stimme die zärtlichsten Ständchen von sich gaben. Was mir von diesem Besuch auch noch stark im Gedächtnis geblieben ist, ist, daß wir Heines „Lorelei" oben auf dem Felsen nicht singen durften. Dabei hatten wir uns so darauf gefreut! Auch erinnere ich mich, daß die jungen Deutschen unsere englischen Volkslieder mit allen Strophen singen konnten, während wir nach der ersten Strophe steckenblieben. Dies waren nicht unbedeutende Wegweiser für meine spätere Aufgabe. Hauptsächlich wurde mir klar – ob in den Hamburger Schulen oder den rheinländischen Jugendlagern –, daß die englische Sprache eine bedeutende Rolle in den Schulen des Vaterlandes spielte. Diese Tatsache sollte uns später in der Kontrollkommission wertvolle Hilfe leisten. Auch spürte ich in jenen Vorkriegstagen trotz der drohenden Sturmwolken am Himmel das enge geistige Bündnis zwischen unseren Nationen.

Worüber das „Handbook of German Education" keine Information bieten konnte, war das Ausmaß der Zerstörung, die vor unseren Augen lag. Der damalige Kultusminister von Niedersachsen, Herr Adolf Grimme, hat die Situation kurz und bündig zusammengefaßt, als er die allererste Konferenz für Schulleiter und Beamte, zu der ich auch eingeladen war, eröffnete: „Meine Damen und Herren", sagte Herr Grimme, „wir stehen vor dem Nichts." Das galt sowohl für Sieger wie für Besiegte. Die Schulen in der Britischen Zone waren bis zu 80 % zerstört – keine Scheiben in den Fenstern, keine Kohle in den Öfen: Den Kindern mangelte es an Kleidungsstücken, besonders an Schuhzeug, und das erschwerte den Weg zur Schule. Vor allem hatten sie Hunger.

2 Der Besuch des britischen Kultusministers

Der britische Kultusminister, Miss Ellen Wilkinson, kam schon im November 1945 nach Bünde, und wir trugen ihr unsere Sorgen hinsichtlich der rein materiellen Lage vor. Miss Wilkinson setzte alle Hebel in Bewegung, diese trostlose Situation einigermaßen zu lindern. Ein bescheidenes Mittagessen wurde hergezaubert. Rein organisatorisch gesehen war das in Deutschland schwieriger als in England, wo die Schulen mit Eßsälen ausgestattet sind, da die britischen Schulkinder fast alle in der Schule das Mittagessen einnehmen, denn in England findet nachmittags auch Unterricht statt. Englische Schulen wurden gebeten, Schuhe und Kleidungsstücke zu sammeln und nach Deutschland zu schicken. Die Reaktion auf diese Aufforderung war sehr befriedigend, und bei dieser Gelegenheit wurden zwei Fliegen mit einer Klappe geschlagen, denn die Schulen bildeten gleichzeitig Partnerschaften. Das Schiller-Gymnasium in Berlin gründete eine solche Verbindung mit Marlborough College, einem bekannten englischen Internat (Public School).

In jenen frühen Tagen also war unsere Arbeit mehr dem Körper als dem Geist gewidmet. Wir halfen, wo wir nur konnten. Ich kann nur mit Bewunderung daran zurückdenken, wie die deutschen Erzieher sich unter unermeßlichen Schwierigkeiten – nicht zuletzt dem Lehrermangel – bemühten, den Unterricht fortzusetzen.

3 Notlehrgänge für Lehrer

Da der Lehrermangel so groß war, wurde bereits im Jahre 1946 ein sogenanntes Erziehungskontrollgesetz erlassen, das jungen Männern und Frauen bis zum Alter von 35 Jahren, die Kriegsdienst geleistet hatten, die Teilnahme an einem verkürzten Lehrerbildungskursus ermöglichte. Gewisse Grundqualifikationen waren aber notwendig, und es wurden besondere Lehranstalten zur Verfügung gestellt. Das Ergebnis war sehr befriedigend. Diese reiferen Studenten bewiesen, daß ihr Erfahrungsgebiet, die Universität des strengen Lebens statt der üblichen Anstalten, eine wertvolle Vorbereitung für ihre Arbeit mit der kriegszerrütteten jüngeren Generation gewesen war.

4 Vorbereitungen zur Wiedereröffnung der Schulen

Es war eine meiner Aufgaben, kurz nach unserer Ankunft in Bünde die Lehrpläne der verschiedenen Provinzen (noch nicht als „Länder" bezeichnet) der Britischen Zone nachzuprüfen, denn keine Schule durfte ihren Betrieb wiedereröffnen, ohne unsere Genehmigung der Lehrpläne. In England wäre eine solche Nachprüfung eine Herkulesarbeit gewesen, da jede Schule – es handelt sich hier um Gymnasien – alleine die Verantwortung für ihre Lehrpläne hat. Hier in Deutschland aber handelte es sich um allgemein verbindliche Lehrpläne. Ich hatte also die Lehrpläne der fünf Provinzen (Schleswig-Holstein, Hamburg, Hannover, Westfalen, Nordrhein) und des Britischen Sektors von Berlin zu überprüfen. Nordrhein und Westfalen waren noch nicht verbunden.

Die Lehrpläne, die uns von den Schulbehörden vorgelegt wurden, entstammten zum großen Teil der Weimarer Zeit – rein vom erzieherischen Standpunkt aus betrachtet waren sie überholt. Wir sahen unsere Aufgabe darin, nicht nur mit dem Rotstift ans Werk zu gehen, sondern schon in den Lehrplänen der Weimarer Ära die Spuren des späteren Unheils zu suchen. Es war verständlich, daß solche Pläne vorgelegt wurden; ihre Verfasser waren ja gerade die deutschen Erzieher, die verfolgt, abgesetzt und zum großen Teil von dem NS-Regime in den Untergrund gejagt wurden. Die Kernfrage, so schien es mir, war nicht, ob Hitler selbst ein Aspekt der deutschen Tradition war – das war er bestimmt nicht –, sondern ob Aspekte jener Tradition den Weg dafür gebahnt hatten, daß ein solches Monstrum die Macht ergreifen konnte.

Keine Schule durfte Unterricht erteilen, ohne daß die Lehrkräfte zuerst bewiesen hatten, kein Parteimitglied gewesen zu sein. Schon hier entstand eine Schwierigkeit, denn manche Lehrkräfte waren der Partei in dem Bewußtsein beigetreten, daß nach ihrer Entlassung aus dem Schuldienst ihr Lehramt von einem überzeugten Nationalsozialisten übernommen worden wäre. Ich habe mit vielen Lehrern gesprochen, die vor dieser schweren Entscheidung standen, aber im Interesse ihrer Schüler mitgemacht hatten. Was mir nie klar wurde, ist, ob ihre Schüler den wahren Grund dieser Entscheidung ahnten oder ob sie die Handlung für Selbstinteresse hielten und vielleicht sogar für Feigheit.

5 Die Zusammenarbeit mit den deutschen Erziehungsbehörden

Ein wesentlicher Aspekt der britischen Politik beim Wiederaufbau des deutschen Schulwesens war die Zusammenarbeit mit deutschen Erziehungsbehörden, soweit es unter den gegebenen Umständen möglich war. Es wurde mir schon bei der ersten Besprechung in London klargemacht, daß man nur auf diese Weise das Vertrauen jener deutschen Erzieher gewinnen konnte, die unter dem Hitlerregime gelitten hatten, ihrer Ämter enthoben und jetzt berufen waren, den Wiederaufbau des deutschen Schulwesens zu unterstützen.

Die führenden Persönlichkeiten, mit denen ich in enger Verbindung arbeiten durfte, waren: Herr Oberregierungsdirektor (später Ministerialrat) Carl Möhlmann in Schleswig-Holstein; Herr Oberschulrat Ernst Merck und Frau Oberschulrätin Emmi Beckmann in Hamburg; Herr Oberschulrat Doktor Rönnebeck in Hannover; Herr Oberschulrat Adolf Bohlen in Westfalen, der die undankbare Aufgabe hatte, die sogenannte „Abwicklungsstelle" zu leiten in Vorbereitung auf die Zusammenfügung der Provinzen Nordrhein und Westfalen; Frau Oberschulrätin (später Ministerialrätin) Doktor Luise Bardenhewer in Nordrhein (später Nordrhein-Westfalen); Frau Oberschulrätin Doktor Gertrud Panzer im britischen Sektor von Berlin.

Ich halte es für eine heilige Pflicht, ihre Namen hier vorzutragen, denn ich glaube, dieser Beitrag wird von einer Generation gelesen, der die Namen unbekannt sind. Diese Erzieher leisteten unter den größten Schwierigkeiten hervorragende Arbeit für die Jugend dieses Landes. Diese Damen und Herren wurden meine guten Freunde. Ich stehe noch in schriftlicher Verbindung mit Frau Doktor Bardenhewer und der Witwe von Herrn Möhlmann. Die meisten von ihnen sind leider verstorben.

Keine Schule konnte ihre Tätigkeit ohne die Genehmigung ihrer Lehrbücher durch die britischen Erziehungsbehörden wieder aufnehmen. Das war ein schweres Hindernis für den Unterricht. Zu Anfang unserer Arbeit in Deutschland half ich bei der Überprüfungsarbeit mit und konnte sehen, in welchem Maße sogar mathematische Probleme in der Verbreitung der nationalsozialistischen Lehren eine Rolle gespielt hatten.

Daß es einigen Lehrern gelungen war, durch das Entnazifizierungsnetz zu schlüpfen, wurde mir bald klar: Im Oktober 1945 besuchte ich eine Schule in den Walddörfern von Hamburg. Der Oberstudiendirektor begleitete mich in eine Klasse, in der gerade Englisch unterrichtet wurde. Zu meiner Bestürzung wurde die Stunde von einer Studienrätin geleitet, die in England kurz vor Kriegsausbruch meine Assistentin gewesen war. Sie erwies sich damals als eine überzeugte Nationalsozialistin und wurde des Landes verwiesen, nachdem sie beim Fotografieren der örtlichen Flughafeninstallationen erwischt worden war. Trotz der Fürbitte des Oberstudiendirektors, der Fräulein X für eine unentbehrliche Kraft hielt, wurde sie sofort ihres Amtes enthoben und mußte sich einem Entnazifizierungskurs unterziehen. Diese Kurse dauerten etwa vier Wochen und wurden in dem damaligen Volksmund als „Entbräunungskurse" bezeichnet. Die Kurse fanden in Großstädten statt und wurden von britischen Wehrmachtsangehörigen geleitet, die im Zivilleben Lehrer oder Dozenten waren. Hauptthema dieser Kurse waren die demokratischen Einrichtungen in England, wie Parlament, Justiz, Schulwesen.

Herrn Regierungsdirektor Möhlmann gelang es, die erste Oberschule in der Britischen Zone wieder zu eröffnen. Das war die Graf-Spee-Schule in Kiel – später als Humboldt-Gymnasium bekannt. Herr Möhlmann hatte Lehrpläne vorgelegt, die eine akzeptable Grundlage zur Diskussion boten, in die Zukunft schauten und sich nicht nur auf die Weimarer Lehrpläne stützten. Die Wiedereröffnung der Schule war aber erst nach einer Besprechung zwischen den deutschen und englischen Erziehungsbeauftragten möglich. Jede Provinzhauptstadt der Britischen Zone hatte ein Erziehungsamt, dem etwa fünf Kontrolloffiziere angehörten, je einen für allgemeinbildende Schulen, Lehrerbildung, Berufsschulen, Universitäten und Jugendarbeit. Mit zwei englischen Kollegen kam ich mit Herrn Möhlmann und dem vorgesehenen Lehrkörper der Graf-Spee-Schule zusammen. Ich habe das Protokoll der Besprechung vor mir liegen.

Das Schulgebäude war verhältnismäßig unbeschädigt, was für Kiel schon eine Seltenheit war. Der Lehrkörper bot zu politischen Beanstandungen keinen Anlaß. Lehrbücher gab es noch nicht. Sie waren wegen ihres nationalsozialistischen Inhalts fast alle eingezogen worden. Nur die Lehrpläne bedurften allein unserer Genehmigung. Diese Pläne sollten natürlich für die ganze Provinz (später Land) Schleswig-Holstein gelten. Die vorgesehenen Unterrichtsfächer waren Deutsch, Englisch, Latein, Religion, Mathematik, Physik, Chemie, Biologie, Geschichte, Musik, Erdkunde, Leibeserziehung und Kunsterziehung. Die Lehrer mußten ihre eigenen Quellen sogar für Diktate, Lieder, Choräle und Gedichte angeben.

Das Fach Religion war ein heißes Eisen. Es war von der nationalsozialistischen Regierung nach und nach abgebaut, aber nie ganz verboten worden. Auf Anordnung der alliierten Kontrollkommission mußte für die Unterrichtung des Faches in allen Schulen, Grund- sowie Oberschulen, gesorgt werden, und infolgedessen wurde ein Kontrollgesetz erlassen. Endlich gab es ein Fach, dessen Lehrbuch einwandfrei war!

Für das Fach Englisch war von britischer Seite festgelegt, daß der politische Aspekt nicht betont werden sollte. Das britische Weltreich (sowieso in der Auflösung) sollte nicht als einmaliges historisches Ereignis dargestellt, sondern in erster Linie sollte die kulturelle Seite des Faches betont werden.

Im Fach Biologie sollte der Vererbungsaspekt nicht betont werden, denn dafür hatten die nationalsozialistischen Erzieher nur allzu gründlich gesorgt. Der Satz „Das biologisch richtige Denken ist Maßstab für wahre kulturelle Entwicklung" wurde als gefährlich betrachtet und mußte gestrichen werden.

Das Fach Geschichte war ohne Zweifel das schwierigste Problem. Die Alliierten hatten angeordnet, daß das Wort „Preußen" von der Landkarte Europas zu streichen sei, obwohl der Begriff in der Geschichte Deutschlands, besonders in dem vorhergehenden Jahrhundert, eine führende Rolle gespielt hatte. Deutschland und Preußen waren in den Augen der Welt fast synonym. Ebenso hatte das Wort „Bolschewismus" auch eine große Bedeutung in den Lehrplänen der Hitlerperiode. Es stand in den Augen der deutschen Jugend als Sammelwort für alles Abscheuliche in bezug auf Rußland. Das Thema „Kolonialverbreitung" durch Großbritannien oder andere Staaten war vorläufig tabu. Die militärischen Leistungen Friedrichs des Großen, stark betont unter dem NS-Regime, sollten nicht hervorgehoben werden. Nach der Gründung der Lehrbuchüberprüfungsstelle durch Herrn Professor Georg Eckert wurde es rasch deutlich, daß die Aufgabe, ein Lehrbuch für Geschichte zu verfassen, das keine nationalsozialistischen Tendenzen bewies, unmöglich war. Bei einem internationalen Zusammentreffen von Herausgebern, Verfassern und Lehrern, dem ich im Jahre 1948 in Braunschweig beiwohnte, konnten sich die Teilnehmer nicht einmal über die Nationalität von Kopernikus einigen: „Deutsch", sagten die Deutschen; „Polnisch", riefen die Polen. „Keines der beiden", behaupteten die Italiener, „seine geistige Heimat war Italien". Und das alles unter Menschen besten Willens!

Der uns vorgelegte Lehrplan für Leibeserziehung und Sport wurde ebenfalls korrigiert. Was den Sport betraf, so machten uns hauptsächlich die Sportvereine Sorgen, denn sie hatten zum großen Teil der direkten Aufsicht der Partei unterstanden. Baldur von Schirach hatte diese Einrichtungen sehr geschickt für die Verbreitung der nationalsozialistischen Lehre benutzt. Wir schlugen vor, daß die Fächer Leibeserziehung und Sport beide unter direkter Aufsicht der Schule stehen sollten.

Der Lehrplan für Erdkunde erhielt unseres Erachtens eine zu starke Betonung des Themas „Auslandsdeutsche". Unserer Erfahrung nach hatte diese Bewegung bei der Verbreitung der Philosophien aller Welt eine wichtige Rolle gespielt, besonders auf dem lateinamerikanischen Kontinent, wo es die meisten auslandsdeutschen Schulen gab. Es wundert mich nicht, daß so viele Mitläufer und führende Persönlichkeiten des Hitlerregimes seit Kriegsende in Südamerika Asyl gefunden haben.

Wenn wir diese Einwände nun fünfunddreißig Jahre später unter die Lupe nehmen, erscheinen sie unbedeutend, zum Teil vielleicht direkt lächerlich. Nahmen sie überhaupt das Kernproblem in Angriff? Unsere damalige Politik sah so aus: Bestand irgendein Zweifel hinsichtlich der Materie, die der jungen Generation übermittelt werden sollte, mußten wir restlos und rücksichtslos alles untersuchen und – wo wir es für nötig hielten – streichen. Wir wußten, daß alle Aspekte des Lehrplans in den vorhergehenden zwölf Jahren von der NS-Doktrin stark geprägt worden waren. Ich kann mich noch an das erschütternde Beispiel einer Fibel für das erste Schuljahr erinnern, in dem eine jüdische Familie Thema des ganzen Werkes war. Das Buch bestand zum Hauptteil aus Zeichnungen, die diese jüdische Familie in abscheulichster Weise darstellten. Der Begleittext war darauf ausgerichtet, die sechsjährigen Kinder schon mit Verachtung und Haß gegen die Juden zu erfüllen.

Wie nun positiv ans Werk gehen? Zu Anfang mußten wir manches streichen – Lehrkräfte kaltstellen, Lehrbücher mit Beschlag belegen, Lehrpläne bereinigen. Schließlich konnten wir britischen Referenten unsere Aufgabe in Deutschland nur mit dem Rüstzeug unserer Erfahrungen wahrnehmen. Wir wußten, daß wir nicht einfach ein Schulsystem auf ein anderes propfen konnten, und das war auch nie unsere Absicht. Fest überzeugt waren wir aber davon, daß manche Aspekte unseres Schulwesens auch in die deutschen Schulen übernommen werden konnten. Darum haben wir von Anfang an mit deutschen Erziehern zusammengearbeitet, ihnen unsere Absichten vorgetragen und mit ihnen durchgesprochen. Wir haben Kurse für Lehrer eingeführt, die Gelegenheit gaben, deutsche und englische Lehrer zusammenzubringen, um sich kennenzulernen, voneinander zu lernen und ihre gemeinsamen Probleme zu besprechen. Wir haben führende Persönlichkeiten auf dem Gebiet der Erziehung nach England eingeladen, damit sie mit eigenen Augen sahen, was wir in Deutschland nur beschreiben konnten. Es kamen auch einzelne britische Erzieher nach Deutschland, um Vorträge zu halten, Kontakte mit deutschen Kollegen aufzunehmen und uns hinsichtlich der weiteren Entwicklungsmöglichkeiten in unserer Arbeit zu beraten.

6 Lehrerkurse

Mit diesen Kursen fingen wir bereits im Jahre 1947 an. Im Spätherbst dieses Jahres hatten wir drei britische Lehrer eingeladen, nach Deutschland zu kommen, um in Barsbüttel, einer Stadt im Süden von Schleswig-Holstein, einen Kurs in Geschichte zu leiten. Wir hatten keine Ahnung, wie viele deutsche Lehrkräfte sich melden würden. Wir hatten höchstens mit 30 gerechnet; es meldeten sich aber 50, obgleich sie zum Teil auf ihre Ferien verzichten mußten. Der Kurs dauerte fünf Tage.

Die Lebensmittel waren knapp, und die Unterkunft war spartanisch, aber niemand schien auf diese Mängel zu achten. Die deutschen Teilnehmer freuten sich, nach den Jahren der geistigen Isolierung wieder Kontakt mit Kollegen aus dem Ausland aufnehmen zu können, auch miteinander zu diskutieren, ohne erst über die Schulter schauen zu müssen.

Die Ära Napoleon Buonapartes war Thema dieses ersten Kurses. Wir hielten es für sicher; schließlich waren unsere beiden Nationen ja damals Verbündete. Das Experiment hatte Erfolg, und wir entschlossen uns, auf diese Weise fortzufahren. Im folgenden Jahr fand ein Kurs in jedem Land der Britischen Zone und im Britischen Sektor von Berlin statt. Im Jahr 1949 kamen 52 britische Lehrer während ihrer Ferien nach Deutschland und leiteten 14 Kurse. 420 deutsche Lehrkräfte nahmen teil, diesmal aber nicht während ihrer Ferien. Sie bekamen dienstfrei, was als Bestätigung dafür anzusehen ist, daß die deutschen Schulbehörden, ohne deren Unterstützung das ganze Projekt ins Wasser gefallen wäre, die Kurse für wertvoll hielten. Die britische Seite bezahlte die Reisekosten der britischen Teilnehmer, die die Kurse selbstverständlich ohne Bezahlung leiteten; die Freude an den Kursen war Entgelt genug. Wir unterrichteten in fast allen Fächern des Lehrplans. Die Arbeit wurde inzwischen fortgesetzt: Im Jahr 1957 fanden 30 Kurse statt – jetzt in ganz Westdeutschland, denn die Zonengrenzen sind dort verschwunden. Die Länder-Kultusministerien arbeiten jetzt mit dem Britischen Rat zusammen, der Organisation, die seit 1959 für kulturelle Kontakte zwischen Großbritannien und anderen Ländern zuständig ist. Das Thema der Kurse ist jetzt „Englische Sprache, Literatur und Institutionen".

7 Die Teilnehmer der Lehrerkurse – eine Analyse

Die Kurse waren ein wertvoller Wegweiser für neue Projekte auf dem Gebiet des Wiederaufbaus des deutschen Schulwesens. Es wurde uns die Gelegenheit geboten, deutsche Lehrkräfte kennenzulernen, die unseres Erachtens von einem Besuch nach England profitieren würden.

Es war mir aufgefallen, daß viele Mädchenschulen und fast alle koedukativen Schulen von Männern geleitet wurden. Ich halte es in einer Demokratie für wichtig, daß auch weibliche Lehrkräfte die Gelegenheit zur Leitung insbesondere von Mädchenschulen erhalten. Wie ich allerdings bemerkte, meldeten sich die Frauen nicht für führende Stellungen. Einige sagten, sie scheuten sich vor der Verantwortung eines leitenden Amtes. Diese Einstellung war auch ein Erbstück der NS-Ära, die den Frauen eine untergeordnete Rolle im öffentlichen Leben zuschrieb. Wir luden also im Rahmen des Besucherprogramms auch deutsche Lehrerinnen nach England ein. Sie erhielten dabei die Gelegenheit, Schulen zu besuchen und zu sehen, daß Frauen die Leitung von Mädchenschulen fast ausschließlich und häufiger sogar die von gemischten Schulen innehatten. Zum Glück hatten wir ja auch gerade zu der Zeit einen weiblichen Kultusminister, der für Großbritannien zuständig war.

Nicht nur Lehrkräfte und Vertreter der deutschen Kultusministerien luden wir zu diesem Besucherprogramm ein – auch Primaner und Primanerinnen bekamen die Gelegenheit, ein Trimester an einem britischen Gymnasium zu verbringen und dabei in britischen Familien zu wohnen. Die jungen Leute aus Deutschland machten einen sehr guten Eindruck in England und waren die besten Botschafter für ihr Land in einer Zeit, in der das dringend nötig war. Man kann wohl sagen, daß diese erste Schuljugendaktion im Jahre 1948 einen Beitrag für die Grundlage der späteren Austauschbesuche zwischen Deutschland und England leistete, die heute stattfinden. Die Primaner aus Deutschland konnten selbst sehen, wie ältere Schüler in England schon eine gewisse Verantwortung für ihre jüngeren Mitschüler übernahmen. Die englischen Primaner dagegen hatten häufig Gelegenheit, die intellektuelle Strebsamkeit der jungen Deutschen zu bewundern.

8 Der Schulfunk

Schon im November 1945 wurde ein Schulfunk-Programm unter britischer Leitung vom Nordwestdeutschen Rundfunk in Hamburg ausgestrahlt. Im Dritten Reich gab es, soweit ich informiert bin, keinen Schulfunk. Die deutschen Behörden begrüßten die Einrichtung nicht zuletzt deshalb, weil sie zum Teil den Mangel an Lehrbüchern ersetzte. Ein Vertreter der BBC leitete diese Abteilung unserer Arbeit in Deutschland. Uns in der Kontrollkommission galt der Schulfunk als wertvolle Gelegenheit, einen Gedankenaustausch mit deutschen Kollegen in der Öffentlichkeit zu führen.

9 Assistentenaustausch

Der Austausch junger deutscher Anglisten und junger britischer Germanisten war durch den Zweiten Weltkrieg unterbrochen worden. Im Jahre 1948 ist es uns gelungen, in Zusammenarbeit mit dem britischen Kultusministerium dieses sinnvolle Unternehmen wieder ins Leben zu rufen. Die jungen Engländer hatten nur ein Jahr Universitätsstudium hinter sich, die jungen Deutschen dagegen waren schon Referendare und hatten also bedeutend länger studiert. Ich habe leider vergeblich versucht, das britische Kultusministerium dazu zu bewegen, Studenten nach längerer Studienzeit nach Deutschland zu entsenden. Deutschland ist in diesem Fall bestimmt benachteiligt worden, denn nicht nur sind die Assistenten, die Englischunterricht erteilen, pädagogisch unerfahrener als ihre deutschen Austauschpartner, sie stammen auch aus den verschiedensten Ländern, in denen Englisch Muttersprache ist – USA, Kanada, Australien, Neuseeland, Südafrika –, so daß von einer normierten Aussprache kaum die Rede sein kann.

Trotz dieser Hindernisse ist das Assistentenaustauschprogramm jedoch zur gegenseitigen Verständigung im wahrsten Sinne des Wortes wertvoll.

10 Musikunterricht in der deutschen Schule

Mir war aufgefallen, daß die Lehrpläne für Musik während der NS-Periode fast exklusiv auf die Unterrichtung der deutschen Musik ausgerichtet waren: Von der Musik anderer Länder war kaum die Rede. Es war keineswegs unsere Absicht, die führende Rolle Deutschlands auf dem Gebiet der Musik in aller Welt geringzuschätzen. Trotzdem wollten wir die deutsche Jugend mit den Leistungen anderer Länder auf diesem Gebiet bekanntmachen. Im Jahre 1948 veranstalteten wir also eine Reihe von Konzerten für Schulkinder in Kiel, Hamburg, Hannover, Braunschweig, Recklinghausen, Gelsenkirchen und im britischen Sektor von Berlin. Ein bekannter englischer Dirigent hatte die musikalische Leitung und gab zu jedem Werk eine kurze, erklärende Einführung in deutscher Sprache. Die Mitglieder der städtischen Orchester spielten ohne Entgelt – eine sehr großzügige Geste. Die Komponisten, deren Werke gespielt wurden, waren Weber, Elgar, Britten, Ravel und Borodin.

Das Konzert in Hamburg wurde vom NWDR aufgenommen und sogar im Fernsehen ausgestrahlt. Die beiden Werke von Elgar und Britten wurden von den Orchestern zum erstenmal gespielt, obgleich sie schon zum Repertoire der führenden Orchester der Welt gehörten.

Die Konzerte waren erfolgreich, nicht zuletzt, weil die Kinder so kurz nach Kriegsende wenig Gelegenheit hatten, überhaupt Musik zu hören, denn die Konzertsäle waren zum großen Teil zerstört.

Von Dezember 1946 bis Mai 1948 befand sich die Hauptdienststelle der Erziehungsabteilung im britischen Sektor von Berlin, und wir hatten mit unseren Alliierten engeren Kontakt. Ich habe im Jahr 1947 versucht, ein Weihnachtskonzert zu veranstalten. Deutsche, amerikanische, französische und russische Kinder haben tüchtig an ihren Beiträgen geprobt. Die Russen waren besonders eifrig bei der Sache. Sie sorgten für die Räumlichkeiten im Admiralitätspalast im russischen Sektor der Stadt. Auch hatten sie den bekannten Kreuzchor aus Dresden unter der Leitung von Professor Mauersberger eingeladen. Alles bis vier Tage vor der Veranstaltung verlief reibungslos. Da entstand plötzlich ein lächerliches Mißverständnis zwischen den Amerikanern und den Russen, und das ganze Konzert wurde abgeblasen. Ich fand mich in einem Scherbenhaufen wieder und mußte dafür sorgen, daß das Geld für ungefähr eintausend Eintrittskarten zurückbezahlt wurde. Das war für Hunderte von Kindern aus vielen Nationen eine schwere Enttäuschung, denn viele Länder waren schon damals durch ihre Legationen in Berlin vertreten. Eine schöne Gelegenheit für internationale Zusammenarbeit auf dem Gebiet der Musik war verpaßt.

11 Erfahrungen in Berlin mit Schülern der Adolf-Hitler-Schule

Ein Professor an der Technischen Hochschule in Berlin machte mich mit einer Gruppe von jungen Männern bekannt, die die vorhergehenden fünf Jahre auf den Adolf-Hitler-Schulen Sonthofen und Vogelsang verbracht hatten. Diese jungen Männer waren nun neunzehn Jahre alt und fanden keine Arbeit, die ihren Fähigkeiten entsprach, eben weil sie Schüler dieser NS-Elite-Schulen gewesen waren. Es blieb ihnen nichts anderes übrig, als ihren Lebensunterhalt als Zeitungsjungen oder Barhelfer zu verdienen. Ich lud die jungen Leute in meine Wohnung ein. Sie kamen einmal in der Woche, und ich brachte sie mit interessanten Persönlichkeiten der Kontrollkommission zusammen, zum Beispiel mit unserem damaligen Chef Robert Birley, dem späteren Leiter der weltberühmten Schule „Eton College". Bei diesen Treffen wurden Probleme des Alltags diskutiert, und meine Kollegen waren wie ich der Meinung, daß diese jungen Männer einen wesentlichen Beitrag zum Wiederaufbau ihres Landes zu leisten hatten. Es wurde dafür gesorgt, daß sie Gelegenheit bekamen, eine Universität zu besuchen. Sie sind heute Ärzte, Lehrer, Rechtsanwälte. Einer ist Zeitungsredakteur in den Vereinigten Staaten. Diese jungen Männer besaßen genügend Begabung und Intelligenz, um irgendwie von selbst auf die Beine zu kommen. Es hätte aber sicher länger gedauert. Vielleicht denken sie auch heute noch manchmal an die erste Hilfe zurück, die sie von englischer Seite erhalten haben, und spüren das geistige Bündnis zwischen Deutschland und England, das ich zu Anfang dieser Ausführungen beschrieben habe.

12 Zusammenfassung

Ich habe versucht, zu schildern, was in den Jahren 1945 bis 1950 von britischer Seite auf dem Gebiet des Schulwesens unternommen wurde. Im Rückblick hätten wir vielleicht in manchen Fällen anders gehandelt. Wir standen aber damals tatsächlich vor dem Nichts und mußten unseren Weg durch die Trümmer einer hochentwickelten Zivilisation suchen. Der Vorsatz, den wir uns immer vor Augen hielten, war, so eng wie möglich in den gegebenen Umständen mit den deutschen Erziehungsbeauftragten zusammenzuarbeiten, denn nur dann erhielt das ganze Unternehmen bleibenden Wert. Aus dieser Haltung entwickelte sich gegenseitige Achtung und die Bereitwilligkeit, voneinander zu lernen.

Unsere Nationen sind in diesen frühen Tagen der Nachkriegszeit immer näher aneinandergerückt, und dazu haben Initiativen wie Lehrerkurse, gegenseitige Besuche von führenden Persönlichkeiten auf dem Gebiet der Erziehung, der Assistentenaustausch, die Schulpartnerschaften einen wesentlichen Beitrag geleistet.

Kathleen Southwell Davis

Das Schulbuchwesen als Spiegel der Bildungspolitik von 1945 bis 1950

1 Das Problem

Die Aufsicht über Lehrbücher und andere Lernmittel wurde 1945–1950 von der Textbook Section der Education Branch der Britischen Kontrollkommission geführt. Ich war selbst drei Jahre lang darin tätig.

Die Politik der Texbook Section mußte sich selbstverständlich der Politik der Militärregierung anpassen. Zuerst mußten wir die Bestimmungen des Potsdamer Abkommens zur Entnazifizierung ausführen. Die Klauseln, denen unsere Arbeit unterworfen war, könnten als „negativ" bezeichnet werden, da sie alle sieben mit dem Passus eingeleitet wurden: „Kein Buch soll genehmigt werden, das..." Die Verherrlichung des Nationalsozialismus und seiner Idee, die Feindseligkeit gegen die Vereinten Nationen, der Militarismus, die Aufhetzung zur Grausamkeit und zum Sadismus – das alles mußte ausgerottet werden.

Da die nationalsozialistische Bildungspolitik einer politischen Diktatur entsprach, hatte sich in den zwölf Jahren ihrer Dauer ein vollkommen einheitliches, staatlich-politisch bestimmtes Lehrbuchwesen für ganz Deutschland entwickeln können. Infolgedessen gab es am Kriegsende kaum ein einziges Buch, das von uns genehmigt werden konnte.

Folgende zwei Zitate werden das Problem beleuchten. Das erste stammt aus einem Handbuch mit dem Titel „Die Schülerbücherei", das von der Reichswaltung des Nationalsozialistischen Lehrerbundes (bei der Dürr'schen Buchhandlung) herausgegeben war. Das Titelbild zeigt Hitler zusammen mit Goebbels und dem Gauleiter und Reichswalter Wächtler auf Besuch im Haus der Deutschen Erziehung in Bayreuth. Der hier angeführte gekürzte Auszug zitiert die „Grundsätze zur völligen Reform des Deutschen Volksbüchereiwesens", die den neuordnenden Erlassen über die Staatliche Volksbüchereistellen (Min.Erl. vom 28. 12. 1935) und den Reichsrichtlinien für den Aufbau des Volksbüchereiwesens (Min.Erl. vom 26. 10. 1937) unterliegen.

„1. Die nationalsozialistische Kulturarbeit erfordert einen völligen Wandel in der Zielsetzung der Büchereiarbeit überhaupt...

2. Der Weg führt hinweg ... von der uneinheitlichen, ungleichmäßig durchgebildeten Struktur ... hin zu einem Büchereiorganismus als einer politischen Einrichtung.
3. An die Stelle der Wahllosigkeit tritt die Auswahl des Volksgemäßen mit der Richtung auf den Staat. Die Volksbücherei hütet das überkommene Erbe der deutschen Vergangenheit, ... darüber hinaus aber pflegt sie vor allem auch Volkstum in seiner politisch aktiven Form.
4. Mit diesen Zielsetzungen wird die neue Volksbücherei bei planmäßigem Einsatz zu einer bedeutsamen Einrichtung des Staates."

Die Bibliothekare waren schon gewarnt worden: „Sie haben in ihrem Gebiet dafür zu sorgen, daß alle Büchereien im Geiste des nationalsozialistischen Staates arbeiten." Wenn von der Schülerbücherei die Rede ist, wird weiter behauptet: „Die herausgestellten vier Grundsätze gelten hier wie dort."

Soviel über Bücher! Das zweite Zitat betrifft die Lehrpläne. Es stammt aus einem nationalsozialistischen „Handbuch für Lehrer".

„Not tut die Formung des politischen deutschen Menschen. Ihr dient alles, was neu in das Gebiet der Schule eingetreten ist: der nationalpolitische Unterricht, die Neuorientierung von Vorgeschichte und Geschichte, die Erbbiologie und Rassenkunde, die nationale Lebensraumkunde, Geopolitik und Wehrgeographie, Neubau des völkischen Rechnens, des Unterrichts der Kunst auf volkskundlicher Grundlage, wehrgeistige Erziehung, Volksdeutsches Denken, die Nationalpolitische Filmlehrstunde."

Durch diese beiden Formulierungen, die sich im Rahmen eines totalitären Staatssystems unter dem doppelten Zwang der Zensur und der festgelegten Richtlinien entwickelt hatten, kann man die Lage realistisch abschätzen, in der sich die Textbook Section von Anfang an befand.

Man kann sich heute fragen, warum wir also alle Bücher aus der Zeit vor dem Dritten Reich, die noch vorhanden waren, nicht sofort genehmigt und in neuen Auflagen unter den Schulen verteilt haben. War es auch richtig, daß unter 280 Büchern, die vor Juli 1945 geprüft wurden, nur 8 Bücher für Grundschulen zum Neudruck genehmigt wurden? Wir jedenfalls hielten es für richtig! Nur so schien uns der erste Schritt zu einem völlig neuorientierten Schulbuchwesen möglich. Die darauf folgenden systematischen Forschungen, die die historischen, politischen und pädagogischen Entwicklungen berücksichtigten, brachten immer wieder traditionelle Tendenzen zum Vorschein. Diese Fäden wurden auch in das nationalsozialistischen Schulbuchwesen aufgenommen, dort weiterentwickelt und verstärkt. Es war so gut wie hoffnungslos zu erwarten, daß diese traditionellen Tendenzen, wenn sie nach wie vor aufgetischt würden, neu interpretiert werden könnten, vor allem von den ganz jungen

Lehrern oder von den älteren, die auf die „goldene Zeit" des Weimarer Regimes zurückblickten.

Wir mußten zuerst die Möglichkeiten zur Neuorientierung schaffen. Dazu kam noch der Vorwurf, wir hätten vom Ausland angebotene Bücher abgewiesen. Das war nicht in allen Fällen so. Im allgemeinen aber hätte uns die Flut verschiedenartiger und unzweckmäßiger Bücher – auch wenn sie mit dem besten Willen geschenkt worden waren – daran gehindert, unsere Kontrollpolitik folgerichtig durchzuführen.

Der Mangel an Materialien zur Buchherstellung war schrecklich. Er hat sich aber insofern als vorteilhaft erwiesen, als er uns und unsere deutschen Kollegen gezwungen hat, strenge Prioritäten festzulegen und neue Bücher bzw. Manuskripte zielbewußt und mit der größten Vorsicht auszuwählen[1].

Als ich im Oktober 1946 nach Bünde kam, waren die Vorbereitungen für die Organisation der Arbeit der Textbook Section fast beendet. Der erste Leiter, Orrell Strafford, war schon nach England zurückgekehrt. Sein Nachfolger, Ian Carlisle, war immer noch mit rein praktischen Problemen belastet. Am Tage meiner Ankunft suchte er z. B. stundenlang nach Fischleim für die Buchbinderei. Viel zu viele Manuskripte bzw. Bücher wurden bei der Textbook Section noch direkt eingereicht. Um mich realistisch einzuweihen, legte man mir als ersten Auftrag die „Lehrkunde für Schornsteinfeger" in zwei großen Bänden zur sorgfältigen Prüfung vor. Die Erfahrung war lehrreich!

Sechs Monate später übernahm Hedley Davis die Leitung der Section, die er bis September 1949 weiterführte. Ian Carlisle hatte vor seiner Rückkehr nach England – er war von Beruf Verleger – die Anstellung von Herrn Gerd Elvers, dem früheren Direktor einer Papiermühle, als Leiter einer Wirtschaftsstelle für Papier in Bünde bestätigt, die dann im Auftrag der Arbeitsgemeinschaft der Schulbuchverleger für die Bereitstellung aller Materialien zur Herstellung von Schulbüchern verantwortlich war.

Andererseits wurde die Prüfung aller für neue Auflagen vorgeschlagenen Bücher und neuer Manuskripte von den deutschen Landschulbuchausschüssen übernommen. Uns wurden dann die Listen der ausgewählten Werke vorgelegt, sie wurden auf den Sitzungen des Zentralausschusses (Central Textbook Committee) mit den Verlegern erörtert. Diese zonalen Ausschüsse ernannten ihren eigenen Vorsitzenden, und der

---

[1] Das komplizierte Verfahren wird in Kap. 5, The British in Germany: „Educational Reconstruction after 1945", beschrieben.

Leiter der Textbook Section spielte als „convener" und Vertreter der Education Branch eine ausgleichende Rolle.

Für uns war das eine große Erleichterung. Uns wurden nämlich jetzt nur noch die Zweifelsfälle zur weiteren Prüfung eingereicht, denn es hatten sich zwischen uns und den deutschen Vertretern freundschaftliche Beziehungen und ein Klima des Vertrauens entwickelt. In den ersten Monaten der Arbeit des Zentralausschusses war gar nicht alles so glatt gegangen. Dr. Schauer, der von Dr. Adolf Grimme als erster Vorsitzender nominiert worden war, hatte sich als reaktionär erwiesen. Schon im Frühjahr 1946 hatte die Textbook Section seine Entlassung betrieben. In allen Neuveröffentlichungen mußte die amtliche Genehmigung der Britischen Militärregierung gedruckt werden, und ohne diese guten Beziehungen hätte dieses Verfahren ständig Schwierigkeiten bereitet. So aber wurden wir von unseren deutschen Kollegen unterstützt, was ein bedeutsamer Faktor der Schulbuchreform war. Später, als die Verantwortung amtlich wieder völlig in deutschen Händen lag, was bei uns in der Textbook Section erst in der Abschiedsrede von Hedley Davis im August 1949 formell bestätigt wurde, baten sie uns sogar, die britische Genehmigungsformel weiterhin gebrauchen zu dürfen, bevor ihre Ungültigkeit überall bekannt wurde. So wäre es möglich, sagten sie, neue Bücher, die noch immer nicht so leicht einzuführen wären, zu verbreiten und in den Schulen Vertrauen zu gewinnen. Unsere Kritiker könnten das als Kollusion bezeichnen und als eine Bestätigung ihrer Ansicht, wir hätten unsere Verantwortung zu früh aufgegeben und unsere Arbeit sei vom Frühjahr 1947 an (dem Augenblick, den ich hier als *positiven* Wendepunkt bezeichnet habe) immer unwirksamer geworden und endlich gescheitert. Später mehr zu den Referatshintergründen dieses Widerspruchs.

2 Erweiterte Kontakte

Der britischen Bildungspolitik gemäß mußte die Umerziehung, die „reeducation", schließlich von den Deutschen selbst verwirklicht werden. Das mußten sie ohne von der fremden Besatzungsmacht aufgezwungene Direktiven, also ohne Diktat, leisten. Das hieß aber nicht, daß wir im kritischen Bereich des Lehrbuchwesens und der Lehrmittel überhaupt keine positive Politik betrieben – im Gegenteil.

Wir benötigten aber weitere Kontakte. Unser Zentralausschuß bestand aus Regierungsräten, Schulräten, Oberstudienräten, Lehrern, Spezialisten für Lehrerbildung und Technik aus der Britischen Zone und Berlin (britischer Sektor). Für uns stellten sie die wichtigsten Kontakte dar. Wir suchten vor allem deutsche Lehrer und Schriftsteller, um ein neues Schulbuchwesen aufzubauen. Unsere Kollegen im Zentralausschuß hielten uns auf dem laufenden über ihr Wirkungsgebiet, halfen uns, Kontakte mit potentiellen oder gegenwärtigen Autoren zu bekommen und förderten unsere Besuche bei Schulen, Lehrerbildungsanstalten usw. Einige von ihnen haben Tagungen und Seminare organisiert und neue Experimente in der Umorientierung der Lehrpläne und Schulbücher gefördert.

Aus unseren Besprechungen in Bünde sind mehrere Tagungen hervorgegangen, die viel dazu beitrugen, neue Aussichten und Zielsetzungen in den höchst wichtigen Bereichen Heimatkunde, Weltkunde, Geschichte, Geographie, Gesellschaftslehre und des „Deutschen Lesebuchs" einzuführen. Sie haben uns auch dabei geholfen, unsere zwei umfangreichsten Beiträge zur Veröffentlichung und Verbreitung unserer Ideen, die „Britischen Quellenbüchereien" und die Wanderausstellung „Das Schulbuch in Großbritannien und Amerika" auszunützen, sowohl, um Lehrerbesuche und Diskussionen zu veranstalten, als auch, um das Schreiben neuer Lehrbücher anzuregen.

Wir möchten diesen früheren Kollegen unsere Anerkennung ausdrükken. Besonders unter anderen aber Herrn Schulrat Werdier aus Hamburg, der längere Zeit Vorsitzender war, Herrn Regierungsdirektor Müller aus Arnsberg, der neue Richtungen im Volksschulwesen förderte, Herrn Schulrat Turn aus Braunschweig, dessen praktische Zusammenarbeit mit Herrn Professor Eckert die Herstellung der neuen Serie für die Hand des Lehrers „Beiträge zum Geschichtsunterricht" erleichterte, Frau Dr. Beermann aus Köln, der Direktorin eines katholischen Mädchengymnasiums und Herrn Professor Werneke von der Pädagogischen Hochschule in Göttingen, einem liberalen Denker.

Unsere Anerkennung gilt auch Herrn Werner Rusack, damals Direktor der Hahn'schen Buchhandlung in Hannover, der als Vorsitzender der Arbeitsgemeinschaft der Schulbuchverleger das Gleichgewicht zwischen Geschäftsinteressen und Erziehungsbedürfnissen hielt. Die positive Rolle der Verleger darf nicht unterschätzt werden. Unter ihnen gab es vornehme und gebildete Menschen, die unsere Ideen befürworteten. Im Laufe der Jahre haben sie und Hedley Davis sich in zahlreichen Besprechungen unter vier Augen gegenseitig kennengelernt und verständigt. Als unter den neuen Jugendbüchern eine Art Schundliteratur zu gedeihen begann, waren es einige unserer Verleger, die uns vorschlugen, dasselbe System wie bei den Schulbüchern einführen zu lassen.

Die Tätigkeiten der Textbook Section müssen selbstverständlich im Rahmen der Education Branch betrachtet werden. Als Abteilung des Hauptquartiers arbeiteten wir in ständigem Kontakt mit unseren Kollegen, dem Direktor und dem Berater für Erziehungsfragen beim Militärgouverneur. Obgleich wir die ganze Zeit von Bünde aus arbeiteten, da uns dort eine wachsende Anzahl von Büchern und Archiven festhielt, nahm der Leiter der Sektion an den regelmäßigen Tagungen unseres Hauptquartiers in Bünde, dann in Berlin, danach in Bad Rothenfelde teil. Die britischen Kontrolloffiziere in den verschiedenen Kreisen, Bezirken und Ländern organisierten ihrerseits Schulbesuche für uns, stellten sich uns als Gastgeber und Berater zur Verfügung, machten uns mit Lehrern und anderen Persönlichkeiten bekannt und übermittelten uns Vorschläge und Kritik, die wir erwiderten. Sie haben uns bei der Einrichtung der regionalen Quellenbüchereien Beistand geleistet. Diese wurden (unserer Politik gemäß) in deutschen Gebäuden unter deutscher Aufsicht untergebracht; aber die dortigen Erziehungsoffiziere mußten von den Vorgängen unterrichtet werden und die Benutzung der Büchereien fördern. Sie waren auch für die praktischen Vorbereitungen zur Schulbuchausstellung in ihrem Gebiet verantwortlich.

Interalliierte Kontakte über Schulbuchprobleme wurden schon früh geknüpft, als Orell Strafford zusammen mit einem Kollegen eine Informationsreise in die Amerikanische Zone unternahm. 1948 besuchten Hedley Davis und ich wieder unsere amerikanischen Kollegen und entdeckten in vieler Hinsicht gleiche Interessen, besonders bei ihren Curriculum Centers. Wir hatten inzwischen einen interalliierten Bücheraustausch in Gang gesetzt, den die Amerikaner großzügig unterstützten und in den auch unsere französischen und russischen Kollegen mit einbezogen waren.

Die französische Praxis stimmte mit der unsrigen kaum überein. Wir empfanden eine starke Abneigung gegen amtliche Richtlinien für Lehrpläne an allen Schulen. Die Franzosen hingegen waren ein solches System gewöhnt. Sie wollten nicht nur ihre eigenen Bücher übersetzen und einführen, sondern ließen auch ein Geschichtsbuch für deutsche Schulen von französischen Historikern schreiben. Inhalt und Darstellung in den Büchern, die wir im Austausch erhielten, kamen uns altmodisch vor, weil der historisch-militaristische Aspekt zu stark betont wurde. Trotzdem konnten wir uns gut verständigen. Ich reiste schon 1947 ins Saarland (Französische Zone), wo ich mit den betreffenden französischen Kollegen in Saarbrücken gemeinsame Probleme besprach. Auch ein anderer Aspekt unserer Arbeit wurde bei diesem Besuch beleuchtet, da gerade damals die kritischen Sitzungen der Saarkommission in Gang waren, die zur Reintegration des Saarlandes in Deutschland führten. Die propagandistische Behandlung der Themen „Rhein", „Ruhr", „Saar" hatte uns im Bereich der Geschichte, Heimatkunde, Geographie u. a. große Schwierigkeiten bereitet. Als Gast bei Frau Braun, der Witwe von Max Braun, konnte ich mich mit ihr und einigen ihrer Kollegen von der Kommission unterhalten. Das Ergebnis stand in starkem Widerspruch zu der früheren Polemik; sogar die Möglichkeiten einer intereuropäischen Zusammenarbeit deuteten sich an.

T. J. Leonhard hatte 1944–1945 die Vorarbeit über Schulbücher geleistet und wurde dann bei der Textbook Section als Spezialist für dieses Gebiet angestellt. Er widmete sich fast ausschließlich der Geschichte, einem Kernproblem, das sehr hohe Anforderungen stellte. (Frau Dr. Elisabeth Lacroix hat als seine persönliche Assistentin viel geleistet.) Er wohnte in Paris und ergriff jede Gelegenheit, die dortige Zentrale der UNESCO zu besuchen, um mit den betreffenden Spezialisten die internationale Schulbuchreform, besonders der Geschichte, zu besprechen. Ich habe auch die UNESCO und das Centre Pédagogique besucht.

Auch wir hatten in Bünde ziemlich viel Besuch aus dem Ausland, vor allem von Lehrern und Akademikern, die schöpferische Kontakte mit den Deutschen erneuern wollten, z. B. Mr. B. Dance von der „Historical Association" und Miss Coverlid, einer Germanistin der Universität Melbourne, oder anderen Kollegen mit ähnlichen Forschungsgebieten wie wir, z. B. Professor Quillan von der Universität in California, der mit einer Gruppe von Historikern aus den USA und Kanada Streitpunkte ihrer gemeinsamen Geschichte studierte und neue Lösungen suchte.

Unsere Erfahrungen mit den Russen waren ganz anderer Art. Es ist uns nie gelungen, mit unseren russischen Kollegen in Kontakt zu kommen; wir haben uns aber des Lehrbuchaustausches wegen schriftlich mit ihnen in Verbindung gesetzt. Der Austausch dauerte leider nicht lange, da fast alle Bücher aus Ostdeutschland gegen unsere „sieben Klauseln" verstießen. Die schon erhaltenen Bücher und Hefte stellten aber wertvolles Material zum Vergleich und zur Neubewertung dar.

Die Russen hatten Bücher von uns bekommen, darunter zwei Neuerscheinungen für Geschichte, mit der Bitte, ihre Meinung darüber zu äußern. Die erste war „Geschichte unserer Welt" (Verlag Suhrkamp, i. V. Bermann-Fischer), die von einer Gruppe deutscher Geschichtsprofessoren in Amerika unter der Leitung von Professor Fritz Karsen geschrieben worden war. Die zweite bestand aus einigen Heften der schon erwähnten Braunschweiger „Beiträge zum Geschichtsunterricht". Sie wurden russischerseits von Professor Mitropolsky geprüft. Die „Braunschweiger Hefte" bewilligte er, was ein Überblick über die Titel zum

Teil erklärt: „Der Bauernkrieg", „Die Revolution von 1848/49", „Arbeiterleben in der Frühzeit des Industriekapitalismus". Die „Geschichte unserer Welt" wurde aber rundweg abgelehnt.

Karsens Buch sei „eine konzentrierte Zusammenfassung der konservativen bürgerlichen Geschichtswissenschaft in Deutschland", die auf „unverkennbar subjektiven Grundlagen" beruhe. Industrielle und wirtschaftliche Wirkungen seien nicht berücksichtigt worden, auch nicht die deutsche Politik des „Drangs nach Osten". Die Grundlinien des deutschen Isolationismus von Rußland seien weitergetrieben usw. Außerdem sei sie „wahrscheinlich (nur) eine Abschrift oder Wiedergabe des Schulgeschichtsbuchs von Pinnow und Schnabel aus der Weimarer Zeit".

Mit gewissen Punkten dieser Kritik hätten wir übereinstimmen können. T. J. Leonard, Professor Eckert und Kollegen, der Herausgeber und der Verleger hatten alle schon bei der Revision des ursprünglichen Textes zusammen gearbeitet, um das Endprodukt mit den einführenden „Grundsätzen des Herausgebers für ein deutsches Geschichtsbuch" in Einklang zu bringen. Die wichtigste Kritik Professor Mitropolsky's für uns aber war: Das Buch „machte keine politische Auswertung der historischen Tatsachen und Begebenheiten"... und „eine solche Objektivität" sei „sowohl aus erzieherischen als auch aus politischen Gründen ausgeschlossen".

3 Auf der Suche nach gemeinsamen Kriterien

Es ist klar, daß vom Standpunkt des Marxismus, des Kommunismus und der strengeren Formen des Sozialismus aus Staats- und Bildungspolitik identisch sein müssen. Die Staatspolitik muß die Bildungspolitik gestalten und kontrollieren. Dasselbe galt auch für die Nationalsozialistische Deutsche Arbeiterpartei. Es ist daher begreiflich, daß unsere Annahme der *beiden* neuen Geschichtswerke den Russen völlig unverständlich vorkommen würde. Professor Mitropolsky *verurteilte* die politische Objektivität, weil sie die Geschichte *nicht* auf dogmatisch politisch-ideologischen Grundlagen, und zwar den kommunistischen, darlegte. Dagegen wollten wir eine vergleichende Objektivität *fördern,* die die frühere dogmatische Darstellung und Interpretation der Geschichte ersetzte. Im Grunde genommen waren wir um Welten voneinander entfernt.

Ich berufe mich auf ein Zitat aus „Die Anfangsschule: ein Handbuch für Lehrer", der deutschen Ausgabe eines russischen Symposiums (Herausgeber Prof. Melnikov, Moskau 1950: Verlag Volk und Wissen, 1953):

„‚Ist doch Bildung eine Waffe', sagt Genosse Stalin, ‚deren Wirksamkeit davon abhängt, in wessen Hand sie sich befindet ... In den Händen des Sowjetstaates ist die Bildung eine Waffe des Kampfes für den Kommunismus ... Die Sowjetschule, die sich bei ihrer Arbeit von der Politik der Partei und der Regierung leiten läßt, erzieht hochgebildete, mit der Theorie des Marxismus-Leninismus ausgerüstete Erbauer des Kommunismus. Sie erzieht die Jugend im Geiste der Kommunistischen Moral, des lebendigen Sowjetpatriotismus und des sowjetischen Nationalstolzes'."

In seiner Einleitung empfiehlt Hugo Müller den deutschen Lehrern das Buch als Anregung zur Reform ihrer eigenen Unterrichtspraxis. Er betont „wie die sowjetischen Lehrer ihren Unterricht in allen Fächern gestalten, daß ihre Schüler die Überlegenheit der sozialistischen Gesellschaft über die kapitalistische erkennen. Ebenso werden auch *unsere* Lehrer..." usw. Die sowjetischen Lehrer betrachteten „die Erziehung zum Sowjetpatriotismus nicht als isolierte Aufgabe, sondern stellen jede einzelne Unterrichtsstunde, jede außerunterrichtliche und außerschulische Arbeit in ihren Dienst." Die deutschen Lehrer werden ihnen „nacheifern". Die Erziehung junger Patrioten sei „ihre wichtigste erzieherische Aufgabe".

Eine einheitliche, systematisch parteipolitische Linie zu verfolgen, war den Deutschen ganz vertraut. Die Erziehungspolitik in der Ostzone war deshalb eindeutig und konnte leichter durchgeführt werden. Marxist-kommunistische Ziele traten an die Stelle von nationalsozialistischen. Ein ungehemmter *Nationalismus* wurde durch einen selbstgerechten, auf kommunistischen Grundlagen basierenden *Patriotismus* ersetzt. Die Nationalsozialisten hatten den Haß gegen Juden und Kommunisten als Triebkraft ebenso benutzt wie gegen Großbritannien als koloniale und die USA als neo-koloniale Mächte und gegen Frankreich nicht nur wegen seiner Kolonien, sondern auch, weil sie in ihm den Erbfeind der Grenze sahen. In der Ostzone wandelten sich der Antikommunismus und Antisemitismus in Antinationalsozialismus und Antikapitalismus. Da aber Großbritannien, die USA und Frankreich zu der von den Kommunisten als kapitalistisch-imperialistisch bezeichneten Kategorie gehörten, konnten in den neuen Büchern in Ostdeutschland die vertrauten, feindseligen Linien ohne Reibungsverluste weitergeführt werden.
Ein einziges Beispiel aus vielen:

„Im *Potsdamer Abkommen* vom August 1945 legten die vier Großmächte fest, daß Deutschland einheitlich verwaltet werden sollte. Nur die Sowjetunion hat dieses Abkommen eingehalten ... Die Westmächte dagegen, hauptsächlich die USA, waren von Anfang an bestrebt, in ihrem Besatzungsgebiet Vorbereitungen für einen neuen Krieg zu treffen ... 1948 spalteten sie das von ihnen besetzte Gebiet vom übrigen Deutschland ab, um ungestört ihre Kriegsvorbereitungen betreiben zu können. Sie setzten in Westdeutschland als Regierung eine Gruppe von Kapitalisten ein, die am Kriege verdienen wollen ... In der *Deutschen Demokratischen Republik* dagegen setzen die Werktätigen mit Hilfe der Sowjetunion ihre friedliche Aufbauarbeit zielbewußt fort ... Der beste Freund und Helfer in unserem Kampf um die Einheit unseres Vaterlandes und um die Erhaltung des Friedens ist die Sowjetunion, die stärkste Friedensmacht der Welt." („Lehrbuch der Erdkunde", ein Geographiebuch für Zehnjährige, Verlag Volk und Wissen, 2. Auflage 1953)

Ein ausgezeichnetes Beispiel zum Vergleich dieser traditionellen Tendenzen mit kommunistischer Ausführung ist „School Life In England" (ed. Wirzberger, Volk und Wissen Verlag 1951) für höhere Stufen des Englischunterrichts.

Für uns waren solche Prinzipien und Methoden ganz ausgeschlossen. Trotz der historischen, geographischen und sogar kulturellen Unterschiede zwischen den betroffenen Ländern, die wir immer berücksichtigen mußten, suchten wir möglichst die gemeinsamen Kriterien, auf denen wir aufbauen konnten. Wir hatten eine große Auswahl von Schulbüchern, für alle Fächer, Bücher für die Hand des Lehrers, Beiträge zur Pädagogik, Philosophie, Geschichte usw. aus Großbritannien, also für uns auch ein Spiegelbild unseres Erziehungs- und Bildungswesens, das wir mit der deutschen Auswahl vergleichen konnten. Das galt, wenn auch etwas lückenhafter, ebenso für die USA. Dazu kamen noch Bücher aus der Schweiz, Österreich, Frankreich u. a. Durch die sieben Zweigstellen der Quellenbüchereien ließ sich ein beträchtlicher Anteil dieses vergleichenden Materials den deutschen Lehrern und Autoren zur Verfügung stellen, um ihnen bei der Entwicklung weltoffener Aspekte zu helfen.

Ich möchte die drei Stufen unserer Arbeit durch drei Werke kennzeichnen, die ich im Laufe meiner dreijährigen Tätigkeit bei der Textbook Section verfaßt habe. Die erste Stufe war „negativ" im chirurgischen Sinne des Ausschneidens von krebsartigen Elementen nach ausführlichen Untersuchungen und Proben. Auf dieser Basis schrieb ich in meinem ersten Jahr den Bericht „German Textbook Literature: an Analysis of Tendencies". Er stellte eine umfangreiche Analyse deutscher Lehrbücher angereichert durch Zitate dar und wurde unter alle Erziehungsoffiziere und Mitglieder unserer deutschen Ausschüsse verteilt. Er war Diagnose, Warnung und zugleich der hoffentlich erste Schritt zur Heilung.

Die zweite und dritte Stufe überschneiden sich in den beiden anderen Werken: in der Ausstellung „Das Schulbuch in Großbritannien und

Amerika" und dem Bericht „Home Studies – World Studies" (Heimatkunde – Weltkunde).

Die Ausstellung, am 22. Juli 1948 von Lord Lindsay zum erstenmal eröffnet, wanderte durch 16 Städte – der Berater für Erziehungsfragen, Mr. Robert Birley, eröffnete sie dreimal. Zum letzten Mal wurde sie vom 11.–22. Juli 1949 gezeigt. Ich hatte sie geplant, das Skript geschrieben und sie, wo nötig unter Beratung von Spezialisten, z. B. für Geschichte und Technik, zweimal revidiert. Die grundlegende Annahme war, daß eine repräsentative Auswahl von Lehrbüchern aus allen Fächern die sozialen Ziele und die Bildungsziele der Gesellschaft, der sie entstammen, ebenso widerspiegelt wie die Lehrpläne des Schulwesens. Auch der Vergleich von Inhalt und Methode ausgewählter Fächer bestätigt das. Wir hofften, die Deutschen würden dadurch die vorangegangenen Entwicklungen objektiver einschätzen und Anregungen zum neuen Experiment finden.

Der Bericht „Heimatkunde – Weltkunde" gab die Ergebnisse der Tagung über dieses Thema wieder, die mit dem Zentralausschuß am 9. März 1949 in Bünde stattfand. Er bestand also aus englischen und deutschen Beiträgen sowie aus einer englischen und einer amerikanischen Buchliste unter dem Titel „Guide Lists for Source Libraries on Local Studies and World Studies: Social Studies in Schools: In Search of a true Basis for educating the Child as a Member of the Human Society". Wir hielten den Bericht für sehr wichtig und wollten ihn soweit wie möglich verbreiten. Von T. J. Leonard als „monumental" bezeichnet, was sicher etwas übertrieben war, konnte er erst nach meiner Rückkehr nach England im Oktober 1949 in beiden Sprachen nachkopiert und verteilt werden.

Der Kern unserer Reform war der Begriff: „Der Mensch in seiner Umgebung und Entwicklung". Er war besonders wichtig für Heimatkunde, Geographie, Geschichte, Deutsch (vor allem im Lesebuch) und Fremdsprachen; er spielte aber auch in allen anderen Fächern eine Rolle.

Betrachten wir die Heimatkunde. Sie stellt in den ersten Jahren eine Art Gesamtheitsmethode dar. Die althergebrachte, *stark gefühlsbetonte* Methode führte das Kind von Familie und Haus durch die engere zur weiteren Heimat hinaus, zum Volk und Vaterland (zum Reich, zum Herrenvolk, zum Tausendjährigen Reich). Dieser *Methode des sich erweiternden Kreises* zogen wir die *Parallelmethode* vor, nicht nur um ihrer selbst willen, sondern auch als ein positives Gegengewicht zum Nationalsozialismus. Die Parallelmethode ging nicht von Heimatschwärmereien aus, sie stand aber keineswegs im Widerspruch zum pädagogischen Prinzip der *Kreismethode,* d. h. daß das Kind lernt, indem es vom Bekannten in seiner Umwelt zum Unbekannten vorstößt. Die Faktoren, die dem Leben aller Menschen gemeinsam sind, dienen als Grundlagen des Lernens – Familie, Essen, Behausung, Kleider, Arbeit, Spiele, Naturerscheinungen können von Anfang an die bekannte Welt des Kindes mit der Welt anderer Kinder in anderen Ländern durch Parallelen verknüpfen. Diese Linien führten dann entweder in die traditionellen Fächer oder in neue Kombinationen.

Drei deutsche Reaktionen dazu möchte ich hier aufzeichnen. Der Direktor einer Pädagogischen Hochschule war skeptisch; er schlug mit der Faust auf das amerikanische Kinderbuch „Das ist die Welt" und rief: „Das ist psychologisch unmöglich!" Ein jüngeres Mitglied seines Lehrkollegiums flüsterte mit tröstend zu: „Nehmen Sie es sich nicht zu Herzen – der Alte ist verkalkt!" Frau Dr. Ramschauer, die Pestalozzi zu ihren Vorfahren zählte und Direktorin der Pädagogischen Hochschule in Oldenburg war, diskutierte das Problem objektiv und offen. Sie interessierte sich sehr dafür und sagte, unsere Ideen kämen ihr ganz neu vor. Sie bat mich, die Wanderausstellung nach Oldenburg schicken zu lassen und mit den Studentinnen und Lehrern vorher über das Thema zu reden. Das haben wir auch getan. Ich hätte gerne Beispiele aus der Schulpraxis hier angeführt, muß aber in einem so kurzen Bericht darauf verzichten – leider, da die meisten Leser sich anscheinend fast ausschließlich für die strukturelle Schulreform interessieren und viel weniger für die konzeptionelle, innere Reform, die für uns Vorrang hatte.

4 Zusammenfassung

„Geschichte will uns möglichst viel von dem berichten, was geschehen ist, seit Menschen die Erde bevölkern ... Ein Zeugnis über geschichtliche Vorgänge gilt erst dann als brauchbar, wenn es von einem Menschen herrührt, der das von ihm beschriebene Geschehen sah oder sich wenigstens von Augenzeugen berichten ließ ...", meinten König und Witte in ihrem Buch „Deutsche Geschichte im Europäischen Zusammenhang", das in enger Zusammenarbeit mit uns in Bünde geschrieben wurde und 1948 bei Westermann erschien. Ich habe nur einen Bruchteil des Geschehenen beschreiben können. Ich war aber zugleich Augenzeuge und vor allem Mitarbeiterin. Hedley Davis, der noch längere Zeit dabei tätig war, hat mich aus seinen eigenen Erfahrungen und Erinnerungen beim Schreiben dieses Referats zusätzlich beraten. Erinnerungen können zwar täuschen, aber die Möglichkeit wird viel geringer, wenn die Tätigkeit im Erziehungswesen und die Berührung mit Deutschland nie unterbrochen wurden. Dazu kommen noch die zweidimensionalen Zeugnisse: Akten und Briefe, die wir aufbewahrt haben, und – was in unserem Bereich eigenartig ist – die Bücher selbst, teils enttäuschende, teils ermutigende Zeugnisse; sie müssen unter der Perspektive der Krisen- und Notzeit und der darauf folgenden Entwicklungsjahre angesehen werden.

Als Übergang sollte man die „Deutsche Geschichte im Europäischen Zusammenhang" von König/Witte dem nationalsozialistischen „Volkswerden der Deutschen" entgegensetzen. Die „Mitteleuropäischen Landschaften" von Schäfer/Sasela (Schöningh, 1951) sollte man mit früheren Geographiebüchern aus der Weimarer Zeit oder dem Dritten Reich, besonders über die Grenzlandfragen, vergleichen. Die „Wege in die Welt" von Hagener/Schietzel/Stückraths (Westermann, 1955) sollte man mit dem nationalsozialistischen Reichslesebuch „Hirts Deutsches Lesebuch" vergleichen. Brücken zwischen Ländern und Zonen und zwischen deutschsprechenden Ländern wurden geschlagen. Ich erwähne nur zwei kleine Beispiele. Ein Brief von Eduard Schöningh an Hedley Davis vom Oktober 1949 berichtet von einem Aufenthalt in der Schweiz, wobei er „mehrere der früheren kulturellen Beziehungen wiederherzustellen konnte." Dr. Lucie Leberl schrieb mir aus Österreich, sie habe mit Frau Oesau aus Oldenburg ein Schulbuch geplant: „Brücken von Land zu Land" und bitte um Unterstützung. Die Brücke, die als Bild diente, war der Rhein. Für alle, die die althergebrachte feindselige Behandlung des Rheins kannten – des „Deutschen Rheins", des „Deutschen Stromes" usw. – war das ein richtungsweisender Durchbruch.

Und heute? Ein Zitat aus dem Vorwort eines Geschichtswerks, das im Schulgebrauch ist, beantwortet die Frage:

„Entsprechend den gewandelten Auffassungen von der Stellung des Faches Geschichte in der Oberstufe, das gemäß der ‚Saarbrückener Rahmenvereinbarung' in dem übergreifenden Fach ‚Gemeinschaftskunde' aufgehen soll, macht sie (d. h. die Neubearbeitung) den Versuch, die berechtigten Vorstellungen des Geschichtslehrers ... mit den sicherlich nicht minder berechtigten Forderungen der Kultusministerien, die auf eine umfassendere Kenntnis der unsere Zeit gestaltenden Kräfte und Tendenzen zielen, sinnvoll zu verbinden." („Der geschichtliche Weg unserer Welt bis 1776", Bendfeld u. a., Schöningh-Schroedel.)

Darin spürt man etwas von meiner schon erwähnten Vermutung – sonderbarerweise in Saarbrücken; viel mehr aber von der Entwicklung unseres Kerngedankens im Bereich des „Menschen in seiner Umgebung und Entwicklung".

Alle Zeugen gehen vom Subjektiven aus; das gilt aber auch für die, die interpretieren und urteilen. Ob die Textbook Section eine Keimzelle war oder nicht, das zu entscheiden überlasse ich dem Leser. Ich möchte nur zwei Tatsachen dabei betonen. Erstens: Hedley Davis und ich haben einen auf sorgfältigen Nachforschungen basierenden Bericht über unsere Arbeit gelesen, ohne uns gegenseitig zu beeinflussen. Nachher haben wir unsere Reaktion verglichen. Ich hatte mir gesagt: „Das ist nicht erkennbar". Er hatte sich gesagt: „Ich erkenne das nicht als unsere Arbeit." Zweitens: Dr. Hellmut Becker hat all der Arbeit, allen Bestrebungen zur Reform, die ich hier skizziert habe, einen einzigen Satz in Frageform gegönnt: „War es richtig, lediglich alle formellen und direkten Spuren des Nationalsozialismus aus den Schulbüchern zu entfernen, ohne die Auffassung der Gesellschaft, die diese Bücher darstellten, zu analysieren?"[2]. Dabei waren doch die vergleichende Analyse der Gesellschaft in diesen Büchern und weitere Vergleiche mit anderen Gesellschaften gerade die Basis unserer Arbeit.

Man kann die Gelegenheit nur begrüßen, die Forscher und damals Verantwortliche zusammengebracht hat, um dieses Problem zu beleuchten, ehe man auch von uns sagen müßte: „Die Alten sind verkalkt!"

---

[2] The British in Germany, op. cit., S. 271.

Geoffrey Bird

Wiedereröffnung der Universität Göttingen

1 Vorbemerkung

Im Dezember 1945 kam ich als Kontrolloffizier der Universität nach Göttingen, wo ich etwa 15 Jahre zuvor zuerst als Austauschstudent und später als Lektor gelebt hatte. Es war ein reiner Zufall, daß ich vom Foreign Office nach Göttingen geschickt wurde. Meine Aufgabe wurde dadurch sehr erleichtert, daß ich mit dem System und den Traditionen der Universität vertraut war und einige Dozenten, wenn auch nicht persönlich, so doch dem Namen nach noch kannte. Zudem waren die Universität und auch die Stadt nur wenig beschädigt, und ich hatte nicht die Sorgen des Wiederaufbaus, die meine Kollegen an den anderen Hochschulen der Zone bewältigen mußten, obwohl einige Gebäude von der Militärregierung beschlagnahmt waren. Meine erste Aufgabe war also die Wiedereröffnung der Universitäten, um den aus Krieg und Gefangenschaft heimkehrenden Soldaten ein akademisches Studium zu ermöglichen und möglichst schnell ein normales Universitätsleben in Gang zu bringen. Diese Aufgabe konnte man selbstverständlich nur mit deutscher Mitwirkung durchführen, und es war deshalb nötig, freundliche Beziehungen zum Rektor und dem Kurator und zuverlässigen Mitgliedern des Lehrkörpers und der Studentenschaft zu pflegen. Es handelte sich nicht allein um den Wiederaufbau der Universität, sondern vielmehr um die Neugründung einer Universität mit wissenschaftlicher und sozialpolitischer Bedeutung und öffentlicher Verantwortlichkeit.

2 Die Zulassung von Professoren und Studenten

Der erste Rektor und der Kurator wollten die Universität ebenfalls so schnell wie möglich wieder aufbauen, und wir arbeiteten eng zusammen. Sie waren keine früheren Nationalsozialisten. Von dem Rektor hatte ich allerdings von Zeit zu Zeit den Eindruck, daß er unserer Hochschulreformpolitik gegenüber mißtrauisch war und zu Recht glaubte, daß wir beabsichtigten, die oligarchischen Traditionen der Universitäten abzuschaffen und die Umerziehung zu demokratischen Gewohnheiten und Institutionen zu fördern. Er war im Prinzip zwar gegen die Anstellung von jüngeren, progressiven Dozenten, zeigte aber doch Verständnis für unsere Politik und spielte eine bedeutende Rolle beim Wiederaufbau des Göttinger Universitätslebens. Im großen und ganzen arbeiteten die Rektoren aller Hochschulen sehr eng mit uns zusammen, und es gab nur zwei, die wegen offener Obstruktion von der Militärregierung als Rektoren, nicht als Professoren, entlassen wurden.

Die Anstellung von Professoren und Dozenten wurde durch Denunziationen von einigen Professoren gegen ihre Kollegen beträchtlich erschwert. Manchmal erwiesen sich die Anklagen als wohlbegründet, aber es gab auch einige, die nur auf Eifersucht und persönlichen Groll zurückgingen.

Die Anstellung der Dozenten mußte vom britischen Kontrolloffizier bewilligt werden. Jeder hatte einen Fragebogen auszufüllen, worin er sämtliche Positionen erklären mußte, die er in den verschiedenen Naziorganisationen innegehabt hatte. Nachdem ich den Fragebogen geprüft und in einigen Fällen den Bewerber interviewt und diskrete Nachfragen angestellt hatte, schickte ich die entsprechenden Dokumente mit meinen Bemerkungen an die Public Safety Branch, die Abteilung der Militärregierung, in der die personellen Entscheidungen getroffen wurden. Diese Abteilung bestand hauptsächlich aus britischen Polizeibeamten, deren Kenntnisse von Deutschland und der deutschen Sprache sehr gering waren und denen es schwerfiel, den Unterschied zwischen aktiver und passiver Parteizugehörigkeit zu verstehen. Sie wehrten sich manchmal gegen die Anstellung von Professoren, die eigentlich nur automatisch Mitglieder entsprechender Organisationen gewesen waren, ohne eine aktive Rolle darin zu spielen. In vielen solchen Fällen war ich davon überzeugt, daß die Betreffenden keine begeisterten Nationalsozialisten waren. Wir wollten nur verhindern, daß Professoren und Dozenten, die der Entwicklung der Demokratie entgegenwirken konnten, in wichtige Stellungen, in denen sie Einfluß auf die öffentliche Meinung ausüben konnten, gelangten. Wenn die Anstellung jedes Professors oder Dozenten, der automatisch Parteimitglied gewesen war, abgelehnt worden wäre, wären nur wenige hochqualifizierte und erfahrene Hochschullehrer übrig geblieben. Die Beamten der Public Safety Branch erkannten allmählich diese Tatsache. In bedenklichen Fällen wandten sie sich an mich und folgten fast immer meinem Rat.

In der ersten Nachkriegszeit besuchten mich der Rektor und der Kurator täglich in meinem Büro in der Universität, um ihre zahlreichen Probleme zu besprechen, z. B. die Anstellung von Dozenten, die Zulassung von Studenten, den drückenden Mangel an wissenschaftlichem Material und Geräten, an Büchern, Schreibpapier, Federn und Bleistiften, das Wohnungsproblem (da Göttingen vom Krieg verhältnismäßig verschont geblieben war, kamen Tausende von Flüchtlingen – darunter viele Studenten – aus der Ostzone, die nur wenige Kilometer entfernt lag), um zu fragen, ob und wie die Militärregierung Hilfe leisten könnte. Ich wohnte auch den Senatssitzungen bei, in denen ich versuchte, unsere Hochschulpolitik zu erklären und Fragen über die Stellungnahme der Militärregierung zu Maßnahmen, die der Senat ergreifen wollte, zu beantworten. Die Stimmung in diesen Sitzungen war immer freundschaftlich, wenn die Senatsmitglieder auch nicht immer mit unserer Politik einverstanden waren. Ihre offene Kritik half uns, die herrschenden Meinungen im Lehrkörper richtig einzuschätzen. Während dieser Sitzungen spürte ich keine Feindseligkeit, und die Kritik wurde immer ruhig und höflich formuliert.

Auch die Zulassung von Studenten wurde über Fragebogen geregelt, aber die Aufgabe, die uns erwartete, wurde wegen der großen Zahl der Bewerber – hauptsächlich aus Krieg und Gefangenschaft heimkehrender und zum Studium drängender Soldaten – sehr erschwert. Theoretisch sollten sie alle politisch überprüft werden, um die Zulassung von ehemals höheren Chargen in der Hitlerjugend oder einer anderen Parteiorganisation zu verhindern. In der Praxis aber durchblätterte ich flüchtig die zahlreichen Fragebögen und schickte, nach Vereinbarung, nur ausgewählte Fragebögen der anscheinend politisch Belasteten zur Public Safety Branch weiter. Die Zulassung wurde auch von einer Überprüfung durch einen aus Professoren und Bürgern der Stadt bestehenden Ausschuß abhängig gemacht. Die Auswahl der nicht belasteten Studenten war aber einem deutschen akademischen Ausschuß überlassen.

Als die Anstellung von Dozenten und Zulassung von Studenten einigermaßen abgeschlossen war, versuchten wir Dozenten und Studenten kennenzulernen, die an die Möglichkeit einer demokratischen Zukunft für Deutschland glaubten und helfen wollten, dieses Ziel zu verwirklichen. Ich hatte den Eindruck, daß manche älteren Mitglieder des Lehrkörpers, die generell zwar ein demokratisches Deutschland wünschten, von der Hochschulreform im besonderen doch nicht sehr begeistert waren. Reformen ließen sich also nur mit jüngeren Dozenten bewerkstelligen.

In den ersten Tagen der Besatzung hielten wir öffentliche Reden nur in englischer Sprache, die von deutschen Dolmetschern übersetzt wurden. Dadurch entstanden manchmal Mißverständnisse. Bei der feierlichen Wiedereröffnung der Bergakademie in Clausthal-Zellerfeld mußte ich eine kurze Ansprache halten. Die vorderen Reihen waren vom Rektor und von Professoren in ihren farbenprächtigen Talaren und höheren Beamten aus Kreis und Land belegt. Hinter ihnen saßen viele Reihen von Studenten. Im Laufe meiner Rede wandte ich mich mit folgenden Worten an die Studenten: „I am sure you students here will fully appreciate the difficulties which this staff here had to face in reopening this Academy." Da ich mich auf meine folgenden Worte konzentrierte, hörte ich nicht zu, als die Dolmetscherin übersetzte. Plötzlich entstand großer Beifall unter den Studenten, während die Professoren still und zornig dasaßen. Nach der Feier erklärte mir der Rektor, den ich gut kannte und der glücklicherweise Englisch verstehen konnte, daß die Dolmetscherin folgendes gesagt hatte: *„Angesichts dieses Lehrkörpers* werden Sie die Schwierigkeiten gut verstehen, die wir bei der Wiedereröffnung dieser Akademie hatten." Er beruhigte mich und versprach, dem Lehrkörper zu erklären, daß ich eigentlich gesagt hatte: „Angesichts der Schwierigkeiten, die der Lehrkörper bewältigen mußte..." Das tat er. Trotzdem spürte ich einige Wochen lang, daß die Studenten mir gegenüber freundlicher geworden waren, während einige Dozenten etwas feindlich schienen.

Bei der Wiederbelebung demokratisch eingestellter studentischer Vertretungsorgane konnten wir den Studenten durch Rat und Ermutigung Hilfe leisten. Sie wußten fast nichts von demokratischen Verfahren, wie z. B. der Wahl von Studentenausschüssen für Wohnungsprobleme und allgemeine Wohlfahrt. In solchen Fragen hat der berühmte deutsche Archäologe, Professor Boehringer (der vor einigen Jahren gestorben ist), große Hilfe geleistet. Als Geschäftsführer des akademischen Hilfwerks bemühte er sich ständig um die Verbesserung der Wohnungslage der Studenten. Seiner Initiative gelang es, beträchtliche finanzielle Unterstützung von Industriellen und öffentlichen Körperschaften zu bekommen, die zur Gründung des ersten Studentenheimes (der Akademischen Börse) nach englischem Muster in Göttingen führte. In seinem Lieferwagen holte er unter großen Schwierigkeiten und trotz persönlicher Gefahr Baustoffe und Möbel aus verschiedenen Gegenden, einschließlich der Ostzone. Viele Studenten haben am Aufbau der Börse mitgearbeitet, und sie wurde dadurch nach wenigen Monaten bewohnbar.

Ich unterstützte Professor Boehringer hauptsächlich nur ideell, aber er brauchte manchmal schlicht materielle Hilfe, als er z. B. unbedingt neue Reifen für seinen Lieferwagen benötigte (es war damals für einen Deutschen fast unmöglich, solche Sachen zu bekommen). Ich versuchte vergeblich, ihm diese Reifen aus Militärbeständen zu besorgen. Ein paar Tage später erzählte er mir, er habe vier englische Militärreifen besorgen können, brauche aber einen Schein, der beweise, daß er sie „auf legale Weise" bekommen habe, sonst könne er von der Militärpolizei verhaftet werden. Das überstieg zwar meine Kompetenzen, aber ich gab ihm dennoch einen gestempelten Schein, der bestätigte, daß er die Reifen „mit Bewilligung der Militärregierung" benutzte.

3 Ansätze der kulturellen Zusammenarbeit zwischen Deutschland und Großbritannien

Im Januar 1947 wurden die deutschen Erziehungsbehörden unabhängig, und wir hießen nicht mehr Kontrolloffiziere der Universität, sondern Erziehungsoffiziere für die Universität. Von nun an war unsere Hauptaufgabe, in Zusammenarbeit mit dem Foreign Office die Wiederherstellung des kulturellen Austausches mit England zu fördern. Viele deutsche Dozenten und Studenten bekamen dadurch die Gelegenheit, einige Wochen oder Monate in England auf einer Universität zu verbringen. Wir veranstalteten auch Reisen von führenden englischen Persönlichkeiten nach Deutschland – Professoren, Naturwissenschaftler, Schriftsteller, Politiker (darunter J. B. Lord Beveridge und T. S. Eliot), Theatergruppen (Madame Rambert mit ihrer berühmten Ballettgruppe) usw. Die Besucher hielten öffentliche Vorträge, lernten führende Deutsche auf ihrem eigenen wissenschaftlichen Gebiet kennen und unterhielten sich in informellen Gesprächen mit Dozenten und Studenten.

Ende 1951 hatte ich meine Aufgabe eigentlich erfüllt und verließ Deutschland in der Hoffnung, daß unsere Tätigkeit zur gegenseitigen Verständigung zwischen Deutschen und Engländern auf pädagogischem Gebiet beigetragen hatte.

David Phillips

Britische Initiative zur Hochschulreform in Deutschland

Zur Vorgeschichte und Entstehung des „Gutachtens zur Hochschulreform" von 1948

1 Einleitung

Im Jahre 1943 bereitete der Regius Professor für Griechisch an der Universität Oxford, Prof. Dodds, in der Deutschlandsektion der Forschungsabteilung des Außenministeriums eine lange historische Untersuchung über das akademische Bildungswesen Deutschlands seit dem frühen 19. Jahrhundert vor. Zu jener Zeit war ihm der genaue Zweck einer solchen Arbeit nicht deutlich, aber im Winter des Jahres 1944, als Pläne über die Behandlung Deutschlands nach der Niederlage überlegt wurden, sollte der Rat von Professor Dodds und seinen Mitarbeitern für die verschiedenen mit der Zukunft Deutschlands befaßten Ausschüsse von großer Bedeutung sein. Im Rahmen seiner Arbeit wurde Dodds Vorsitzender einer Arbeitsgruppe, die Informationen über die potentiellen Bedürfnisse deutscher Universitäten und ihrer Lehrkörper sammelte, und er befragte viele Deutsche, die eventuell beim Wiederaufbau der Universitäten mitwirken konnten (Dodds, S. 142/143). Diese frühe Sorge um das akademische Bildungswesen war die Entscheidung einer sich schon damals abzeichnenden Politik, die Umziehung durch Demokratisierung anstelle von Strafmaßnahmen anstrebte, die in dem Ruf nach einem „karthagischen Frieden" und Vorschlägen wie dem Morgenthau-Plan gipfelten.

2 Die britische Kontrollkommission und die Association of University Teachers (AUT)

Über die Frage der Zukunft der deutschen Universitäten wurden also schon lange vor dem Zustandekommen des „Blauen Gutachtens" Betrachtungen angestellt. Die Universitäten waren tatsächlich bei jedem Versuch der Umziehung oder Demokratisierung von entscheidender Bedeutung. Sie besaßen, wie später argumentiert wurde,

„einen der Schlüssel für die Zukunft – vom Standpunkt der Umziehung Deutschlands im wahren Sinne dieses ... Ausdrucks ... Es ist noch nicht sicher, ob sie im Namen der Tradition und fundierten Lernens die Türen verschließen oder sie einer neuen Ära deutscher Kultur öffnen werden." (Liddell, S. 135)

Im März 1943 wurden in einem von einem gemeinsamen Ausschuß, in dem zwei unabhängige Organisationen[1] vertreten waren, angefertigten Bericht Empfehlungen bezüglich der Behandlung der Universitäten nach Beendigung der Feindseligkeiten vorgeschlagen. Die Vorschläge schlossen die Entfernung aktiver Nationalsozialisten und derjenigen ein, denen während des Dritten Reiches hohe Ämter übertragen worden waren. Sie zielten auch auf die Einführung und Aufrechterhaltung einer genauen Aufsicht über die Angelegenheiten der Universitäten (mit Hilfe eines Hochkommissars für das Bildungswesen) ab und erweiterten die Zugangsmöglichkeiten der Universität, um allen sozialen Schichten das Studium an den Hochschulen zu ermöglichen. Auch Studienaufenthalte für deutsche Studenten im Ausland waren vorgesehen. Die Verfasser des Berichts glaubten, daß die Deutschen sich selbst umerziehen müßten, meinten aber, daß

„dem Zusammenbruch des Naziregimes wahrscheinlich eine Periode großer Verwirrung, mit weit verbreiteter Desillusionierung und Zynismus und vielen, häufig gewaltsamen Reaktionen gegen bestehende Methoden folgen würde." (S. 29)

Diese alarmierende Vorhersage und die Befürchtung, daß sich das, was der Bericht als den berüchtigten extremen Nationalismus der Professoren bezeichnete, nicht ausrotten lassen würde, führten zur Forderung nach einer eingehenden Untersuchung der Universitäten. So sollten die Universitäten, wie 1945 klar wurde, aktiv ermutigt werden, ihre eigenen Angelegenheiten ohne große Einmischung von außen in Ordnung zu bringen[2].

---

[1] The London International Assembly und The Council for Education in World Citizenship: Education and the United Nations, S. 28–29. Diese gemeinsame Kommission bestand aus 56 Mitgliedern aus einem Dutzend Ländern sowie auch aus Beobachtern des Board of Education, British Council und vom „Chatham House". Der Vorsitzende war Gilbert Murray, der Vorgänger von Professor Dodds als Regius Professor für Griechisch in Oxford.
[2] In der Amerikanischen Zone war ursprünglich vorgesehen gewesen, daß in den ersten zwei Jahren nach der Kapitulation keine Lehrveranstaltungen auf Universitätsebene stattfinden sollten, da es so lange dauern würde, Reformen zu planen und durchzuführen (vgl. Karl-Ernst Bungenstab: Umerziehung zur Demokratie? Re-educations-Politik im Bildungswesen der US-Zone. Düsseldorf 1970, S. 117–121).

Die britische Haltung gegenüber der Reform des deutschen Bildungswesens war, sich generell im Hintergrund zu halten, trotz der bangen Besorgnis, daß der Mangel an fester Leitung nicht zur erhofften demokratischen Entwicklung führen würde. Michael Balfour, der von 1945 bis 1947 der Kontrollkommission angehörte, faßt das Dilemma der Engländer folgendermaßen zusammen:

„Die Briten wußten zu gut, daß der Glaube, den sie zu verbreiten wünschten, es mit sich bringt, nicht viel davon zu halten, einen Glauben aufzuzwingen." (Balfour, S. 230)

Abgesehen von diesem moralischen Problem bestand die praktische Erwägung, daß, wie Balfour es (im Kontext der Entnazifizierung) ausdrückt,

„drastischere Maßnahmen ... den allgemeinen Widerstand der gebildeten Kreise Deutschlands erregt, Anklagen wegen Einschränkung der Gedankenfreiheit provoziert und eine darauf folgende Reaktion wahrscheinlicher gemacht hätten." (S. 236)

Andererseits äußerte sich ein anderer erfahrener Kommentator verzweifelt über den Mangel an Fortschritt:

„Die müden alten Männer, die jetzt meist die Leitung der Universitäten innehaben, schließen sich mit Studenten zusammen, die verlorene Jahre durch eine Flucht in reines Lernen und abstrakten Intellektualismus wettmachen wollen. Die Mehrheit schließt sich gegen einen lebendigeren Bildungsbegriff ab. Die intellektuellen und sozialen Beschränkungen der deutschen Vorstellung von „Bildung" bestehen fort. Erleuchtung wird vielleicht von der Bildungsbegeisterung der Organisationen kommen, die im Zentrum der heutigen sozialen und wirtschaftlichen Probleme stehen. Sie wird kaum von den Universitäten kommen." (Friedmann, S. 185)

Die Professoren sind also das Ziel strengerer Kritik, wenn sich derselbe Verfasser darüber beklagt, daß es in den westlichen Zonen einen

„großen ... Anteil ex-konservativer und nationalistischer Professoren [gab], die es gerade noch geschafft hatten, der Entnazifizierung zu entkommen, aber deren Ansichten unmöglich die Inspiration zu einem neuen Ansatz im Bildungswesen geben können." (Friedmann, S. 182)

Ähnliche Kritik findet sich in der wichtigsten Darlegung zum Problem vor der Einsetzung des „Studienausschusses für Hochschulreform": Im Spätsommer 1946 trat das Kontrollamt an den britischen Hochschullehrerverband (AUT) mit der Bitte heran, einen Vertreter zu einer Universitätstagung in die Britische Zone zu entsenden und eine beratende

Delegation einzusetzen, die als Untersuchungskommission für die Universitäten der Zone dienen sollte. Die Delegation besuchte Deutschland unter der Leitung von Professor Dodds, dem damaligen Präsidenten der AUT, im Januar 1947 mit folgendem Auftrag: (1) Beratung der Kontrollkommission bezüglich einer Anzahl technischer Fragen, bei denen sie Unterstützung benötigte; (2) Erörterung der Frage ob, und wenn ja, welche Schritte unternommen werden sollten, um die Beziehungen zwischen britischen und deutschen Universitäten zu erneuern. Die Delegierten hielten sich überraschend kurz (3.–15. Januar) in Deutschland auf, obwohl ihr ehrgeiziges Programm Besuche an den sechs Universitäten und den Technischen Hochschulen in Braunschweig und Hannover, der Medizinischen Akademie in Düsseldorf und der Technischen Hochschule in Berlin einschloß. Sie besuchten auch die Berliner Universität im russischen Sektor. Ihr Schlußbericht, der Mitte März 1947[3] fertig war, ging weit über ihren Auftrag hinaus und äußerte sich höchst kritisch zu spezifischen Aspekten und zur allgemeinen Atmosphäre im deutschen Universitätssystem.

Die Delegierten räumten ein, daß es ihnen nur möglich war, „die Randbereiche mehrerer wichtiger Sachverhalte zu berühren", und sie sich deshalb entschlossen hätten, sich nur auf die wichtige Frage „Welche Maßnahmen sind nötig, um die deutschen Universitäten in die Lage zu versetzen, ihre Rolle in einem neuen demokratischen Deutschland zu spielen?" zu konzentrieren. Dies bedeutete, daß ihre Vorschläge die Struktur und Zusammensetzung der Universitäten und ihre Beziehungen zur Gesellschaft betrafen. Dazu gehörten nicht nur Vorschläge für Sofortmaßnahmen, sondern auch Entwicklungsmöglichkeiten, die nur die Deutschen selbst verwirklichen konnten. Gleichzeitig brachten die Delegierten jedoch ihren Zweifel darüber, ob Reformmöglichkeiten sich je an den Universitäten entwickeln würden, nachdrücklich zum Ausdruck:

„[Wir meinen], daß wir in unserem Bericht in erster Linie unseren starken und einhelligen Eindruck davon vermerken müssen, daß keine durchgreifende und dauerhafte Reform der Universitäten, die wir besuchten, allein auf Grund der Initiative der Universitäten selber wahrscheinlich ist." (S. 204)

---

[3] Der Bericht, „The Universities in the British Zone of Germany", wurde in „The Universities Review", Mai 1947 (Jahrg. 19, Heft 3) veröffentlicht. Auszüge in deutscher Sprache erschienen in der „Göttinger Universitätszeitung" (I/III), 5. Dezember 1947, und Reinhard Schaeders vollständige Übersetzung wurde im Februar 1948 in „Die Sammlung" (Jahrg. 3, Heft 2) veröffentlicht.

Die Gründe für diesen pessimistischen Schluß waren, daß die Universitäten

„durch Gruppen dienstälterer Professoren kontrolliert [würden]..., deren Durchschnittsalter hoch ist, deren akademische Ideale sich unter Bedingungen, die sehr verschieden von den heutigen sind, gebildet haben, und deren Fähigkeit, neuen Umständen zu entsprechen, deshalb im allgemeinen gering sein dürfte",

und daß

„eine Reform des Erziehungssystems schwerlich anders als im Zusammenhang einer viel weiter ausgreifenden Bewegung zur sozialen Reform herbeizuführen sein [würde]." (S. 205)

An anderer Stelle des Berichts wird dieser letzte Punkt deutlich untermauert:

„Die konservative, nationalistische und sogar reaktionäre Haltung, die heute an vielen der deutschen Universitäten zu bemerken ist und die von linksgerichteten Kreisen und Gewerkschaftlern leidenschaftlich angeklagt wird, ist ein Spiegelbild der sozialen Schichtung des deutschen Volkes und der Mentalität gewisser sozialer Klassen; sie kann so lange nicht völlig beseitigt werden, bis diese Schichtung und diese Mentalität eine Änderung erfahren haben." (S. 209)

Die Delegierten hielten die Vorschläge in dem Bericht für nicht mehr als ein „Linderungsmittel gegen die seit langem bestehende und tiefverwurzelte Unordnung des akademischen Lebens, die bis ins 19. Jahrhundert zurückreiche". Um das Problem der Universitäten in angemessener Weise zu behandeln, boten sie einen klaren, festumrissenen Vorschlag an, der schließlich, wenn auch in veränderter Form, durch den 1948 von Robert Birley eingesetzten „Studienausschuß" verwirklicht wurde:

„[Wir meinen], daß vieles für die Einsetzung einer Internationalen Erziehungskommission spricht, die den Auftrag hat, grundlegende Probleme des deutschen Erziehungssystems zu untersuchen und die Besatzungsmächte im Hinblick auf die Annahme einer gemeinsamen Politik zu beraten. Sie sollte sich aus führenden europäischen und amerikanischen Fachleuten zusammensetzen und könnte zweckmäßigerweise in Zusammenarbeit mit der UNESCO tätig sein. Sie sollte in der Art einer Royal Commission Erhebungen anstellen und mit einem entsprechenden Sekretariat ausgestattet sein. Mindestens drei Monate sollten in Deutschland verbracht und Sitzungen an den führenden Erziehungszentren in allen vier Zonen abgehalten werden." (S. 219)

Ein Leitartikel in „The Universities Review" (Mai 1947) beschrieb den Bericht als „ein düsteres und hochinteressantes Dokument, das durchaus als der bedeutendste Bericht, der bis jetzt in dieser Zeitschrift erschienen ist, betrachtet werden kann". Das „Times Educational Supplement" (31. Mai 1947) begrüßte ihn als einen Schritt, der wahrscheinlich zu „einer allgemeinen Klärung der die Umerziehung betreffenden Vorstellungen und zur Formulierung einer konstruktiveren Politik führen würde, als sie bisher bei offiziellen Versuchen, das akademische Leben Deutschlands wiederherzustellen, zu Tage getreten war". Der „bemerkenswerte Scharfsinn" der Delegierten wurde gelobt, und der Vorschlag, eine internationale Kommission einzusetzen, die bei der Formulierung der Politik beraten sollte, wurde freundlich aufgenommen, da „es klar ist, daß der Grad der Desintegration des Hochschulsystems so hoch ist, daß keine spontane Wiederbelebung zu erwarten ist". Diese Ansicht wurde von Samuel und Thomas (1949) unterstützt, die Sir Ernest Barkers Meinung[4], wonach die Universitäten von innen heraus „durch freundlichen Rat und zurückhaltendes Überreden" reformiert werden sollten, kurz und bündig abtun.

Der Bericht „einer vielleicht linksstehenden Organisation" (Hocking, S. 137) wurde in Deutschland nicht wohlwollend aufgenommen und richtete mehr Schaden als Nutzen an. Seine Hauptvorschläge waren: eine genügend fundierte Pauschalzuweisung beim Budget, die Einrichtung von beratenden Hochschulräten, die Verbesserung der Stellung der Dozenten, die Ausweitung der soziologischen Zusammensetzung der Studentenschaft, die Einrichtung allgemeiner Vorlesungen, verbesserte Kontakte zwischen den britischen und deutschen Hochschulen, aber auch der gleichzeitige Verweis auf reaktionäre Kräfte und erstarrte Positionen sowie die Charakterisierung der Universitäten als „Fabriken spezialisierter Forschung" (S. 222) waren im Klima des Jahres 1947 nicht besonders hilfreich.

Eine deutsche Rezension verdient Erwähnung. Der berühmte Rektor der Universität Frankfurt, Professor Walter Hallstein (Mitglied der Kommission, die die „Schwalbacher Richtlinien" erstellt hatte; er hatte bei den „Marburger Hochschulgesprächen" im Juni 1946 eine Rolle gespielt), sah den Bericht als ein „wichtiges zeitgeschichtliches Dokument"[5] an, sonderte aber für seine Kritik einige der strittigen und generalisierende Aussagen aus, besonders jene, die sich auf die Vorherrschaft der älteren Professoren und die rassistischen und politischen Einstellungen einiger Elemente an den Universitäten bezogen. Während er

---

[4] „The Times", 10. April 1948 und anderswo. Sir Ernest Barker hatte während des Wintersemesters 1947/48 als Professor der Politischen Wissenschaft an der Universität Köln gelehrt.
[5] „Deutsche Universitäten in englischer Sicht", Göttinger Universitäts-Zeitung, März/April 1948.

die Meinung vertrat, daß die Stellung der Dozenten entscheidend sei, bedauerte er, daß ihr Schicksal ein Streitpunkt mit einer „klassenkämpferischen Tönung" geworden sei. Er billigte einige die Verfassung der Universitäten betreffenden Vorschläge, aber bezüglich der Frage ihrer Rolle in einem neuen demokratischen Deutschland wollte er mehr wissen:

„Wir möchten über all dies Genaueres hören, und wir können dies wohl erwarten, denn wir halten auch die Kritiker unserer Ordnung für nicht so fortschrittsgläubig, daß sie schon in dem ‚anders' das ‚besser' sehen, und für nicht so besessen von der Entwicklungstheorie, daß sie eine Lösung schon deshalb verwerfen, weil sie sich früher bereits einmal bewährt hat."

Der Bericht wurde nicht überall mit Hallsteins ausgeglichener Billigung und vorsichtigem Optimismus aufgenommen. Ein neuerer deutscher Kritiker ist der Meinung, daß die feindselige Aufnahme unvermeidlich war:

„Solche Kritik von Außenseitern und Ausländern, auf der Basis dessen, was sie in 12 Tagen gesehen hatten, sicherte dem Bericht eine ablehnende Aufnahme." (Husemann, S. 94)

Es war klar, daß alles, was den Anschein von Kontrolle und Zwang hatte, besonders nachdem die Kontrolle des Erziehungswesens[6] Anfang 1947 in deutsche Hände zurückgekehrt war, unwillkommen war, und die unzweideutige Kritik der Delegierten nach einer unvermeidbar oberflächlichen Untersuchung kam zu einem unglücklich gewählten Zeitpunkt.

Bevor sie nach Deutschland abfuhren, waren die Delegierten mit einem Informationsschreiben versehen worden, das sowohl diesen schwierigen Bereich erwähnte, als auch das bekannte Thema behandelte, das Hallstein als „Generationstheorie" bezeichnete:

„[Die Deutschen] werden zu nichts, das ihnen aufgezwungen ist, Vertrauen haben, und das wäre bei einem solchen Gebiet wie dem Erziehungswesen verhängnisvoll. Gleichzeitig ist klar, daß wir angesichts der Bedeutung dieses Gebiets nicht in Betracht ziehen sollten und das auch nicht tun, sie ganz sich selbst zu überlassen, nur von dem durch die Kontrollkommission ausgeübten Vetorecht abhängig. Die Zahl der deutschen Erziehungswissenschaftler und Verwaltungsfachleute ist zu klein, viele sind alt und müde, haben in hohem Maße keine Vorstellung von den ausländischen Entwicklungen der vergangenen drei-

---

[6] Die Kontrollkommission behielt ein Vetorecht und ihre volle Machtbefugnis über Wirtschafts- und Finanzangelegenheiten bei.

zehn Jahre. Sehr viel positiver Rat und Unterstützung werden nötig sein, und es besteht die Hoffnung, daß die Delegation ... in ihrem Bereich solchen Rat geben wird, sowohl zum Nutzen der deutschen Behörden als auch des Kontrollamtes und der Kontrollkommission." [7]

Aber die kritische Stimmung des AUT-Berichtes war, so paradox es klingt, auch seine Stärke: Seiner Kritik, die in der Empfehlung einer Untersuchungskommission gipfelte, folgten ein Jahr später die durch Birleys Einsetzung des Studienausschusses angeregte breite und dringliche Diskussion und Aktivität. Indem sie ihren Auftrag überschritten, hatten die Delegierten eine Kette von Ereignissen in Gang gesetzt, die einen neuen Bericht hervorbrachten, dessen Geist noch in den Reformdiskussionen der folgenden dreißig Jahre lebendig war.

3 Der deutsch-britische Studienausschuß für Hochschulreform

Am 26. Januar 1948 schrieb Robert Birley an Dr. Henry Everling, den Generaldirektor der Deutschen Konsumgenossenschaften, und lud ihn ein, Vorsitzender einer Universitätskommission zu werden, deren Mitglieder der Militärgouverneur persönlich ernannte. Die Kommission sollte acht Mitglieder umfassen (es waren schließlich zwölf), einschließlich eines britischen Vertreters und des Vertreters eines neutralen Landes. Birley betonte, daß die Kommission unabhängig sei. Ihre Aufgabe sei es, den Beitrag der Universitäten zur zukünftigen demokratischen Entwicklung Deutschlands zu untersuchen und Überlegungen darüber anzustellen, wie dieser Beitrag gesteigert werden könne. Reformvorschläge, deren Realisierung die Rolle der Universitäten im öffentlichen Leben erweitern würde, seien erwünscht. Die Kommission sollte dem Militärgouverneur innerhalb von sechs Monaten Bericht erstatten. Da Birley glaubte, daß der AUT-Bericht „der größte Fehler ist, den wir im Bereich des deutschen Erziehungswesens gemacht haben"[8], maß er der Einsetzung der Kommission entscheidende Bedeutung bei. In seinem Brief an Everling schrieb er:

„Ich glaube, daß diese Kommission zu einem Wendepunkt in der Geschichte der deutschen Erziehung führen könnte. Ihre Einsetzung ist ein Beweis für

---

[7] „The Future Control of Education in the British Zone" (General Dept., Control Office for Germany and Austria, 12.12.46). Enthalten im Lindsay-Archiv, Universität Keele (L 220).
[8] „British Educational Control and Influence in Germany after the 1939–1945 War", Irvine Memorial Lecture, St. Andrew's, 1963, S. 12. Zitiert bei Husemann.

unsere Annahme, daß Deutschland selbst die Reform seines Erziehungssystems vornehmen muß."

Der Hamburger Senator Landahl[9] schrieb Anfang Februar an Everling und drängte ihn dazu, die Ernennung, der die verschiedenen Kultusminister der Zone zugestimmt hatten, anzunehmen. Zwei Tage später schrieb Birley an Everling zurück, brachte seine Freude über dessen Annahme zum Ausdruck und gab die Namen von fünf Kommissionsmitgliedern bekannt[10]. Am 29. April, acht Tage nach der ersten Sitzung des Studienausschusses, schickte der Militärgouverneur ein formelles Ernennungsschreiben, in dem er die von Birley umrissenen Richtlinien wiederholte:

„Insbesondere ersuche ich die Kommission, den Beitrag, den die Universitäten und Hochschulen gegenwärtig zur Entwicklung einer demokratischen Gesellschaft und eines demokratischen Erziehungswesens in Deutschland leisten, zu untersuchen und mir jede Empfehlung vorzulegen, die sie bezüglich von Möglichkeiten, diesen Beitrag zu erhöhen, für angemessen halten."

Als Termin für die Abgabe des Berichts war der 31. Oktober 1948 festgesetzt.

Am 22. Januar sandte Birley einen längeren Brief an die Rektoren aller Universitäten und gleichwertigen Institutionen in der Britischen Zone, in dem er erklärte, warum die Kommission eingesetzt werde und wie sie ihre Aufgaben erfüllen könne. Einige der Probleme, denen sich die Universitäten gegenübersahen, wurden erwähnt: die Beziehung zu Staat und Land, die Finanzierung, die Zulassung von Studenten und die gegenseitige Anerkennung von Qualifikationen in den verschiedenen Teilen Deutschlands. Er beschrieb das britische Verfahren, wodurch das Staatsoberhaupt eine königliche Kommission einsetzen könne, für den Fall, daß solche Probleme der Erörterung bedürften, und war bemüht, die Unabhängigkeit eines solchen Organs zu betonen:

---

[9] Landahl hatte Birley Everling gegenüber vorgeschlagen.
[10] Brief vom 4. Februar 1948. Ernannt wurden Professor Bruno Snell aus Hamburg, Professor Otto Gruber von der TH Aachen und Professor Friedrich Drenckhahn von der PH Kiel, Frau Professor Katharina Petersen vom Kultusministerium in Niedersachsen und Dr. Robert Grosche, römisch-katholischer Dekan aus Köln. Birley deutete seine Absicht an, einen jungen Professor und einen Vertreter der Evangelischen Kirche zu ernennen. (Diese und folgende Informationen sind, wenn nicht anderweitig angegeben, dem in der Westdeutschen Rektorenkonferenz enthaltenen Material entnommen.)

„Der Hauptwesenszug eines solchen Ausschusses ist, daß er in keiner Weise eine politische oder gesetzgebende oder richterliche Körperschaft ist und daß er von jeder staatlichen, gemeindlichen, politischen oder sonstigen Autorität unabhängig ist."

Nachdem er die vorgesehenen Mitglieder der Kommission vorgestellt hatte, gab er sich Mühe, die genaue Rolle der nichtdeutschen Mitglieder zu unterstreichen:

„Die britischen und neutralen Mitglieder werden keinerlei Verbindung mit der Besatzungsmacht haben, und es wird von ihnen in keiner Weise erwartet, daß sie deren amtliche Ansichten oder Politik vertreten. Sie sind in jeder Beziehung den anderen Mitgliedern des Ausschusses gleichgestellt. Sie sollen die aufgeklärteste und reifste akademische Ansicht in Europa vertreten, und man hofft, daß ihr Einfluß dazu beitragen wird, den Ausschuß wirklich international zu machen, die deutschen Hochschulen enger mit Europa zu verknüpfen und das europäische Universitätsleben näher an Deutschland heranzubringen."

Birley hob hervor, daß das einzige Ziel der Kommission die Unterstützung der Universitäten bei ihrer Aufgabe sei. Es sei ein Fehler, sie als ein „Werkzeug der Politik der Besatzungsmacht oder als ein Mittel zu deren Unterrichtung" zu betrachten; tatsächlich sei die Kommission in der Lage, Vorschläge vorzubringen, die sich nicht mit den Ansichten der Militärregierung deckten:

„In solchem Falle werden wir sie als einen Ausdruck der besten Weisheit der akademischen Welt in Europa über eine Angelegenheit von vitaler Bedeutung für uns alle annehmen."

Die Nachricht von der Einrichtung der Kommission wurde weitgehend begrüßt. Eine besondere Reaktion ist dabei erwähnenswert: Der Vorsitzende des Sozialistischen Deutschen Studentenbundes, Helmut Schmidt, sandte Everling einen Brief, in dem er dessen Ernennung begrüßte und die Haltung des sozialistischen Studentenbundes andeutete:

„Wir halten eine Reformierung der Universität für eine der dringendsten Notwendigkeiten auf dem Felde der deutschen Kulturpolitik – gleichzeitig wohl eine der am schwierigsten zu lösenden Fragen, dies allein schon wegen der ungemein starken konservativen Elemente in den Universitäten selbst, die sich einer fortschrittlichen Entwicklung mit aller Kraft widersetzen werden."[11]

---

[11] Brief vom 22. April 1948.

Der Verweis auf starke konservative Elemente an den Universitäten hat einen bekannten Unterton; er erinnert an die Ansichten der AUT-Delegation und war ein Leitmotiv in allen Reformdiskussionen.

Als ausländische Mitglieder hatte die Kommission Lord Lindsay, Master des Balliol College, Oxford, und Professor Jean Rudolf von Salis von der Technischen Universität in Zürich gewonnen. Lindsay, der sich in seinem letzten Jahr am College in Oxford befand und von der Gründung einer neuen Universität in Keele (deren erster Rektor er im folgenden Jahr wurde) stark beansprucht wurde, war fast siebzig Jahre alt und nicht bei bester Gesundheit[12]. Anfänglich neigte er dazu, die Ernennung abzulehnen (Arbeitsüberlastung hinderte ihn daran, an der ersten Sitzung der Kommission teilzunehmen), aber, wie er in seiner Abschiedsansprache an die Kommission berichtete:

„[Ich habe] mir gedacht, wenn sich irgendeine Arbeit lohnt, so sei es doch diese. Und dann bin ich eben zu dem Ergebnis gekommen: verdammt nochmal, ich muß die Arbeit doch übernehmen."

Weitere Mitglieder waren Dr. Joachim Beckmann (Vertreter der Evangelischen Kirche), Dr. Franz Theunert (Vertreter der Gewerkschaften) und Professor Carl Friedrich von Weizsäcker von der Universität Göttingen. Birley hatte vor, auch einen Vertreter aus Berlin einzuladen, und trat nach Verhandlungen mit den sowjetischen Behörden an zwei Persönlichkeiten heran, die allerdings beide ablehnten. Es bedurfte einiger Überredung, bevor von Weizsäcker sich einverstanden erklärte, der Kommission beizutreten, und er begann erst von der sechsten Sitzung (31. August–2. September) an voll an den Gesprächen mitzuarbeiten, als Everling zuversichtlich einen von allen einstimmig verabschiedeten Bericht vorhersagte.

Die endgültigen Mitglieder der Kommission umfaßten also in bemerkenswerter Ausgeglichenheit alle interessierten Parteien. Der Vorsitzende war der respektierte Leiter einer bedeutenden Organisation und ein allgemein bekanntes SPD-Mitglied (was nicht ohne Bedeutung war, da man annahm, daß ein SPD-Mitglied für Reformen empfänglicher wäre); die Gewerkschaften (und mit ihnen die Interessen der Volkshochschulen und der Erwachsenenbildung im allgemeinen) waren ebenfalls vertreten und die staatsmännische Erfahrung Lindsays wurde durch den Elan des jungen, rapide aufsteigenden Carl Friedrich v. Weizsäcker ergänzt, der auch der einzige Naturwissenschaftler in der Kommission

---

[12] Er starb 1952 in Keele.

war. Die Interessen der pädagogischen und technischen Hochschulen waren ebenfalls berücksichtigt; die evangelische und katholische Kirche wurden durch zwei bedeutende Repräsentanten vertreten, die in voller Harmonie zusammenarbeiteten[13]. Die Wahl von Professor von Salis, der über weitläufige Kontakte in Europa verfügte und sich mit seinen Radiosendungen während des Krieges weithin bekannt gemacht hatte und sich sowohl in deutsch- als auch in französischsprachigen Ländern zu Hause fühlte, zeugte von kluger Weitsicht. Frau Professor Petersen schließlich, eine Schlüsselfigur mit umfassender Erfahrung im Kultusministerium Niedersachsens, war viel mehr als nur das formell vorgeschriebene weibliche Mitglied. Der Kommissionssekretär, Dr. Walter Reimers, war von seinen richterlichen Pflichten in Hamburg freigestellt worden und leitete die Geschäfte der Kommission nicht nur so perfekt, daß alles ohne Schwierigkeiten ablief, sondern trug auch eigenständig zu ihren Beratungen bei.

Die erste Sitzung des Studienausschusses für Hochschulreform wurde von Birley am 21. April 1948 in Hamburg eröffnet. Er betonte, daß die Kommission in jeder Hinsicht frei sei, aber er zog eine Beschäftigung der Kommission mit wirtschaftlichen Problemen oder vorübergehenden Schwierigkeiten in Zusammenhang mit der Überbelegung nicht in Betracht. Er unterstrich, daß sie keine Exekutivgewalt habe. Sie konnte also nur Vorschläge in ihrem Bericht an den Militärgouverneur formulieren, einschließlich der Verteilung von Fragebögen, der Einreichung von Berichten an die Kommission und der Befragung von Einzelpersonen und Gruppen. Dann zog er sich zurück und nahm, zur Überraschung der Mitglieder, keinen weiteren Anteil an den Diskussionen.

Diese erste Sitzung der Kommission war insofern wichtig, als hier die Arbeitsweise festgesetzt und ein Fragebogen erstellt wurde, der die interessanten Hauptbereiche absteckte. Der Fragebogen, der an die Rektoren aller Universitäten, technischen und pädagogischen Hochschulen in der Zone, sowie an studentische Organisationen, prominente Persön-

---

[13] Stephen Spender begegnete Grosche im Sommer 1945 während eines Besuchs in Deutschland. Laut Spenders Zitat sagte er: „Ich muß zugeben, daß mich Ihre Besatzungspolitik enttäuscht ... Sie haben immer hervorgehoben, daß Sie für die Freiheit der Entfaltung der Persönlichkeit und die Unterscheidung zwischen den Nazis und ihren Gegnern in Deutschland einstehen. Sie haben jedoch ihr Versprechen nicht erfüllt. Natürlich erwartete ich nicht, daß die Besatzung alles andere als hart sein würde, aber ich erwartete doch, daß Sie die Gedankenfreiheit fördern würden, daß Sie eine Atmosphäre der Freiheit, des Idealismus, von vitalen und neuen Ideen für uns bringen würden." (European Witness, London o. J., S. 55).

lichkeiten und Vertreter der Kirchen sowie an Universitäten und Hochschulen in den anderen Zonen geschickt wurde, enthielt 36 Fragen, unterteilt in sechs Abschnitte:
- Idee und Aufgabe der Hochschule,
- Hochschule und Staat,
- Hochschule und Gesellschaft,
- Hochschulverfassung,
- Lehrkörper,
- Studentenschaft.

Die Fragen waren viel zu weitläufig und verlangten ausführliche, wohldurchdachte Antworten, die sie aber für gewöhnlich erbrachten. Allerdings bereitete der Mangel an Genauigkeit bei ihrer Formulierung Schwierigkeiten bei der Auswertung der Antworten: Die Auswertung wurde versucht, aber eine Kategorisierung schien oft unmöglich. Dazu einige Beispiele:

- Halten Sie eine Reform der Hochschule für notwendig und möglich?
- Wie stellen Sie sich zur Frage der Freiheit von Forschung und Lehre?
- Wie kann einem Zerfall der Hochschulen in Fachschulen und der damit drohenden Auflösung der Menschenbildung begegnet werden?
- Wie ist das Zusammenwirken von Lehre, Forschung und Leben über die Grenzen der einzelnen Fakultäten hinaus zu gewährleisten?
- Wie stehen Sie zum Maturitätsprinzip?
- Halten Sie eine Förderung des Frauenstudiums für nötig?

Oft war alles, was man zu den Antworten auf eine bestimmte Frage sagen konnte: „Hier liegen die verschiedenartigsten Vorschläge vor." Trotzdem existierte das klare Gefühl, daß eine Reform notwendig war, obwohl die Ansichten über bestimmte Reformmaßnahmen weit auseinandergingen.

Um nur ein Beispiel zu nennen: Der Bogen enthielt die Frage: „Glauben Sie, daß es gut wäre, einen Hochschulrat für jede Hochschule einzusetzen? Wie soll dieser gegebenenfalls zusammengesetzt werden und welche Aufgabe soll er haben?" Eine grobe Durchsicht der Antworten ergab, daß etwa 57 davon positiv waren, 21 negativ und etwa 50 ließen die Beantwortung der Frage aus oder die Antwort war in der einen oder anderen Hinsicht zweideutig, wobei die Antworten von „es geht auch ohne", „die Beantwortung dieser Frage möchte ich den Juristen überlassen" bis zu „Frage unverständlich" reichten. Die Antwort eines Professors der alten Schule ist es wert, in voller Länge zitiert zu werden:

„*Ein Hochschulrat* ist leicht eine Schwatzbude, ein Spielplatz gefallsüchtiger Dilettanten. Wer das deutsche Hochschulleben und seine *immanente Gesetz-*

lichkeit nicht genauestens kennt, wer sich nicht hingebend mit der internationalen Vergleichung und Geschichte der Hochschulen ... beschäftigt hat, schweigt besser. *Ratschläge* bedeutender Persönlichkeiten ... sollen hochwillkommen sein ... Weltoffenheit ist eine Tugend, die leider vielen Hochschullehrern abgeht. Sind unter diesen allerdings Persönlichkeiten von Rang maßgebend und nicht Majoritäten von Subalternen oder eine bestimmte Sorte von ‚Gschaftlhubern‘, so bleibt die Hochschule auch von sich aus gesund. Die Ratschläge ‚reiner‘ Politiker und ressentimentgeladener, neidischer kleiner Schulmeister sind nur zu oft ein Brechmittel. Außenseiter wirken günstigenfalls bei gutem Willen meist wie Elefanten im Glasladen."

Ein anderer, ebenfalls älterer Professor („Hochschulrat wird durchaus abgelehnt") schickte seinen Antworten die Bemerkung voraus: „Solche Reformen sind mir nicht neu und wurden ebenso schon 1919, als Unterzeichner in Göttingen Professor war, in weitem Umfang behandelt." Abgesehen von diesem Gefühl des „déjà vu", das in einigen Antworten zum Ausdruck gebracht wurde, existierte die echte Besorgnis, daß die Zeit für einen bedeutenden Wandel noch nicht reif sei. Eine solche Besorgnis erscheint in einer Antwort aus der Universität Köln:

„Die Zeit für einschneidende ‚Reformen‘ scheint mir sehr wenig geeignet zu sein. Die Schwierigkeiten, unter denen die deutschen Hochschulen zu leiden haben, rühren nicht von ihrer Organisation her und können auch nicht durch organisatorische Maßnahmen wesentlich behoben werden. Sie hängen mit dem Tiefstand des Lebens, insbesondere des geistigen Lebens, zusammen, den die Zeit Deutschland aufgedrückt hat."[14]

Dieselbe Antwort warnt vor einer Übertragung ausländischer Organisationssysteme auf Deutschland und schließt:

„Es sollte versucht werden, die deutschen Hochschulen wieder zu dem Hochstand zu entwickeln, den sie vor 1914 gehabt haben und der für viele Hochschulen des Auslandes ... Vorbild und Ziel war und ist. Die wichtigste Grundlage dieser alten Stellung der deutschen Hochschulen war die gesicherte und unabhängige Existenz des beamteten Hochschulprofessors."

Dieses tiefsitzende Mißtrauen gegenüber Reformen, verbunden mit der defensiven Haltung der Professoren bezüglich ihrer privilegierten Stellung allein genügte, um die Initiative zu ersticken. Husemann (1978) zitiert eine Notiz, die Lindsays Sohn 1948 aus Wilton Park geschrieben hatte.

---

[14] Vgl. ähnliche Antworten: „Eine Verbesserung ist nur erwünscht; eine radikale Reform der Universität kann in dieser labilen Zeit nur Schaden anrichten" usw.

„Mehrere Leute sind zu mir gekommen und haben gesagt: ‚Bitte teilen Sie ihrem Herrn Vater ja mit, daß für den Fall, daß die Vorschläge einfach zur Erörterung durch die Universitäten vorgelegt werden, die Professoren eine feste Front der Reaktion errichten werden. Sie werden verbissen dafür kämpfen, daß sie abgelehnt werden. Und es wird ihnen gelingen.'" [15]

Die konservativen Ansichten wurden durch die Meinungen von Organisationen wie dem Deutschen Gewerkschaftsbund ausgeglichen:

„Man wird sogar sagen können, daß das Wort ‚Reform' für das, was zu geschehen hat, zu schwach ist, daß vielmehr etwas von Grund auf Neues geschaffen werden muß, wenn unsere Universitäten und Hochschulen von den Auswirkungen jenes Geistes frei werden sollen, der sich seit der Zeit der Aufklärung an ihnen festgesetzt hat."

Eine sozialistische Studentengruppe in Düsseldorf meinte:

„Eine Reform der Hochschule erscheint notwendig zur endgültigen Brechung des Bildungsmonopols bevorzugter Klassen."

Während ihrer sechsmonatigen Arbeitszeit trat die Kommission achtmal zusammen. Weitere Zusammenkünfte fanden mit Vertretern von Frauenbewegungen, Studenten, Verwaltungsfachleuten aus dem Bildungswesen und Politikern statt. Mündliche Erklärungen wurden von einer Reihe von Experten, hauptsächlich englischen, abgegeben: Unter diesen waren Sir Walter Moberly (der damalige Vorsitzende des University Grants Committee, des Finanzausschusses der englischen Universitäten), die britischen Germanisten Professor W. E. Collinson aus Liverpool und Professor E. M. Butler aus Cambridge (Frau Professor Butler sprach über die Stellung der Frau an den britischen Universitäten), Amy Buller (Autorin des Werkes „Darkness over Germany", für das Lindsay das Vorwort geschrieben hatte), Sir Percy Waterfield (Civil Service Commissioner) und Professor Courant aus New York (ehemals Professor in Göttingen). Außerdem besuchten Kommissionsmitglieder Universitäten und andere Bildungsinstitutionen. Berichte wurden vorgelegt und diskutiert. Keine Anstrengung, sei es in Form des Fragebogens oder persönlicher Kontakte, war zuviel, um die Vorstellungen all derer zu berücksichtigen, die ein direktes oder indirektes Interesse an der Zukunft der Universitäten hatten.

Den Mitgliedern stand auch eine breite Auswahl einschlägiger Literatur zur Verfügung. Darunter befanden sich der AUT-Bericht, die „Schwalbacher Richtlinien" und „Marburger Hochschulgespräche" und

---

[15] Notiz vom 24. 10. 48 (Lindsay-Archiv, L 221).

Werke von Jaspers, Ortega y Gasset und Adolf Löwe sowie auch Bruce Truscotts „Red Brick University" und Handbücher britischer Universitäten, Statuten und Freibriefe und die Verfassungen deutscher Universitäten.

4 Zusammenfassung

Das Gutachten war das Ergebnis gemeinsamer Bemühungen: Während der ganzen Zeit verfaßten Mitglieder der Kommission fortwährend Referate und Entwürfe zu den zentralen Diskussionsbereichen, und diese wurden in den verschiedenen Sitzungen besprochen und abgeändert; was am meisten überrascht, ist, daß sie schließlich in allen Punkten übereinstimmten und einen von allen einstimmig verabschiedeten Bericht erstellten. Lindsay meinte dazu:

„Als wir anfingen, waren wir so verschieden wie Tag und Nacht, aber unser Bericht war von allen getragen. Die Einstimmigkeit war echt. Wir stimmten wirklich überein."[16]

C. F. v. Weizsäcker („der entscheidende Mittelpunkt" [Reimers]) und von Salis wurden als die einflußreichsten Mitglieder angesehen[17]. Aber Lindsay, der als „der Geist, der über allem schwebt" beschrieben wurde, hatte vollen Anteil an den Sitzungen, besonders wenn es um die Klärung von Vorstellungen ging, z. B. Vorschläge zum Studium generale. Der Abschnitt über „Universität und Gesellschaft" und Pläne für die Entwicklung der Rolle der Universitäten in der Erwachsenenbildung waren sicherlich Dinge, die ihm am Herzen lagen und für die er bereit war, hart zu kämpfen. Sein besonderer Stil, so meinte man, sei in der Schlußfassung erkennbar[18], obwohl gesagt werden muß, daß er nur einen geringen Teil des Gutachtens in seiner endgültigen Form entwarf. Seine Tochter zitiert den Abschnitt über die Freiheit von Forschung und Lehre (er hatte ein Referat über „Die Grenzen der Lernfreiheit" verfaßt) und kommentiert:

---

[16] Lindsay: „The Commission on German Universities", Universities Quarterly, November 1949, Jahrg. 4, Heft 1.
[17] Weizsäcker, von Salis und Reimers bildeten einen Unterausschuß, um die Endfassung des Gutachtens fertigzustellen.
[18] „Beim Durchlesen einiger Teile des Berichts hat man das Gefühl, daß sie fast ‚reiner Lindsay' sind." (Sir James Mountford: Keele. An Historical Critique, London 1972, S. 137.)

„Darin zeichnen sich Lindsays Vorstellungen ab, und er zeigt, wieviel er bestimmt zu Lösungen beitrug, wenn er sie nicht aufdrängte." (Scott, S. 301)[19]

Nach dem Erscheinen des Gutachtens schrieb Birley an Lindsay, um ihm zu danken:

„Wie Everling mir sagte, waren Sie ‚unentbehrlich'. Und ich muß Ihnen für viel mehr danken, als nur für den Bericht, der, wie ich weiß, ohne Ihre Hilfe niemals einstimmig oder so wertvoll gewesen wäre. Ich kann sehen, daß Ihre Besuche an den Universitäten und Ihre verschiedenen Kontakte in Deutschland einen tiefen Eindruck hinterlassen haben."[20]

Das „Gutachten zur Hochschulreform" wurde im allgemeinen positiv aufgenommen, aber trotz anfänglicher Begeisterung für seine Empfehlungen (und nicht wenigen Versuchen, sie in den Anfangsjahren auszuführen) blieb es eher ein Anreiz zur Reform als ein fester Plan. Im Kontext britischer Politik im Nachkriegsdeutschland bleibt er ein bedeutsamer Versuch, die Deutschen durch einen typisch britischen demokratischen Prozeß zu ermutigen, das zu tun, was in den Augen der AUT-Delegierten und anderer schwierig, wenn nicht unmöglich sein würde. Der deutschen Kommission gelang es, einen beeindruckenden Bericht zu verfassen, und es war ein *deutscher* Bericht. Die Ursachen der mangelnden Wirkung des Gutachtens müssen noch erforscht werden.[21]

Literatur

Balfour, Michael / Nair, John: Four-Power Control in Germany and Austria, 1945–1946. London 1956
Dodds, Eric Robertson: Missing Persons. An Autobiography. Oxford 1977
Friedmann, Wolfgang: The Allied Military Government of Germany. London 1947
Gutachten zur Hochschulreform, Studienausschuß für Hochschulreform 1948. (Dokumente zur Hochschulreform 1945–1959. Hrsg. v. Rolf Neuhaus)

---

[19] Lindsays Einfluß auf die Beschlüsse der Kommission wird ausführlicher dargestellt in: David Phillips: „Lindsay and the German Universities – An Oxford Contribution to the Post-War Reform Debate", Oxford Review of Education, Jahrg. 6, Heft 1, 1980.
[20] Brief vom 15. November 1948 (Lindsay-Archiv, L 221).
[21] Ich bin Franz Laferton für die Übersetzung dieses Aufsatzes aus dem Englischen zu Dank verpflichtet.

Hocking, William Ernest: Experiment in Education. London 1954
Husemann, Harald: Ein Jahrhundert deutsch-englischer Universitätsbeziehungen. In: IZEBF, Heft 9, 1978
Liddell, Helen (Hrsg.): Education in Occupied Germany. Paris 1949
Samuel, Richard Herbert / Thomas, Richard Hinton: Education and Society in Modern Germany. London 1949
Scott, Drusilla: A. D. Lindsay. A. Biography. Oxford 1971

René Cheval

Die Bildungspolitik in der Französischen Besatzungszone

1 Die Situation Frankreichs 1945

Frankreich, in letzter Minute in den Kreis der Siegermächte aufgenommen, sah sich, kaum von einer vierjährigen Besetzung befreit, in die Situation einer Besatzungsmacht versetzt. Es hatte seine nationale Identität kaum wiedergefunden und wurde schon mit dem Auftrag konfrontiert, an der Verwaltung des besetzten Deutschlands teilzunehmen. Ein so schroffer Übergang brachte eine Reihe von Problemen mit sich.

(1) Nach Jahren systematischer Ausbeutung lag für Frankreich die Priorität beim Wiederaufbau seiner ausgebluteten Wirtschaft. Nichts war damals dringender, als die offenen Wunden zu schließen, die Industrie wieder in Gang zu bringen, die Verkehrswege wieder instand zu setzen. Alles, was an Kräften übrig blieb, mußte sich in den Dienst der nicht nur materiellen *Reconstruction* stellen. Das bedeutet, daß auf der Sorgenliste der Franzosen damals die Besetzung Deutschlands nicht an erster Stelle stand, aber auch, daß, wenn man schon eine Zone zugeteilt bekam, das noch vorhandene Potential dieser Zone den Wiederaufbau im Mutterland stützen sollte.

(2) Frankreich hatte – im Unterschied zu den USA und England – keine Zeit gehabt, über Form und Ziele der Besetzung ein Gesamtkonzept auszuarbeiten. Sicher war in gewissen Kreisen bereits in Algier, später in Paris, diese Möglichkeit erwogen worden, aber von einer durchdachten Planung konnte nicht die Rede sein. Das erklärt die Improvisation, die die französische Besatzungspolitik, wenigstens in der Anfangszeit, charakterisiert; Improvisation in der Rekrutierung und Ausbildung des Verwaltungspersonals, von der Basis bis zur Spitze der Hierarchie; Improvisation vor allem in der Festsetzung der Prioritäten: Was war wichtiger, die Schaffung einer politischen Einflußsphäre (oder, wie manche meinen, die Errichtung eines „cordon sanitaire") im südwestdeutschen Raum oder die unmittelbare Ausnutzung der wirtschaftlichen Kapazität der Zone oder ein langfristiger Plan zur Umerziehung und Rehabilitierung des deutschen Volkes? Es bestand keine Übereinstimmung darüber, weder zwischen den verschiedenen Organen der Militärregierung noch zwischen der Militärregierung selbst und der Regierung in Paris.

(3) So unvorbereitet Frankreich auf die Besetzung Deutschlands im Jahre 1945 auch war, war es doch nicht ohne Erfahrung im Umgang mit einem besetzten Deutschland. Die Erinnerung an die Rheinlandbesetzung nach dem Ersten Weltkrieg war noch wach, sowohl bei den Besetzern als bei den Besetzten, die Tragikomödie der vertauschten Rollen bereicherte sich um einen neuen Akt, Napoleon Buonaparte, Bismarck, die Besetzung Nordostfrankreichs 1914–18, die Rheinlandbesetzung nach 1918, die Nazi-Besetzung 1940–44 und nun wieder französische Truppen auf deutschem Gebiet. Wenn auch diese Form des Austauschs nicht die denkbar günstigste ist, um die Völker einander näher zu bringen, so hat sie doch nicht nur negative Seiten. In dieser reichen Vorgeschichte, wo das eine und das andere Volk abwechselnd die Rolle des männlichen, bzw. des weiblichen Elements übernommen hatte, hatte sich zwar viel Ressentiment angehäuft, aber auch eine Art Gewöhnung an das wiederholte Familiendrama eingestellt.

(4) Anders als im Verhältnis der Deutschen zu den anderen Besatzungsmächten standen 1945 Franzosen und Deutsche einander gegenüber in einem eigenartigen Nähe-Ferne-Komplex. Obwohl auf der Seite der Sieger, ging Frankreich derart erschöpft aus dem Krieg hervor, daß, außer bei einigen Unverbesserlichen, der Triumphalismus von 1918 nicht angebracht war. Die Deutschen hatten den absoluten Tiefpunkt erreicht, die Franzosen waren nahe daran. Diese gemeinsame Erfahrung des Abgrunds ließ wenig Zweifel darüber, daß die teuflische Verkettung der deutsch-französischen Auseinandersetzungen nun ihre völlige „Absurdität", wie die Existentialisten sagten, gezeigt hatte. Um die Wiederholung des Unsinns zu vermeiden, standen sich zwei Thesen gegenüber: Für die einen sollte die Renaissance eines starken deutschen Staates mit allen Mitteln verhindert werden, für die anderen war es nun an der Zeit, einen neuen Anfang in Richtung einer gemeinsamen Zukunft zu machen. Wenn bei der älteren Generation, die den Ersten Weltkrieg mitgemacht hatte, Überlegenheitskomplexe und Vergeltungslust noch vorhanden waren, so überwog bei den Jüngeren, selbst mit Kriegsgefangenen-, gar Konzentrationslagererfahrung, der Wille zur Aussöhnung. Selbst diejenigen, deren Selbstbewußtsein die Erniedrigung Deutschlands im Augenblick stärkte, hatten die dunkle Ahnung, daß es mit der Verteufelung und Verdammung Deutschlands allein nicht getan war, daß Wege zu einer späteren Verständigung nicht versperrt werden dürften.

(5) Von deutscher Seite wurden die Franzosen nicht ohne weiteres als Sieger und Besetzer akzeptiert. Die Macht der Amerikaner wie der Russen wurde stillschweigend anerkannt, das selbstsichere Auftreten der Briten imponierte. Die zusammengewürfelten französischen Streitkräfte,

ihre uneinheitliche Ausrüstung, ihre auf Requisitionen angewiesene Intendantur geboten nicht gerade Ehrfurcht. Schlimmer noch, eine Flut von Beamten der Militärregierung (einer in der Tat notdürftig in militärische Uniformen eingekleideten Zivilverwaltung) ergoß sich mit Kind und Kegel über die Zone, die für ihre Unterkunft, ihre Verpflegung, ihre materiellen Bedürfnisse aufkommen mußte. Daß die sichtbare Armut der Franzosen von der noch größeren Armut der Deutschen getragen werden mußte, erhöhte nicht das Ansehen des westlichen Nachbarn. Aber trotz allen Zweifels an der Legitimität des Siegers, trotz Requisitionen, Demontagen und Abforstungen wurde die französische Präsenz nicht ungeduldiger ertragen als die der anderen Alliierten. „Mit den Franzosen läßt sich reden", die geläufige Redensart besagte nicht nur, daß die Franzosen es nicht so genau nahmen (z. B. mit der Entnazifizierung) wie andere Alliierte, sondern daß man mit ihnen tatsächlich ins Gespräch kommen konnte, daß die Distanz zwischen dem Sieger von heute (dem Besiegten von gestern) und dem Besiegten von heute (dem Sieger von gestern) sich leichter überbrücken ließ.

Dies ist der Hintergrund, den man sich vor Augen halten muß, um die Bildungspolitik der Franzosen in ihrer Zone richtig einzuschätzen. Es ist nicht so, daß sie ein fertiges Konzept nach Deutschland gebracht hätten, auch nicht so, daß die Militärregierung ihren Bildungsoffizieren zwingende Weisungen gegeben hätte. Die Improvisation, die in der ersten Zeit herrschte, hatte wenigstens das Verdienst, den einzelnen Initiativen viel freien Raum zu lassen. Deshalb scheint es unerläßlich, bevor die Bildungspolitik untersucht wird, sich ein Bild von den Menschen zu machen, die sie verkörpert haben.

2   Die Träger der Bildungspolitik

Die Bildungspolitik in der Französischen Zone wird weitgehend mit einer Persönlichkeit identifiziert, Raymond Schmittlein, der unverkennbar eine entscheidende Rolle bei der Festsetzung der Ziele und dem Aufbau der Strukturen der Bildungsbehörde der Zone, der Direction de l'Education Publique, gespielt hat. Wer war Raymond Schmittlein? Das Buch von Peter Manns[1] ist zu persönlich – hagiographisch, um befriedigende Antworten zu bringen. Ausgebildeter Germanist (agrégé d'alle-

---

[1] Peter Manns, Höchst persönliche Erinnerungen an einen großen Franzosen und die bewegten Jahre der Wiederbegründung einer alten Universität, Verlag Dr. Hanns Krach, Mainz 1978.

mand, ein akademischer Grad, den nur die Elite der Deutschlehrer nach einem schweren „concours" erlangt), mit einer Deutschen verheiratet, war er schon vor dem Krieg mit der Leitung des französischen Kulturinstituts in Riga betraut worden. 1940 kam er über Stockholm nach Libyen und Syrien, bevor er wegen seiner Sprachkenntnisse als Militärattaché nach Moskau geschickt wurde. Ende 1944, als Kommandeur einer Infanterie-Division, befreite Oberst Schmittlein die Stadt Belfort, das Tor zum Elsaß. Anfang 1945 erhielt er mit 41 Jahren den Auftrag, Pläne für die Bildungspolitik in einer noch hypothetischen Französischen Zone auszuarbeiten und das dafür geeignete Personal zu rekrutieren. Im Juni 1945 begann in Baden-Baden seine Tätigkeit, die er erst 1952 in Mainz aufgab.

Ein Gelehrter von Rang, wie es seine zahlreichen Veröffentlichungen beweisen, aber auch eine Kämpfernatur, die es sich aufgrund der eigenen militärischen Verdienste erlauben konnte, der Generalität die Stirn zu bieten, durch das persönliche Verhältnis zu de Gaulle von bürokratischen Schereien weitgehend verschont, war Schmittlein unter den hohen Beamten der Zone wohl der einzige, der soviel Handlungsfreiheit hatte. Dies will nicht bedeuten, daß er nicht den politischen, wirtschaftlichen und sonstigen Forderungen der Militärregierung Rechnung tragen mußte, aber er wußte sein Ressort gegen äußere Eingriffe und Angriffe energisch zu schützen.

Unterstützt wurde er in seiner Aufgabe von einer Equipe, einem „Rennstall", wie manche spöttisch-neidisch sagten, die er zum großen Teil selbst zusammengestellt hatte, meistens junge Germanisten (die älteren wahrten damals einen vorsichtigen Abstand zu Deutschland), zum Teil mit einer guten Kenntnis des Nazi-Deutschland, die Schmittlein mit seiner unbürokratischen Art und seinen kühnen Plänen für eine – beiderseits – vertrauensvolle Zusammenarbeit gewonnen hatte. Obwohl autoritätsbewußt, ließ er seinen Mitarbeitern genügend Raum für Privatinitiativen, so daß der Historiker von heute nicht überrascht sein sollte, wenn bei der Durchführung der Richtlinien der Kulturpolitik hier und dort regional- oder lokalbedingte Nuancen auftreten.

In diesem Zusammenhang könnte man sich fragen, ob in den Augen der politischen Strategie Frankreichs die einzelnen Länder der Zone denselben Stellenwert hatten, ob nicht, entgegen der französischen Neigung zum Zentralismus, jedem von ihnen eine unterschiedliche Behandlung zugedacht war. Was das Saarland angeht, ist es ohne weiteres klar; es scheint auch, daß die Länder am Rhein, Rheinland-Pfalz noch mehr als Südbaden, in den Augen der Militärregierung „interessanter" waren als das weiter östlich liegende Württemberg-Hohenzollern. Dies erklärt unter anderem, warum Universitätsneugründungen ausschließlich im Saarland und in Rheinland-Pfalz stattgefunden haben. Inwiefern sie der persönlichen Initiative Schmittleins oder einer auf höchster Ebene gefaßten Entscheidung zuzuschreiben sind, kann heute nicht mit Bestimmtheit gesagt werden. Sicher ist nur, daß ohne die Zustimmung und den persönlichen Einsatz Schmittleins die Durchführung solcher Pläne fraglich gewesen wäre.

3 Die Anfänge

Es ist heute Mode geworden, rückblickend den Alliierten ihre Konzeptlosigkeit im schulpolitischen Bereich vorzuwerfen, sie für die später diagnostizierte „Bildungsnot" rückwirkend verantwortlich zu machen. Hätten 1945 die Alliierten grundlegende „demokratische" Reformen eingeführt, hätten sie den Mut (oder auch nur den Willen) gehabt, nicht nur das Schulsystem der Nazi-Zeit zu beseitigen, sondern auch mit der reaktionären vornazistischen Schulpolitik zu brechen, so hätten sie der Bundesrepublik 20 Jahre später eine „Kulturrevolution" erspart. Diesen Vorwurf hört man von jungen, ideologisch stark engagierten Historikern, die, 1945 kaum geboren, davon ausgehen, daß ihre Väter aus Trägheit, Schwachsinn oder Ahnungslosigkeit die einmalige Chance des Zusammenbruchs nicht wahrgenommen hätten, um die Gesellschaftsordnung von Grund auf umzugestalten.

Wenn damit gesagt werden soll, daß die deutsche Bevölkerung 1945 für Zukunftsvisionen, geschweige denn für dialektische Spekulationen völlig unempfänglich gewesen sei, kann man nur zustimmen. Die Deutschen waren so lange mit Schlagwörtern gefüttert worden, daß sie gegen jede Form – auch die demokratische – von politischer Rhetorik in höchstem Maße allergisch waren. Was an Energie übrig blieb, reichte für das Überleben heute und morgen gerade noch aus; wie hätte man sich ein Übermorgen vorstellen können? Eine Abkehr von der Vergangenheit wurde gefordert, eine Perspektive für die Zukunft gab es nicht. Deutschland hatte keine Geschichte mehr, weder hinter sich noch vor sich, nur der Augenblick, die Aneinanderreihung von Augenblicken, hatte noch eine Wirklichkeit, der nackte Selbsterhaltungstrieb war es, der noch von einem deutschen Willen zeugte. Es ist klar, daß in diesen Verhältnissen weder von einer echten Abrechnung mit der Vergangenheit noch von Zukunftskonstruktionen die Rede sein konnte. Deutschland hatte nicht aufgehört zu leben (insofern sind Begriffe wie „Zäsur" oder „Vakuum" irreführend), aber es bewegte sich mit kleinen, ganz kleinen Schritten, ohne sich umsehen und nach vorne schauen zu wollen.

So viele Menschen waren vom Strudel erfaßt worden, Vertriebene, Flüchtlinge aus den Großstädten, verstörte Wehrmachtsangehörige, daß sie nur den einen Wunsch hatten, irgendwo Fuß zu fassen und eine noch so bescheidene Existenzbasis zu finden. Nun, die Rückkehr zu einem Mindestmaß an Stabilität setzte voraus, daß die Jugend den Weg in die Schulen wiederfinden konnte. Eine umherirrende, sich selbst überlassene Jugend hätte einen zusätzlichen Unsicherheitsfaktor dargestellt, das sah auch die Militärregierung ein. So kam es, daß trotz Raum- und Personalmangels die Schulen aller Art, zunächst die Volksschulen, dann die Oberschulen und schließlich die Universitäten eröffnet wurden, in aller Eile, ohne sich Zeit zu lassen, um die Spuren der jüngsten Vergangenheit gründlich auszumerzen, das Lehrpersonal auf seine Eignung zu prüfen, ein adäquates pädagogisches Konzept zu entwickeln und die dafür erforderlichen Lehrmittel (vor allem Lese- und Geschichtsbücher) zu beschaffen. Es ist wahr, daß es keinen Neubeginn vom Nullpunkt aus gegeben hat, sondern Improvisation, Kompromisse, einen Pragmatismus der Retuschen, der grundsätzlichere Reformen auf später hinausschob, nicht ohne den geheimen Wunsch, wenigstens bei einigen, daß diese nicht zu bittere Medizin chirurgische Eingriffe ersparen möge. Es sah manchmal so aus, als nutzten gewisse deutsche Behörden die Situation aus, um ein Provisorium zu schaffen, dem sie ein langes Leben wünschten.

Es ist nicht so, daß die Alliierten oder wenigstens einige helle Köpfe in der Militärregierung gegen solche Versuche, die Vergangenheit in aller Stille zu begraben, blind waren. Aber, unvorbereitet wie man in der Französischen Zone war, konnte man nur an die großen, notwendigerweise vagen Richtlinien des Kontrollrats erinnern, ohne in ihrer Handhabung sehr strikt zu sein. Man ließ im allgemeinen gewähren und begnügte sich mit Detailkorrekturen. Überdies mißfiel es den Franzosen nicht, sich im Bildungssektor großzügig zu profilieren, teils um die traditionelle Aufgeschlossenheit Frankreichs im Kulturbereich zu dokumentieren, teils um von einem viel energischeren Vorgehen im wirtschaftlichen Sektor abzulenken, teils weil sie der rigorosen Praxis der Entnazifizierung, wie sie in der benachbarten Amerikanischen Zone angewendet wurde, mit einiger Skepsis gegenüberstanden. Heutige und künftige Historiker werden das spezifische Gewicht dieser einzelnen Faktoren zu bestimmen haben. Tatsache ist, daß die Französische Zone bald den Ruf genoß – und vielleicht auch verdiente –, auf dem Gebiet der Bildung und der Kultur liberaler, aufgeschlossener zu sein als die anderen Besatzungszonen.

Daß z. B. die Universität Tübingen bedeutende Lehrer und Forscher wie Butenandt, Gamillscheg, Spranger, Guardini u. a. m. anzuziehen wußte, ist zwar nicht allein diesem Renommee zuzuschreiben, doch wurde manche Entscheidung von dem Gefühl diktiert, daß das Besatzungsklima hier erträglicher sei als an mancher anderen Hochschule. Hier konnte, als am 14. Oktober 1945 die zwei theologischen Fakultäten mit dem althergebrachten Zeremoniell wieder eröffnet wurden, der Eindruck entstehen, daß tatsächlich die Dinge ihren alten Lauf nähmen, daß die Kontinuität nicht bedroht sei. Daß für manche dieses wohltuende Gefühl der Permanenz mit Immobilismus gleichbedeutend war, kann nicht geleugnet werden.

4 Die Bewältigung der Vergangenheit

So verständlich es auch war, daß die Deutschen die 12 Jahre der Nazi-Herrschaft am liebsten ausgeklammert oder gar gestrichen hätten, um an eine respektable Tradition anzuknüpfen, so berechtigt war auch die Frage, an *welche* deutsche Vergangenheit man anschließen wollte. Das einzige demokratische Modell, das die deutsche Geschichte zu bieten hatte, war die Weimarer Republik, die alles andere als vorbildlich und nachahmenswürdig erschien. Die Demokratie, die die Alliierten predigten und gegebenenfalls aufzuoktroyieren bereit waren (was natürlich nicht dazu angetan war, sie glaubwürdig zu machen), assoziierte in der Vorstellung der Deutschen mit Demütigung, Inflation, Wirtschaftskrise, Arbeitslosigkeit, Anarchie. Ein neuer Anlauf, selbst unter anderen Voraussetzungen, begeisterte nicht. An der „großen" Zeit des Zweiten Reichs durfte sich die Phantasie, selbst für Nostalgiker, kaum orientieren. Soweit der Blick reichte, hatte Deutschland kein Beispiel einer akzeptierten und gelungenen Demokratie aufzuweisen, kein Beispiel einer demokratischen Revolution, die nicht im Keim erstickt worden wäre. Sollte man davon ausgehen, worauf Heine, Marx und eine Reihe von ausländischen Deutschland-Kennern hingewiesen hatten, daß der deutsche Mensch sich durch eine angeborene Unfähigkeit zur Demokratie von der übrigen Menschheit absondere? Wer so dachte, mußte zwangsläufig jede Katharsis der deutschen Seele für illusorisch halten. Nur eine Politik der starken Hand sei in Deutschland angebracht, ein Volk von Untertanen könne nur unter Vormundschaft leben.

Dagegen mußte es zum Credo der aufklärerischen Linken gehören (zu der sich traditionell viele französische Lehrer bekennen), daß Deutschlands Schicksal nicht seit jeher und für immer besiegelt sei, daß es wie jedes andere Volk durch geeignete Erziehung emanzipationsfähig sei.

Deutschland sei eine „verspätete Nation", die den Läuterungsprozeß der großen westlichen Demokratien nicht durchgemacht habe, die auf manchen Gebieten, besonders auf dem der Erziehung zum Bürger, dem mittelalterlich-romantischen Obskurantismus nicht abgeschworen habe. Aber dieser Rückstand sei durch die Einführung „demokratischer" Bildungseinrichtungen ohne weiteres einzuholen.

Es ist eine unerschütterliche Überzeugung der Mehrheit der Franzosen, daß Grundrechte und -freiheiten nur garantiert sind, insofern der Staat Institutionen schafft, die den Bürger vor Ungleichheiten, vor Diskriminierungen schützen sollen. Dies gilt vor allem im Schulbereich: Das laizistische Schulkonzept geht davon aus, daß alle Kinder der Nation gleich behandelt werden müssen, d. h. daß jeder Schüler ohne Unterschied der sozialen Herkunft und der konfessionellen Zugehörigkeit dieselben Bildungsmöglichkeiten angeboten bekommt. Das hat zur Folge, daß die Erziehung zwangsläufig ein Staatsmonopol[2] zu sein hat, denn allein der Staat ist imstande, die Unabhängigkeit der Schule zu gewährleisten, vor allem gegenüber der Kirche, deren Einflußbereich vor den Toren der „laizistischen, öffentlichen und obligatorischen" Staatsschule aufhören muß. Sobald die Kirche ihre Kompetenzpläne überschreitet und neben der Betreuung der Seelen auch noch die Bildung der jungen Geister beansprucht, fühlt sich der Jakobiner, der in vielen Franzosen schlummert, von einer Renaissance der Inquisition bedroht. Die starke Bindung des deutschen Schulsystems an die Kirchen mußte ihnen deshalb als die Wurzel allen Übels erscheinen. Wenn Deutschland sich nie richtig zur Demokratie bekannt hatte, wenn der Bürger so oft der Obrigkeit hilflos ausgeliefert gewesen war, so war, dachten viele, die Rückständigkeit des deutschen Schulwesens dafür verantwortlich. Auf diesem Gebiet sollte der entscheidende Eingriff vorgenommen werden, wenn man es mit dem Aufbau der Demokratie in Deutschland ernst meinte.

Das Allheilmittel bot sich in der Form (und natürlich auch in dem Geist) des französischen Erziehungswesens, das man für so vorbildlich hielt, daß man es en bloc exportieren wollte, ohne die Korrekturen, die die Anpassung an die deutsche Situation erfordert hätte. Ein Beispiel unter vielen: Man legte Wert darauf, das französische Benotungssystem (Zensuren von 1 bis 20) einzuführen, mit der Begründung, eine so breite Skala sei viel gerechter (demokratischer!) als die zu undifferenzierte (undemokratische!) Einstufung von 1 bis 5, mit der die Deutschen bis-

---

[2] Privatschulen, meist konfessionelle Schulen, gibt es in Frankreich auch. Sie waren aber lange (heute nicht mehr) nur geduldet und wurden als anachronistische Fremdkörper empfunden.

lang ganz gut gefahren waren, ohne zu ahnen, daß sie damit ihre Allergie gegen die Demokratie bekundeten! Aber es liegt nun einmal im Wesen des Missionarismus, des laizistischen wie des religiösen, daß das Dogma ein zusammenhängendes Ganzes bildet, das in allen seinen Teilen seine Vollkommenheit offenbart.

Der aufklärerische Eifer der Franzosen wurde nicht, sehr zu ihrer Überraschung, wie die Heilsbotschaft empfangen, die die Erlösung hätte bringen sollen. Erstens einmal, weil man ein fremdes Modell nie richtig akzeptiert, besonders wenn der Lehrmeister eine Uniform trägt und in dem Verdacht steht, von eigennützigen Hintergedanken nicht frei zu sein. Selbst wenn die Franzosen durch die Angleichung zweier in der Tat sehr verschiedener Bildungskonzepte einer künftigen Annäherung der Jugend den Weg ebnen wollten, war man nicht berechtigt, dahinter einen neuen Vorstoß des französischen Kulturimperialismus zu vermuten, um so mehr, als die Besatzungsmacht dem Unterricht der französischen Sprache in allen Schultypen den Vorrang zu geben versuchte? Überdies fürchtete man, durch eine zu enge Bindung an Frankreich, den schwächsten unter den Alliierten, allzu einseitig den Weg in eine voraussichtlich spannungsreiche Zukunft zu bestimmen.

Der stärkste Widerstand kam aber, wie zu erwarten war, von den Kirchen. In der Französischen Zone, die vorwiegend katholisch war, wußte sich die katholische Hierarchie bei den Besatzungsbehörden sehr schnell Gehör zu verschaffen, denn sie war praktisch die einzige noch bestehende Struktur, die trotz Schmähungen und Verfolgungen den Nazis die Stirn geboten hatte. Ganz besonders auf dem Schulsektor waren die Kirchen vom Führerstaat entmachtet worden, und nach seinem Sturz war es selbstverständlich, daß sie Anspruch auf Wiedergutmachung, d. h. auf Rückkehr zur Situation von 1933 erhoben. Nicht weniger selbstverständlich war es, daß sie den Reformplänen der Franzosen mißtrauisch gegenüberstanden und daß sie alles daran setzten[3], um sie in Schach zu halten. Ihre Argumentation war nicht ohne Schlagkraft: der konfessionelle Schulpluralismus gehöre zur deutschen Tradition und sei immer (siehe Kulturkampf) ein Schutz gegen die Machtansprüche des Staates gewesen. Die Nazis hätten gezeigt, zu welchen teuflischen Zwekken der schulpolitische Zentralismus mißbraucht werden könne. Das zentralistische Schulkonzept der Franzosen könne nur die jungen demokratischen Kräfte vor den Kopf stoßen und die Christdemokraten, die im südwestdeutschen Raum die Mehrheit der Wähler um sich sammel-

---

[3] Hier eröffnet sich für die Forschung ein breites Feld, das bis jetzt wenig Beachtung gefunden hat.

ten, ließen keinen Zweifel daran, daß sie sich für die Konfessionsschule einsetzen würden. Die Reformpläne der Franzosen wurden ohne Trauer zu Grabe getragen, die Restauration siegte.

Ist die Bilanz der französischen Bildungspolitik in der Zone letzten Endes als negativ anzusehen? Im großen Rahmen, ja: Von den grundsätzlichen Vorstellungen, die die Franzosen mit sich brachten, hat sich wohl keine durchgesetzt. Das lag nicht nur an der deutschen Abneigung gegen durchgreifende Neuerungen, sondern an den Widersprüchen der französischen Politik selbst. Es war kaum vertretbar, auf dem Schulsektor ein zentralistisches Modell durchführen zu wollen, während man auf überzonaler Ebene alles daran setzte, um den Partikularismus der Länder der Zone gegen die Entstehung eines zentralisierten westdeutschen Staates auszuspielen. Es war wenig glaubwürdig, im Erziehungsbereich Grundsätze zu vertreten, die man gleichzeitig auf der politischen Ebene nicht gelten ließ. Man konnte nicht zugleich den Pluralismus in der Schulpolitik für schädlich erklären und ihn in seiner extremsten Form für die Konstruktion des neuen deutschen Staates empfehlen. In diesem Widerspruch ist wahrscheinlich der Grund zu suchen, warum Schmittlein 1952 den Entschluß faßte, Deutschland zu verlassen, um innenpolitisch als Abgeordneter in der Nationalversammlung, zeitweilig als Staatssekretär einen Einfluß auf die Entscheidungszentren der Regierung nehmen zu können. Seine Rolle bei der Entstehung des deutschfranzösischen Vertrags von 1963, insbesondere in seinem kulturpolitischen Teil, müßte noch untersucht werden.

Wenn also festgestellt werden muß, daß die Ziele der französischen Bildungspolitik in der Besatzungszeit nicht erreicht worden sind, ist es doch nicht so, als wären nicht einige, für die Zukunft brauchbare Bausteine übrig geblieben. Ich spreche nicht von den damaligen Hochschulgründungen, die heute von der bundesdeutschen Universitätslandschaft nicht wegzudenken sind. Das Entscheidende scheint mit darin zu liegen, daß die seinerzeit nicht unter den denkbar besten Voraussetzungen begonnene Diskussion um die Schule sich fortgesetzt und zu fruchtbaren Ergebnissen geführt hat. Die sehr weit auseinanderliegenden theoretischen Auffassungen und praktischen Realitäten des französischen und des deutschen Erziehungssystems wirkten auf die Spezialisten dies- und jenseits des Rheins wie eine Herausforderung. Wer ohne Leidenschaft an die Probleme heranging, mußte erkennen, daß eben in der Divergenz Chancen für eine Konvergenz gegeben waren, anders gesagt, daß man vom anderen lernen konnte und mußte.

So wurde in Frankreich, und nicht erst nach 1968, die Forderung nach Dezentralisierung immer lauter, bis sie schließlich im „Orientierungsgesetz" von 1968 verankert wurde. Nach deutschem Beispiel wollte man mehr Autonomie, Selbstverwaltung, eine stärkere Profilierung der einzelnen Universitäten. In derselben Zeit bewegte sich die deutsche Hochschulpolitik in umgekehrter Richtung, vom Hochschulpartikularismus zur Gesamthochschule, die Notwendigkeit einer zentralgesteuerten Schul- und Hochschulpolitik wurde erkannt und Institutionen auf Bundesebene wurden dafür geschaffen. Auch auf anderen Sektoren wie Abiturreform, Gesamtschule, Berufsausbildung fanden und finden heute noch Entwicklungen statt, die hier und dort von einer merkwürdigen Empfänglichkeit für das einst verworfene Modell des anderen Landes zeugen. Dies mag an der allgemeinen Unsicherheit in Erziehungsfragen liegen, vielleicht auch an dem immer wieder auftretenden Wesenszug der deutsch-französischen Beziehungen, der sonderbaren Mischung von Ablehnung und Anziehung, die Jules Romains 1933 mit dem Begriff „Le couple France-Allemagne" bezeichnete, wobei „couple" sowohl als Gemeinschaft von Mann und Frau, als auch als Kräftepaar aufgefaßt werden kann, ein magnetisches Feld, in dem Spannung und Einklang, Zwist und Eintracht abwechselnd Bewegung und Erstarrung, Komplementarität und Unverträglichkeit erzeugen.

Jérôme Vaillant

Was tun mit Deutschland?*

Die französische Kulturpolitik im besetzten Deutschland von 1945 bis 1949

1 Thesen

(1) Die Kulturpolitik der einzelnen Besatzungsmächte hing von den Vorstellungen ab, die sie sich vom Faschismus gemacht hatten.

(2) Sie ist in der Umerziehung der deutschen Kriegsgefangenen vorgezeichnet.

(3) Über die Entnazifizierungs- und Bildungspolitik hinaus führt die von Frankreich in der Französischen Besatzungszone betriebene Kulturpolitik zur Aufnahme von Beziehungen zur Außenwelt und zum Organisieren internationaler Treffen.

2 Vorgeschichte

„Was tun mit Deutschland?" lautet der Titel, den Pierre Grappin nach dem Kriege für seine Zusammenstellung der verschiedenen politischen Verfahrensweisen der Besatzungsmächte in Deutschland gewählt hatte. „What to do with Germany?", dieselbe Frage war in den USA schon vor Kriegsende von Louis Nizer in einem Buch, das diesen Titel trägt, aufgeworfen worden. Er kam darin dem Standpunkt von Lord Vansittart (Großbritannien) sehr nahe, für den Deutschland der „unverbesserliche Aggressor", der „Würgeengel" schlechthin war. Nizer hält den Nationalsozialismus für die Umsetzung des deutschen Gedankens. In jedem Deutschen schlummere ein Teutone. Nicht allein die deutsche Regierung habe der zivilisierten Welt den Krieg erklärt, sondern das ganze deutsche Volk. Daher befürwortet Nizer gegenüber dem besiegten Deutschland eine sehr strenge Politik, die bewirken sollte, es als Gegner für alle Zeiten auszuschalten.

---

* Es handelt sich hier um die in Hinblick auf die Bielefelder Tagung (September 1979) der Historischen Kommission der Deutschen Gesellschaft für Erziehungswissenschaft überarbeitete Fassung eines Vortrags, den der Verfasser am 9. 5. 77 im Heinrich-Heine-Haus in Paris gehalten hat.

Wenn dies hier als eine Art Einleitung in Erinnerung gerufen wird, so geschieht das, um zu zeigen, daß die Antwort auf die gestellte Frage von den Vorstellungen abhing, die sich die Sieger vom nationalsozialistischen Deutschland, von ihrer Deutung und Auslegung des Phänomens Faschismus gemacht hatten. Die Antwort auf die Frage, was mit Deutschland anzufangen sei, hing davon ab, welchen Begriff die Besatzungsmächte von Deutschland und dem Nationalsozialismus hatten.

Die *Sowjetunion* faßte den Nationalsozialismus als Teil der faschistischen Bewegung auf, als Folge der Widersprüche des deutschen Kapitalismus in seinem letzten Entwicklungsstadium, dem Imperialismus. Diese Auffassung gebot eine Reform der Eigentumsverhältnisse, wenn das Übel an der Wurzel gepackt werden sollte, also eine grundlegende Umgestaltung der ökonomischen Basis, auf der sich der Nationalsozialismus entwickeln konnte. Daraus wurde die Notwendigkeit der Vergesellschaftung der Produktionsmittel abgeleitet, und zwar hauptsächlich in der Schwerindustrie als Basis der Rüstungsindustrie; weiterhin hielt die Sowjetunion die Brechung des Bodenmonopols der Junker und Großgrundbesitzer für unerläßlich, nicht zuletzt, weil jene zu den wichtigsten Stützen Hitlers zählten. Die Entnazifizierung war in diesem Sinne die grundlegende Umwälzung der ökonomischen und sozialen Verhältnisse, die den Faschismus in Deutschland hervorgebracht hatten.

Für *England* galt, daß der preußische Militarismus, gepaart mit dem für die Deutschen typischen blinden Respekt vor der Obrigkeit, die Errichtung der Nazityrannei ermöglicht hatte. Hinzu kam folgende Ansicht, die in Großbritannien weit verbreitet war, daß nämlich der Nationalsozialismus eine Art Krankheit gewesen sei, eine Seuche, die nach und nach alle wirkenden Kräfte befallen habe. (Siehe folgende Terminologie des Kriegs: Braune Pest, ein Sieg des Vernunftwidrigen, etc... ebenso „Dr. Jekyll and Mr. Hyde" von Sebastian Haffner (London 1940), wo der Nationalsozialismus als Sieg Hydes über Jekyll dargestellt wird.)

Eine solche Vorstellung vom Nationalsozialismus führte nicht dazu, die gesellschaftliche Ordnung in Deutschland als seine Ursache anzunehmen, vielmehr sollte die deutsche Mentalität als Erklärung herhalten.

In den *USA* hat es niemals eine besonders klare Vorstellung vom Phänomen Faschismus gegeben. Bevor die USA urteilten, versuchten sie sich zu informieren, indem sie insbesondere französische und englische Quellen heranzogen. Sie haben immer geschwankt zwischen dem Standpunkt Lord Vansittarts, wonach alle Deutschen gleichzusetzen waren (Kollektivschuldthese), und dem der Journalistin Dorothy Thompson, die im Nationalsozialismus das Produkt der aktuellen Widersprüche einer Gesellschaft erblickte, in der es den demokratischen Kräften niemals gelungen sei, sich durchzusetzen. In diesem Sinne war für sie der Nationalsozialismus nicht das unabwendbare Ergebnis der deutschen Geschichte.

Die USA konnten den Nationalsozialismus auf keinen Fall als eine Folge der ökonomischen Widersprüche eines Systems begreifen, das auch das ihre war, nämlich des vollentfalteten Kapitalismus. Sie konnten sich aus diesem Grunde nicht so wie die UdSSR zu einem Verfechter der sozialistischen Revolution in Deutschland machen, das hätte im Gegensatz zu ihren ureigensten Interessen gestanden. Konkret bedeutet dies: keine grundlegende Umwälzung der deutschen Gesellschaft, vielmehr Wiederherstellung der Zustände, die vor der Errichtung des Dritten Reichs herrschten. Also zurück zur Weimarer Republik. Die USA nahmen auch, im Gegensatz zur UdSSR, bei der Verfolgung ihrer Ziele keine der organisierten deutschen Kräfte in Anspruch, zumindest nicht in den entscheidenden ersten Nachkriegsmonaten.

In *Frankreich* findet man Ähnlichkeiten mit den in England vorherrschenden Ansichten. Dem Vergleich Hyde-Jekyll entspricht die Formulierung von André François-Poncet: „Der Sieg des Nationalsozialismus in Deutschland war der Sieg des Boche über den Allemand." Frankreich war weniger am Phänomen Nationalsozialismus gelegen als vielmehr an dem, was man das ewige deutsche Problem nannte. So im Titel eines Buches von Wladimir d'Ormesson „L'éternel problème allemand" (Paris 1945). Das Bewußtsein der französischen Nation war geprägt durch die deutschen Invasionen, insbesondere durch die drei letzten Kriege: 1870, 1914–18, 1939–45. Man befaßte sich vielmehr damit zu beschreiben, was den Charakter der Deutschen im Verlaufe der Geschichte ausmachte, anstatt die Analyse der Grundlagen des Faschismus in Angriff zu nehmen. Zwei Hauptströmungen sind festzustellen:

– Der Deutsche ist von Natur aus Militarist. So Georges Rul in „Le quatrième Reich" („Das vierte Reich"): Es ist der Teutone, der zuerst Preußen nach seinem Bilde geschaffen hat und später dann das ganze Deutschland. Léon Daudet und Edmond Vermeil sehen in der deutschen Philosophie die Ursache der deutschen Aggressivität (man denke an den Kantschen kategorischen Imperativ, an Nietzsche und andere ...)

– Deutschland existiert nicht, es gibt verschiedene Deutsche und verschiedene deutsche Länder. So Robert Minder in „Allemagnes et Allemands" (Paris 1948). Jede deutsche Region hat ihren eigenen Charakter, der von der preußischen Zentralgewalt an seiner vollen Entfaltung gehindert wurde. In „Les trois Allemagnes" (Paris 1946) unterscheidet Paul Olagnier dreierlei Deutschland: das romanische, das slawische und das germanische. In „Partage de l'Allemagne" (Paris 1945) unterscheidet Pierre Benaerts nach den deutschen Flüssen Rhein, Elbe und Donau.

Daher rühren auf politischer Ebene folgende Forderungen, die von der französischen Regierung unter de Gaulle und Bidault gestellt wurden: (1) Aufteilung Deutschlands, (2) Schaffung eines autonomen Rheinstaates, die deshalb empfehlenswert erschien, da es sich um ein deutsches Gebiet handelte, das dem geringsten preußischen und dem stärksten französischen Einfluß ausgesetzt war.

Das folgende Beispiel zeigt, was das Deutschlandbild französischer Politiker und Militärs in bezug auf die Deutschlandpolitik anrichten konnte. Zunächst ein Zitat von Robert d'Harcourt in der „Revue de Paris" (Februar 1947):

„Der Deutsche unterwirft sich der Macht, dem Befehl, jeder ihm vorgesetzten Obrigkeit, unter Beeinträchtigung seines Urteilsvermögens. (...) Die einzige Reaktion gegenüber dem ausgesprochenen Befehl besteht im Empfangen und Ausführen."

Wie sah nun die Politik von de Lattre de Tassigny während der Übergangsperiode bis zur Übernahme der Befehlsgewalt durch General Koenig aus? Da die Deutschen Sinn für Ordnung und Disziplin hatten, da allein Macht ihnen Respekt einflößte, mußte die französische Besatzungsmacht die Deutschen die militärische Präsenz und Größe Frankreichs spüren lassen: Es folgten glänzende Paraden und ausschweifender Luxus, um die Deutschen zu beeindrucken.

3 Die bildungspolitischen Ziele der Besatzungsmächte

Die Kulturpolitik der einzelnen Besatzungsmächte ist in der Umerziehung der deutschen Kriegsgefangenen vorgezeichnet. Das ist gültig für alle Besatzungsmächte, egal ob es sich um die UdSSR (mit ihren Antifa-Lagern und dem National-Komitee Freies Deutschland), um die Vereinigten Staaten (siehe z. B. die amerikanischen Bemühungen um die deutschen Kriegsgefangenen in den USA, die sich insbesondere publizistisch in der Zeitung „Der Ruf" auswirkten), um Großbritannien (siehe Wilton Park) oder um Frankreich handelte. Alle haben mehr oder weniger dasselbe vorgehabt.

In der „Historique du Service des Prisonniers de guerre de l'Axe" (1943 bis 1948) formulierte General Buisson die Ziele der Umerziehungspolitik folgendermaßen:

„Entwicklung des kritischen Denkens bei Männern, die lange Zeit einem Regime vorgeformter Gedanken unterworfen waren. Die Methoden zur Zurückdrängung der Irrtümer und Befangenheit, hervorgerufen durch die nazistische Schulung, sollte den großen Themen der menschlichen Kultur verpflichtet sein. Unterweisung der Kriegsgefangenen in der Geschichte demokratischer Traditionen, der französischen insbesondere, als Grundlage für ein besseres Verständnis zwischen den Völkern in der Zukunft."

Jede der Besatzungsmächte war letztendlich davon überzeugt, daß die beste Art der Umerziehung der Deutschen vom eigenen politischen System und von der eigenen Kultur auszugehen hatte. Hier sind allerdings zwei Aspekte in den alliierten Umschulungsprogrammen zu unterscheiden: (1) Heranbildung von technischen Kräften, die dazu bestimmt waren, die Militärregierung praktisch zu unterstützen (das war der Sinn des NKFD in der UdSSR, das war ebenso die Aufgabe der amerikanischen Lager in Fort Kearney und Fort Getty). (2) Kurse in Staatsbürgerkunde für die Gesamtheit der Kriegsgefangenen und nicht nur für einige ausgewählte unter ihnen, die meistens die Umerziehung nicht mehr nötig hatten.

Auf französischer Seite hat es ähnliche Bestrebungen gegeben. Dazu drei Beispiele: Im Ausbildungszentrum von Saint Denis fand auf Initiative eines Unteroffiziers und unter Teilnahme von 80 Offizieren eine Reihe von Kursen statt, zu denen Redner wie A. François-Poncet, A. Maurois, J. und P. Bertaux, J. Rovan usw. eingeladen wurden. In den Lagern von Larzac und Mulsanne wurden Lageruniversitäten gegründet. Außerdem wurden in Chartres und Orléans Priesterseminare eingerichtet, die es den jungen Gefangenen gestatteten, sich auf die Laufbahn eines katholischen oder evangelischen Geistlichen vorzubereiten. Eine Bemerkung darf indessen hier nicht unterlassen werden: Im Hinblick darauf, daß mehr als 80 % der deutschen Kriegsgefangenen arbeiteten, war die in den Lagern praktizierte Kulturpolitik nur von zweitrangiger Bedeutung. Erst in der Französischen Besatzungszone selbst konnte sie sich in hohem Maße entfalten.

4 Die Kulturpolitik in der Französischen Besatzungszone

4.1 Aspekte der Entnazifizierung

Der französischen Entnazifizierungspolitik hat es oft an inhaltlicher Klarheit gemangelt, teilweise, so scheint es, weil man bei den Deutschen viel mehr das Preußische, das Germanische unterdrücken wollte, als das Nationalsozialistische an ihnen, was im Zusammenhang mit dem französischen Verständnis des Problems steht. Im Gegensatz zu den Amerikanern, die sich vor dem Wust von 13 Millionen Fragebögen nicht scheuten, hielten die Franzosen nichts von einer formalen bürokratischen Entnazifizierung, die sich mit der bloßen Mitgliedschaft in der NSDAP befaßte. Mitgliedschaft allein genügte nicht, darüber zu entscheiden, ob eine anzuklagende Schuld vorlag; ebenso gab man sich mit der Nichtmitgliedschaft als Unschuldsbeweis nicht zufrieden. Die Franzosen waren darum besorgt, jeden individuellen Fall einzeln zu prüfen und holten im Rahmen von deutsch-französischen Spruchkammern Auskünfte am Wohnort und am Arbeitsplatz über die zu entnazifizierenden Personen ein. Diese Politik erschien den anderen Alliierten oftmals lax und willkürlich. In den wichtigsten Bereichen jedoch, im Justiz- und Bildungswesen, erfolgte die Säuberung schnell und streng.

4.2 Die Schulpolitik

An der Spitze der Verantwortlichen für die Volksbildung in der Französischen Besatzungszone stand Raymond Schmittlein, dessen Politik über die Grenzen der Französischen Zone hinaus auf wenn auch nicht immer unumstrittene Beachtung stieß. Für Schmittlein waren die Deutschen nicht von Natur aus dem Nationalismus, Militarismus und Totalitarismus verfallen. Dies anzunehmen hieße letztendlich, die nationalsozialistische These von der Existenz untergeordneter, minderwertiger Rassen zu übernehmen. Schmittlein hielt die Deutschen für das Ergebnis ihrer Geschichte und ihrer Umwelt. Die Nachkriegszeit bot ihnen die Gelegenheit, ihre Lebensweise zu ändern; die Franzosen sollten sie bei dem Unterfangen unterstützen.

Schmittlein ist es zu verdanken, daß der Schulbetrieb in der Französischen Zone am 17. 9. 1945, genau wie in Frankreich, wieder aufgenommen werden konnte. Diese Anstrengungen kamen insbesondere bei der Ausbildung der Jüngsten zum Tragen.

Um den ersten Nachkriegsschulanfang sicher und schnell vorbereiten zu können, forderte er im Hinblick auf die große Zahl von „braunen" Lehrern, die entlassen werden mußten, die bereits pensionierten, nationalsozialistisch nicht belasteten Lehrkräfte auf, sich zur Verfügung zu stellen. Schmittlein organisierte vor allem Lehrgänge zur schnellen Heranbildung von Lehrkräften und richtete ein Ausbildungssystem für Volksschullehrer ein, wie man es aus Frankreich durch die Ecoles normales kennt (16 wurden davon noch vor Dezember 1946 gegründet).

Ebenfalls beachtliche Erfolge waren bei der Schulbuchproduktion zu verzeichnen. Es galt, schnell revidierte Schulbücher zur Verfügung zu stellen, wobei die Papierknappheit als zusätzliche Schwierigkeit zu sehen ist. So sah die Schulbuchproduktion in den Westzonen 1947 aus:

	Schulkinder	*Schulbücher*
USA	3 Millionen	3 Millionen
GB	3,5 Millionen	12,5 Millionen
F	0,9 Millionen	6,3 Millionen*

(* Diese Zahl stieg im Jahre 1948 auf 10 Millionen.)

Die in der Französischen Besatzungszone im Bereich der Schulbildung unternommenen Anstrengungen sind in vielerlei Hinsicht, wenn auch nicht inhaltlich mit denen der SBZ vergleichbar. Die Situation wurde allerdings oft falsch eingeschätzt. Rücksicht auf deutsche Traditionen wollte man nicht nehmen, weil man ohnehin das französische Schulsystem für überlegen hielt. So wollte Schmittlein das religionsunabhängige französische Schulmodell einführen, das gerade in den traditionell katholisch-konservativen Ländern der Französischen Zone im Widerspruch zur deutschen Auffassung der konfessionell gebundenen Schule stand. Auf hartnäckigen Widerstand stieß er ebenfalls bei der Einführung des französischen Abiturs und der französischen Zensurenskala.

4.3 Die Hochschule

Im Hochschulbereich sind dauerhaftere Neugründungen zu verzeichnen: die Universität Mainz wurde 1946 wieder ins Leben gerufen und konnte sehr schnell neben den schon bestehenden Universitäten von Tübingen und Freiburg mit 150 Lehrkräften und 4 500 Studenten beachtliche Leistungen vorweisen. In Germersheim wurde auf Initiative der Stellvertreterin von R. Schmittlein, Irène Giron, eine Dolmetscherschule eingerichtet, die das Erlernen von Fremdsprachen mit dem Erwerb von soliden landeskundlichen Kenntnissen verband. Die Verwaltungsschule von Speyer wurde nach dem französischen Modell der Ecole nationale d'Administration eingerichtet.

4.4 Die internationalen Jugendtreffen

Diese Treffen müssen im Spannungsfeld der Rivalitäten zwischen dem militärischen und dem zivilen Bereich betrachtet werden. Individuelle und private Initiativen standen oft im Gegensatz zur offiziellen Politik der Militärregierung. Der Schwerpunkt wurde mehr bei der gegenseitigen Verständigung der beiden Völker gesehen, weniger anerkannt wurde die Notwendigkeit der Umerziehung der Deutschen.

4.5 Komitees und Zeitschriften

Man muß an dieser Stelle zwei Komitees und zahlreiche Zeitschriften zitieren:

BILD (Büro für internationale Beziehungen und Dokumentation) mit Sitz in Offenburg, das auf Initiative des Jesuitenpaters Jean du Rivau entstand und die Zeitschriften „Documents" und „Dokumente" herausgab. In ihrer ersten Nummer erklärte „Documents", daß es ihr Ziel sei, „auf beiden Seiten über die Taten und Handlungen der jeweils anderen Seite Auskunft zu geben".

In seiner Einleitung betonte Jean du Rivau den Anspruch der Kirche:

> „Die Kirche ist die einzige soziale Körperschaft, die in Deutschland erhalten blieb und die energisch gegen den Nationalsozialismus kämpfte. Und genau so wird sie in den kommenden Monaten eine beachtliche Rolle spielen. Sie allein ist gegenwärtig imstande, ihre Stimme vernehmen zu lassen. Sie wird uns notwendigerweise unsere besten Quellen liefern." (August 1945)

Das *Comité français d'échanges avec l'Allemagne nouvelle* entstand auf Betreiben von „Esprit"-Chefredakteur Emmanuel Mounier und gab ab 1949 ein Bulletin heraus: „Allemagne". Es organisierte Treffen und Lehrgänge für Franzosen in Deutschland und war bemüht, die französische Öffentlichkeit über deutsche Fragen aufzuklären.

„Réalités allemandes" in Baden-Baden und „Allemagne d'aujourd'hui" in Mainz sind das Ergebnis der Bemühungen der Kulturmission in der Militärregierung. Der Herausgeber war Louis Clappier, der Autor von „Königsberg, place forte". Er versuchte, einen Raum zu schaffen, um Begegnungen mit der neuen deutschen Literatur zu ermöglichen. So kamen Schriftsteller der gerade entstandenen Gruppe 47 im Jahre 1948 nach Schluchsee in die von den Franzosen requirierte frühere Villa von Martin Bormann – auf Kosten der Kulturmission. Nach dem Tode von Louis Clappier übernahm Georges Castellan die Leitung. Verantwortlich für den literarischen Teil zeichnete Robert Minder.

„Lancelot. Der Bote aus Frankreich" wurde ab Juli 1946 von Jacqueline Grappin herausgegeben, zunächst in Baden-Baden, dann in Koblenz und in Neuwied. Die Zeitschrift wollte den Kontakt mit den deutschen Intellektuellen sichern. Sie sollten über das kulturelle Leben in Frankreich informiert werden. Hierfür wurden viele Beiträge veröffentlicht, die zuvor in französischen Zeitschriften erschienen waren.

„Das Goldene Tor" wurde als Monatsschrift für Literatur und Kunst in Baden-Baden von Alfred Döblin herausgegeben. „Lancelot" war dazu bestimmt, die deutschen Leser zu informieren. „Das Goldene Tor" wollte ihnen die Möglichkeit geben, sich selbst zu Wort zu melden.

Viele andere Publikationen wie „Aussprache", „Verger", „Vent debout" sahen es ebenfalls als notwendig an, daß Deutschland sich der Außenwelt öffne, daß dieses Land durch den Kontakt mit dem Ausland die anderen in ihrer Verschiedenheit begreifen lerne, damit die Deutschen einsähen, daß Nichtdeutsche auch existenzberechtigt seien.

5 Zusammenfassung

Trotz der verstärkten Anstrengungen auf dem Gebiet der Kultur konnte ein Problem nicht befriedigt gelöst werden. Es soll nicht behauptet werden, daß diese Kultur dem Militär folgte, denn an dem Wissensdurst der Deutschen war nicht zu zweifeln – man bedenke, daß das deutsche Publikum 12 Jahre lang vom Ausland abgeschnitten war. Immerhin muß beachtet werden, daß die Franzosen wie die Amerikaner, die Engländer oder die Sowjets den Deutschen eine Lehre in Demokratie und Freiheit erteilen wollten, und das in einem System, das durch die Abwesenheit von fast allen Freiheiten gekennzeichnet war, nämlich durch umfassende Zwänge. Eine Militärregierung ist nichts anderes als eine de facto-Diktatur. Kein anderes System als die Lizenzierung der Presse ist besser imstande zu demonstrieren, welche Grenzen diesem Unterfangen gesetzt waren, welche Widersprüche darin steckten.

Alles in allem gewinnt man bei näherer Betrachtung der französischen Kulturpolitik den Eindruck, daß Frankreich keine systematische Kulturpolitik haben konnte. Was Frankreich aber hatte, waren teilweise hervorragende Umerzieher oder vielmehr Erzieher.

Literatur

de Lattre, Simonne: Jean de Lattre, mon mari, BD. 1 (8. 5. 45–11. 1. 52). Paris 1972
Direction de l'Education publique, Commandement français en Allemagne, L'œuvre culturelle française en Allemagne
Gilmore, Richard: France's postwar cultural Policies and Activities in Germany 1945–1956. Thèse ès Sc. Pol. Genf 1973/IV
Grappin, Pierre: Que faire de l'Allemagne. Paris 1945
Grosser, Alfred: L'Allemagne de l'occident. 1945–1949. Paris 1952

Ruge-Schatz, Angelika: Umerziehung und Schulpolitik in der französischen Besatzungszone (1945–1949). Sozialwissenschaftliche Studien Bd. 1. Frankfurt/Bern/Las Vegas 1977

Schmittlein, Raymond: Briser les chaînes de la jeunesse allemande. In: France Illustration 17. 9. 1949

Vaillant, Jérôme: Der Ruf. Unabhängige Blätter der jungen Generation (1945–1949). Schriftenreihe Kommunikation und Politik, Bd. 11. München/New York/London/Paris 1978

Willis, Roy F.: The French in Germany 1945–1949. Stanford University Press/California USA 1962

Rolf Winkeler

Das Scheitern einer Schulreform in der Besatzungszeit

Analyse der Ursachen am Beispiel der französisch besetzten Zone Württembergs und Hohenzollerns von 1945 bis 1949

1 Einleitung

Schulreformen haben das Ziel, das jeweils bestehende Schulwesen strukturell und konzeptionell zu verändern. Sie sind also prinzipiell auf zwei Ebenen möglich, auf der Ebene der Schulorganisation und auf der Ebene des Curriculums. Im ersteren Falle spricht man von äußerer, im letzteren Falle von innerer Schulreform.

Im folgenden wird der Versuch gemacht, am Beispiel der Französischen Besatzungszone Württembergs und Hohenzollerns (1945–1949) der Frage nachzugehen, inwieweit Schulreformvorschläge im Zuge des politischen Neubeginns in den Jahren nach 1945 zur Sprache gebracht wurden und sich durchsetzen konnten, und welches die Ursachen für das letztendliche Scheitern einer Schulreform in der Besatzungszeit gewesen sind.

2 Die Schulreformdiskussion von 1945 bis 1949: Themen und Verlauf

2.1 Schulpolitik und Schulverwaltung in einer Phase bildungspolitischer Improvisation (1945–1946)

Die erste bildungspolitische Maßnahme, die die französische Besatzungsmacht unmittelbar nach der Besetzung Südwürttembergs und Hohenzollerns[1] ergriff, war die Schließung sämtlicher Schulen und Unterrichts-

---

[1] Die französisch besetzte Zone Württembergs und Hohenzollerns erstreckte sich auf sämtliche Landkreise Württembergs südlich der Autobahn Karlsruhe-Ulm sowie auf die beiden hohenzollerischen Landkreise Hechingen und Sigmaringen. 1947 entstand aus diesem Teil der Französischen Zone das Land Württemberg-Hohenzollern. Die von der französischen Militärregierung eingesetzte provisorische Regierung (Staatssekretariat) hatte ebenso wie die spätere Landesregierung ihren Sitz in Tübingen. 1952 entstand durch den Zusammenschluß Württemberg-Hohenzollerns mit dem Land Baden (französisch besetzter Teil Badens mit Landeshauptstadt Freiburg) und dem Land Württemberg-Baden (amerikanisch besetzte Kreise Württembergs und Badens mit Hauptstadt Stuttgart) das heutige Bundesland Baden-Württemberg. Zur politischen Geschichte dieser Region wird verwiesen auf E. Konstanzer (1969), zur Schulpolitik des Landes Württemberg-Hohenzollern und der Französischen Besatzungszone auf A. Ruge-Schatz (1977) und R. Winkeler (1971).

einrichtungen. Wie die anderen Besatzungsmächte hatten auch die Franzosen zunächst die Absicht, die Schulen ihrer Zone so lange geschlossen zu halten, bis die Zustände ihre Wiedereröffnung zulassen würden (Ruge, S. 69). Mit dieser Maßnahme wollte die französische Besatzungsmacht einerseits die weitere Verbreitung nationalsozialistischen Gedankenguts durch die Schule unterbinden, andererseits aber auch Zeit gewinnen zur Ausarbeitung eines detaillierten Konzepts für die strukturelle und konzeptionelle Gestaltung des Schulwesens. Ihr bildungspolitisches Ziel war eine umfassende Umerziehung des deutschen Volkes, die nicht nur die Nazidoktrin auslöschen, sondern in einer Offensive großen Stils mit der geistigen, moralischen und politischen Tradition des preußisch-deutschen Militarismus brechen sollte (Vermeil, 1945, S. 447). Die Schule habe, so Raymond Schmittlein, der für das Schulwesen der Französischen Zone verantwortliche Offizier, die Aufgabe, die Jugend zu befreien von den Ketten der Disziplin, die ihr Urteil zerstörten, zu befreien von wagnerianischen Alpträumen, die ihre Phantasie vergifteten, der Jugend verständlich zu machen, daß ihr der Nationalismus künstlich auferlegt wurde durch romantische Schriftsteller und preußische Militärs und daß die Philosophie des Übermenschen und die Verherrlichung der Heldentugenden geradezu automatisch in die Diktatur und in die Katastrophe führen mußten (Schmittlein, o. S.). Konkrete Pläne, in welcher Weise die Umerziehung durchzuführen, insbesondere aber nach welchen Grundsätzen das Schulwesen der Französischen Zone strukturell und curricular zu gestalten sei, lagen der französischen Militärregierung im Jahre 1945 allerdings nicht vor. Sie sollten in Zusammenarbeit mit politisch zuverlässigen Vertretern der deutschen Seite erarbeitet werden. Dabei erwiesen sich bereits im Juni und Juli 1945 die von der Militärregierung eingesetzte deutsche Kultusverwaltung unter Leitung von Carlo Schmid und die Leitungen der beiden christlichen Kirchen, der Evangelische Oberkirchenrat in Stuttgart und das Bischöfliche Ordinariat in Rottenburg, als kompetente und auch politisch zuverlässige Gesprächspartner (Winkeler, S. 5–6, S. 43–50). Diese Institutionen waren neben der Besatzungsmacht denn auch die bildungspolitisch entscheidenden Akteure des Jahres 1945.

Die Besatzungsmacht, die, wie bereits erwähnt, unmittelbar nach der Besetzung die Absicht hatte, die Schulen längere Zeit geschlossen zu halten, sah sich schon nach wenigen Wochen genötigt, diesen Plan fallenzulassen. Um der unübersehbaren Verwahrlosung und drohenden Kriminalisierung der herumlungernden Jugend nicht weiter Vorschub zu leisten, ordnete sie kurzfristig die Wiedereröffnung der Schulen bereits auf

Mitte September 1945 an (Journal Officiel v. 3. 9. 1945, S. 5). Sie befahl der deutschen Kultusverwaltung, die hierfür notwendigen Maßnahmen zu planen und vor Inkraftsetzung den zuständigen Militärbehörden zur Genehmigung vorzulegen[2].

Für die kurzfristig angeordnete Wiederaufnahme des Unterrichts waren die Voraussetzungen freilich denkbar ungünstig. (1) Einigermaßen ausgereifte und detaillierte Konzepte für die strukturelle und curriculare Neugestaltung des Schulwesens lagen weder der Militärregierung noch der deutschen Kultusverwaltung oder den Kirchen vor, von ausdiskutierten und konsensusfähigen Plänen ganz zu schweigen. Nur in einer Beziehung bestand zwischen der französischen Besatzungsmacht, der deutschen Kultusverwaltung und den Kirchen Einmütigkeit – die von den Nationalsozialisten ergriffenen Schulreformmaßnahmen sollten rückgängig gemacht und das nationalsozialistische Gedankengut in den Schulen möglichst gründlich und umgehend eliminiert werden. (2) Die wenigen Erlasse, die die französische Militärregierung bis dahin bezüglich des Schulwesens herausgegeben hatte, ließen nicht einmal im Ansatz erkennen, in welchem Umfang die Militärregierung von ihrem Weisungsrecht über das Schulwesen Gebrauch machen würde. (3) Schließlich aber waren die personellen, finanziellen und organisatorischen Voraussetzungen für die Wiederaufnahme des Unterrichts schlichtweg katastrophal: Die bis dahin gebräuchlichen Lehr- und Lernmittel durften nicht weiter benutzt werden; Schulhäuser waren zerstört oder dienten als Lazarette, Flüchtlingslager und Truppenunterkünfte und der überwiegende Teil der Lehrerschaft stand für den Schuldienst nicht zur Verfügung oder durfte aus politischen Gründen im Schuldienst nicht mehr eingesetzt werden[3].

---

[2] Diese administrative Verfahrensweise hat die Militärregierung bis 1949 weitgehend beibehalten. In aller Regel bekam die deutsche Kultusverwaltung eine allgemein gehaltene Anweisung, die sie dann über detaillierte Erlasse anzuordnen hatte. Jeder Erlaß mußte jedoch vor der Veröffentlichung der Militärregierung zur Genehmigung vorgelegt werden.
[3] Die personellen Schwierigkeiten scheinen dabei besonders gravierend gewesen zu sein. Der Krieg hatte in die Reihen der damals vorwiegend männlichen Lehrerschaft große Lücken gerissen, die Entnazifizierungsmaßnahmen besorgten den Rest. Eine französische Publikation sah die personelle Situation wie folgt: „Ne restaient maintenus en service que quelques fanatiques qui, pour des raisons politiques ou religieuses, avaient refusé d'adhérer au parti ou un petit groupe de fonctionnaires tellement vieux – ou tellement incapables, que les dirigeants du parti ne s'intéréssaient même pas à eux." (L'œuvre culturelle, S. 9)

In dieser außergewöhnlich schwierigen personellen, materiellen und organisatorischen Situation und angesichts der offenkundigen schulpolitischen Konzeptionslosigkeit stellte sich für die Beamten der deutschen Kultusverwaltung die Frage nach den Zielen ihres administrativen Handelns. Daß der politische Neubeginn Chancen für eine umfassende Schulreform eröffnete, war den Beteiligten, die Schulreformüberlegungen im Prinzip nicht ablehnend gegenüberzustehen schienen, durchaus klar. Solange jedoch Mängelverwaltung und Improvisation einerseits und bildungspolitische Konzeptionslosigkeit andererseits in diesem Umfang die Situation bestimmten, mochte sich niemand im Sinne einer systematischen Reform engagieren (Winkeler, S. 30). Schließlich aber war insbesondere Carlo Schmid als Leiter der Kultusverwaltung der Ansicht, daß eine Schulreform erst opportun sein könne, wenn die ganze Nation imstande sei, sich das Bildungswesen zu geben, dessen sie bedürfe (Schmid, Carlo S. 259–260).

Die deutsche Kultusverwaltung entschloß sich, bei dieser Lage der Dinge von einer Schulreform größeren Stils zunächst Abstand zu nehmen. Der Unterricht sollte umgehend in Gang gebracht werden mit Hilfe provisorischer Regelungen, die über das Chaos des Anfangs hinweghelfen, das nationalsozialistische Gedankengut beseitigen und die von den Nationalsozialisten im Bereich der Schulorganisation verfügten Maßnahmen aufheben sollten. Mit Zustimmung der Militärregierung wurden schließlich im Laufe des Jahres 1945 die von den Nationalsozialisten 1933–1945 angeordneten organisatorischen Veränderungen rückgängig gemacht und auf diese Weise – mit Ausnahme der Konfessionsschulen (Winkeler, S. 43–50) – die schulorganisatorischen Verhältnisse des Jahres 1933 wiederhergestellt (Winkeler, S. 30)[4]. Außerdem wurden die restlose Beseitigung nationalsozialistischen Gedankenguts angeordnet und die Ziele des Unterrichts neu definiert: Grundlagen und Ziele der Schule und des Unterrichts seien künftig die sittlichen Werte der christlich-abendländischen Kultur, der Unterricht sei im Geiste des Christentums, des Humanismus und des Sozialismus zu erteilen (Schmid, Karl, S. 101–103, sowie passim). Auf der Basis dieser konzeptionellen und organisatorischen Vorgaben gelang es der deutschen Kultusverwaltung im Herbst 1945, den Unterricht allmählich wieder in Gang zu bringen.

---

[4] Sofortmaßnahmen in diesem Sinne waren die Wiedererstellung der Gymnasien, Progymnasien, Realgymnasien, Lateinschulen, Privatschulen sowie das Verbot des Weltanschauungsunterrichts (WAU) und die Wiedereinführung des Religionsunterrichts und des Schulgebets (Winkeler, S. 30).

2.2 Die schulpolitische Restauration 1946–1947

Bewußt restaurative Entwicklungen vollzogen sich in der Schul- und Bildungspolitik der französisch besetzten Zone Württembergs und Hohenzollerns erst in den Jahren 1946 und 1947, als sich die bildungspolitische Szenerie im Zuge der von den Besatzungsbehörden überwachten Demokratisierung des politischen Lebens wesentlich veränderte.

Unter Kontrolle der Besatzungsmacht durften ab Dezember 1945 Parteien und Vereine gegründet werden, im Herbst 1946 fanden Wahlen zu den Gemeinderäten und Kreisversammlungen statt und im April 1947 beschloß die im November 1946 einberufene Verfassunggebende Landesversammlung die Verfassung für das Land Württemberg-Hohenzollern. Bis zum Beginn der Demokratisierung im Frühjahr 1946 waren die Militärregierung, die Kultusverwaltung und die Kirchen die alleinigen Akteure im bildungspolitischen Feld gewesen, wobei sich die Besatzungsmacht und die Kultusverwaltung als die bildungspolitisch progressiveren Gruppierungen erwiesen hatten. Das Eintreten von Parteien und Verbänden in die politische Landschaft und die teilweise Verlagerung schulpolitischer Entscheidungen von der Ebene der Aministration in die Öffentlichkeit, in die Verfassunggebende Landesversammlung und in den späteren Landtag schuf bildungspolitisch eine neue Situation (vgl. Winkeler, S. 51–86):

(1) Die beiden christlichen Kirchen blieben nach wie vor starke Machtfaktoren im bildungspolitischen Geschehen. Sie hatten den Zusammenbruch des Jahres 1945 ohne nennenswerte institutionelle Schäden überstanden, genossen hohes politisches Ansehen und fungierten über Monate hinweg als politische Repräsentanten des führungslosen deutschen Volkes. Ihre Mitsprachemöglichkeiten bei der Gestaltung des Schulwesens und die Chance freier Entfaltung im öffentlichen Leben eröffneten ihnen vielfältige Möglichkeiten der Einflußnahme und Ämterpatronage sowie der Artikulation ihrer bildungspolitischen Vorstellungen (Winkeler, S. 114–116).

(2) Im neu entstandenen Parteiensystem hatte die CDU, die als Nachfolgerin des früheren katholischen Zentrums und des protestantischen CSVD die entscheidenden Wahlen mit absoluter Mehrheit gewonnen hatte, eine überragende Position inne[5]. Sie betrachtete den Wiederauf-

---

[5] Von den 394 Kreistagsmandaten waren 1946 270 der CDU zugefallen (Schwäb. Tagblatt v. 18. 10. 1946, S. 2), von den 68 Sitzen der Beratenden Landesversammlung entfielen 42 auf die CDU, 14 auf die SPD, 8 auf die DVP und 4 auf die KPD (Verhandlungen der Beratenden Landesversammlung, Mitgliederverzeichnis, S. 10).

bau des Schulwesens im Sinne ihrer Vorstellungen als eine ihrer wichtigsten politischen Aufgaben, bei deren Lösung sie gegenüber den Oppositionsparteien SPD, DVP und KPD nur wenig Kompromißbereitschaft zeigte[6].

(3) Nach Wahlsiegen der CDU im Herbst 1946 kam es zu einem Revirement in der Kultusverwaltung. Das CDU-Mitglied Albert Sauer löste den SPD-Politiker Carlo Schmid in der Leitung dieser Behörde ab (Amtsblatt v. 10. 12. 1946, S. 255).

(4) Auf der Ebene der neu gegründeten und schulpolitisch engagierten Verbände beherrschten Gruppen, die den Kirchen nahestanden sowie echte Unterorganisationen der Kirchen souverän das Feld[7]. Unter ihnen kam der Katholischen Erziehergemeinschaft, den Katholischen Elternvereinigungen und der Evangelischen Lehrergemeinschaft besondere Bedeutung zu. Sie arbeiteten untereinander sowie mit der CDU und den Kirchen eng zusammen, wiesen vielfältige personelle Verflechtungen auf und konnten – gleichsam konkurrenzlos – ihre bildungspolitischen

---

[6] Die Kompromißlosigkeit der CDU in schulpolitischen Fragen gegenüber den übrigen Parteien war eine Folge des Stellenwerts, den die Bildungspolitik in ihrem Parteiprogramm einnahm. Sie verstand sich als überkonfessionelle Partei, die ihr Ziel darin sah, die politische Neuordnung über eine geistige Erneuerung des deutschen Volkes auf der Basis christlicher Werte herbeizuführen. Die Schulpolitik wurde so zum Kernstück ihres Parteiprogramms. Anders dagegen beurteilten die Oppositionsparteien SPD und KPD die Situation. Sie sahen in einer Reform der ökonomischen Verhältnisse die entscheidende Voraussetzung für die Lösung der politischen Probleme in den Nachkriegsjahren (Winkeler, S. 52–70).

[7] Man muß sich in diesem Zusammenhang vergegenwärtigen, mit welchen Schwierigkeiten die Gründung von Verbänden oder auch die Durchführung von Versammlungen verbunden waren. Veranstaltungen und Versammlungen mußten mehrere Tage vorher unter Angabe des Veranstalters, des Orts, der Zeit, der Tagesordnung und der Rednerliste bei der örtlichen Militärbehörde angemeldet werden; nach ihrer Durchführung war ein schriftlicher Bericht vorzulegen. Unter diesen Umständen war die Organisation von Versammlungen für den Veranstalter nicht nur mit einem gewissen Aufwand, sondern auch mit einem erheblichen Risiko verbunden. Diese Formalitäten waren jedoch bei kirchlichen Veranstaltungen nicht erforderlich, sofern sie unter Verantwortung eines Geistlichen stattfanden. Wer immer ein Anliegen hatte, das über eine Versammlung geregelt werden mußte, konnte ohne größere Umstände und sonderliches Risiko sein Vorhaben abwickeln, wenn es ihm gelang, einen Geistlichen zu finden, der dafür die Verantwortung übernahm. Das Veranstaltungs- und Versammlungsprivileg, das die Kirchen genossen, begünstigte naturgemäß auch die Gründung der kirchlichen und religiösen Lehrer- und Elternverbände. – Vereinigungen und Persönlichkeiten, deren Zielvorstellungen mit denen der Kirche unvereinbar waren, kamen hingegen nicht in den Genuß dieses Privilegs.

Vorstellungen ausarbeiten, abstimmen und artikulieren (Winkeler, S. 70–78, S. 116–118).

Die oben erwähnten politischen Gruppierungen, die Kirchen, die CDU und die den Kirchen nahestehenden Verbände, wurden im Zuge der Demokratisierung zu den schulpolitisch bestimmenden Kräfte der Jahre 1946–1949. Sie zeichneten sich durch eine weitgehende Affinität ihres schulpolitischen Willens aus. Ihren Vorstellungen zufolge sollte die Unterrichts- und Erziehungsarbeit der Schulen auf ihre Weise dazu beitragen, dem deutschen Volk einen Ausweg aus dem politischen, geistigen und materiellen Chaos der Nachkriegszeit zu zeigen, und ihm helfen, das politische und staatliche Leben auf einer neuen sittlichen und moralischen Grundlage, d. h. auf den Werten des Christentums, wiederaufzubauen. Die christliche Erziehung der Jugend war hierfür eine unabdingbare Voraussetzung – christliche Erziehung aber nicht nur im Sinne eines bloß allgemeinen interkonfessionellen Christentums, sondern auf der Basis des jeweiligen Bekenntnisses. Daraus resultierten dann auch zwangsläufig die Forderungen dieser Gruppierungen, das konfessionelle Glaubensgut in die Schule hineinzunehmen und die Schüler nach Konfessionen getrennt zu unterrichten (Winkeler, S. 33–43, S. 70–78)[8]. Ihr gemeinsames Ziel war die Rückkehr zur Schule der „guten alten Zeit", die Rückkehr zu jener Schule, die noch ein solides Gefüge an konfessionell gebundenen Norm- und Wertvorstellungen zu vermitteln hatte.

Ihr politisches Gewicht verdankten diese bildungspolitisch insgesamt konservativen Gruppen u. a. auch der folgenreichen Tatsache, daß die Militärregierung bis 1949 konsequent die Gründung einer selbständigen Berufsorganisation der Lehrer außerhalb der Kirchen und der Gewerkschaften verhinderte (Winkeler, S. 78–81).

Vor 1933 hatte es in Württemberg zwei mächtige Standesorganisationen der Lehrer gegeben, die sich pädagogisch progressives Gedankengut zu eigen gemacht und bis dahin ein wirksames Gegengewicht zu den schulpolitisch konservativeren Gruppen im Lande gebildet hatten. Von

---

[8] Im Hinblick auf die konfessionelle Trennung der Schüler waren sich die Kirchen zunächst nicht einig. Das Bischöfliche Ordinariat in Rottenburg hatte sich von allem Anfang an und mit großem propagandistischem Aufwand für die restlose Wiederherstellung der ehemaligen katholischen Konfessionsschulen ausgesprochen. Die Evangelische Landeskirche hatte dagegen 1945 zunächst für eine christliche Simultanschule votiert. Erst als sich zeigte, daß durch die Einrichtung von katholischen Konfessionsschulen die übrigen Schulen zu konfessionellen „Restschulen" wurden, verlangte auch die evangelische Kirche die Einrichtung von evangelischen Konfessionsschulen (Winkeler, S. 50).

ihnen waren jahrzehntelang bedeutsame Impulse für den Fortschritt des Schulwesens ausgegangen, so etwa die Forderung nach staatlicher Schulaufsicht, akademischer Lehrerbildung, Einrichtung von Einheitsschulen, Lehr- und Lernmittelfreiheit und Begabtenförderung. Dieses Gedankengut war in Lehrerkreisen, in denen man die Chance für eine Schulreform nach 1945 durchaus erkannte, noch weit verbreitet. Es konnte aber in Ermangelung einer organisatorischen Basis in Form eines eigenständigen Lehrervereins nicht artikuliert, geschweige denn in den politischen Auseinandersetzungen durchgesetzt werden. Der einzelne Lehrer wiederum hatte praktisch keine Möglichkeit, sich im Sinne dieser Vorstellungen politisch zu exponieren, da er dabei sein Entnazifizierungsverfahren und seine berufliche Zukunft aufs Spiel gesetzt hätte. Die Lehrerschaft mußte, sofern sie sich mit den bildungspolitischen Vorstellungen der kirchlichen Lehrervereinigungen nicht identifizieren konnte, tatenlos und verbittert, wie es in einem Bericht eines Schulrats an die Militärregierung hieß, der schulpolitischen Entwicklung zusehen (Winkeler, S. 80).

Nachdem das so beschriebene Kartell schulpolitisch konservativer Gruppen im Zuge der Demokratisierung des politischen Lebens praktisch konkurrenzlos das bildungspolitische Feld beherrschte, wurde von der Möglichkeit einer Schulreform im Sinne einer Realisierung bildungspolitisch progressiver Vorstellungen, wie sie bereits in der Weimarer Zeit entwickelt worden waren, kein Gebrauch mehr gemacht; eine Schulreform wäre allenfalls durch ein Dekret der Militärregierung zu erzwingen gewesen. Statt dessen zeichnete sich eine weitere Restauration der Schulverhältnisse der Weimarer Zeit ab:

(1) Das schulorganisatorische Provisorium des Jahres 1945, das den Weg in eine Schulreform offenhalten sollte, wurde sanktioniert. Darüber hinaus wurde, wenn auch mit Einschränkungen, die Mehrzahl der Konfessionsschulen, die von den Nationalsozialisten aufgehoben worden waren, wieder eingerichtet[9]. Damit war auf der Ebene der Schulorganisation der Status quo ante 1933 fast wieder hergestellt.

(2) Restaurative Entwicklungen vollzogen sich auch im Bereich der

---

[9] Württemberg war bis 1933 das „klassische" Land der Konfessionsschulen gewesen. Es gab bis dahin zwei separate Schulsysteme im Bereich der Volksschulen, d. h. katholische und evangelische Volksschulen mit getrennter Schulverwaltung und Schulaufsicht. Der Unterricht wurde im Geiste des betreffenden Bekenntnisses und durch Lehrer der betreffenden Konfession erteilt. Die Konfessionsschulen, wie sie aufgrund der Verfassung von 1947 und aufgrund des Schulwahlgesetzes von 1948 eingerichtet wurden, sind über „Schulwahlen" der Eltern zustande gekommen (Regierungsblatt v. 1. 9. 1948, S. 90–91).

inneren Schulreform, d. h. im Bereich der Bildungsinhalte und Bildungsziele. 1945 hatte die deutsche Kultusverwaltung unter Carlo Schmid in Übereinstimmung mit der Militärregierung angeordnet, den Unterricht im Geiste des Christentums, der Humanität und des Sozialismus durchzuführen, um so möglichst allen politischen Richtungen und der geistigen Tradition des Abendlandes gerecht zu werden. Von diesem durchaus liberal zu nennenden inhaltlichen Konzept für die Schule war die Verfassunggebende Landesversammlung unter dem Druck des Kartells konservativer Gruppen wieder abgerückt. Die Verfassung des Landes Württemberg-Hohenzollern sprach in Artikel 114 nur noch von „christlichen Schulen" (Regierungsblatt v. 31. 5. 1947, S. 11). In ihnen war der Unterricht auf christlicher Grundlage und im Geiste des jeweiligen Bekenntnisses zu erteilen, ohne allerdings die Gefühle religiös Andersdenkender zu verletzen[10].

Die schulorganisatorische und konzeptionelle Restauration in den Jahren 1946 und 1947 ging freilich nicht ohne Widerstände über die politische Bühne. SPD, DVP und KPD sowie die Militärregierung versuchten immer wieder diese Entwicklung aufzuhalten. Die Oppositionsparteien unterlagen jedoch in allen entscheidenden parlamentarischen Abstimmungen; die Militärregierung wollte sich auf einen offenen Konflikt anscheinend nicht einlassen, und die progressiveren Teile der Lehrerschaft konnten sich politisch nicht einmal artikulieren.

Nur in einer Beziehung konnte das konservative Kartell seine Vorstellungen nicht durchsetzen. Die immer wieder erhobene Forderung nach einer konfessionellen Lehrerausbildung wurde von der Militärregierung, die sich am Vorbild der laizistischen Ecole normale Frankreichs orientierte, kompromißlos abgelehnt (Journal Officiel v. 23. 7. 46, S. 246).

---

[10] Dem Zustandekommen dieses Verfassungsartikels waren heftige Auseinandersetzungen zwischen der CDU und den Oppositionsparteien vorausgegangen. Die CDU hatte zunächst die Wiederherstellung der früheren Konfessionsschulen verlangt und hätte dies über ihre absolute Mehrheit in den Verfassungsberatungen jederzeit durchsetzen können. Die Oppositionsparteien SPD, DVP und KPD hätten eine solche Mehrheitsentscheidung jedoch zum Anlaß genommen, in der Schlußabstimmung das Verfassungswerk als Ganzes abzulehnen. Die CDU suchte schließlich nach Wegen, wie sie die Oppositionsparteien zu einer Zustimmung zur Verfassung bewegen könnte. Das Ergebnis ihrer Bemühungen war ein Kompromiß mit der SPD. Die CDU hielt an der Konfessionsschule mit gewissen Einschränkungen (Schulwahlen) fest, akzeptierte jedoch eine von der SPD geforderte Formulierung des Enteignungsartikels. Damit hatten beide Parteien den Kernsatz ihres Programms (Konfessionsschule bzw. Enteignungsmöglichkeit) durchgesetzt und konnten der Verfassung als ganzer zustimmen (vgl. hierzu Winkeler, S. 87–95).

2.3 Die Konsolidierung der Schulpolitik 1947–1949

Die Phase schulpolitischer Restauration der Jahre 1946/47 ging im Mai 1947 unmittelbar im Anschluß an die Verfassungsberatungen in eine Phase der Konsolidierung über. Hier ging es den bildungspolitisch entscheidenden Akteuren auf deutscher Seite um eine Sicherung ihres schulpolitischen Besitzstandes gegenüber Eingriffen der französischen Militärregierung und gegenüber Reformvorhaben andersdenkender Gruppierungen auf deutscher Seite. Die Struktur des bildungspolitischen Feldes war mit der der vorausgehenden Phase weithin identisch, die CDU, die Kirchen und die den Kirchen nahestehenden Verbände beherrschten noch immer konkurrenzlos, vielfältig verflochten und mit gleichartigen Interessen das Feld.

Die Phase der Konsolidierung war beherrscht von Auseinandersetzungen um eine Reform des Schulsystems. Den Anlaß dazu hatte die Direktive Nr. 54 des Alliierten Kontrollrats vom 25. 6. 1947 zur „Demokratisierung des Unterrichtswesens in Deutschland" gegeben (Journal Officiel v. 16. 4. 1948, S. 1448). Diese Direktive sah eine umfassende und für ganz Deutschland einheitliche Reform des Bildungswesens vor, die auch auf bildungspolitischem Sektor die Demokratisierung voranbringen sollte. In einige Bestimmungen der Direktive, die insgesamt von vagen Demokratievorstellungen der Besatzungsmächte geprägt war, hatte Gedankengut aus Schulreformkonzepten der Weimarer Zeit Eingang gefunden, so z. B. die neunjährige Schulpflicht, die Unentgeltlichkeit des Unterrichts und der Lernmittel, die akademische Lehrerbildung und die Auflockerung der strengen Trennung nach Schularten in den Schuljahren 5–10. Insoweit hätte die Direktive in schulpolitisch progressiven Kreisen der Lehrerschaft und bei den Oppositionsparteien inhaltlich durchaus Zustimmung finden können.

Die vom Kontrollrat initiierte Schulreform geriet jedoch in der Französischen Zone – besonders auf konservativer Seite – rasch in Mißkredit, als die dortige Militärregierung ihre diesbezüglichen Detailvorstellungen bekanntgab. In einem Erlaß vom 27. 6. 1947 ordnete sie nämlich unter Berufung auf die Direktive eine Reihe tiefgreifender Veränderungen im Schulwesen Württemberg-Hohenzollerns an: Die Verlängerung der bisher vierjährigen Grundschule auf acht, später auf sechs Jahre, die sofortige Auflösung der beiden ersten Klassen des Gymnasiums und deren Rückführung in die Volksschule, eine Verschärfung der Anforderungen des Abiturs durch zentrale Aufgabenstellung und Korrektur und eine radikale Kürzung des Latein- und Griechischunterrichts an den Gymnasien (Winkeler, S. 102).

Für alle an der Schulpolitik interessierten Kreise war sofort offenkundig, daß es sich bei diesem Erlaß um einen späten Versuch der Militärregierung handelte, unter Hinweis auf die Direktive des Kontrollrats nunmehr jene Schulreform durchzusetzen, für die ihr zum Zeitpunkt der Wiedereröffnung der Schulen 1945 das Konzept gefehlt hatte. Dabei waren die Gymnasien, die sie als den klassischen Hort des preußisch-deutschen Militarismus betrachtete, das eigentliche Objekt der Reform.

Die Gymnasien hatten nach Ansicht der Militärregierung – so heißt es in einem Schreiben eines Schuloffiziers an die Evangelische Landeskirche – die deutsche Jugend unter Berufung auf die große Tradition des deutschen Idealismus und Humanismus sowie durch eine übertriebene und falsch verstandene Pflege der lateinischen und griechischen Sprache fern der Realität des sie umgebenden wirklichen Lebens zu romantischen Schwärmern erzogen, die ein leichtes Opfer nationalsozialistischer Irrlehren werden mußten. Und, so heißt es dort weiter, es gelte nun Latinisten und Hellenisten heranzubilden, die auf andere Art gebildet seien als jene, die die Katastrophen von 1914 und 1933 zugelassen hätten. Überdies sei die Auslese der Schüler für diese Schulen zutiefst antidemokratisch gewesen, denn sie habe die bürgerlichen Schichten, die für das Entstehen des Nationalsozialismus in besonderem Maße verantwortlich gewesen seien, bevorzugt (Winkeler, S. 29).

Auf deutscher Seite konnte sich mit den Anordnungen der Militärregierung niemand anfreunden. Bildungspolitisch konservative Kreise sahen das Ergebnis ihrer bisherigen Schulpolitik in Frage gestellt; schulreformfreundliche Kreise sprachen von einer „bildungspolitischen Radikalkur"; schließlich aber war die Furcht verbreitet, ein Nachgeben gegenüber den Anordnungen in der Schulpolitik könnte die Militärregierung zu weiteren Eingriffen auf anderen politischen Gebieten ermutigen. Damit war der Konflikt zwischen der deutschen Seite und der französischen Militärregierung unausweichlich. Schärfsten Protest gegen die Anordnungen der Militärregierung erhoben schon wenige Tage nach ihrem Bekanntwerden die beiden Kirchen. Entscheidend dafür waren freilich nicht nur pädagogische Bedenken, sondern auch spezifisch kirchliche Eigeninteressen, denn nun war die sprachliche Vorbildung der zukünftigen Theologengeneration nicht mehr gewährleistet. Der Evangelische Oberkirchenrat in Stuttgart bat in einem Schreiben vom 29. 7. 1947, den bewährten Schultyp des Gymnasiums beizubehalten, da nur er die richtige Ausbildung für ein fruchtbares Theologiestudium garantiere (Winkeler, S. 29). In einem ähnlichen Schreiben vom 22. 7. 1947 sprach das katholische Bischöfliche Ordinariat in Rottenburg von einem Todesurteil für die geistige Bildung des Volkes und für die Ausbildung der Theologen (Winkeler, S. 29). Wie sehr die Schulreformvorschläge der Militärregierung und des Kontrollrats den Vorstellungen der Kirchen zuwiderliefen, beweist auch die Tatsache, daß sich die EKD zur Veröffentlichung einer umfangreichen Denkschrift zur Neuordnung des Erziehungswesens genötigt sah, in der sie das Reformkonzept der Alliierten ablehnte. Sie schlug vor, die bestehende Schulorganisation beizubehalten und statt dessen inneren Reformen den Vorzug zu geben (Löffler, S. 53). Auch kirchliche Laienorganisationen griffen in die Diskussion ein und lehnten, wie es in einer Resolution vom 27./28. 11. 1947 hieß, die angestrebte „Einheitsschule" wegen ihrer uniformierenden und totalitären Tendenzen ab (Winkeler, S. 104).

Das Kultusministerium in Tübingen, das den Erlaß der französischen Militärregierung zu vollziehen hatte, verhielt sich zunächst abwartend. Schließlich versuchte Minister Albert Sauer die Militärregierung zur Rücknahme ihrer Weisung zu veranlassen oder wenigstens deren Anwendung zu verzögern. Erst als der Kultusminister seinen Rücktritt anbot, gab die Militärregierung insoweit nach, als sie auf den sofortigen Vollzug wesentlicher Teile ihrer Anordnung verzichtete. Sie verlangte jedoch vom Ministerium, es solle umgehend einen eigenen Schulreformplan ausarbeiten und zur Diskussion vorlegen. Da nach den vorausgegangenen Erfahrungen auf deutscher Seite jedoch kaum mehr Interesse an einer Schulreform bestand, fiel es den zuständigen deutschen Behörden nicht schwer, die Ausarbeitung ihres Schulreformplans zu verzögern und eine öffentliche Diskussion bewußt zu vermeiden. Erst drei Jahre später, im Frühjahr 1950, als die französische Militärregierung ihre Weisungsbefugnisse über das deutsche Schulwesen aufgrund des Besatzungsstatuts verloren hatte, legte das Ministerium seinen Plan der Öffentlichkeit vor (Zur Neuordnung), wohl wissend, daß an einer Schulreform zu diesem Zeitpunkt niemand mehr interessiert war. Inzwischen hatte sich nämlich ein tiefgreifender Interessenwandel in der politischen Öffentlichkeit vollzogen. Die bevorstehende Gründung des Südweststaates, die Gründung der Bundesrepublik und der allmähliche wirtschaftliche Aufschwung waren die Themen, die die öffentliche Diskussion beherrschten. Schulfragen waren nicht mehr aktuell. Welches Ausmaß die Interesselosigkeit an Schulfragen nach 1947 auch in zuständigen Kreisen angenommen hatte, mag die Tatsache veranschaulichen, daß der Schulpolitische Ausschuß des Landtags von Württemberg-Hohenzollern in den Jahren 1947–1950 nicht ein einziges Mal tagte. Die Öffentlichkeit nahm vom Schulreformplan 1950 kaum noch Notiz.

3 Schulreform und politische Strukturen

3.1 Schulpolitische Bilanz

Die im vorangehenden versuchte Beschreibung der Schulreformdiskussion in der französisch besetzten Zone Württembergs und Hohenzollerns mußte aus Gründen des Umfangs auf die zentralen Aspekte beschränkt bleiben. So viel ist jedoch deutlich geworden, eine Schulreform ist in diesem Teil der französisch besetzten Zone Deutschlands im wesentlichen gescheitert, obwohl es an Versuchen dazu nicht gefehlt hatte. Erfolgreich war sie offenbar nur in einer – sicher bedeutsamen – Hinsicht: Es gelang, das nationalsozialistische Gedankengut aus der Schule weitgehend zu eliminieren durch Maßnahmen im Bereich der Personalpolitik (Entnazifizierung) sowie durch die Revision der Lehrpläne und Lehrmittel. Daß eine Schulreform insoweit gelang, ist allein der Tatsache zuzuschreiben, daß sich in dieser Beziehung die politischen Akteure einig waren. Eine Schulreform ist jedoch in dreifacher Hinsicht gescheitert:

(1) Es gelang nicht, die pluralistische Interessenvielfalt, die die neu entstehende Demokratie ermöglicht hatte, auf die curricular-konzeptionelle Ebene zu projizieren. Der Versuch, die Zielvorgaben der Schule, die Lehrpläne und die Lehrmittel inhaltlich so offen zu gestalten, daß sie den Vorstellungen aller politischen Gruppierungen Raum gegeben hätten, ist praktisch gescheitert –, sofern er ernsthaft überhaupt unternommen wurde. Die innere Schulreform erstreckte sich auf die Beseitigung nationalsozialistischen Gedankenguts und die Implementation konfessioneller bzw. konservativer Zielvorstellungen.

(2) Es gelang auch nicht, jene schulorganisatorisch progressiv zu nennenden Schulreformkonzepte, die in der Weimarer Zeit entwickelt und diskutiert worden waren, wieder zu beleben oder durchzusetzen. Seit Jahrzehnten immer wieder erhobene Forderungen, wie die Erweiterung der vierjährigen Grundschule um zwei auf sechs Jahre, die Einrichtung von Einheitsschulen, die Erhöhung der Durchlässigkeit im Bereich der Sekundarstufe I, die Abschaffung von Standesprivilegien im Schulwesen, Lernmittelfreiheit, akademische Lehrerbildung u. v. a. m. wurden nicht realisiert. Der schulorganisatorische Status quo ante 1933, der bereits in der Weimarer Zeit als reformbedürftig gegolten hatte, wurde weitestgehend wiederhergestellt.

(3) Schließlich aber wurde kein politisch ernstzunehmender Versuch gemacht, die schulpädagogisch überaus interessanten Konzeptionen und Ideen der Reformpädagogik, die in der Weimarer Zeit eine große Rolle gespielt hatten, in die bildungspolitische Diskussion einzubringen oder gar zu verwirklichen. Das Gedankengut der Reformpädagogik, so z. B.

der Kunsterziehungsbewegung (A. Lichtwark), der Landerziehungsheime (H. Lietz), der Pädagogik „Vom Kinde aus" (E. Key), der Arbeitsschulbewegung (G. Kerschensteiner, H. Gaudig) und der Produktionsschule (Bund Entschiedener Schulreformer), war allenfalls noch von akademischem Interesse, bildungspolitisch spielte es keine Rolle mehr. Die Auseinandersetzungen um die Schulreform nach 1945 waren in Württemberg-Hohenzollern im wesentlichen bestimmt vom Thema „Konfessionsschule" und von der Frage nach der Zukunft der Gymnasien. Das Niveau und der Ideenreichtum, die die bildungspolitische Diskussion der Weimarer Zeit ausgezeichnet hatten, wurden bei weitem nicht mehr erreicht. In der bildungspolitischen Szenerie der Nachkriegsjahre war konzeptionell eine ausgesprochene Verarmung eingetreten.

Alles in allem ist in den Jahren 1945–1949 strukturell wie konzeptionell die Rückkehr zu den Verhältnissen der Weimarer Zeit erfolgt, ohne daß dabei jedoch das bildungspolitisch und schulpädagogisch progressive Potential der Weimarer Zeit eine Wiederbelebung erfahren hätte.

3.2 Ursachen für das Scheitern einer Schulreform

Versucht man den vielfältigen Ursachen dieser Entwicklung nachzugehen, dann stößt man auf fünf größere Ursachenkomplexe:

(1) Im zur Diskussion stehenden Zeitraum 1945–1949 herrschte auf allen Gebieten des öffentlichen und privaten Lebens große materielle Not. Bei der Wiedereröffnung der Schulen im Herbst 1945 waren die Voraussetzungen – wie oben bereits dargelegt – finanziell, materiell, organisatorisch und vor allem personell so schlecht, daß auch durchaus reformfreundliche Schulpolitiker – trotz der Gunst der Stunde – eine Schulreform nicht für opportun hielten.

(2) Während des gesamten Zeitraums, vor allem aber in der Anfangsphase 1945, herrschte schul- und bildungspolitisch weithin Konzeptionslosigkeit. In den Kriegsjahren und in den Monaten nach der Besetzung 1945 war es den am Wiederaufbau der Schulen beteiligten Akteuren, der Militärregierung, den Kirchen und der Kultusverwaltung, offenbar nicht gelungen, detaillierte Vorstellungen über den Wiederaufbau des Schulwesens zu entwickeln, untereinander zu diskutieren oder gar auf einen gemeinsamen Nenner zu bringen. Bei dieser Sachlage ist es denn auch nicht verwunderlich, daß die Schulpolitik der Nachkriegsjahre weithin improvisatorischen Charakter hatte und die wenigen Reformversuche Stückwerk blieben, das keine innere Systematik erkennen ließ und von partei- und verbandspolitischen Eigeninteressen bestimmt war.

(3) Im politischen Feld dieser Zone hatten ab 1946 bildungspolitisch konservative Gruppierungen, die Kirchen, die CDU sowie kirchliche Organisationen und der Kirche nahestehende Verbände, eine dominierende Position. Sie beherrschten auf deutscher Seite konkurrenzlos das politische Feld.

Diese Tatsache ist zu einem Teil sicher aus der bildungspolitischen Tradition des Landes zu erklären, bildungspolitisch progressiv zu nennende Parteien wie z. B. die Liberalen, die Sozialdemokraten oder die Kommunisten hatten in dieser vorwiegend agrarisch genutzten Region mit einem hohen katholischen Bevölkerungsanteil ohnehin nie eine große Rolle gespielt[11].

Die Dominanz konservativer Gruppierungen war aber auch zugleich eine Folge der Eingriffe der Besatzungsmacht in das wiederbeginnende politische Leben.

Den Kirchen war es als einzigen Institutionen schon unmittelbar nach der Besetzung erlaubt, sich wieder relativ frei zu entfalten. Sie wurden in vielen schulpolitischen und auch personellen Fragen gehört. Unter ihrer politischen Verantwortung konnten religiöse Vereinigungen und Verbände für Eltern und Lehrer entstehen, die – in Ermangelung konkurrierender Organisationen außerhalb der Kirchen – eine unbestreitbare Attraktivität in breiten Bevölkerungskreisen besaßen und sich bei der Gründung der CDU als wirksame Katalysatoren erwiesen.

Die politischen Maßnahmen der Besatzungsmacht hatten aber gleichzeitig – wenn auch nur mittelbar – eine gravierende Benachteiligung der bildungspolitisch progressiveren Gruppierungen zur Folge. Da Verbände und Vereinigungen außerhalb der Kirchen erst im Laufe des Jahres 1946 wieder gegründet werden konnten und die Militärregierung die Gründung einer Interessenvertretung der Lehrerschaft außerhalb der Gewerkschaft ÖTV bis 1949 strikt verbot, fanden bildungspolitisch progressiv denkende Kreise der Lehrerschaft auf der Ebene der Verbände keine Möglichkeit, ihre Interessen zu artikulieren und im politischen Geschehen wirksam zu vertreten. Wer als Einzelperson mit der bildungspolitischen Linie der konservativen Verbände nicht einverstanden war, blieb politisch isoliert. Davon waren natürlich Teile der noch mit ihren Entnazifizierungsverfahren belasteten Lehrerschaft besonders betroffen.

---

[11] 53 % der Bevölkerung dieses Gebiets waren Katholiken, 44 % Protestanten; 45 % der Erwerbstätigen waren in der Landwirtschaft beschäftigt. Bei den Landtagswahlen waren auf die SPD 1928 16,8 %, 1932 10,1 % der Stimmen entfallen (vgl. Württemberg in Zahlen, 2/1946, S. 46/47 und 5/6/1946, S. 11 sowie 4/1949, S. 1).

Insgesamt also führten die Bemühungen der Besatzungsmacht, ehemalige Nationalsozialisten aus dem politischen Leben herauszuhalten und nur politisch zuverlässigen Persönlichkeiten und Institutionen politische Entfaltungsmöglichkeiten zu bieten, in Württemberg-Hohenzollern zu einer bildungspolitischen Monopolstellung konservativer Gruppierungen und zu einer Benachteiligung jener Bevölkerungskreise und Gruppierungen, die in der Weimarer Zeit Träger bildungspolitisch progressiveren Gedankenguts gewesen waren.

(4) Die politischen Ziele der französischen Besatzungsmacht, ihre bildungspolitischen Vorstellungen und ihre schulpolitischen Aktivitäten waren nicht miteinander zu vereinbaren.

Es war das erklärte Ziel der französischen Besatzungspolitik, die Sicherheit Frankreichs auch über Umerziehungsmaßnahmen zu gewährleisten, den Nationalsozialismus zu beseitigen und ein demokratisches Staatswesen aufzubauen. In Württemberg-Hohenzollern hatte nun die Eliminierung von ehemaligen Nationalsozialisten aus dem politischen Leben, die Zusammenarbeit mit politisch zuverlässigen Persönlichkeiten aus kirchlich-konservativen Kreisen und das Verbot zur Gründung einer Berufsorganisation der Lehrer eine Einschränkung des tatsächlich bestehenden Interessenpluralismus zur Folge.

Schulpolitisch progressiv zu nennendes Gedankengut blieb aus der Diskussion ausgeblendet. Das Ergebnis war u. a. die schulpolitische Restauration, die von der Militärregierung so sicher nicht beabsichtigt war.

Als die Militärregierung 1947 endlich ihre Schulreformvorstellungen bekanntmachte, stieß sie damit auf den entschlossenen Widerstand der deutschen Seite. Ihr Schulreformplan wäre nur über einen offenen Konflikt mit dem mächtigen Kartell konservativer Kräfte und in Form eines Diktats durchzusetzen gewesen. Diesen Konflikt konnte sich die Militärregierung freilich nicht leisten, da sie sich damit sofort dem Vorwurf undemokratischen Vorgehens ausgesetzt hätte. Ihre bildungspolitischen Ziele und ein Teil ihrer schulpolitischen Aktivitäten standen im Widerspruch zu ihrer konkreten Demokratisierungspraxis.

(5) Nachdem sich im Laufe der Jahre 1947 und 1948 die schulpolitische Restauration vollzogen hatte, die verspäteten Reformvorschläge der Militärregierung abgewehrt waren und sich die Gründung eines Südweststaates abzeichnete, erlahmte das Interesse an schulpolitischen Fragen. Nach 1949 stellte sich in Württemberg-Hohenzollern nur noch die Frage, wie mit den bestehenden Konfessionsschulen im geplanten Südweststaat verfahren werden solle. Eine grundlegende Reform des Bildungswesens stand nicht mehr zur Diskussion.

Die Ursachen für das Scheitern einer Schulreform in der französisch besetzten Zone Württembergs und Hohenzollerns sind also – versucht man sie hier zusammenzufassen – sowohl in den überaus schwierigen äußeren Umständen als auch in den Folgen der Besatzungspolitik insgesamt zu suchen. In den Jahren 1945 und 1946, als schulpolitische Entscheidungen auf administrativer Ebene fielen, waren die bildungspolitische Konzeptionslosigkeit und die durch äußere Umstände erzwungene Improvisation die eigentlichen Hindernisse für eine Schulreform. In den Jahren der Demokratisierung 1946–1949, als die schulpolitischen Entscheidungen in die Öffentlichkeit, die Verfassunggebende Landesversammlung und in den Landtag verlagert waren, scheiterte eine Schulreform an den politischen Strukturen. In diesem Zeitraum führten die Demokratisierungsbemühungen der französischen Besatzungsmacht zu einer Monopolstellung bildungspolitisch konservativer Parteien und Verbände, die an Schulreformen größeren Stils kein Interesse hatten. Der von der Besatzungsmacht eingeleitete und kontrollierte Demokratisierungsprozeß hat – wenngleich dies von der Militärregierung so nicht beabsichtigt war – letztlich einer Schulreform entgegengewirkt und der schulpolitischen Restauration den Weg geebnet.

Literatur

Amtsblatt des Staatssekretärs für das französisch besetzte Gebiet Württembergs und Hohenzollerns. Tübingen 1946
Bungenstab, Karl-Ernst: Umerziehung zur Demokratie? Düsseldorf 1970
Journal Officiel du Commandement en Chef français en Allemagne. Baden-Baden 1945, 1946, 1948
Konstanzer, Eberhard: Die Entstehung des Landes Baden-Württemberg. Stuttgart 1969
Lange-Quassowski, Jutta: Neuordnung oder Restauration? Opladen 1979
Löffler, Eugen: Denkschrift über die Neuordnung des Erziehungswesens. Im Auftrage des Rates der EKD und mit Zustimmung der Landeskirchen von Baden, Hessen-Kassel, Hessen-Darmstadt und Württemberg ausgearbeitet. Stuttgart 1947
L'œuvre culturelle française en Allemagne. Hrsg. v. d. Direction de l'Education Publique auprès du Commandement en Chef français en Allemagne. O. O. 1947
Morell, Renate: Organisierte Volksschullehrerbewegung vom Ende des Zweiten Weltkrieges bis zur Konstituierung der „Gewerkschaft Erziehung und Wissenschaft". Kassel 1977 (Diss. Universität Marburg)
Pakschies, Günter: Umerziehung in der Britischen Zone 1945–1949. Weinheim 1979
Regierungsblatt für das Land Württemberg-Hohenzollern. Tübingen 1947, 1948
Ruge-Schatz, Angelika: Umerziehung und Schulpolitik in der französischen Besatzungszone 1945–1949. Frankfurt 1977

Schmid, Carlo: Erinnerungen. Bern/München/Wien 1979 *(zit. als: Schmid, Carlo)*
Schmid, Karl: Die Forderungen des Tages. Reden und Aufsätze. Stuttgart 1946 *(zit. als: Schmid, Karl)*
Schmittlein, Raymond: Briser les chaînes de la jeunesse allemande. In: France Illustration 17. 9. 1949, Nr. 205, o. S.
Schwäbisches Tagblatt. Tübingen 1946
Verhandlungen der beratenden Landesversammlung für Württemberg-Hohenzollern vom 22. November 1946 bis 9. Mai 1947 und Inhaltsübersicht mit Anhang. Ergebnis der namentlichen Abstimmung über den Verfassungsentwurf, Mitgliederverzeichnis. Bebenhausen o. J.
Vermeil, Edmond: L'Allemagne. Essai d'explication. Paris 1945
Winkeler, Rolf: Schulpolitik in Württemberg-Hohenzollern 1945–1952. Eine Analyse der Auseinandersetzungen um die Schule zwischen Parteien, Verbänden und französischer Besatzungsmacht. Stuttgart 1971
Württemberg in Zahlen. Hrsg. v. Württ. Statist. Landesamt. Tübingen 1946, 1949
Zur Neuordnung des Schulwesens in Württemberg-Hohenzollern. Hrsg. v. Kultusministerium in Tübingen. Tübingen 1950
Weitere Literatur: Vgl. Winkeler, 1971

Christoph Kleßmann

Politische Rahmenbedingungen der Bildungspolitik in der SBZ/DDR 1945 bis 1952

1 Einleitung

Zur Periodisierung der frühen deutschen Nachkriegsgeschichte bietet sich das Jahr 1949 als formale Zäsur für den Übergang von der Vierteilung in Besatzungszonen zur Zweiteilung in zwei deutsche Staaten an.

Für eine kritische historische Analyse ist diese Periodisierung, auch wenn sie sich sowohl in der DDR wie in der Bundesrepublik weitgehend durchgesetzt hat, dennoch sehr problematisch. Sie ist akzeptabel und sinnvoll, wenn man staatsrechtliche und verfassungspolitische Kriterien in den Vordergrund des Interesses rückt, kaum aber, wenn man einerseits nach weltpolitischen Konstellationsveränderungen und andererseits nach innenpolitischen Weichenstellungen fragt. Den Zeitgenossen war noch in hohem Maße bewußt, was in der Übernahme dieser Periodisierung verdeckt wird: Der provisorische Charakter der Staatsbildung unter einem massiven Vorbehalt der Alliierten. Das Grundgesetz stand unter dem Vorbehalt des Besatzungsstatuts, und die Bundesrepublik war von einem souveränen Staat nahezu ähnlich weit entfernt wie die vom Veto der sowjetischen Kontrollkommission abhängige DDR. Unter weltpolitischen Aspekten ebenso wie unter wirtschaftshistorischen und sozialen Gesichtspunkten erscheinen entweder die Jahre 1947/48 mit dem Durchbruch des Kalten Krieges, beginnender Gleichschaltung der osteuropäischen Länder, Jugoslawienkonflikt, sich abzeichnender Spaltung Deutschlands und den Anfängen der Militärblöcke oder aber die 50er Jahre mit Koreakrieg, Betriebsverfassungsgesetz, Wiederaufrüstung und Westintegration als tiefere Einschnitte, die das Jahr 1949 in den Hintergrund treten lassen. Im Selbstverständnis der DDR spielt dabei die zweite Parteikonferenz von 1952 mit der Proklamation des Aufbaus des Sozialismus eine entscheidende Rolle.

Für marxistisch-leninistische Historiker sind Periodisierungsfragen immer mehr als flexibel zu handhabende „Ordnungsprobleme", vielmehr spiegeln sie das Selbstverständnis der Historiker und die sich wandelnden politisch-ideologischen Interpretationsvorgaben durch die Partei (Rieseberger, S. 579 f.). Epoche, Periode und Etappe sind zentrale Begriffe der marxistisch-leninistischen Geschichtswissenschaft. In der neuesten offiziösen Darstellung der deutschen Geschichte „Klassenkampf, Tradition, Sozialismus" (1978) wird die Nachkriegsgeschichte in drei Hauptperioden eingeteilt: 1945–1949, 1949–1961, 1961 bis heute. Perioden sind dabei dadurch gekennzeichnet, daß in ihnen „ganz bestimmte gesellschaftliche Probleme gelöst werden, die von grundlegender Bedeutung für die Durchsetzung der Entwicklungstendenz einer bestimmten historischen Epoche sind (Eckermann/Mohr, S. 82).

Gegenüber einer solchen ex officio festgelegten Periodisierung wäre zum einen generell zu fragen, wieweit sie für die politische und gesellschaftliche Gesamtentwicklung inhaltlich ausgefüllt und konsequent durchgehalten werden kann, zum anderen wäre speziell zu untersuchen, ob und wieweit sich die Entwicklung der Bildungspolitik und des Bildungswesens in ein solches Schema bruchlos einfügen läßt, welche Ziele und Zwänge sich von hierher erklären lassen und welche zeitlichen Verschiebungen sich u. U. ergeben.

Für die erste „Hauptperiode" der deutschen Nachkriegsgeschichte würde das somit bedeuten, daß in diesen ersten vier Jahren die „antifaschistisch-demokratische Umwälzung" im wesentlichen abgeschlossen und von nun an mit der „Errichtung der Grundlagen des Sozialismus" begonnen wurde (Klassenkampf, S. 577). Um dieses Problem „auf den Begriff zu bringen", möchte ich bei dem in der DDR-Historiographie vieldiskutierten Konzept der Volksdemokratie bzw. dem häufig synonym verwandten Begriff der volksdemokratischen Revolution ansetzen.

Mit einer historischen Interpretation dieses Begriffs wären die gesamtpolitischen Rahmenbedingungen zu skizzieren, welche die Entwicklung des Bildungswesens determinierten. Dabei kann hier lediglich versucht werden, die Nahtstellen anzudeuten, an denen die Verbindung von politischer und sozialökonomischer Gesamtentwicklung mit dem Bildungswesen deutlich wird, ohne auf dieses selbst näher einzugehen.

2 Zur historischen Interpretation des volksdemokratischen Konzepts

Die aktuelle Interpretation der frühen deutschen Nachkriegsgeschichte in der DDR-Geschichtswissenschaft der Ära Honnecker ist von dem Versuch bestimmt, die ostdeutsche Entwicklung in enger Parallelität zur osteuropäischen zu sehen, die nationalen Besonderheiten des gespaltenen Deutschlands in den Hintergrund treten zu lassen und somit den Stellenwert der SBZ/DDR im sozialistischen Weltsystem schon zu einem möglichst frühen Zeitpunkt ohne „störende" gesamtdeutsche Faktoren zu untersuchen (Neuhäußer-Wespy, S. 393–399). Damit erscheint die Vorgeschichte der DDR als ein konsequenter, gesetzmäßiger, evolutionärer Prozeß, an dessen Ende die Grundlegung des Sozialismus steht. Unter entgegengesetztem und positivem Vorzeichen stellt sich damit diese Etappe ebenso dar wie für viele „bürgerliche" Historiker. Was für die einen positiv gesetzmäßige Entwicklung vom Antifaschismus zum Sozialismus bedeutet, ist für die anderen negativ die von Anfang an angelegte und konsequent durchgeführte Sowjetisierung Ostdeutschlands[1]. „Volksdemokratische Revolution" ist für die DDR-Historiker heute ein in zwei Etappen verlaufender „einheitlicher revolutionärer Prozeß des Hinüberwachsens" der antifaschistischen in die sozialistische Revolution (Wörterbuch 1974, S. 389). Welche äußeren und inneren Triebkräfte dieses „Hinüberwachsen" bestimmten, welche äußeren Einflüsse und inneren Zwangsläufigkeiten diesen Prozeß prägten und welche Widersprüche dieses harmonische Bild stören, wird in DDR-Darstellungen nur vage faßbar. Die angebliche historische Gesetzmäßigkeit verdeckt alternative Möglichkeiten, bewußtes Handeln und Reagieren auf veränderte Konstellationen und macht die Entscheidungsträger zu Statisten in einem vorgezeichneten Entwicklungsprozeß. Ich möchte gegenüber dieser Konstruktion vom zeitgenössischen Begriff Volksdemokratie ausgehen, die heutige offizielle Definition historisch aufbrechen und auf diese Weise ein Interpretationsmodell der DDR-Vorgeschichte skizzieren, das außen- und innenpolitische Faktoren stärker verklammert, nicht der oben genannten Periodisierung folgt und damit eher erlaubt, bestimmende politische Faktoren zu benennen statt mit organologischen Metaphern („Heranreifen", „Hinüberwachsen") objektive Gesetzmäßigkeiten zu beschwören und damit jede Offenheit historischer Konstellationen zu verdecken.

Seit Ende 1948 (Dimitroff auf dem V. Parteitag der bulgarischen KP) wird Volksdemokratie offiziell – mit Varianten im einzelnen – als eine Form der Diktatur des Proletariats definiert (Dimitroff, S. 676–679). Die in Osteuropa entstandenen Gesellschaftsordnungen werden damit prinzipiell der „Sowjetdemokratie" in ihrem Wert gleichgestellt. Dieses in der DDR erst mit einer Zeitverzögerung voll übernommene Selbstverständnis kontrastiert zu früheren Konzeptionen, die eher das Gegenteil besagen und ausdrücklich nicht die Diktatur des Proletariats beinhalten. So wurde in einem von der sowjetischen Militärad-

---

[1] Beispiele dieser Interpretation sind u. a.: Birke/Neumann, 1959; Lange 1954.

ministration (SMAD) inspirierten Aufsatz im theoretischen Organ der SED „Einheit" vom September 1946 für Deutschland noch deutlicher als in den Thesen von Anton Ackermann vom „besonderen deutschen Weg zum Sozialismus" eine Gesellschaftsform propagiert, die den osteuropäischen Volksdemokratien entspreche und

„zwischen der bürgerlichen und sozialistischen Demokratie steht ... Die Besonderheiten dieser Demokratie liegen im Bestreben zur Sicherung der Herrschaft der Mehrheit der Bevölkerung unter Beibehaltung der Grundlage der kapitalistischen Wirtschaftsordnung, Beibehaltung privater Produktionsmittel usw. ...
Uns scheint es, daß in der heutigen Etappe der Entwicklung Deutschlands gerade dieser Typus der Demokratie am annehmbarsten ist."[2]

Daß es sich hierbei nicht etwa um eine „ideologische Eintagsfliege" handelte, sondern um ein zunächst in den osteuropäischen Staaten und dann auch von sowjetischen Theoretikern breit diskutiertes Konzept, hat unter anderem die detaillierte Analyse Heinrich Heiters über die Wandlungen der sowjetischen Volksdemokratie-Konzeption nachgewiesen (Heiter, 1977). Auch wenn der Begriff für die SBZ/DDR bis 1951/52 offiziell noch fehlte, wurde die osteuropäische Diskussion hier durchaus rezipiert, zudem traf dieses Transformationsmodell voll auf die inneren Verhältnisse im sowjetisch besetzten Teil Deutschlands zu. Im Anschluß an Ansätze bei Brzezinski und Hans-Peter Schwarz[3] möchte ich die Funktion dieser frühen Konzeption von Volksdemokratie von zwei Gesichtspunkten her interpretieren:

a) Außenpolitisch sollte die volksdemokratische Ordnung den sowjetischen Einfluß- und Herrschaftsbereich absichern, ohne schon eine Uniformierung durchzusetzen und damit Kooperationsmöglichkeiten mit den Westmächten endgültig zu verbauen;

b) innenpolitisch sicherte dieses Konzept den kommunistischen Parteien die entscheidenden Machtpositionen, ohne daß sie davon offen und in vollem Umfang Gebrauch machen konnten, wollten sie nicht starke Opposition provozieren und sich von vornherein um jeden noch verbliebenen Kredit und Einfluß in westlichen Ländern (insbesondere in Westdeutschland) bringen.

Die Volksdemokratien in der ersten Phase stellen sich somit als noch vergleichsweise labiles Gefüge dar, mit gemischten Wirtschaftsformen,

---

[2] „Was ist Demokratie?" in: Einheit 1 (1946), S. 221 f. Vgl. ferner: Leonhard, 1955, S. 453.
[3] Vgl. Kleßmann, 1975; Brzezinski, 1962; Schwarz, 1966.

relativ großem politischem Spielraum und Kontakten zu westlichen Ländern. Ein solches wirtschaftliches und politisches Mischsystem produzierte endogene Widersprüche, doch läßt sich daraus kaum der abrupte Übergang zum langfristig proklamierten Ziel des Sozialismus ableiten. Bestimmt man vereinfacht die zentralen sowjetischen Kriegs- und Nachkriegsziele als militärisch-strategische Sicherheit und schnellen ökonomischen Wiederaufbau (Lafeber, S. 14) (möglichst mit Reparationen *und* westlichen Krediten), so stand die Sowjetunion 1944 bis 1947 vor einem offenkundigen Dilemma. Dieses Dilemma in Osteuropa und Deutschland lag darin, daß vitale Sicherheitsinteressen für Stalin eine Kontrolle dieses Gebiets verlangten. Andererseits brauchte er zum Wiederaufbau der Sowjetunion Kapital, das nur von den USA zu haben war, und zwar nur um den Preis eines starken ökonomischen (und damit auch politischen) Einflusses in eben diesen osteuropäischen Ländern. Als sich herausstellte, daß dieser politische Preis nicht zu drücken war und überdies die sowjetrussischen Einflußmöglichkeiten in Westeuropa und Westdeutschland durch die amerikanische Politik der Truman-Doktrin und des Marshall-Plans immer mehr schwanden, erfolgte der Rückzug auf das gesicherte osteuropäische Glacis. Damit begann die zweite, im Grunde neue Phase der Volksdemokratie: Die Schaffung eines politisch, wirtschaftlich und ideologisch weitestgehend uniformen Satellitengürtels. Die Volksdemokratie als „Brücke" und „Demokratie neuen Typs" wurde zu einer dem Sowjetmodell prinzipiell gleichwertigen Form mit absolutem Führungsanspruch der am Vorbild der KPdSU orientierten kommunistischen Partei.

Dieser begriffliche Wandel spiegelt auch für die SBZ/DDR einen tiefgreifenden beschleunigten Umwandlungsprozeß vom antifaschistisch-demokratischen zum stalinistischen Staats- und Gesellschaftsmodell, dessen Beginn sich deutlich in den Jahren 1947/48 fassen läßt. Legt man diese Zäsur zugrunde, wäre somit zu fragen, durch welche Hauptcharakteristika die ostdeutsche Gesellschaftsordnung vorher und nachher bestimmt war und wie weit damit Determinanten für das Bildungswesen gegeben waren.

3 Einige Charakteristika der SBZ/DDR als Volksdemokratie und ihre Relevanz für das Bildungswesen

Ich möchte hier fünf Hauptcharakteristika knapp skizzieren und jeweils versuchen, ihre unmittelbare und mittelbare Bedeutung für die Entwicklung des Bildungswesens anzudeuten.

3.1 Bodenreform

Durch die entgegen urprünglichen Plänen auf Betreiben der Sowjets bereits im September 1945 durchgeführte Bodenreform wurde der gesamte Besitz von „Kriegsverbrechern, Naziaktivisten und Großagrariern" über 100 Hektar entschädigungslos enteignet[4]. Diese ca. 3,3 Millionen Hektar Land kamen in einen Bodenfonds, aus dem bis 1950 an etwa 559 000 Personen Boden verteilt wurde. Unter ihnen waren u. a. rund 120 000 landlose Bauern und Landarbeiter, 91 000 Flüchtlinge und Umsiedler, 82 000 landarme Bauern, 183 000 nichtlandwirtschaftliche Arbeiter und Angestellte (Nebenerwerbsparzellen). Mit dieser Besitzumschichtung hatte sich der Großgrundbesitz (über 100 Hektar) von 29,7 Prozent (1939) auf 9 Prozent der Betriebsfläche reduziert. Die sozialstrukturellen Konsequenzen der Bodenreform sind besonders am mehr als verdoppelten Anteil der Mittelbauern (5–10 ha) an der Zahl landwirtschaftlicher Betriebe ablesbar (Rilling, S. 128 f.). Genaue Angaben über die Veränderungen in der Gesamtzahl der vor und nach der Reform in der Landwirtschaft Tätigen existieren nicht. Insgesamt lag der Prozentsatz der in Land- und Forstwirtschaft Beschäftigten 1946 bei 29 %, 1939 dagegen bei 22 % (Barthel, S. 67).

Die Bodenreform war keineswegs eine kommunistische Maßnahme oder Vorstufe der Kollektivierung. Mit Ausnahme der CDU hatten ihr alle Parteien ausdrücklich zugestimmt. Das politische Ziel war zum einen die Zerschlagung der sozialen Basis des „preußischen Militarismus", zum andern sicherte die Landverteilung der KPD bzw. SED im besonderen Maße die Loyalität der bäuerlichen Bevölkerung und stellte schließlich eine wesentliche Maßnahme zur Integration der Flüchtlinge dar. Über die Vereinigungen der gegenseitigen Bauernhilfe (VdgB), die insbesondere Neubauern konkrete organisatorische Hilfestellungen boten, besaß die SED zudem ein wirksames Instrument der direkten Einflußnahme. Ökonomisch dagegen bedeutete die überstürzt durchgeführte Reform mit der Konsequenz einer beträchtlichen Bodenzersplitterung eher einen Rückschlag für die Lebensmittelversorgung.

Durch den hohen Anteil landwirtschaftlicher Bevölkerung und aufgrund der großen politischen Bedeutung der Bodenreform ergab sich für die Schulpolitik in der SBZ die Notwendigkeit, sich verstärkt um die Schulverhältnisse auf dem Lande zu kümmern. In der SBZ gab es 4 114 einklassige Volksschulen (= 40,7 % aller Volksschulen). Bereits bis zum

---

[4] Text des Bodenreformgesetzes in: Dokumente, S. 132 ff. Ausführlich dazu Doernberg, 1959. Die Zahlenangaben in der Literatur weichen häufig voneinander ab. Eine brauchbare Zahlenübersicht bietet Rilling, 1979, Bd. 1, S. 128 ff.

1. März 1946 wurde diese Zahl auf 3 142 reduziert. Bis Herbst 1948 sank sie auf 1 407 (Günther/Uhlig, S. 48, 62).

Die am 21. Juni 1946 erlassenen „Richtlinien zur Durchführung der Schulreform auf dem Lande" interpretieren Günther/Uhlig gewissermaßen als flankierende Maßnahmen zur Bodenreform, als „geistige Befreiung" der Bauern und Landarbeiter. „Nur so wurde es möglich, die politische Bewußtheit der Landbevölkerung weiter zu heben und den späteren Übergang zur sozialistischen Produktionsweise auf dem Lande vorzubereiten." (ebd., S. 61).

Neben diesen – nicht ohne Widerstand bei der Landbevölkerung durchgesetzten – Emanzipationsbetrebungen erhielt das Berufsschulwesen eine besondere Bedeutung. Schon im November 1945 wurde darauf von Bildungsexperten der SPD und KPD nachdrücklich hingewiesen (Mende, S. 16 f.). Welche gravierenden Probleme hier gerade auf dem Lande lagen, mag eine Zahl verdeutlichen: im Schuljahr 1947/48 besuchten noch nicht einmal 40 % der in der Landwirtschaft arbeitenden Jugendlichen eine Berufsschule (Günther/Uhlig, S. 64).

Für die weitere Entwicklung ist festzuhalten, daß zwar die Landwirtschaft mit dem Zweijahresplan für 1949/50 verstärkt in die Wirtschaftsplanung einbezogen und zur Förderung der Landwirtschaft auch beträchtliche Investitionen vorgesehen wurden (Weber, 1968, S. 48), daß aber die sozialistische Zielsetzung der Kollektivierung erst relativ spät (auf der zweiten Parteikonferenz 1952) verkündet und noch viel später (1959/60) voll und mit massivem Zwang realisiert wurde. Die Angleichung an das sowjetische Modell erfolgte somit auf diesem Sektor erst mit einer großen Zeitverzögerung.

3.2 Die Verstaatlichung wichtiger Industriebetriebe

Die Enteignung großer und mittlerer Industriebetriebe vollzog sich auf drei sich überschneidenden Ebenen. Am 30. Oktober 1945 verfügte die SMAD die Beschlagnahme allen Eigentums des deutschen Staates, der NSDAP und ihrer Organisationen, der Verbündeten des Nazi-Reiches und darüber hinaus aller jener Personen, die von der SMAD „durch besondere Listen oder auf andere Weise bezeichnet werden" (Dokumente, S. 189 ff.). In vielen Fällen sanktionierte dieser Befehl nur, was spontan entweder Belegschaften oder deutsche Behörden schon begonnen hatten. Für die ersten Jahre der SBZ ist, wie die Arbeiten von Staritz und Suckut (Staritz, 1976; Suckut, 1978) deutlich gemacht haben, eine breite spontane Aktivität der Belegschaften in Gestalt von Betriebsausschüssen und Betriebsräten feststellbar. Sie übernahmen vielfach herrenlose Betriebe und führten sie z. T. in eigener Regie weiter oder sorgten für die Entfernung nationalsozialistisch belasteter Eigentümer und Direktoren. Auf der dritten Ebene schließlich, der deutschen Gesetzgebung, wurde die Enteignung und Verstaatlichung mit dem Volksentscheid in Sachsen von 1946 und dem anschließenden Enteignungsgesetz fortgeführt. Auch hier lag die politische Motivation offen zutage. Die Hauptwurzel, aus der der Faschismus nach kommunistischer Deutung entsprang, die Großindustrie, sollte auf diese Weise politisch ausgerottet werden. Abgesehen von den als sowjetische Aktiengesellschaften (SAG) in russische Hand übergegangenen wichtigen Betriebe lagen nun ca. 40 % der industriellen Produktion in staatlicher Hand (Weber, 1976, S. 30).

Es läßt sich zweifellos feststellen, daß diese Reform nicht nur eine von oben angeordnete Maßnahme war, sondern in Übereinstimmung mit Aktivitäten und politischen Wünschen der deutschen Arbeiterschaft vollzogen wurde.

Bei der Frage nach den weiteren Konsequenzen dieser Reform für die Wirtschafts- und Bildungspolitik wird es schwierig, äußere Einflüsse und innere Entwicklungszwänge zu trennen. Mit der 1947 eingesetzten deutschen Wirtschaftskommission (DWK) wurde ein Instrument zur Koordinierung der Tätigkeit der bestehenden Zentralverwaltungen und zur Wirtschaftsplanung geschaffen. 1948 erhielt sie weitere Vollmachten zur selbständigen Leitung der Wirtschaft und stellte damit die Vorstufe einer Regierung dar. Auf Initiative der in ihrer Führung dominierenden SED erarbeitete sie dann den ersten Zweijahresplan, der eine Produktionssteigerung um ein Drittel vorsah (ebd., S. 31). Die Notwendigkeit einer solchen Planung entsprach nicht nur politischen Zielen, sondern ergab sich auch aus der Bedeutung des verstaatlichten Sektors selbst. Ohne Lenkung und Qualifizierung der Arbeitskräfte war die angestrebte Produktionssteigerung und Wirtschaftsplanung nicht möglich. Noch viel deutlicher trat dieser immanente Zwang mit der Verabschiedung des ersten Fünfjahresplans 1950 in Erscheinung, in dem der Einsatz von 890 000 neuen Arbeitsplätzen vorgesehen wurde (Günther/Uhlig, S. 99).

In diesem Kontext sind vor allem die Schaffung von Betriebsberufsschulen zur Rekrutierung von Facharbeitern und auch die Einführung der 10-Klassen-Schulen zu sehen. Die ersten Betriebsberufsschulen entstanden 1948. Ihre Zahl wurde im Zuge des Fünfjahresplans ständig erhöht (Herbst 1949: 251 Schulen) (ebd., S. 73; Hearnden, S. 58). Sie wurden in den großen VEB eingerichtet und von ihnen verwaltet. Der dritte Parteitag der SED 1950 beschloß die Einführung von 10-Klassen-Schulen neben der Oberschule. Ihre Absolventen sollten an Ingenieurschulen weitergebildet werden. Aufgabe dieser Schule war es somit, verstärkt die für die Ausdehnung der Produktion benötigten mittleren technischen Leitungskräfte auszubilden und in größerem Umfang Arbeiter- und Bauernkinder in Leitungspositionen zu bringen. Damit sollte sowohl ökonomischen wie ideologischen Zielen Rechnung getragen werden. Dieser 1951 eingeführte Schultyp stieß jedoch zunächst auf große Widerstände innnerhalb der Schulverwaltung und auf Zurückhaltung bei der Bevölkerung (Mende, S. 25 f.; Günther/Uhlig, S. 99). Daß man mit der Einführung dieses Schultyps in die Nähe des vielgeschmähten und mit der Reform von 1946 abgeschafften dreigliedrigen Schulsystems geriet (Hearnden, S. 80), zeigt zudem die Spannung zwischen akuten aus der Wirtschaftsplanung resultierenden Anforderungen und egalitären gesellschaftspolitischen Zielsetzungen.

3.3 *Die Absicherung der kommunistischen Machtstellung im Parteisystem*

Über die Gründe für Zeitpunkt und Tempo der Fusion von KPD und SPD lassen sich nur Hypothesen aufstellen. In jedem Falle bedeutete diese Fusion einen wesentlichen Schritt zur breiteren inneren Absicherung der schon von außen (durch die SMAD) gefestigten Stellung der Kommunisten im Parteigefüge. Der Vorgang selbst war weder eine reine Zwangsvereinigung noch bloßer Ausdruck einer breiten Einheitsbewegung, sondern beides. Die SMAD half mit „Zuckerbrot und Peitsche" nach, wo es Widerstände gab, ohne ein bestimmtes Maß an Einheitswillen in beiden Parteien hätte sie jedoch zu diesem Zeitpunkt die Fusion noch nicht durchsetzen können[5].

Durch die Blockpolitik mit den bürgerlichen Parteien war zwar bereits (angesichts des beherrschenden Einflusses der SMAD) Oppositionspotential absorbiert und neutralisiert, durch die Fusion aber wurde die Stellung der Kommunisten ausgebaut und gefestigt. Die gegenüber tiefgreifenden Reformen zu erwartende Opposition der bürgerlichen Parteien, die sich ansatzweise schon bei der Bodenreform gezeigt hatte (Hermes, 1963), war damit leichter auszuschalten.

Das galt nicht zuletzt für Bildungsreformen. Gerade hier erleichterten die inhaltlich nahe beieinanderliegenden bildungspolitischen Vorstellungen von SPD und KPD (Mende, S. 16 f.) die Durchsetzungsfähigkeit der SED. Von großer Bedeutung war, daß sich die SED zunächst organisatorisch und programmatisch als demokratische Massenpartei mit pa-

---

[5] Insbesondere für den betrieblichen Bereich wird die starke Einheitsbewegung von Staritz, S. 81, unterstrichen. Grundlegend zur Fusion insgesamt: Moraw, 1973.

ritätischer Besetzung der Gremien durch ehemalige SPD- und KPD-Mitglieder auf allen Ebenen verstand[6]. Ideologisch spielte dabei das von Anton Ackermann im Vorfeld der SED-Gründung entwickelte Theorem vom „besonderen deutschen Weg zum Sozialismus" eine bedeutsame Rolle (Ackermann, 1946). Es füllte entsprechende Ansätze im Gründungsaufruf der KPD aus und blieb bis 1947 ideologische Leitlinie gesamtgesellschaftlicher Politik. Ernstgenommen bedeutete diese Leitlinie ebenso wie in den osteuropäischen Volksdemokratien eine längerfristige evolutionäre Entwicklung und sozialistische Transformationsstrategie, die von ihrer Logik her eine schnelle und abrupte Umgestaltung und Sowjetisierung ausschloß. Hier liegt auch die eklatante Schwäche der offiziellen DDR-Interpretation, die diese Längerfristigkeit und relative Eigenständigkeit zugunsten eines „gesetzmäßigen Hinüberwachsens" leugnet, dabei den Zeitfaktor außer acht läßt und die Frühphase somit angesichts des seit 1947 abrupt einsetzenden „Transformationsschubs" (Staritz) zum taktischen Manöver herunterzustufen erlaubt[7]. Gerade von der Stellung der SED im Parteiensystem, von ihrer Struktur und ihrem Programm her läßt sich besonders deutlich machen, welche gravierenden Änderungen mit tiefgreifenden Rückwirkungen auf alle Bereiche von Staat und Gesellschaft sich seit Ende 1947 ergaben. Bereits auf dem zweiten Parteitag (September 1947) kündigte Ulbricht versteckt und daher kaum wahrgenommen die Notwendigkeit einer Umformung der Partei an. Zur gleichen Zeit ließ Tulpanow, der maßgebende Politoffizier der SMAD, durchblicken, daß die These vom eigenen deutschen Weg zum Sozialismus ein theoretischer Irrweg sei (Kleßmann, S. 386). Aus der DDR-Historiographie selbst wird – entgegen der These von der bis 1949 dauernden Hauptperiode – deutlich, daß bereits jetzt eine „neue Etappe" begann:

„Die SED stellte auf ihrem II. Parteitag den amerikanischen Marshall-Plan, der den angeschlagenen Kapitalismus in Westeuropa stützen und die revolutionären Volksbewegungen abfangen sollte, die Alternative eines planmäßigen Aufbaus aus eigener Kraft entgegen. Sie prägte die Losung ‚Mehr produzieren, gerechter verteilen, besser leben!' "
Gleichzeitig begann die Partei, ihre politisch-ideologische Arbeit auf eine neue Stufe zu heben und ihre führende Rolle auf allen Gebieten zu verstärken" (Günther/Uhlig, S. 58).

Im Zusammenhang mit der Volkskongreß-Kampagne wurde im Dezember 1947 mit der Absetzung Kaisers und Lemmers die CDU als

---

[6] Instruktiv dazu der Erinnerungsbericht von Erich W. Gniffke, 1966.
[7] Vgl. dazu auch Brokmeier, 1972.

„Oppositionspartei" empfindlich getroffen, zugleich zielte die Neugründung zweier bürgerlicher Parteien unter SED-Kuratel Anfang 1948 auf eine weitere Schwächung der bürgerlichen Parteien durch Zersplitterung (Weber, 1976, S. 25 f.). Innerhalb der SED wurde der Einfluß ehemaliger Sozialdemokraten immer mehr zurückgedrängt, bis schließlich auf der ersten Parteikonferenz im Januar 1949 offiziell das Paritätsprinzip aufgegeben und die SED zur leninistischen „Partei neuen Typs" mit striktem Zentralismus und unbedingter Orientierung am sowjetischen Vorbild erklärt wurde[8].

Über die Ausschaltung der Betriebsräte (de facto-Auflösung in Bitterfeld im Herbst 1948) und ihre Ersetzung durch die von der SED bestimmten Betriebsgewerkschaftsleitungen (BGL) sicherte sich die Partei auch im betrieblichen Bereich ihren unmittelbaren Einfluß für die seit Herbst 1947 verbindliche Linie der rigorosen Leistungssteigerung durch Wettbewerbs- und Aktivistenkampagnen sowie durch forcierte Lohndifferenzierung und ausdrückliche Absage an alle „Tendenzen zur Gleichmacherei" (Staritz, S. 108 ff.). In diesen Zusammenhang gehört u. a. die „Verordnung über die Erhaltung und Entwicklung der deutschen Wissenschaft und Kultur, die weitere Verbesserung der Lage der Intelligenz und die Steigerung ihrer Rolle in der Produktion und im öffentlichen Leben" vom 31. 3. 1949 (Baske/Engelbert, S. 105 ff.).

Mit der Liquidierung des „besonderen deutschen Weges zum Sozialismus", der Umformung der SED und der beginnenden langfristigen wirtschaftlichen Gesamtplanung waren die Voraussetzungen für den Übergang der SBZ zur Volksdemokratie (als Form der Diktatur des Proletariats) gegeben, auch wenn – unter Hinweis auf die besondere gesamtdeutsche Situation – dieser Begriff noch ausdrücklich abgelehnt wurde[9].

3.4 Entnazifizierung

Die im Potsdamer Abkommen festgelegte und prinzipiell von allen Alliierten gewünschte Entnazifizierung wurde in der SBZ am gründlichsten und effektivsten durchgeführt. Denn sie wurde hier nicht zu einem

---

[8] Text der Entschließung der ersten Parteikonferenz der SED vom 28. 1. 1949 in: Dokumente der SED, 1951.
[9] So erklärte beispielsweise Otto Grotewohl auf der ersten Parteikonferenz 1949: „Die gegenwärtige Ordnung in der sowjetischen Besatzungszone ist eine antifaschistisch-demokratische Ordnung, in der die Arbeiterklasse entscheidende Positionen innehat. Sie ist keine volksdemokratische Ordnung, da die Bedingungen in der Ostzone von denen in den volksdemokratischen Ländern sehr verschieden sind." Protokoll, S. 335.

bürokratischen Verfahren entwickelt, sondern beinhaltete einerseits tiefe strukturelle Veränderungen, zum andern eine radikale und schnelle personelle Säuberung, insbesondere in den Bereichen Verwaltung, Justiz und Schule. Zu welchen Willkürlichkeiten und Terrormaßnahmen es dabei auch kam, zeigt die Untersuchung von K. W. Fricke (1979).

Durch die Bodenreform und die Enteignung und Verstaatlichung wichtiger Industriebetriebe wurden sozioökonomische Struktureingriffe realisiert, die in erster Linie als Entnazifizierungsmaßnahmen begründet wurden. Nach marxistischem Verständnis war damit die eigentliche soziale Basis des Faschismus zerschlagen. Für einen grundlegenden gesellschaftlichen Neuaufbau mußte diese Veränderung ergänzt werden durch Ausschluß der Nazis aus dem öffentlichen Leben. Der Widerspruch zwischen dem Willen zur politischen Säuberung und dem Zwang, für einen schnellen Wiederaufbau auf alte Fachkräfte zurückgreifen zu müssen, trat in der SBZ nicht minder deutlich zutage als in den Westzonen. Der Elitenaustausch, der in den Westzonen schon im Ansatz an diesem Widerspruch scheiterte bzw. zugunsten ökonomischer und administrativer Effektivität unterblieb (Niethammer, 1972), wurde in der SBZ konsequent durchgeführt. Bereits in der Verordnung der Landesverwaltung Sachsen über den personellen Neuaufbau der öffentlichen Verwaltungen vom 17. 8. 1945 wurde die Einstellung aller NSDAP-Mitglieder verboten (Doernberg, S. 92). Insgesamt sind nach Angaben des „Neuen Deutschland" im Zeitraum 1945 bis 1948 ca. 520 000 Nazis aus allen Bereichen der öffentlichen Verwaltung und Industrie entfernt worden (ebd., S. 97). Von 39 348 Lehrkräften an allgemeinbildenden Schulen im Gebiet der späteren DDR bei Kriegsende hatten 28 179 (= 71,6 %) der NSDAP angehört. Über 20 000 von ihnen wurden entlassen (Günther/Uhlig, S. 41 f.).

Die andere Seite dieser radikalen Entnazifizierung war, daß bereits frühzeitig wieder mit der Integration der nominellen Pg's begonnen wurde. Schon im Juni 1946, bei Bekanntgabe des Termins für die ersten Gemeindewahlen, erklärte die SED den Zeitpunkt für gekommen, die „Massen der ehemaligen einfachen Mitglieder und Mitläufer der Nazi-Partei in den demokratischen Aufbau Deutschlands" einzugliedern[10]. Im August 1947 erhielten sie das aktive und passive Wahlrecht zurück, und im Februar 1948 wurde die Entnazifizierung von der SMAD offiziell als beendet erklärt[11].

---

[10] Beschluß des Parteivorstandes „SED und nominelle Pgs" vom 20. 6. 1946, in: Dokumente der SED, Bd. 1, 1948.
[11] Befehle der SMAD Nr. 201 vom 16. 8. 1947 und Nr. 35 vom 26. 2. 1948, in: Dokumente, S. 489 ff., 588 ff.

Die Bedeutung der personellen Entnazifizierung gerade im Justiz- und Bildungsbereich ist kaum zu unterschätzen. Mit diesem radikalen Schnitt schufen sich SMAD und SED zwar gravierende Probleme. Die im Eilverfahren ausgebildeten „Volksrichter" und „Neulehrer" konnten den Verlust an qualifiziertem Personal in keiner Weise ausgleichen und behinderten damit zweifellos den Wiederaufbau. Andererseits wurden auf diese Weise neue Loyalitäten und damit eine wichtige Voraussetzung für die organisatorische und inhaltliche Durchsetzung der Parteidirektiven im Bildungswesen geschaffen. Rein quantitativ waren mit ca. 40 000 Neulehrern, die im Schuljahr 1946/47 schon zur Verfügung gestanden haben sollen, die aufgerissenen Lücken geschlossen (Günther/Uhlig, S. 44). Die tatsächlichen Schwierigkeiten angesichts fehlender qualifizierter Ausbilder und Ausbildungsstätten lassen sich aber allein schon an einer Zahl ablesen: Von rd. 28 000 Kandidaten beendeten 1947 nur 18 000 den Neulehrer-Lehrgang. Die politische Einflußnahme der SED auf die Lehrerschaft machte jedoch dank der Neulehrer schnelle Fortschritte, so daß 1950 bereits 47 % der gesamten Lehrerzahl der SED angehörten (Duhnke, S. 345).

3.5 Der Zielkonflikt zwischen sozialistischer Transformation und nationaler Einheit

Die sowjetische Deutschlandpolitik war vom gleichen tiefen Widerspruch gekennzeichnet wie die politische Praxis der SED (bzw. des Ulbricht-Flügels in ihr). Einflußnahme auf ganz Deutschland war – wenn überhaupt – nur zu sichern bei einer zurückhaltenden Politik in der SBZ. Je mehr andererseits die Chancen solcher Einflußnahmen schwanden, desto stärker rückte das Ziel der Machtsicherung und Transformation der eigenen Zone in den Vordergrund und stellte damit gesamtdeutsche nationale Bindungen zwangsläufig immer weiter in Frage. Tempo und Form der Veränderungen in der SBZ zeigten schon frühzeitig negative Rückwirkungen auf das Ziel, das Ulbricht im Juli 1946 so formulierte:

„Würden wir in der sowjetisch besetzten Zone in der Durchführung unserer demokratischen Politik einen Schritt weiter gehen, so bestände die Gefahr der Zerreißung Deutschlands. Wir wollen den reaktionären Kräften in anderen Zonen keinen Vorwand geben zur Weiterführung ihrer föderalistischen Politik. Alle Maßnahmen, die wir gegenwärtig im demokratischen Aufbau und in der Demokratisierung der Wirtschaft durchführen, müssen so erfolgen, daß sie in allen Teilen Deutschlands verwirklicht werden können. Es muß möglich sein, und es ist möglich, für diese Politik die Mehrheit des Volkes zu gewinnen, und wir sind überzeugt, daß das in ganz Deutschland gelingen wird." (Zit. Staritz, S. 149)

Spätestens ab 1948 dürfte de facto die Priorität zwischen den beiden sich partiell ausschließenden Zielen eindeutig bei der sozialistischen Transformation gelegen haben (ebd., S. 148), dennoch wiesen die ständigen und sich eher noch verstärkenden Kampagnen und Initiativen für die deutsche Einheit zumindest bis 1952 auf die innenpolitischen Legitimationsprobleme hin. Im bildungspolitischen Bereich spiegelte sich dieser Zielkonflikt nur noch schwach. Im Zuge der allgemeinen Ausrichtung am sowjetischen Vorbild erfolgte schon seit dem 3. Pädagogischen Kongreß 1948 eine intensivere Orientierung an der sowjetischen Pädagogik und am Marxismus-Leninismus (Mende, S. 111). Der 4. Pädagogische Kongreß, mit seiner Kritik an „den unter anglo-amerikanischem Einfluß stehenden pseudodemokratischen Arbeitsschultheoretikern des Westens" (Zit. Hearnden, S. 61), und die „Schulpolitischen Richtlinien" der SED von 1949 verstärkten diese Orientierung[12].

Daß sich die DDR noch nicht als „Volksdemokratie" verstand und mit der „Festigung der antifaschistisch-demokratischen Ordnung" das Ziel der nationalen Einheit weiterverfolgte, fand in den „Richtlinien" nur einen schwachen deklamatorischen Niederschlag.

4 Resümee

Das Jahr 1949 erweist sich als Zäsur für eine „Hauptperiode" der ersten fünf Nachkriegsjahre bei näherem Zusehen als sehr problematisch: Hier endete nichts und begann nichts wesentlich Neues. Das gilt sowohl für den politischen Rahmen wie für das Bildungswesen. Zentral für die Gesamtentwicklung und die Teilung Deutschlands waren die Jahre 1947/48 mit dem in Osteuropa und der SBZ als Offensive verstandenen Marshall-Plan und der Kominform-Gründung als Ausdruck einer uniformierenden Gegenstrategie, die auch in der sowjetischen Zone entsprechende innenpolitische Rückwirkungen zur Folge hatte. In dieser Situation ermöglichte die volksdemokratische Ordnung der ersten Phase mit tiefgreifenden Reformen und starken Machtpositionen der Kommunisten eine schnelle gesamtgesellschaftliche Umgestaltung und Anpassung an das sowjetische Vorbild.

Für die Bildungspolitik bedeutete dieser 1947/48 einsetzende Übergang eine rigorosere Ausrichtung an ökonomischen Erfordernissen, auch wenn gerade hier die zweite Komponente, die gezielte und ideologisch begründete Förderung der Arbeiter- und Bauernkinder, stets große Be-

---

[12] Hearnden, S. 61. Text der Richtlinien bei Baske/Engelbert, S. 139 ff.

deutung behielt. Eine klare Prioritätensetzung zwischen beiden Faktoren scheint jedoch für diese Phase ebenso schwer möglich zu sein wie für spätere Entwicklungsphasen der DDR.

Die Entwicklungschancen der in der Frühphase der SBZ auch aus starken eigenständigen reformpädagogischen Impulsen hervorgegangenen Bildungsreform hingen wesentlich vom weiteren politischen Verlauf in Ost- und Mitteleuropa ab. Man kann daher die Bildungsreform keineswegs lediglich als taktisches Manöver verstehen, so suggestiv sich das ex post aufdrängt und so sehr die SED-Interpretation vom gesetzmäßigen Hinüberwachsen bis in die Phase des „Aufbaus des Sozialismus" einem solchen Verständnis Vorschub leistet.

Literatur

Ackermann, Anton: Gibt es einen besonderen deutschen Weg zum Sozialismus? (1946) abgedruckt bei: Flechtheim, Ossip (Hrsg.): Dokumente zur parteipolitischen Entwicklung in Deutschland seit 1945. Berlin 1963, Bd. 3, S. 336 ff.
Baske, Siegfried / Engelbert, Martha (Hrsg.): Zwei Jahrzehnte Bildungspolitik in der Sowjetzone Deutschlands. Dokumente. Berlin 1966
Barthel, Horst: Die wirtschaftlichen Ausgangsbedingungen der DDR. Berlin 1979
Birke, Ernst / Neumann, Rudolf: Die Sowjetisierung Ost-Mitteleuropas. Frankfurt 1959
Brokmeier, Peter: Entwicklungsbedingungen der DDR-Gesellschaft. In: Kritische Justiz 4 (1972), S. 331–348
Brzezinski, Zbigniew K.: Der Sowjetblock, Einheit und Konflikt. Köln 1962
Dimitroff, Georgij: Über das Wesen der Volksdemokratie. In: Einheit 4 (1949), S. 667–679
Doernberg, Stefan: Die Geburt eines neuen Deutschland 1945–1949. Berlin 1959 *(zit. als: Doernberg)*
Dokumente der sozialistischen Einheitspartei Deutschlands, Band 1, Berlin 1948; Band 2, Berlin 1951
Duhnke, Horst: Stalinismus in Deutschland. Die Geschichte der sowjetischen Besatzungszone. Köln 1955
Eckermann, Walter / Mohr, Hans: Einführung in das Studium der Geschichte. Berlin 1966
Fricke, Karl-Wilhelm: Politik und Justiz in der DDR, zur Geschichte der politischen Verfolgung 1945–1968. Köln 1979
Gniffke, Erich W.: Jahre mit Ulbricht. Köln 1966
Günther, Karl-Heinz / Uhlig, Gottfried: Geschichte der Schule in der Deutschen Demokratischen Republik 1945–1971. Berlin 1974
Hearnden, Arthur: Bildungspolitik in der BRD und DDR. Düsseldorf 1973
Heiter, Hans: Vom friedlichen Weg zum Sozialismus zur Diktatur des Proletariats, Frankfurt 1977
Hermes, Peter: Die Christlich-Demokratische Union und die Bodenreform in

der sowjetischen Besatzungszone Deutschlands im Jahre 1945. Saarbrücken 1963

Klassenkampf, Tradition, Sozialismus. Von den Anfängen der Geschichte des deutschen Volkes bis zur Gestaltung der entwickelten sozialistischen Gesellschaft in der DDR. Grundriß. Berlin 1978

Kleßmann, Christoph: Die deutsche Volksdemokratie – Geschichte, Theorie und Rezeption des Begriffs in der SBZ/DDR. In: Deutschland-Archiv 8 (1975), S. 375–389

Lafeber, Walter: America, Russia and the Cold War 1945–1966. New York 1967

Leonhard, Wolfgang: Die Revolution entläßt ihre Kinder. Köln 1955

Mende, Klaus-Dieter: Schulreform und Gesellschaft in der DDR 1945–1965. Stuttgart 1970

Moraw, Frank: Die Parole der „Einheit" und die deutsche Sozialdemokratie. Bonn-Bad Godesberg 1973

Neuhäußer-Wespy, Ulrich: Neue Tendenzen in der Geschichtswissenschaft der DDR. In: Deutschland-Archiv 8 (1975), S. 393–399

Niethammer, Lutz: Entnazifizierung in Bayern. Frankfurt 1972

Protokoll der Ersten Parteikonferenz der Sozialistischen Einheitspartei Deutschlands. Berlin 1949

Rieseberger, Dieter: Zeitgeschichte in der DDR. In: Geschichte in Wissenschaft und Unterricht 28 (1977)

Rilling, Rainer (Hrsg.): Sozialismus in der DDR. Dokumente und Materialien. Bd. 1, Köln 1979

Schwarz, Hans-Peter: Vom Reich zur Bundesrepublik. Neuwied 1966

Staritz, Dietrich: Sozialismus in einem halben Lande. Berlin 1976

Suckut, Siegfried: Die Betriebsrätebewegung in der sowjetisch besetzten Zone Deutschlands und in Groß-Berlin 1945–1948. Diss. Hannover 1978 (Mschr.)

Um ein antifaschistisch-demokratisches Deutschland. Dokumente 1945–1949. Berlin 1968 *(zit. als: Dokumente)*

Weber, Hermann: Von der SBZ zur DDR 1945–1968. Hannover 1968. *(zit. als: Weber, 1968)*

Weber, Hermann: DDR, Grundriß der Geschichte 1945–1976. Hannover 1976 *(zit. als: Weber, 1976)*

Wörterbuch zum sozialistischen Staat. Berlin 1974

Jan Kuhnert

Die Berufsschule im Rahmen der Einheitsschule
Ein Kernproblem der Bildungspolitik in der SBZ

1 Vorbemerkung

Die neuere Schulgeschichtsschreibung scheint sich darüber geeinigt zu haben, daß in der unmittelbaren Nachkriegssituation weder im Westen noch im Osten Deutschlands geschlossene Konzepte eines Neuaufbaus des Schulwesens bestanden hätten. Allerdings wird gleichzeitig – bezogen auf die SBZ/DDR – auf die äußerst schwierige Materiallage verwiesen und auf eine intensive Untersuchung der SBZ verzichtet und auf die – zwar als apologetisch bezeichnete – Schulgeschichtsschreibung der DDR selbst verwiesen.

Im allgemeinen wird aber daran festgehalten, daß zumindest mit dem sogenannten „Schulgesetz" der SBZ vom Frühjahr 1946 ein grundsätzlicher Einschnitt in der Entwicklung des deutschen Schulwesens auf dem Gebiet der heutigen DDR erfolgt sei, dem ein mehr oder weniger geschlossenes Konzept zugrunde gelegen habe.

In den bisherigen Untersuchungen aus der Bundesrepublik zur Entwicklung des Bildungswesens der SBZ ist jedoch meiner Kenntnis nach über der Frage der Einheitsschule als Neuordnung des allgemeinbildenden Pflichtschulwesens vernachlässigt worden, daß gerade das berufliche Schulwesen eine für die SBZ-Zeit charakteristische Entwicklung durchlief.

Mit diesem Beitrag soll über die knappe Darstellung der Entwicklung des beruflichen Schulwesens in der ersten Nachkriegszeit hinaus versucht werden, neben einigen Korrekturen an der geläufigen Schulgeschichtsschreibung die sozialen und politischen Hintergründe der damaligen Bildungspolitik am zentralen Beispiel der Berufsausbildung herauszuarbeiten.

2 Ein Konzept der Besatzungsmacht?

Bei der Betrachtung der Frage, inwieweit die Sowjetunion als Besatzungsmacht auf die Entwicklungen innerhalb des Bildungssystems der SBZ Einfluß genommen hat, muß – wie bei anderen Besatzungszonen

Deutschlands auch – über ihr unmittelbares Wirken hinaus in Betracht gezogen werden, welche anderen Gruppen oder Parteien in diesem Sinne aktiv geworden sind. Hierbei müssen für die SBZ besonders die KPD und das von ihr inspirierte Nationalkomitee Freies Deutschland (NKFD) betrachtet werden. Im Schwerpunkt bisheriger Betrachtungen stand das 1943 gegründete NKFD, das gegen Ende des Krieges eine Kommission für die Umgestaltung des Unterrichtswesens gebildet hatte (vgl. Uhlig, 1965, S. 40 f.). Zwar hatte sich die Kommission, der u. a. auch das frühere Mitglied des Bundes entschiedener Schulreformer, Fritz Rücker, angehörte, hauptsächlich mit der Frage eines künftigen Geschichtsunterrichts und mit dem Problem der Unterrichtsmethode befaßt, ohne ein geschlossenes Schulsystem zu entwickeln (vgl. Rücker, 1952; 1960 a, b; 1965). Damit kann jedoch nicht das Vorliegen einer Konzeption für den Neubeginn des Schulwesens auf seiten der Deutschen im sowjetischen Exil verneint werden. Zwar haben einige westliche (vgl. Klafki; Froese, unter Bezug auf Leonhard) und östliche (vgl. Uhlig, 1965) Autoren dies angenommen, aber der DDR-Schulhistoriker Gläser gab 1970 ein Dokument heraus und kommentierte es, von dem er selbst meinte, daß eine ausreichende Einschätzung noch nicht erfolgt sei. Es ist das nur als interne Arbeitsgrundlage gedachte „Aktionsprogramm des Blocks der kämpferischen Demokratie", welches in einer im Auftrag des KPD-Vorsitzenden Pieck von Anton Ackermann erweiterten Fassung den drei Initiativgruppen des Politbüros der KPD übergeben wurde, die sich um den Wiederaufbau der Partei, aber auch zuverlässiger deutscher Verwaltungen im besetzten Gebiet bemühen sollten. Bereits im Oktober 1944 wurde hier ein erstes Modell für eine erneuerte Schule in Deutschland vorgeschlagen:

„Der Schulaufbau gliedert sich:
A) Grundschule: vierjährige allgemeine Grundschulpflicht;
B) Volksschule: 4 Jahre aufbauend auf die allgemeine Grundschule;
C) Oberschule: 9 Jahre aufbauend auf die allgemeine Grundschule.
(Oberschule anstelle der bisherigen mittleren und höheren Schulen aller Art) ..."[1]

Die hier noch zugrunde liegende Schulorganisation, einheitliche vierjährige Grundschule für alle Kinder und darauf aufbauende parallele Bildungswege in Volksschule und Oberschule, wurde noch in der Emigration verändert. Im Frühjahr 1945 wurde – nach einigen Diskussionen

---

[1] Ebd. S. 180, Anton Ackermann war seitens des ZK der KPD für Kultur und Bildungspolitik zuständig.

im Nationalkomitee und in der KPD[2] – eine Konzeption entwickelt, die der an diesen Beratungen ebenfalls beteiligte Lothar Bolz[3] Ende April in einem Vortrag vorstellte:

„Es sollte eine vierjährige Unterstufe und eine vierjährige Mittelstufe eingeführt werden, die für alle Kinder obligatorisch waren. Später sollte die Mittelstufe auf fünf Jahre erweitert werden, also die Klassen 5 bis 9 umfassen. Das Ziel war eine zwölfjährige Einheitsschule mit einem neunjährigen Pflichtbesuch. Solange die 9. Klasse als obligatorisch für alle Kinder noch nicht realisiert werden konnte, sollte die Oberschule 4 Jahre umfassen." (Gespräch Ackermann–Gläser)

Diese zweistufige Konzeption hat m. E. in wesentlichen Punkten, was auch die ebenfalls vorgeschlagene Entkonfessionalisierung und die Ablehnung von Privatschulen betraf, in die bildungspolitische Realität der SBZ Eingang gefunden, zumindest wenn man das Schulgesetz von 1946 betrachtet. Insofern kann gesagt werden, daß es nicht nur seitens der Widerstandskreise vor Kriegsende Einheitsschulkonzepte[4], sondern auch in Exilkreisen der KPD geschlossenere Vorstellungen gab, die – angesichts der der KPD zugedachten Aufgaben im Nachkriegsdeutschland – sicherlich nicht ohne Abstimmung mit sowjetischen Stellen entwickelt worden waren.

Die in der Schulgeschichte als relativ spät beginnend eingeschätzte Diskussion über Einheitsschule im Herbst 1945 ist deshalb wohl weniger auf das Fehlen eines Konzeptes als vielmehr auf zeitbedingte Umstände, wie fehlende Kommunikationsmöglichkeiten zwischen den Orten der Besatzungszone und die Konzentration auf die Entnazifizierung des Lehrkörpers, zurückzuführen. Interessant am KPD-Vorschlag ist, daß eine Verschmelzung der bisher getrennten Mittelstufeneinrichtungen vorgeschlagen wurde, auf die dann zwei voneinander getrennte Schulformen, Oberschule und Berufsschule aufbauen sollten. Während also für die Unter- und Mittelstufe des Schulwesens versucht wurde, die progressiven Vorschläge aus der Weimarer Zeit zu realisieren, blieben die Berufsschulen, zunächst am Rande der Entwicklung stehend, unverändert.

Die ersten Regelungen des Berufsschulwesens gingen daher von einem Weiterbestehen der traditionellen Berufsschule aus. So wurde z. B. in

---

[2] Vgl. das Gespräch Ackermann–Gläser: Gläser, S. 177.
[3] Bolz gründete später die Nationaldemokratische Partei Deutschlands (NDPD).
[4] Wie Klafki (S. 261) am Beispiel des Buchenwald-Komitees festzustellen meint.

der ersten Regelung des Berufsschulwesens auf dem Gebiet der SBZ von der Provinzialregierung Sachsen angeordnet:

„Es kann keinem Zweifel unterliegen, daß Schulen der genannten Art [berufliche Schulen – J. K.] auch in der nun beginnenden neuen Zeit mindestens in demselben Umfange wie bisher weitergeführt werden. Allein die Tatsache, daß 90–95 %/o aller Jugendlichen durch berufsbildende Schulen erfaßt werden, beweist, welche Bedeutung diesen im Erziehungswesen zukommt."[5]

Dabei wurden die Entnazifizierung des Lehrkörpers, die Klärung der Schulaufsicht und die Erstellung neuer Lehrpläne und Prüfungsordnungen (Berufsbilder) angeordnet. Damit war nach den „Verordnungen zur Säuberung der Schulen", die die Volks-, Mittel- und Höheren Schulen betrafen, das in der Weimarer Republik entwickelte Bildungssystem im wesentlichen wieder eingerichtet worden.

Mit dem Befehl Nr. 40 der Sowjetischen Militärverwaltung (später Administration) in Deutschland (SMAD) vom 25. August 1945[6] griff die Besatzungsmacht erstmals direkt in die Entwicklung des Bildungswesens ein. Sie hatte sich zuvor Verwaltungsorgane geschaffen, darunter die Deutsche Verwaltung für Volksbildung (DVfV) unter Paul Wandel, die die Durchführung ihrer Befehle sicherstellen sollten und die Tätigkeit deutscher Stellen zu koordinieren hatten, ohne jedoch ein Anweisungs- oder Verordnungsrecht diesen gegenüber zu erhalten[7].

Bei der Interpretation dieses Befehls in der DDR-Schulgeschichtsschreibung ist bisher ungeklärt geblieben, ob der Befehl Nr. 40 auch für die berufsbildenden Schulen galt, da der später von der DVfV veröffentlichte Text nur die allgemeinbildenden und die Fachschulen erwähnte (Uhlig, 1965, S. 80). In der Mitteilung der Pressestelle der SMAD wurden jedoch die „unteren und oberen Berufsschulen" mit angesprochen. Bei der Bestimmung des Gültigkeitsbereichs des Befehls stößt man jedoch auf ein bisher nicht aufgearbeitetes Problem der Schulgeschichte der SBZ. Seitens der sowjetischen Besatzungsmacht konnte für die Berufsausbildung, wie sie sich in Deutschland entwickelt

---

[5] „Betrifft: Wiederaufnahme des Unterrichtes an Berufs-, Berufsfach- und Fachschulen." Verordnung der Provinzialregierung vom 8. August 1945. In: Verordnungsblatt der Provinz Sachsen 1 (1945) 2, S. 39 f., hier S. 39.
[6] „Vorbereitung der Schulen zum Schulbetrieb." In: Richtlinien der DVfV, S. 7 f.
[7] Mitteilung: „Errichtung von deutschen Verwaltungen in der sowjetischen Okkupationszone." In: Befehle der sowjetischen Militärverwaltung. Sammelheft 1. o. O. (Berlin) 1. September 1945, S. 34 f. Der Text des Befehls findet sich in: Ulbricht, 1955, S. 417 ff.

hatte, kein Konzept vorliegen, da die Sowjetunion eine derartige umfangreiche schulische Berufsausbildung gar nicht kannte.

In der Hauptsache wurden in der Sowjetunion durch das sogenannte „System der Arbeitsreserven" Teile der städtischen und ländlichen Jugend zu einer Kurzausbildung in „Fabrikschulen" mit einer zwei- bis zwölfmonatigen Ausbildungsdauer verpflichtet, die keinen Bildungsabschluß voraussetzte und einzig eine praktische Ausbildung in den „industriellen Massenberufen" auf Anlernniveau vermittelte. Daneben gab es die zwei- bis dreijährigen Gewerbe- und Eisenbahnerschulen, die für eine erheblich kleinere Schülerzahl eingerichtet wurden und auch durch schulischen Unterricht eine teilweise Fortsetzung des Elementarunterrichtes gewährleisteten. Insgesamt gab es in der Sowjetunion in den 40er Jahren keine Berufsschulpflicht, und die Hauptform der Ausbildung entsprach etwa der betrieblichen systematisierten Anlernung in deutschen Großbetrieben, während die der Berufsschule in etwa vergleichbaren Bildungseinrichtungen nur einen relativ geringen Stellenwert hatte (vgl. u. a. Kalaschnikow; Medynskij, 1947; Schapolowa).

Die SMAD begann Ende November 1945 (mit dem Befehl Nr. 153) Ausbildungseinrichtungen anzuordnen, die ihrem System der „niederen Berufsausbildung" in der Sowjetunion sehr ähnlich waren. Durch diesen Befehl wurde zum „Zwecke der Versorgung der wichtigsten Industriezweige mit Arbeitskräften und zur Regelung des Arbeitseinsatzes der arbeitsfähigen Bevölkerung" – neben der Erfassung und Zwangsverpflichtung von Arbeitsfähigen zur Arbeit – ein umfangreiches System von Umschulungen und Anlernungen in verkürzter Lehrzeit eingerichtet[8]. Es wurden durch die deutschen Verwaltungen Listen der wichtigsten Industriebetriebe und der „Mangelberufe" aufgestellt, denen Arbeitskräfte zur Umlernung sowie Facharbeiter aus anderen Betrieben und auch Lehrlinge bevorzugt zuzuführen waren.

Mit diesen Verordnungen schien zunächst in den Augen der Besatzungsmacht der wichtigste Teil des Berufsausbildungssystems, eine Spezialausbildung für Arbeiter in Massenberufen, in der SBZ eingerichtet worden zu sein, mißt man die Maßnahmen an den in der Sowjetunion selbst bestehenden Verhältnissen. Insofern ist erklärlich, daß die Besatzungsmacht in der ersten Zeit sich nicht mit den traditionellen Berufsschulen beschäftigte, die eher den Institutionen der „mittleren Berufs-

---

[8] Der SMAD-Befehl Nr. 153 vom 29. 11. 1945, in: Verordnungsblatt der Provinz Sachsen 1 (1945) 8, S. 3 f., sowie „Richtlinien der Deutschen Verwaltung für Arbeit und Sozialfürsorge zum Befehl vom 17. 12. 1945", in: Arbeit und Sozialfürsorge 1 (1946) 1, S. 4–7.

ausbildung" in der Sowjetunion zu entsprechen schienen und für die
SMAD keine vordringliche Aufgabe im Nachkriegsdeutschland sah.

3 Ansätze einer neuen Konzeption

Wenn sich die Berufsbildung der SBZ trotzdem weiter entwickelte, so
wird hieran deutlich, daß die Sowjetunion hierauf keinen nachhaltigen
Einfluß ausübte. Es wurden von Berufspädagogen Ansätze entwickelt,
die auf ein neues Berufsbildungssystem hinausliefen und die traditionelle
Dualität zwischen Berufsschule und Betrieb aufheben wollten. Es wurde
– auch durch die Nachkriegssituation mit Arbeitsplatz- und Lehrstellenmangel bedingt – ein Ansatz vorgeschlagen, der bisher nur von einigen Strömungen der Reformpädagogik der Weimarer Zeit propagiert
worden war: Die Lehrer und Schüler der Berufsschulen begannen Gebäude zu bauen und Werkzeuge und Maschinen zusammenzutragen, um
eine praktische Ausbildung unter eigener Verantwortung zu organisieren. Das Ziel war dabei nicht nur die Schaffung von Ausbildungskapa-
zitäten, sondern auch die Durchführung wichtiger außerschulischer Aufgaben, wie die Wiederherstellung öffentlicher Gebäude durch die Schüler der Baulehrhöfe oder die Beteiligung an der Versorgung der Bevölkerung durch die sogenannten Siedler- oder Gartenarbeitsschulen. Diese,
besonders in Berlin[9] und Sachsen entstandenen Berufsschulen mit eigenen Lehrwerkstätten hatten auch ein verändertes Ausbildungskonzept
zur Folge. Einerseits sollten die Verallgemeinerungen praktischer Erfahrungen im schulischen Fachunterricht aus der selbst erlebten Praxis er-
wachsen und von Praktikern geleitet werden, und andererseits sollte die
praktische Ausbildung durch ganzheitliche Tätigkeiten, d. h. durch die
geschlossene Herstellung eines Gebrauchsgegenstandes vom einzelnen
Schüler, erfolgen und nicht durch spezialisierte Einzeltätigkeiten, wie
sie gerade in den früheren kapitalistischen Werkschulen eintrainiert
worden waren[10]. Diese Ausbildungsinstitutionen sollten als produktive
Lehrbetriebe arbeiten, die – aufgrund ihrer Ausbildungsfunktion –
eine „Pädagogisierung der Arbeit" (vgl. u. a. Mann, 1947; Leß, 1947),
d. h. eine Arbeitsorganisation einführen, die in Abwendung vom Taylo-
rismus die Einzeltätigkeit wieder sinnvoll machen sollte und somit erst

---

[9] Unter Willy Mann (Abteilung Berufsschulen im Berliner Hauptschulamt) wurden derartige Schulen besonders gefördert.
[10] Vgl. z. B. Buchholz und Leß, 1947. In der Sowjetunion hatte sich demgegenüber nach längeren Auseinandersetzungen das Teilstücksystem gegen Ende
der 20er Jahre durchgesetzt (vgl. Wallis; Kronow).

die Möglichkeit erschloß, am konkreten Arbeitsplatz selbst etwas zu erlernen, was die Grundlage eines möglichst breit gefächerten Berufsbildes liefern könnte. Unter Rekurs auf bekannte Reformpädagogen der Weimarer Zeit[11] wurde gefordert, „das Berufsleben des modernen Menschen wieder menschenwürdig und sinnvoll" zu gestalten, indem „die berufliche Einförmigkeit durch ausgleichende und vervollkommnende Arbeit in der Berufsschule zweckentsprechend gestaltet" werden sollte (Mann, 1947, S. 17).

Damit wäre m. E. nicht nur der Ansatz einer Alternative zu der traditionellen Abrichtung des Lehrlings zu einer speziellen betrieblichen Tätigkeit sichtbar geworden, sondern diese Lehrbetriebe führten zu einer erheblichen Aufwertung des beruflichen Bilgungsweges, da sie nicht mehr auf unattraktive Arbeitsplätze zielten, sondern versuchten, neue – mit einem aktuellen Begriff: humane – Arbeitsplätze zu schaffen, wenn auch nur in der „pädagogischen Provinz" der Werkstatt.

Dieses Berufsbildungskonzept erhielt durch den SMAD-Befehl Nr. 49 vom Februar 1946 zunächst offizielle Unterstützung, indem hier den Berufsschulen die Aufgabe gestellt wurde, „die Ausbildung qualifizierter Arbeiter aus den Reihen der Jugendlichen im Alter von 14 bis 18 Jahren, deren Volksschulpflicht beendet ist", zu übernehmen, ohne daß damit bereits eine allgemeine Berufsschulpflicht erlassen worden wäre[12]. Weiter wurde angeordnet, daß die Berufsschulen „die Betriebspraxis ihrer Schüler in eigenen Laboratorien und Werkstätten oder in Unternehmen, die sich in Reichweite der Schule befinden", durchführen sollten[13].

4 Berufsschule und Einheitsschule

Über die bereits geschilderten Gründe hinaus, gibt es einen weiteren wesentlichen Grund, warum das berufliche Bildungswesen bis zur Berufsschulreform 1948 ein Schattendasein in der Bildungspolitik fristete. In den gegen Ende des Jahres 1945 beginnenden Einheitsschuldiskussionen[14] wurde zwar die Aufgabe einer umfassenden Neuorganisation des

---

[11] Z. B. Kerschensteiner, Fischer, Siemsen, aber auch Litt und Spranger (z. B. bei Fuchs, 1947 a und b, sowie Leß, 1947).
[12] „Statut der Berufsschulen in der sowjetischen Besatzungszone in Deutschland", Anlage zum Befehl Nr. 49 vom 12. 2. 1946. Zit. n.: Schwarze, S. 249 f.
[13] Ebd., dabei orientierte man sich auch an sowjetischen Beispielen (vgl. dazu Nadeshdin; Medynskij, 1946).
[14] Vgl. dazu H. Messmer: Thesen zur Interpretation antifaschistisch-demokratischer Bildungspolitik. Beitrag zur Tagung „Bildungspolitik der Besatzungsmächte" der Historischen Kommission der DGfE, Bielefeld 1979.

Bildungswesens gestellt, insbesondere die Beendigung der sozialen Differenzierung der Schülerschaft in verschiedene Bildungswege, aber sie blieb auf die Grund- und Mittelstufe des Schulwesens beschränkt.

Bereits auf der gemeinsamen Kundgebung von SPD und KPD zur Schulreform am 4. November 1945 zeigte sich, daß die Einheitsschuldiskussion sich hauptsächlich auf die Verbindung von Volks- und Oberschule konzentriert hatte. In einem vorbereiteten Artikel hatte der Kommunist Anton Ackermann, neben Max Kreuziger (SPD) Redner auf der Kundgebung, bereits den Schwerpunkt des Interesses seiner Partei auf die Frage des Hochschulzuganges gelegt:

„Die für alle Kinder obligatorische Grund- und Mittelschule muß eine solche Ausbildung vermitteln, die mit erfolgreicher Abschlußprüfung die Reife zur höheren und diese wiederum zur höchsten Schule gibt.
Ohne einen solchen, mit dem Begriff der Einheitsschule eng verbundenen Umbau von Grund auf, wird die Forderung nach freien Aufstiegsmöglichkeiten immer nur ein leeres Gerede bleiben."[15]

Daher erklärte Ackermann konsequenterweise, daß „den Universitäten und Hochschulen im Rahmen der Schulreform die größte Aufmerksamkeit und Pflege" gewidmet werden solle (Ackermann, 1945 a, S. 223), und er betonte in seiner Rede auf der Kundgebung, daß es das Ziel der „demokratischen Schulreform" sein müsse, „schon in den ersten Klassen für alle Kinder gleichermaßen die Voraussetzung für das Aufrücken in die nächst höhere und von dieser wieder zur höheren, bis zur Hochschule zu schaffen"; dies sei „der wesentliche Inhalt des Begriffs der Einheitsschule, deren Aufbau das Werk der demokratischen Schulreform sein wird"[16].

Diese Schwerpunktsetzung auf den Zugang zur höheren Schule und zur Universität ist das prägende Moment der gesamten Schulreform in der SBZ von 1946, weshalb sich die Frage einer Integration der berufsbildenden Schulen für die SBZ-Bildungspolitiker nicht stellte. Jahre später, 1949, drückte Heinrich Leß, der Leiter der Berufsschulabteilung geworden war, diese Phase der „Vernachlässigung der Berufsschulen" prägnant folgendermaßen aus:

„Die Arbeit [der Berufsschulen – J. K.] ist dadurch so erschwert worden, daß ... falsche Auffassungen vom Begriff der ‚Einheitsschule' beseitigt werden mußten, ehe das Aufbautempo der Berufsschule eine gewisse Beschleunigung erhielt." (Leß, 1949, S. 3)

---

[15] Ackermann, 1945 a, S. 223, ein „von der Partei weitgehend autorisierter Diskussionsbeitrag" (Uhlig, 1976, S. 214).
[16] Ackermann 1945 b, S. 16. Diese Auffassung wurde auch von Wandel in einem Kommentar zur Kundgebung vertreten, vgl. Wandel 1945.

5 Das Schulgesetz von 1946

In den Diskussionen um ein neues Schulgesetz der SBZ spielten also die berufsbildenden Schulen keine besondere Rolle. Die Diskussion konzentrierte sich vielmehr auf die Frage, ob ein vier-, sechs- oder achtjähriger gemeinsamer Schulbesuch aller Schüler eingeführt werden sollte, bzw. andersherum ausgedrückt, wann die endgültige Trennung der späteren Hochschulstudenten von den späteren Berufstätigen erfolgen sollte. Ein dazu alternativer Vorschlag des damaligen Vizepräsidenten der DVfV, Erwin Marquardt, sah die Aufhebung dieser Trennung vor. Auf einer vierklassigen Grundschule sollte ein flexibles System von Pflicht- und Wahlkursen bis zum 15. Lebensjahr folgen, indem es weder Jahrgangsklassen noch Versetzungen und Jahrgangszeugnisse geben und das alle Schüler entsprechend ihren Begabungen und Neigungen fördern sollte. Diesem nicht realisierten Vorschlag ist später vorgeworfen worden, daß er an die besten Traditionen der Schulreformer („elastische Einheitsschule") erinnere, da er auf einer radikalen Absage an alle „Begabungs- und Leistungsmessungstheorien" (Uhlig, 1965, S. 199) basiere und eine Neubewertung des beruflichen Bildungsweges ermöglicht hätte. Nach Marquardt's Vorstellung wäre zumindest der Universitätspropädeutik, als alleinigem Ziel der allgemeinen Pflichtschule, die Orientierung auf den Beruf zur Seite gestellt worden.

Indes blieb im Schulgesetz eine Abtrennung der Berufsschule von der Oberschule[17], weshalb die Berufsschule als eigenständige Institution nur den obersten politischen und pädagogischen Zielen der Schulreform angeglichen werden sollte.

In den Beratungen des Schulreformausschusses der DVfV war von einer Berufsschulpflicht ausgegangen worden. In einer Sitzung zusammen mit Vertretern der Schulabteilungen der Länder und Provinzen sowie der Volksbildungsabteilung der SMAD unter Leitung von Professor Mitropolski erhoben die SMAD-Vertreter jedoch Einspruch gegen diese Regelung, da sie „diese Bestimmung in der damaligen Situation für nicht durchführbar" hielten (Rücker, 1952, S. 860; vgl. 1960a u. b; 1965). Demgegenüber vertraten die deutschen Pädagogen in der Kommission die Auffassung, daß der Verzicht auf die Berufsschulpflicht einen „Rückschritt im deutschen Schulwesen" bedeuten würde (Uhlig, 1965, S. 203), da die „Berufsschulpflicht in einigen deutschen Ländern

---

[17] Die Abtrennung habe sich – so Schulhistoriker Uhlig – „mit Notwendigkeit aus den unterschiedlichen Anforderungen der Berufsbildung" ergeben, eine Vereinigung sei damals „unmöglich" gewesen, da sie „faktisch eine Oberschulbildung für alle Schüler" bedeutet hätte (Uhlig, 1965, S. 200).

bereits seit Jahrzehnten bestehe und – mit Ausnahme von Brandenburg und Mecklenburg – schon früher verwirklicht worden sei" (Schneller, S. 25). Die SMAD-Vertreter zogen schließlich ihren Einspruch zurück und genehmigten die allgemeine Berufsschulpflicht, im Gegensatz zu einem vorgesehenen Pflichtbesuch des zweijährigen Kindergartens, der auch im Kommissionsentwurf vorgesehen worden war und auf Einspruch der SMAD nicht beschlossen wurde (Uhlig, 1965, S. 203 f.).

Bei der Darstellung dieses Prozesses gerät die aktuelle Schulgeschichtsschreibung der DDR allerdings in Schwierigkeiten, da offensichtlich nicht die Sowjetunion, sondern einzelne deutsche Länder vor 1945 im historischen Prozeß weiter geschritten waren. Die SMAD verzichtete zwar auf ihr – aus dem Berufsbildungssystem der SU erklärliches – Veto, damit war allerdings nicht eine Weiterentwicklung der Kernform der neuen Berufsausbildung der SBZ, der Lehrbetriebe, gesichert. Das Schulgesetz legte als Aufgabe der Berufsschule einzig fest, daß sie „dem im Arbeitsprozeß stehenden Jugendlichen die Möglichkeit" geben solle, „neben einer berufstheoretischen Ausbildung seine Allgemeinbildung zu erweitern[18]." Eine bestimmte Organisationsform der Berufsausbildung wurde auch durch das Gesetz nicht geregelt. Die der Reformpädagogik nahestehenden sogenannten „Lehrbetriebe" wurden durch die Neuregelung der Unterrichtsmethode im Schulgesetz einer systematischen unterrichtlichen Vorbereitung auf eine möglichst integrierte Berufsbildung seitens der Einheitsschule beraubt:

Der erste Entwurf der Schulreformkommission enthielt noch einen Passus, daß der Unterricht „durch Lehrplangestaltung und Arbeitsmethode so zu gestalten [sei – J.K.], daß eine einseitig praktische wie einseitig theoretische, dem Leben fremde Einstellung der Jugendlichen vermieden wird"[19]. In den nachfolgenden Beratungen wurde an dieser gegenseitigen Durchdringung von Arbeit und Lernen nach den Vorstellungen der Reformpädagogik scharfe Kritik geübt, wobei u. a. auch auf die Auseinandersetzungen mit der Reformpädagogik in der Sowjetunion verwiesen wurde (vgl. Torhorst). Der endgültige Rahmentext erhielt schließlich eine gänzlich andere Fassung:

„Der gesamte Unterricht wird auf allen Stufen nach Lehrplänen erteilt, welche die Systematik und Wissenschaftlichkeit des Unterrichts gewährleisten und von der deutschen Verwaltung für Volksbildung in der sowjetischen Zone zu genehmigen sind." (s. Anm. 18)

---

[18] „Gesetz zur Demokratisierung der Deutschen Schule." (Grundlagentext vom 19. 5. 1946), in: Richtlinien DVfV 1948, S. 16.
[19] „Entwurf eines Schulgesetzes." Zit. n. Uhlig, 1965, S. 206.

Der DDR-Schulhistoriker Uhlig feiert dies zwar als einen Sieg der „wissenschaftlichen Pädagogik" gegenüber der Reformpädagogik, die „den Schülern nur ein oberflächliches und ungeordnetes Wissen" hätte vermitteln können (Uhlig, 1965, S. 207), aber er gab keine nähere Erklärung, warum dieser Passus in das Schulgesetz aufgenommen wurde, obwohl zu diesem Zeitpunkt noch keine öffentliche Kritik an der Reformpädagogik in der SBZ geäußert wurde und noch Jahre in den Fachzeitschriften wie in der Lehrerausbildung reformpädagogische Elemente dominierten. Wer hier nun, SMAD oder KPD, interveniert hat, läßt sich ohne Zugang zu den Archiven nicht beantworten. Entscheidend ist jedenfalls, daß bereits im Gesetzestext eine wesentliche Vorentscheidung über das künftige Bildungssystem getroffen, das in die Stalinsche Lernschule münden konnte und eine Neuorganisation des Verhältnisses beruflicher und allgemeinbildender Strukturen im Bildungswesen wesentlich erschwerte.

Mit der Nichtintegration von allgemein- und berufsbildendem Schulwesen und der Dominanz eines universitätsorientierten, „wissenschaftlich" fundierten Unterrichts wurden die Unter- und Mittelstufe der Einheitsschule auf den Hochschulabschluß und nicht auf die berufliche Tätigkeit orientiert.

Die Verfasser des Schulgesetzes konzentrierten sich darauf, daß der Zugang zu weiterführenden Bildungseinrichtungen allen „Begabten", unabhängig von ihrer Herkunft, offenstand, wenn auch weiterhin nur ein zahlenmäßig kleiner Teil des Geburtenjahrgangs diesen Weg beschreiten konnte[20]. Der Leiter der Schulabteilung der DVfV, Heise, begründete diese – sozial jetzt gleichmäßigere – Selektion der Jugendlichen mit der hierarchisch gegliederten „Arbeitswelt":

„Die gesellschaftlichen Bedürfnisse erfordern Berufsschichtung; daß in der Berufsschichtung jeder am rechten Platz steht, ist vom Standpunkt der Gesellschaft objektiv lebenswichtig, ebenso subjektiv vom Menschen her zu erstreben, der seine Beglückung in einer Tätigkeit im angemessenen Beruf finden soll." (Heise, S. 38 f.).

Diese Argumentation, die die innere Schulstruktur schließlich doch wieder auf die traditionelle Berufsstruktur ausrichtete und die wir immer wieder in den verschiedensten Aussagen der damaligen Bildungspolitiker antreffen, mündete in eine Begründung der Trennung von beruflicher und allgemeiner Bildung. Zwar läge der Volksbildungsverwaltung der

---

[20] Z. B. durch einige fakultative Unterrichtsstunden als Vorbereitung auf den Übergang von der Berufsschule zur Oberschule.

Ausbau der Berufsschulen „ganz besonders am Herzen", aber der an und für sich „bestechende" Gedanke, „organische Bildung als Berufsbildung zu sehen", also eine für alle Schüler gemeinsame Berufsausbildung als Ziel der Oberstufe zu erklären, wurde abgelehnt, da man nicht alle Ausbildung von vornherein auf den Beruf ausrichten solle. Der Bezug zum Einheitsschulsystem wurde einzig über den sogenannten „allgemeinbildenden Unterricht" (Heise, S. 40) hergestellt, der damit begründet wurde, daß die Berufsschule durch Fortführung der Arbeit der Grundschule einen Beitrag zur Hebung des allgemeinen Bildungsniveaus der Bevölkerung leiste, denn die „Hebung des gesamten Bildungsniveaus aller lernenden Kinder" wurde damals als „eine der wichtigsten Voraussetzungen zur Erziehung des demokratischen" Nachwuchses betrachtet (Marquardt; Wandel, 1946).

Die Ausweitung des schulischen Anteils an der Berufsausbildung durch die Erweiterung der allgemeinbildenden Fächer war also in den Augen der SBZ-Bildungspolitiker ihre Form der ‚Integration' der Berufsschule in die Einheitsschule. Durch die Fortsetzung der Arbeit der Mittelstufe in der Berufsschule wurde formal die Möglichkeit eröffnet, anschließend die Fachschule zu besuchen und dort eine Zugangsberechtigung zum Hochschulbereich zu erwerben. Die Ausweitung der Allgemeinbildung stellte im Selbstverständnis der Politiker zum Zeitpunkt des Schulgesetzes das Kennzeichen der „demokratischen Schulreform" im Bereich der Berufsbildung dar, mit dem die „Gleichwertigkeit der beiden Bildungseinrichtungen", Ober- und Berufsschule, erreicht worden sei (Fuchs, 1946, S. 32). Dabei sollte die Durchlässigkeit zwischen Oberschule und Berufsschule durch zusätzlichen fakultativen Unterricht „zur Ermöglichung des Übertritts in die Oberschule" erreicht werden, „der freilich nur ausnahmsweise erfolgen dürfte". (Fuchs, 1946, S. 34).

Heinrich Deiters gab auf dem 1. Pädagogischen Kongreß der SBZ im August 1946 eine Begründung der neuen Schulstruktur, an die einige Fragen angeknüpft werden müssen. Er machte deutlich, daß die Entscheidung des Schülers über seinen künftigen Berufsweg auch weiterhin als Entscheidung über Schullaufbahnen getroffen werden müsse und daß dabei die Schule nur für eine Wahl entsprechend den individuellen „Fähigkeiten und nach den Bedürfnissen der Gesamtheit" sorgen könne. Somit wirke die Schule „bei der richtigen Verteilung der heranwachsenden Generation auf die verschiedenen sozialen Funktionen mit". Die Schule werde dadurch „zu einer der wichtigsten regulierenden Einrichtungen innerhalb der sozialen Organisation" (Deiters, 1946; S. 5; Alt).

Während das Ausbildungsziel der Einheitsschule „eine einseitige Ausrichtung nach einem überlieferten intellektuellen Bildungsideal" aufwies, wie der Berliner Berufspädagoge Mann kritisierte (Mann, 1946, S. 16), bestand die Aufgabe der unteren Stufen der Einheitsschule also weiterhin darin, den größten Teil der Schüler in das berufliche Schulwesen zu „lenken". Neu war in der Berufsschule nur die Beteiligung an der „Umerziehung" der Jugendlichen, die energisch gefordert wurde, da „gerade die Altersklasse der 14- bis 18jährigen ... unter der Hitler-Regierung am nachhaltigsten und am tiefsten gelitten" habe (Wildangel, S. 37). Mit dem Schulgesetz wurde deshalb die Aufgabe gestellt, die Schule solle „die Jugend zu selbständig denkenden und verantwortungsbewußt handelnden Menschen erziehen". Der Berufsschule wurde damit quasi die Aufgabe einer „Unterweisung in Sachen Demokratie" zugeteilt.

Als problematisch ist die Vorstellung zu betrachten, daß die Jugendlichen für einen Tag in der Berufsschule aus dem Arbeitsprozeß herausgenommen werden sollten, um sie gegen die noch bestehenden negativen Einflüsse der Gesellschaft und der Arbeit zu erziehen. Ein solcher „erzieherischer" Einfluß auf Jugendliche in Richtung Selbständigkeit etc. erscheint kaum möglich, wenn durch einen reglementierten Unterricht die Selbständigkeit des Schülers gar nicht erst als praktische Möglichkeit in Betracht gezogen wurde und den Pädagogen eine Änderung des gesellschaftlichen Bewußtseins der Berufsschüler im Prozeß der betrieblichen Arbeit der Schüler selbst unwahrscheinlich war.

Insgesamt wurde ja in der SBZ – trotz einiger Ansätze von Selbstverwaltung und Selbstorganisation der Produktion unmittelbar nach dem Zusammenbruch – nicht auf eine Mobilisierung der Arbeitenden orientiert (Staritz; Klein), sondern ihre gesellschaftlichen Forderungen und Ziele sollten (da sie ja der Ideologie des Faschismus erlegen gewesen seien) durch die Vertreter der Arbeiterklasse, also die Partei, artikuliert und durchgesetzt werden. Mit dieser – in der deutschen Arbeiterbewegung historisch gewachsenen – Legitimation der neuen, im Schatten der Besatzungsmacht agierenden Herrschaftselite, war aber auch eine ständige Rückkopplung an die traditionellen Forderungen der Arbeiterbewegungen verbunden, denen zumindest verbal gehuldigt wurde. Die Forderungen nach Vergesellschaftung der Produktion sollten durch Entprivatisierung und Verstaatlichung eines Großteils des Industriekapitals beantwortet werden (damit wurde die Aufhebung der Klassengesellschaft behauptet), und die Forderung nach Selbstbestimmung der Produktion wurde durch die Einsetzung „klassenbewußter" Funktionäre in die Positionen der Betriebsleitung zu erfüllen geglaubt.

Mit der Schaffung einer „demokratischen Staatsmacht", die sich hauptsächlich über ihre soziale Herkunft und nicht über demokratische Konsensverfahren legitimierte, und mit der „Aufhebung der Klassengesellschaft" durch Vernichtung eines wesentlichen Teils des Privatkapitals mittels Verstaatlichung sollte der Prozeß der gesellschaftlichen Umwälzung zunächst abgeschlossen sein. Da in dieser Zeit keine explizite Kritik am hierarchischen, taylorisierten Arbeitsprozeß selbst und der daraus resultierenden Betriebsorganisation geäußert worden war, schien dieser als den neuen Verhältnissen adäquat angesehen zu werden. Damit war der früher als systembedingt betrachtete, kapitalistische Arbeitsprozeß als „systemneutral" definiert worden, der bei der erfolgten Änderung äußerer Systemmerkmale seinen früheren Ausbeutungscharakter verloren habe.

Kernpunkt der Berufsausbildungspolitik der Folgejahre wurde dementsprechend der – im allgemeinen wohl eher positiv gesehene – industrielle Arbeitsprozeß. Damit gerieten jedoch diejenigen Berufsbildungsmaßnahmen auf integrierter Basis in die Kritik, die Berufsschulen mit eigenen Lehrwerkstätten nach reformpädagogischen Vorstellungen gebildet hatten. Ihnen wurde eine – angeblich vom Handwerksideal ausgehende – negative ideologische Beeinflussung der Jugendlichen vorgeworfen. Darüber hinaus seien nicht genügend Lehrstellen auf diesem Wege bereitzustellen, und es würde außerdem über das handwerklich orientierte Berufsbild zu einer falschen Lenkung des Facharbeiternachwuchses kommen. Damit begann im letzten Viertel der vierziger Jahre in der SBZ ein Wandel der Zielstruktur des beruflichen Ausbildungssystems. Stand in den ersten zwei Nachkriegsjahren der Neuorganisationsversuch der Berufsausbildung seitens der Reformpädagogen unter der Perspektive, dem einzelnen Auszubildenden eine möglichst umfassende und systematische Ausbildung für einen Beruf zu vermitteln, und wurde dabei der betriebliche Alltag als unzureichend für eine Entfaltung der Fähigkeiten des einzelnen angesehen, so verschoben sich zu Ende der 40er Jahre die Anforderungen an das Berufsausbildungssystem grundlegend.

Nicht die Ausbildung zu einer breit angelegten beruflichen Tätigkeit unter gleichzeitiger Weiterführung der Allgemeinbildung sollte die Hauptaufgabe der Berufsbildung allein sein, sondern ein unmittelbarer Beitrag zum gesellschaftlichen und wirtschaftlichen Prozeß in der SBZ wurde zusätzlich von der institutionellen Berufsausbildung gefordert. In dieser zweiten Periode der SBZ-Entwicklung ab 1947/48 sollte die Berufsschule zwei weitere Aufgaben mit übernehmen: Die Erziehung der Jugendlichen zu einem „neuen" Verhältnis zur konkreten Arbeit und die Beeinflussung und Steuerung der Berufswünsche der Jugend zum Zwecke der Abstimmung auf die Anforderungen der Betriebe.

Der Anspruch einiger Berufspädagogen auf Integration der beruflichen und der allgemeinbildenden Schulen wurde nunmehr gänzlich zurückgewiesen. So betonte z. B. Deiters im Jahre 1948, daß es „den wenigsten" fortschrittlichen Pädagogen möglich erscheine, „die Trennung zwischen der allgemein bildenden Oberschule und der Berufsschule nach dem 14. Lebensjahr aufzuheben und an ihre Stelle ein Ausbildungssystem zu setzen, in dem sich praktische und theoretische, berufliche und allgemeine Ausbildung miteinander verbinden". (Deiters, 1948, S. 92.) Die damit einhergehende Zementierung sozialer Strukturen mit Herrschaftscharakter wurde bei der zugrunde liegenden Ideologie nicht als Problem gesehen. Da es in einer „demokratischen Gesellschaft" weder Klassen- noch Standesunterschiede gebe, würden alle Schüler von der gleichen Situation ausgehen, argumentierte beispielsweise Deiters. Durch die einheitliche Anfangsstufe des Schulsystems wurde also bildungspolitisch eine Vereinheitlichung der Lebenswelten suggeriert. Der weitere Weg des Individuums sei somit von seinen eigenen Anstrengungen abhängig, die allerdings in einem geplanten äußeren Rahmen (hinsichtlich der Berufswahl) gestellt wurden. Da nun jede Tätigkeit, geistige oder körperliche, durch die „demokratischen Verhältnisse" in der SBZ angeblich ihres Herrschafts- bzw. beherrschten Charakters beraubt sei[21], brauche sich auch ihr konkreter Inhalt nicht mehr zu ändern. Eine Kritik menschenunwürdiger Arbeitsbedingungen mit dem Ziel ihrer Veränderung wurde dementsprechend nicht mehr geleistet, da die Tätigkeit des Arbeiters nicht mehr der Ausbeutung durch Privatunternehmer unterworfen sei, er vielmehr – über seine Stellvertreter im Staatsapparat – mittelbarer Besitzer der Produktionsmittel sei und somit nur zum eigenen Nutzen und zum „Wohle des ganzen Volkes" arbeite[22].

Die durch die Enteignung von Privatunternehmern und die Auswechslung von Funktionären im Staatsapparat nebst partieller Demokratisierung des Apparates vorgenommenen Eingriffe in die Sozialstruktur der SBZ – die eher als ein Aufrücken relativ weniger Bevölkerungsmitglieder in höhere soziale Positionen bei Beibehaltung der hierarchischen Stufungen dieser Positionen zu charakterisieren sind – reichten anscheinend im Jahre 1948 bereits aus, um die „soziale Bedeutung" des Unterschiedes zwischen einer Berufsausbildung und einem Hochschulabschluß bzw. zwischen einer ausführenden Tätigkeit im Produktionsprozeß und einer anleitenden Position im Staatsapparat o. ä.

---

[21] Vgl. stellvertretend für viele: Ulbricht 1948 c und 1948 d.
[22] So wurde beispielsweise der alte Kampf der Arbeiter gegen den Akkordlohn als „Gleichmacherei" zurückgewiesen (vgl. Staritz, S. 111 ff.).

nicht mehr als gegeben anzusehen. Der SED erschienen – nach der Veränderung politischer Rahmenbedingungen – wichtige Fakten, die sie früher für die Weimarer Republik als systembedingt kapitalistisch analysiert hatte (z. B. Herrschaftsorganisation, Arbeitsprozeß), nunmehr als systemneutral. Ein wesentliches Mittel zur Verwirklichung einer solchen „vereinheitlichten" Gesellschaft sollte das Schulsystem werden, das – auf der Basis einer Aufstiegsideologie – nunmehr die Verteilung auf die einzelnen sozialen Positionen vornehmen sollte. Während früher die sozialen Gruppen sich über das Schulsystem selbst reproduzierten, sollten nunmehr mit dem Fallen der „Bildungsschranken" auch die „Klassenschranken" des Zugangs zu den verschiedenen gesellschaftlichen Positionen gefallen sein. Das einheitliche Bildungssystem wurde somit als zentraler Ausweis der sozialen Einheitlichkeit der Gesellschaft selbst angesehen (vgl. Alt; Deiters, 1946, 1948).

Um dieses zentrale Moment der Einheitlichkeit des Schulsystems auch für die auf der Mittelstufe aufbauenden Bildungswege zu erreichen, hätte nun die Kopplung zwischen Bildungsabschlüssen und Positionen in der gesellschaftlichen Hierarchie aufgehoben werden müssen, indem ein Berufsabschluß auch mit einer Zugangsberechtigung zum Hochschulsektor verbunden worden wäre – also berufliche und allgemeine Bildung integriert worden wären. Ein solcher Schritt hätte allerdings die soziale Hierarchie und somit die Herrschaftsverhältnisse selbst tendenziell in Frage gestellt. Keiner der Bildungspolitiker hatte jedoch damals die hierarchische Gliederung des Berufslebens angezweifelt. Im Gegenteil: Angesichts der geänderten gesellschaftlichen Verhältnisse bestünde nunmehr kein Problem darin, daß ebenso wie „das Arbeitsleben der heutigen Zeit beruflich gegliedert ist, so ... auch der Eingang und die Hineinbildung in dieses Arbeitsleben beruflich gegliedert sein" müsse[23].

6 Die Berufsschulreform 1948

Nun genügte allerdings das seit Kriegsende – am Rande der Einheitsschule – gewachsene Berufsausbildungssystem mit dem Schwerpunkt auf kommunalen Berufsschulen mit eigenen Lehrwerkstätten den geänderten Ansprüchen nicht mehr. Das Berufsbildungswesen wurde im Sommer 1948 einer tiefgreifenden strukturellen und inhaltlichen Reform

---

[23] Schwarzlose (Mitarbeiter der Deutschen Verwaltung für Arbeit und Sozialfürsorge), S. 8.

unterzogen. Mit der Einrichtung von „Betriebsberufsschulen" sollten zwei aufgetretene Probleme gelöst werden: Zum einen sollte der akute Nachwuchsmangel der staatlichen Betriebe behoben werden[24], und zum anderen sollte – im Zeichen des gerade verabschiedeten „Zweijahrplanes" – ein „neues Verhältnis zur Arbeit", d. h. eine freiwillige Steigerung der Arbeitsleistung, das Leitziel der Berufsausbildung werden. Mit der Einrichtung von „Betriebsberufsschulen" wurde die Berufsausbildung ganz aus dem organisatorischen Zusammenhang mit dem allgemeinbildenden Schulwesen herausgelöst und in die Betriebe verlagert[25]. Mit der Berufsbildungsreform 1948 endete also in der SBZ der Versuch, die im Zusammenhang mit der Einheitsschuldiskussion aufgetretene Chance einer Integration von allgemeiner und beruflicher Bildung wahrzunehmen. Es bleiben noch die Gründe für die Betriebsberufsschulen kurz nachzutragen. Für eine Gesellschaft, der als Maxime „Besser arbeiten, besser leben" (Slogan des Zweijahrplanes) verordnet wurde, womit die Aufforderung verbunden war, daß jeder an seinem Arbeitsplatz durch maximale Leistung als „Aktivist" der Gesellschaft zu dienen habe, für eine derartige Gesellschaft ist eine detaillierte Kenntnis des Arbeitsplatzes und die Aneignung der ihm entsprechenden Einstellungen und Haltungen wichtig, und dementsprechend steht eine gezielte Ausbildung einzelner Fähigkeiten und Fertigkeiten für den künftigen Arbeitsplatz im Mittelpunkt der aktuellen Berufsbildungspolitik.

Aber trotz der Verlagerung der Berufsausbildung in die staatlichen Betriebe entwickelten sich keine neuen Formen der Verbindung von Arbeit und Lernen in der Berufsausbildung. Auch weiterhin gab es räumlich und organisatorisch vom Produktionsprozeß abgetrennten Berufsschulunterricht. Auch die praktische Ausbildung konnte nicht integriert werden, da die monotonen Massenarbeitsplätze keine ausreichende Basis für Lernprozesse abgaben. Deshalb wurde mit Hilfe betrieblicher Lehrwerkstätten eine einjährige Grundausbildung durchgeführt, der sich eine spezielle Ausbildung am künftigen Arbeitsplatz anschloß. Oberstes Ziel der Ausbildung wurde die maximale Leistung am einzelnen Arbeitsplatz, die auf einer „neuen Einstellung zur Arbeit" basieren sollte, so daß es unter der Jugend schließlich „keinen Platz für Arbeitsbumme-

---

[24] Sie stellten nur unterdurchschnittliche Ausbildungsplätze zur Verfügung und hatten einen akuten Mangel an jungen Facharbeitern.
[25] Zwar bestand noch eine staatliche Aufsicht über den schulischen Teil der Berufsausbildung, aber wesentlich wurde die Ausbildung durch die betrieblichen Berufsausbilder bestimmt.

schied und letztere bei den Vorschülern aufgrund der beruflichen und politischen Erfahrungen als gegeben voraussetzte, schuf man die Rechtfertigungsgrundlage für eine Regelung, die den Arbeiterstudenten alle Rechte der ordentlich immatrikulierten Studenten einräumte, bevor sie den Nachweis der fachlichen Eignung für ein Studium erbracht hatten.

Um zu sichern, daß nur zuverlässige Bewerber Aufnahme in die Vorstudienabteilungen fanden, wurde ab 1948 nach einer anfänglich liberalen Zulassungspraxis das Prinzip der „Studiendelegation" zunehmend konsequenter beachtet (Müller/Müller, S. 106 f., S. 183). Immer seltener kam es vor, daß Hörer aufgrund eigener Bewerbung zugelassen wurden; statt dessen mußten die Betriebe in Zusammenarbeit mit der Gewerkschaftsleitung für würdig und fähig befundene Mitarbeiter zum Studium vorschlagen und delegieren.

Wer allerdings die Hürden der Auswahl und Zulassung genommen hatte, konnte der weiteren Förderung gewiß sein. Sowohl bei der Zulassung zum Hauptstudium als auch bei der Vergabe von Stipendien wurden die Hörer der Vorstudienabteilungen bevorzugt. Sie galten ausnahmslos als „Arbeiterstudenten" mit allen daraus resultierenden Vorteilen, „unabhängig davon, ob sie Angehörige der Arbeiterklasse, Bauernschaft oder anderer werktätiger Schichten waren" (Poeggel, S. 109). Eine gezielte Zulassungspolitik sorgte allerdings dafür, daß die Zahl der Arbeiter und Bauern und ihrer Kinder ständig zunahm, während die Angehörigen „anderer werktätiger Schichten" eine stetig kleiner werdende Minorität darstellten.

Mit der Eingliederung der fast ausschließlich von Arbeiter- und Bauernkindern besuchten Vorstudienabteilungen in die Hochschulen trat die beabsichtigte Änderung in der sozialen Zusammensetzung der Studentenschaft zugunsten der Angehörigen aus Arbeiter- und Bauernkreisen ein; der Anteil der Mittelschichtangehörigen ging entsprechend zurück. Während im Wintersemester 1945/46 nur 10,1 % aller Universitäts- und Hochschulstudenten aus Arbeiter- und Bauernkreisen stammten, betrug ihr Anteil im Wintersemester 1949/50, nach dem Anschluß der Vorstudienabteilungen, 33 % und unter Ausklammerung Berlins sogar 39 % (Rau, S. 29).

8 Die Gründung der Arbeiter- und Bauern-Fakultäten (ABF)

Aufgrund des am 1. Januar 1949 in Kraft getretenen „Zweijahrplans 1949–1950 zur Wiederherstellung und Entwicklung der Friedenswirtschaft in der sowjetischen Besatzungszone Deutschlands" erließ die Deutsche Wirtschaftskommission im Zusammenwirken mit der Deut-

politischer Verhältnisse nur der Appell geblieben, die Verhältnisse anders zu sehen, als sie sind, und den Egoismus abzulegen:

„Nicht die in Aussicht gestellten Prämien, das politische Bewußtsein muß die Triebfeder für die Wettbewerbe unter der Jugend werden. Nur das politische Bewußtsein ist eine echte Quelle für den notwendigen Arbeitsenthusiasmus, für zähe Ausdauer und Opferbereitschaft."[27]

(1) Vorrangiges Ziel der Berufsbildungspolitik in der SBZ wurde die Eingliederung in die berufliche Tätigkeit, von der die Berufspädagogen noch anfangs klagend feststellten, sie sei „einseitiger, unselbständiger, einförmiger, unsicherer, aufreibender geworden" (Kirsten, S. 37), ihr aber nur Einführungen in die gesellschaftliche Funktion des Einzelberufes im Rahmen der Arbeitsteilung oder aber pädagogisch strukturierte künstliche Arbeitsprozesse in Werkstätten entgegenhalten konnten, die an der betrieblichen Realität jedoch scheitern mußten. Da die Organisation des hochgradig arbeitsteiligen Arbeitsprozesses nicht in Frage gestellt wurde, mußten die ersten reformpädagogischen Integrationsansätze von beruflicher und allgemeiner Bildung scheitern und sich ein diesen Verhältnissen angemesseneres betriebsnahes Ausbildungssystem durchsetzen, welches den Integrationsanspruch durch die formelle Aufstiegsmöglichkeit in weiterführende Bildungswege einzulösen vorgab.

(2) Betrachtet man die Entwicklung des Berufsausbildungssystems in der SBZ nochmals von Kriegsende an, so wird m. E. nun deutlich, daß durch das eher arbeitsmarktpolitische denn bildungspolitische Interesse der SMAD an der beruflichen Ausbildung – mit der Folge der zahlreichen Kurzausbildungen und einer rigiden Arbeitskraftlenkung – der Schwerpunkt mehr auf unmittelbar verwertbare Qualifikationen, denn auf grundlegende neue berufliche Bildungskonzeptionen gelegt wurde. Seitens der Besatzungsmacht ist dies ein durchaus einsichtiges Vorgehen, sie mußte an der Wiederingangsetzung der SBZ-Industrie (im begrenzten Rahmen) interessiert sein, wollte sie wenigstens einen Teil der unermeßlichen Schäden durch die Hitlerarmeen in der Sowjetunion ersetzt bekommen und nicht eine Besatzungszone haben, die sie noch zusätzlich hätte unterstützen müssen. Ihre u. a. deshalb auf Ingangsetzung der Produktion gerichteten Interventionen hatte die Entwicklung arbeitsplatzbezogener Ausbildungsmaßnahmen zur Folge.

(3) Auch durch die „demokratische Einheitsschule" wurde die auf der historischen Trennung von Kopf und Hand basierende Spaltung des Bildungswesens in sogenannte „allgemeinbildende" und sogenannte „be-

---

[27] So der Jugendsekretär des FDGB, Ernst Müller (Müller, S. 54).

rufsbildende" Schullaufbahnen nicht beseitigt. Die Parole der „Brechung des Bildungsprivilegs" bedeutete nur eine nicht mehr hauptsächlich an sozialer Herkunft orientierte Selektion für den künftigen Platz in der gesellschaftlichen Pyramide. Das Hauptinteresse der Bildungspolitik der ersten Nachkriegsjahre in der Sowjetischen Besatzungszone lag vielmehr auf der Erweiterung des Zuganges zur Oberschule und von dort zur Hochschule. Offenbar wurde die Ausbildung neuer, den veränderten Herrschaftsstrukturen loyal gegenüberstehender gesellschaftlicher Kader als vordringlicher angesehen als die allmähliche Vergesellschaftung der Entscheidungsfunktionen.

(4) Das Zentraldilemma bisheriger Berufsausbildung – Anspruch auf Entfaltung des einzelnen und gleichzeitige Gewährleistung seiner Eingliederung in restriktive Arbeitsverhältnisse – konnte nicht gelöst werden, da die Arbeitsverhältnisse als unveränderbar unterstellt wurden. Die Versuche, durch „pädagogisierte Arbeit" außerhalb der Produktion in Lehrwerkstätten dem Dilemma auszuweichen, mußten scheitern, da sie nur eine „pädagogische Provinz" entwickeln konnten ohne Durchsetzungschance im betrieblichen Alltag.

(5) Durch die Stabilisierung von elitären Herrschaftsstrukturen mit zentralstaatlichen Entscheidungsmonopolen hatte eine Veränderung der gesellschaftlichen Arbeitsteilung keine Realitätschance. Stellvertreterpolitik im Namen der Arbeiterklasse bedurfte nicht mehr unbedingt der Artikulation – sich wahrscheinlich widersprechender – gesellschaftlicher Gruppen. Sie wurden vielmehr unter dem Begriff des „Volkes" vereinheitlicht und ihrer eigenständigen sozialen Interessenartikulation beraubt. Ein Ausbildungskonzept, das eine reale Gleichheit aller Ausbildungsabschlüsse angestrebt hätte, hätte zu einer ernsten Gefährdung des auf Hierarchie beruhenden Herrschaftssystems führen können; die letztendliche Beschränkung der Berufsausbildung auf arbeitsplatzbezogene Qualifikationen – unter Hinzufügung ideologischer Verbrämungen – lag in der Konsequenz der praktizierten Herrschaftsweise.

Literatur

Ackermann, Anton: Demokratische Schulreform. Aus: Deutsche Volkszeitung 1 (1945) 100, vom 6. 10. 45, S. 3. In: Uhlig 1976, S. 219–226 *(zit. als: Ackermann, 1945 a)*

Ackermann, Anton: Rede auf der gemeinsamen Kundgebung von KPD und SPD. In: Demok. Schulreform 1945, S. 4–24 *(zit. als: Ackermann, 1945 b)*

Alt, Robert: Zur gesellschaftlichen Begründung der neuen Schule. In: Pädagogik 1 (1946) 1, S. 12–22

Buchholz, Fritz: Schafft Lehrwerkstätten. Vortrag auf dem 1. Berufspädagogischen Kongreß, Dezember 1946 in Halle. In: Berufsbildung 1 (1947) 3, S. 1–5
Deiters, Heinrich: Die Aufgaben und Stellung des Lehrers in der demokratischen Schule. In: Ein Jahr 1946, S. 3–14 *(zit. als: Deiters, 1946)*
Deiters, Heinrich: Die Schule der demokratischen Gesellschaft. Berlin 1948 *(zit. als: Deiters, 1948)*
Demokratische Schulreform. Bericht über die gemeinsame Kundgebung der KPD und SPD am 4. November 1945 im Palast in Berlin. Berlin [1945]
Ein Jahr Arbeit. Ein Jahr Arbeit und die Rolle des Lehrers in der demokratischen Schule. Dem Delegierten zum Pädagogischen Kongreß. Berlin 15. bis 17. August 1946. Berlin/Leipzig [1946]
Froese, Leonhard: Bildungspolitik und Bildungsreform. Unter Mitarbeit von Viktor von Blumenthal. München 1969
Fuchs, Richard: Die Berufsschule im Rahmen der neuen demokratischen Schule. In: Ein Jahr Arbeit (1946), S. 30–36 *(zit. als: Fuchs, 1946)*
Fuchs, Richard: Grundsätzliches und Historisches zum Problem der Berufsausbildung der ungelernten Arbeiter. In: Berufsbildung 1 (1947) 4/5, S. 32–35 *(zit. als: Fuchs, 1947 a)*
Fuchs, Richard: Neugestaltung des Berufs- und Fachschulwesens. Aufbau und Organisation des beruflichen Bildungswesens in der sowjetischen Besatzungszone Deutschlands. Berufspädagogische Schriftenreihe. Hrsg. v. R. Fuchs, Bd. 1. Berlin/Leipzig 1947 *(zit. als Fuchs, 1947 b)*
Gläser, Lothar: Die Rolle der sowjetischen Pädagogik beim Aufbau der deutschen demokratischen Schule und bei der Entwicklung der pädagogischen Wissenschaft auf dem Gebiet der heutigen Deutschen Demokratischen Republik. Teil I. Mit einem Materialanhang. In: Jahrbuch für Erziehungs- und Schulgeschichte, 10 (1970), S. 93–188, Berlin 1970
Günther, Karl-Heinz / Uhlig, Gottfried: Geschichte der Schule in der Deutschen Demokratischen Republik 1945–1971. Neubearbeitete Ausgabe. Berlin 1974
Heise, Wilhelm: Einleitende Ansprache in der Pressekonferenz anläßlich der Bekanntgabe des Schulgesetzes. In: Ein Jahr Arbeit (1946), S. 37–43
Hoffmann, Ernst: Die Jugend an der Spitze der Aktivistenbewegung. In: Zweijahrplan 1948, S. 105–110
Kalaschnikow, A. G.: Die Volksbildung in der UdSSR (1917–1947). Berlin 1948
Kirsten, Alfred: Die Verwirklichung der Idee der Berufsbildung. In: Lage des Berufsschulwesens 1948, S. 35–50
Klafki, Wolfgang: Restaurative Schulpolitik 1945–1950 in Westdeutschland: Das Beispiel Bayern. In: Klafki, W.: Aspekte kritisch-konstruktiver Erziehungswissenschaft. Weinheim 1978, S. 253–299
Klein, Jürgen: Hand in Hand gegen die Arbeiter. Bürgerliche Demokraten oder christliche, sozialdemokratische und kommunistische Gewerkschafter. Hamburg 1974
Kronow, A.: Arbeitsreserven in der Sowjetindustrie. In: Tägliche Rundschau vom 2. 4. 1946, S. 6
Lage des Berufsschulwesens. Zur Lage des Berufsschulwesens in der sowjetischen Besatzungszone. Bericht zum 3. Pädagogischen Kongreß Juli 1948. Berlin/Leipzig 1948

Leonhard, Wolfgang: Die Revolution entläßt ihre Kinder. 1. Aufl. 1955, 1. Taschenbuch-Aufl. 1961, Frankfurt u. a. 1974

Leß, Heinrich: Verschulung der Praxis oder Pädagogisierung der Arbeit? In: Berufsbildung 1 (1947) 4/5, S. 14–18 *(zit. als: Leß, 1947)*

Leß, Heinrich: Zum 4. Pädagogischen Kongreß. In: Berufsbildung 3 (1949) 9, S. 3 f. *(zit. als: Leß, 1949)*

Mann, Willi(y): Schule und Beruf. In: Die neue Schule 1 (1946) 1, S. 16 f. *(zit. als: Mann, 1946)*

Mann, Willi(y): Der Anfang einer neuen Berufsausbildung. Erfahrungen und Pläne aus der Arbeit am beruflichen Schulwesen der Stadt Berlin. In: Berufsbildung 1 (1947) 4/5, S. 18–21 *(zit. als: Mann, 1947)*

Marquardt, Erwin: Zur Frage der Demokratisierung der Schule. Rede auf dem I. Pädagogischen Kongreß. Berlin/Leipzig [1946]

Medynskij, Jewgenij: Die Bildung des Volkes in der UdSSR. Wien 1946 *als: Medynskij, 1946)*

Medynskij, E.: Die Entwicklung der Volksbildung in der UdSSR. Zahlen und Tatsachen. In: Die neue Schule 2 (1947) 16, S. 570 ff. *(zit. als: Medynskij, 1947)*

Müller, Ernst: Diskussionsbeitrag auf der Bundesvorstandstagung des FDGB am 6. und 7. Juli 1948. In: Ulbricht, 1948, S. 52–56

Nadeshdin, Jakoff N.: Über die Berufsausbildung in der UdSSR. In: Berufsbildung 3 (1949) 1, S. 13 ff.

Richtlinien der DVfV. Richtlinien der Deutschen Verwaltung für Volksbildung in der SBZ für das Schulwesen. Stand vom 1. März 1948. Berlin/Leipzig 1948

Rücker, Fritz: Erfahrungen eines Ministers über die Hilfe der sowjetischen Pädagogik beim Aufbau der neuen demokratischen Schule im Lande Brandenburg. In: Pädagogik 7 (1952) 11, S. 858–865 *(zit. als: Rücker, 1952)*

Rücker, Fritz: Als 1945 die Schule begann... In: Zeitschrift für Geschichtsunterricht und Staatsbürgerkunde 2 (1960) 5, S. 417 ff. *(zit. als: Rücker, 1960 a)*

Rücker, Fritz: Freunde und Lehrer beim Aufbau unserer neuen Schule. In: Pädagogik 15 (1960) 5, S. 444–450 *(zit. als: Rücker, 1960 b)*

Rücker, Fritz: Die Arbeit der Lehrer im Nationalkomitee „Freies Deutschland" und die schulpolitisch-pädagogische Arbeit des Nationalkomitees. Auszug aus dem Protokoll der Konferenz „Die Lehrer im antifaschistischen Widerstandskampf..." vom 22.–25. 11. 1965 in der PH Potsdam. In: Uhlig, 1970, Dok. I, 10, S. 166–172 *(zit. als: Rücker, 1965)*

Rundschauinformationen. Das Recht auf Bildung im sozialistischen Staat. Rundschauinformationen VII. Berlin: Tägliche Rundschau 1949

Schapolowa, A.: Berufsbildung während der Schulzeit. In: Rundschauinformationen VII, S. 47 ff.

Schneller, Wilhelm: Die deutsche demokratische Schule. Berlin

Schwarze, Rudolf: Der Aufbau einer neuen Berufsausbildung im Land Brandenburg während der Errichtung und Festigung der antifaschistisch-demokratischen Ordnung. Diss. Päd. Berlin 12. 4. 1965

Schwarzlose, Adolf: Die Gliederung der Oberstufe und die Begabtenförderung. In: Berufsbildung 2 (1948) 8, S. 5 ff.

Staritz, Dietrich: Sozialismus in einem halben Land. Zur Programmatik und Politik der KPD/SED in der Phase der antifaschistisch-demokratischen Umwälzung in der DDR. Berlin 1976

Torhorst, Marie: Zur Liquidierung reformerischer Tendenzen in der Sowjetpädagogik in den 30er Jahren und zur Auseinandersetzung mit deutscher Reformpädagogik in den Jahren 1945–1956. In: Jahrbuch für Erziehungs- und Schulgeschichte. 17 (1970), Berlin 1970, S. 165–181

Uhlig, Gottfried: Der Beginn der antifaschistisch-demokratischen Schulreform 1945–1946. Monumenta Paedagogica, Reihe C, Bd. II. Berlin 1965 *(zit. als: Uhlig, 1965)*

Uhlig, Gottfried: Dokumente zur Geschichte des Schulwesens in der Deutschen Demokratischen Republik. Teil 1: 1945–1955. Ausgewählt von Gottfried Uhlig. Berlin 1970 *(zit. als: Uhlig, 1970)*

Uhlig, Gottfried: Zum Kampf der Arbeiterklasse um die antifaschistisch-demokratische Schulreform im Herbst 1945. Materialien, ausgewählt und eingeleitet von Gottfried Uhlig. In: Jahrbuch für Erziehungs- und Schulgeschichte 16 (1976), Berlin 1976, S. 210–234 *(zit. als: Uhlig, 1976)*

Ulbricht, Walter (Hrsg.): Gewerkschaften und Zweijahrplan. Berlin. [1948] *(zit. als: Ulbricht, 1948)*

Ulbricht, Walter: Zur Geschichte der neuesten Zeit. Die Niederlage Hitlerdeutschlands und die Schaffung der antifaschistisch-demokratischen Ordnung. Band I, 1. Halbband. Berlin 1955 *(zit. als: Ulbricht, 1955)*

Wallis, Hermann: Die Entwicklung der Berufsausbildung für Lehrlinge in der UdSSR. (Übersetzung und Zusammenstellung nach einem Bericht in der sowjetischen Zeitschrift „Die praktische Lehre".) In: Berufsbildung 2 (1948) 9, S. 19 f.

Wandel, Paul: Die Demokratisierung der deutschen Schule – eine nationale Forderung. Aus: Tägliche Rundschau 1 (1945) 140 vom 24. 10. 1945, S. 2. In: Uhlig, 1976, S. 229–234 *(zit. als: Wandel, 1945)*

Wandel, Paul: Demokratisierung der Schule. Rede, gehalten auf dem [1.] Pädagogischen Kongreß in Berlin am 15. August 1946. Berlin/Leipzig [1946] *(zit. als: Wandel, 1946)*

Wildangel, Ernst: Unsere Aufgaben im neuen Schuljahr. In: Winzer/Wildangel 1946, S. 29–46

Wilhelmi, Jutta: Schulreform 1945–1955: Falsche Weichenstellung. In: betrifft: erziehung 12 (1979), 10, S. 21–28

Winzer, Otto / Wildangel, Ernst: Ein Jahr Neuaufbau des Berliner Schulwesens. Bericht von der Konferenz der Lehrer an den öffentlichen Schulen der Stadt Berlin. 2. September 1946. Berlin 1946

Zeitzer Kongreß. An die arbeitende Jugend Deutschlands. [Aufruf des] Kongreß der jungen Arbeiter und Arbeiterinnen der volkseigenen Betriebe. Zeitz, 11. April 1948. In: FDJ (Hg.): Dokumente zur Geschichte der FDJ. Bd. 1, Berlin 1960, S. 135–139

Zweijahrplan. Der deutsche Zweijahrplan für 1949–1950. Der Wirtschaftsplan für 1948 und der Zweijahrplan 1949–1950 zur Wiederherstellung und Entwicklung der Friedenswirtschaft in der sowjetischen Besatzungszone Deutschlands. Berlin 1948

Herbert Stallmann
Die Anfänge des Arbeiter- und Bauernstudiums in der SBZ/DDR

1 Vorbemerkung

Im Oktober 1949, im Monat der DDR-Staatsgründung, wurden an Universitäten und Hochschulen der DDR Arbeiter-und-Bauern-Fakultäten eingerichtet. Damit fand eine Entwicklung ihren Höhepunkt und vorläufigen Abschluß, die mit der Wiedereröffnung der Universitäten in den Jahren 1945 und 1946 ihren Anfang genommen hatte: der Aufbau eines „Arbeiterstudiums". Seit 1945 war die spezielle Förderung der werktätigen Bevölkerung, insbesondere der Arbeiter und Bauern, mit dem Ziel betrieben worden, diesen Bevölkerungsgruppen vermehrte Bildungsmöglichkeiten bis hin zum Hochschulstudium zu erschließen. Zu diesem Zweck wurden neuartige Institutionen der Studienvorbereitung und des Hochschulzugangs ins Leben gerufen, für die sich allmählich die einheitliche Bezeichnung „Vorstudienanstalt" (Vosta) durchsetzte. Sie waren die Vorläufer der Arbeiter-und-Bauern-Fakultäten.

2 Die Begünstigung von Arbeitern und Bauern durch die ersten Zulassungsordnungen für die Hochschule

Am 4. September 1945 ordnete die sowjetische Militäradministration in der Sowjetischen Besatzungszone Deutschlands (SMAD) mit Befehl Nr. 50 Maßnahmen „zwecks Wiederaufnahme des Unterrichts und der wissenschaftlichen Tätigkeit an den Höheren Lehranstalten" an. (Abschrift in Poeggel, S. 213 f.) („Höhere Lehranstalten" ist eine wörtliche Übersetzung aus dem Russischen und meint Universitäten und Hochschulen.) Unter Bezugnahme auf diesen Befehl erließ die Deutsche Zentralverwaltung für Volksbildung am 30. September 1945 die „Verordnung über die Zulassung zum Studium an Universitäten und Hochschulen" (Abschrift in Poeggel, S. 215 ff.). Ausgehend von der Feststellung, daß die deutsche Intelligenz während der Herrschaft des Nationalsozialismus „versagt" habe, wird die „Heranbildung einer neuen Intelligenz" als „dringendes Gebot der Stunde" herausgestellt. Da die Schulreform „erst nach Jahren brauchbaren Nachwuchs für die Universitäten und

Hochschulen hervorbringen" könne, müßten „neuartige" Ausbildungsmethoden und Auswahlgrundsätze bei der Zulassung zum Studium angewandt werden. Da außerdem der Nationalsozialismus viele wertvolle Kräfte" am Studium gehindert habe und die „Praxis der Reifeprüfung der Kriegsjahre ... keine Gewähr für tatsächliche Hochschulreife" biete, müsse nun das Hochschulstudium „auch *ohne Reifezeugnis*" (Hervorhebung – H. Sta.) ermöglicht werden (Verordnung vom 30. 9. 45, Ziff. I).

Bewerber ohne Reifezeugnis werden zum Studium zugelassen, wenn sie
a) nach einer „zwanglosen Prüfungsaussprache" mit einer Auswahlkommission von dieser vorgeschlagenen werden
bzw.
b) „auf Grund erwiesener wissenschaftlicher Leistungen auf dem gewählten Studiengebiet" die Zustimmung der jeweiligen Fakultät erhalten (a. a. O., Ziff. II).

In einer überarbeiteten Fassung der Zulassungsverordnung vom September 1945, in den „Grundlegenden Hinweisen über die Zulassung zum Studium an Universitäten und Hochschulen" vom 12. Dezember 1945 (Nachdruck in Berlin, 1. Halbbd., S. 556)[1], wurde das Ziel der „zwanglosen Prüfungsaussprache" dahin gehend präzisiert, daß die „allgemeine Befähigung und geistige Entwicklungsmöglichkeit" der Bewerber festgestellt werden solle. Zu dieser Prüfung waren Antragsteller zuzulassen, die „aus sozialen, politischen oder rassischen Gründen nicht die Möglichkeit hatte[n], eine höhere Lehranstalt zu besuchen, beziehungsweise auf dem üblichen Wege ein Reifezeugnis zu erwerben". Den erfolgreichen Teilnehmern dieser Prüfung war bei der aus Kapazitätsgründen erforderlichen Auswahl unter den Studienanwärtern „Vorzug" gegenüber allen anderen Bewerbern einzuräumen (Grundleg. Hinweise, Ziffer III u. IV).

Angesichts der über 150jährigen Geschichte der Reifeprüfung und der in ihrem Verlauf zeitweilig erbittert geführten Auseinandersetzungen um den Begriff der „Hochschulreife"[2] sowie um die Anerkennung der Gleichwertigkeit von Abschlüssen verschiedener höherer Schulen kam die Einrichtung eines Hochschulzugangs *ohne Reifeprüfung und ohne*

---
[1] Im Nachdruck ist allerdings als Datum der Verordnung der 8. 12. 1945 angegeben.
[2] Vgl. Herrlitz, Hans-Georg (Hrsg.): Hochschulreife in Deutschland. Göttingen 1968, vor allem das einleitende Kapitel, S. 11–28, und das Kapitel „Zur Entwicklung des Hochschulreifebegriffs" von Ernst Lichtenstein, S. 29–38.

Studienvorbereitung einer revolutionierenden Neuerung gleich. Indem man auf jedwede Art hochschulrelevanter Vorleistungen verzichtete und statt dessen lediglich die „allgemeine Befähigung und geistige Entwicklungsmöglichkeit" zu ermitteln bemüht war, entleerte man diese „Prüfung" jeden materialen Inhalts; gleichwohl unterlegte man ihr einen Sinn, der durchaus dem Begriff der Reifeprüfung innewohnt, nämlich Feststellung der „Reife für etwas" bzw. der „Eignung für etwas"[3], ohne daß allerdings Kriterien der Reife genannt worden wären. Da die solchermaßen für hinlänglich geeignet befundenen Antragsteller den Vorzug vor allen übrigen Bewerbern erhalten sollten, stellt sich die Frage nach dem Personenkreis, der mit Hilfe dieses überaus großzügigen Zulassungsverfahren für das Studium gewonnen werden sollte.

Die Zulassungsordnungen vom September und Dezember 1945 geben darauf keine eindeutige Antwort. Immerhin werden aber die aus „sozialen" Gründen in ihrer Bildungsentfaltung behinderten Personen an erster Stelle genannt. Das entsprach dem Tenor eines „Gemeinsamen Aufrufes" von KPD und SPD am 18. Oktober 1945 (Nachdruck in Baske/ Engelbert, S. 5 ff.), in dem die besondere Förderung der durch „reaktionäre Bildungsprivilegien" bisher vom Studium ferngehaltenen Personen gefordert wurde. Wenig später präzisierten die beiden Parteien ihre Forderung dahin gehend, daß sie die „Zulassung der arbeitenden Jugend zum Studium, und zwar sofort auch ohne Abitur" verlangten (zit. nach Poeggel, S. 15).

Damit kündigte sich eine Konzeption an, die für die Folgezeit bestimmend werden sollte und die in den späteren Zulassungsregelungen ab 1947 voll zur Geltung kam: Unter allen Bewerbern für ein Hochschulstudium sollten diejenigen Priorität genießen, die in der Vergangenheit aus sozialen Gründen am Besuch höherer Schulen und Universitäten gehindert worden waren; das hieß Arbeiter und Bauern. Die in der Anfangsphase eingeräumten Sonderregelungen eines Hochschulzugangs *ohne* Reifezeugnis wurden allerdings 1947 abgeschafft.

3   Zum Begriff „Arbeiterstudium"

Der Begriff „Arbeiterstudium" wurde in mehrfacher Bedeutung verwandt. Zum einen verstand man darunter das Studium junger Menschen, die zuvor Arbeiter (oder Bauern) gewesen waren und die sich anschickten, in einem „zweiten Bildungsweg" die Voraussetzungen für einen

---

[3] Lichtenstein, a. a. O., S. 30 f.

höher qualifizierten Beruf zu erwerben. Zum andern wurde der Begriff in einem von der Wortbedeutung abweichenden Sinne gebraucht, indem er die *Vorbereitung* von Arbeitern und anderen Werktätigen auf das Studium bezeichnete. In diesem Sinne wurde der Begriff sogar am häufigsten verwandt, synonym mit dem besser treffenden Ausdruck „Vorstudium". In dieser Bedeutung fand der Begriff „Arbeiterstudium" auch Anwendung auf die Studienvorbereitung von Arbeiter- und Bauern*kindern*, sofern diese keine Oberschule, sondern nur die allgemeinbildende Pflichtschule durchlaufen hatten.

4 Der Leipziger „Vorschul"-Plan

Der wahrscheinlich erste Plan zur Realisierung des Arbeiterstudiums wurde zu Beginn des Jahres 1946 von einer Arbeitsgemeinschaft an der Wirtschaftsoberschule Leipzig unter dem Titel „Vorschule für das Arbeiterstudium" (Abschrift in Poeggel, S. 217 ff.) vorgelegt. Dieses Konzept stützte sich auf Entwürfe, die der Direktor der Schule, Albert Först, „zwecks Vorbildung von Berufstätigen" erarbeitet hatte.

Der von der Leipziger Arbeitsgruppe vorgelegte Plan ging von der Erkenntnis aus, daß die „Forderung, eine Anzahl von Arbeitenden auf die Universität zu bringen ... in eine Zwickmühle" führe:

„1. Die Arbeiter sollen möglichst schnell an das Universitätsstudium herankommen,
2. dafür fehlt dem dafür vorgesehenen Arbeiterstudenten zunächst jede Vorbildung für ein gedeihliches Studium" (a. a. O., S. 218).

Die Universität, so hieß es weiter, könne diesen „Zwiespalt" nicht lösen, denn sie dürfe „ihre geistige Höhe nicht preisgeben". Vorbildung sei nicht Aufgabe der Hochschule; dafür müsse vielmehr eine „Vorschule" eingerichtet werden. Dementsprechend sah der Plan eine am Fächerkanon der höheren Schule orientierte Stundentafel mit 11 Fächern bei 24 Unterrichtsstunden pro Woche vor. Die Ausbildungszeit sollte „mindestens drei Jahre neben herabgesetzter Berufsarbeit" (a. a. O.) umfassen[4].

Auf Intervention amtlicher Stellen, die die Ausbildungsdauer als zu lang kritisierten, weil sie fürchteten, daß sich bis zum Eintritt der Arbeiterstudenten in die Hochschulen das „Bildungsprivileg der besitzen-

---

[4] Die „Vorschule für das Arbeiterstudium" entsprach in ihrem organisatorischen Aufbau den in den 20er Jahren bestehenden Möglichkeiten des „Zweiten Bildungsweges". (Vgl. Belser, S. 125.)

den Schichten" wieder voll entfalten könnte (Poeggel S. 16), wurde der Plan geändert und auf eine vier-semestrige Dauer konzipiert[5]. Doch auch diese Regelung fand keine Billigung der amtlichen Stellen, da sie immer noch als zu zeitaufwendig eingeschätzt wurde.

5 „Begabtenprüfungen" und „Arbeiterfakultät"

Am 3. Februar 1946 veröffentlichten die Leipziger Ortsverbände der im demokratischen Block zusammengeschlossenen Parteien, der KPD, SPD, CDU, LDP, und des Freien Deutschen Gewerkschaftsbundes gemeinsam den Aufruf „Arbeiter auf die Universität" (Fotokopie in Poeggel, S. 156). Ziel des Aufrufes war es, „möglichst viele junge Arbeiter oder Arbeiterinnen" für ein Studium zu gewinnen, um eine baldige „Änderung der [sozialen, H. Sta.] Zusammensetzung der jetzigen Studentenschaft" herbeizuführen (Poeggel, S. 220). Zu diesem Zweck waren zwei Möglichkeiten des Hochschulzugangs für Arbeiter aufgewiesen:
– die „Begabtenprüfung"
und
– die „Arbeiterfakultät" (Poeggel, S. 220).

Während die nach sowjetischem Vorbild zu errichtende Arbeiterfakultät die (kurzfristige) *Vorbereitung* von Arbeitern auf das Hochschulstudium leisten sollte, war vorgesehen, daß in der Begabtenprüfung die „allgemeine geistige Reife zum Besuch der Vorlesung" (a. a. O.) festgestellt und damit der *sofortige Übergang* an die Hochschule ermöglicht werden sollte.

Von etwa 500 Bewerbern, die sich in Leipzig zur Begabtenprüfung gemeldet hatten, haben schließlich 55 die Prüfung bestanden und konnten sofort (im März 1946) ihr Studium aufnehmen. Sie bildeten zusammen mit den erfolgreichen Absolventen der Begabtenprüfung an anderen Universitäten den „Grundstein für das Arbeiterstudium" (Poeggel, S. 17 f.).

Allerdings war nicht zu übersehen, daß es sich bei den Teilnehmern der Begabtenprüfung nur um Einzelfälle handeln konnte, die niemals ausreichen würden, um „in der Brechung des bürgerlichen Bildungsprivilegs einen entscheidenden Schritt voranzukommen" (Poeggel, S. 20). Die Breitenarbeit zur Vorbereitung einer Vielzahl von Arbeitern und Bauern auf das Hochschulstudium sollte von der Arbeiterfakultät geleistet werden.

---

[5] Zur Neukonzipierung des Arbeiterstudiums vgl. Först.

Die Begabtenprüfung hatte nur kurzzeitig Bestand; Lehrgänge zur systematischen Hochschulvorbereitung nach Art der Arbeiterfakultät entwickelten sich hingegen zu einer dauerhaften Einrichtung. In allen Ländern und Provinzen der SBZ entstanden im Laufe des Jahres 1946 Vorstudienanstalten, Vorstudienkurse oder Vorsemester, die später einheitlich unter der Bezeichnung „Vorstudienanstalt" geführt wurden. (Die Universität Jena war schon im Oktober 1945 mit der Errichtung einer „Vorstudienschule" vorangegangen.) Der Terminus „Arbeiterfakultät" verschwand zunächst in der Versenkung und tauchte erst 1949 in der Bezeichnung „Arbeiter- und- Bauern-Fakultät" wieder auf.

6 „Vorstudienanstalten"

Am 1. März 1946 begann der erste Lehrgang (Vorkurs) zur Hochschulvorbereitung von Werktätigen im Lande Sachsen. Die rechtliche Grundlage bot die am 12. Februar desselben Jahres von der Landesverwaltung Sachsen erlassene „Verordnung über die Errichtung von Vorbereitungskursen für das Studium an den Hochschulen" (Abschrift in Poeggel, S. 222 f.). Diese Verordnung wird als das „Gründungsdokument der Vorstudienanstalten" (Poeggel, S. 20) bezeichnet, da sie Vorbildcharakter für alle übrigen Länder und Provinzen der SBZ hatte, die wenig später gleichartige Einrichtungen ins Leben riefen.

Von dem älteren Leipziger „Vorschul"-Plan wich die Verordnung vom 12. 2. 1946 sowohl hinsichtlich der Ausbildungsdauer als auch im Anspruchsvolumen deutlich ab. Anstelle eines zweijährigen Durchlaufs wurden hier nur sieben Monate (1. März bis 30. September) für den ersten Vorkurs gefordert; ferner sollten die Teilnehmer nicht mehr in elf, sondern nur noch in fünf Fächern (bei einer auf wöchentlich 30 Stunden begrenzten Berufstätigkeit) auf das Studium vorbereitet werden.

Daß in einem derart beschränkten Umfang, noch dazu unter Fortführung der Berufstätigkeit, keine angemessene Vorbereitung auf ein Hochschulstudium geleistet werden konnte, war auch den verantwortlichen Stellen klar. Deshalb wurden die späteren Kurse auf die Dauer von ein bis zwei Jahren ausgedehnt und die Berufstätigkeit der Hörer abgeschafft. Aber auch das reichte nicht aus, um die zum Teil erheblichen Mängel im Kenntnis- und Wissensstand der Teilnehmer auszugleichen, fehlte es doch in vielen Fällen an den elementarsten Voraussetzungen für eine erfolgversprechende Mitarbeit im späteren Studium. Um die Kurse nicht noch weiter verlängern zu müssen und dennoch die Arbeit der Vorstudienanstalten zu intensivieren, wurde den Kursen eine zusätzliche Vorbereitungsphase vorgeschaltet. Die Volkshochschulen richteten Vorkurse ein, „in denen die Anwärter auf die Vorstudienanstalt" in Rechtschreiben, Grammatik oder Rechnen vorgeschult werden konnten. Darüber hinaus boten die Volkshochschulen Förderkurse für die schon im Studium stehenden Absolventen der Vorstudienanstalten an, weil auch sie immer noch erhebliche Rückstände gegenüber jenen Studenten aufweisen, die eine langjährige schulische Studienvorbereitung genossen hatten (vgl. Sacke-Gaudig).

7 Die Umwandlung der Vorstudienanstalten in „Vorstudienabteilungen" und ihre Angliederung an die Universitäten und Hochschulen

Infolge unterschiedlicher Entstehungsbedingungen in den verschiedenen Ländern und Provinzen der Sowjetischen Besatzungszone hatten die Vorstudienanstalten trotz einheitlicher Zielsetzung recht unterschiedliche Ausprägungen im einzelnen erfahren. Deshalb unternahmen die verantwortlichen Organe seit dem Frühjahr 1947 besondere Anstrengungen zur Vereinheitlichung und Zentralisierung des Arbeiterstudiums in der gesamten SBZ.

Die Volksbildungsminister der Länder faßten im Dezember 1947 den Beschluß, die Vorstudienanstalten in „Vorstudienabteilungen" umzuwandeln und diese den Universitäten und Hochschulen anzugliedern. Wenige Tage später, am 16. Dezember 1947, ergingen dazu von der Deutschen Verwaltung für Volksbildung die „Richtlinien für die Vorstudienabteilungen der Universitäten und Hochschulen der sowjetischen Besatzungszone Deutschlands" (Abschrift in Poeggel, S. 224 ff.). Mit der Regelung, daß die Vorstudienabteilung eine „Einrichtung der Universität" sei, war der Grund für die wohl wichtigste Bestimmung der „Richtlinien" gelegt:

„Die Hörer der Vorstudienabteilung genießen die gleichen Rechte und Pflichten wie die ordentlich immatrikulierten Studenten."

Somit ergab sich der absurde Tatbestand, daß die Hörer der Vorstudienabteilungen mit Beginn ihrer Studienvorbereitung Rechte und Pflichten erwarben, die ihnen logischerweise erst nach dem erfolgreichen Abschluß der Vorbereitungsphase zugestanden hätten. Indem man zwischen einer „für das Hochschulstudium bestimmter Wissenschaften erforderlichen Reife" und einer „allgemeinen politischen Reife" unter-

lanten und Drückeberger" mehr geben sollte, wie es auf dem Zeitzer Kongreß der „Jungaktivisten" gefordert wurde[26].

7 Arbeitsteilung und Berufsausbildung (zusammenfassende Thesen)

Wie entwickelten sich die wenigen Versuche, eine neue Bewertung der beruflichen Tätigkeit durch eine Veränderung der Arbeit und durch eine tatsächliche Integration der Ausbildungswege zu erreichen, die jedem die Möglichkeit eröffnen sollte, selbst über seine berufliche Zukunft zu entscheiden?

Überraschenderweise wurden diese Vorstellungen einer – von veränderter Arbeit ausgehender – Ausbildung durch Anhänger der Reformpädagogik entwickelt und nicht von den Sozialisten, die in der Vergangenheit die Bedeutung der konkreten Arbeit in den Mittelpunkt ihrer Bildungskonzepte gestellt hatten. Die Sozialisten/Kommunisten hatten in der Weimarer Republik durchaus die Veränderung der konkreten Arbeit als eine der wesentlichen Bedingungen für eine grundlegende Umgestaltung der Gesellschaft und damit für eine neue Bildungskonzeption angesehen.

Als jedoch Sozialisten in der SBZ über die Beteiligung der SED am Staatsapparat Entscheidungsmöglichkeiten errungen hatten, verfolgten sie diese Vorstellungen nicht mehr, sondern konzentrierten sich auf das Ingangsetzen des – in den Rahmenbedingungen veränderten – Staats- und Wirtschaftsapparates. Von diesem staatsbezogenen Zugang zum Problem „Arbeit" aus gerieten sie in Widerspruch zu bürgerlichen Pädagogen, die über die Reformpädagogik Teile des früheren Selbstverständnisses der Sozialisten in ihr Bildungskonzept aufgenommen hatten.

Daher mündete die staatliche Bildungspolitik der SBZ in eine „Einheitsschule", in einen gemeinsamen Unterbau mit nachfolgender, lebenswegbestimmender Aufteilung in unten und oben, in körperliche und geistige, in ausführende und anweisende Tätigkeiten durch die Trennung von Berufs- und Oberschule. Vom Versuch, Arbeitsprozesse so zu gestalten, daß sie Ausgangspunkt für Lernprozesse und gleichzeitig Ausdruck sinnvoller Tätigkeiten sind, ist unter dem Diktat wirtschaftlicher und

---

[26] Aufruf des Zeitzer Kongresses, in: Zeitzer Kongreß 1948, S. 138. Allerdings wurden die Jungaktivisten „in den Betrieben boykottiert und als Streber, Wühler und Antreiber bezeichnet", so E. Hoffmann – Leiter des Jugendsekretariats der SED (Hoffmann, S. 106).

schen Verwaltung für Volksbildung am 31. März 1949 die „Verordnung über die Erhaltung und die Entwicklung der deutschen Wissenschaft und Kultur, die weitere Verbesserung der Lage der Intelligenz und die Steigerung ihrer Rolle in der Produktion und im öffentlichen Leben", (abgedruckt in Baske/Engelbert, Bd. I, S. 105–112), die als „Kulturverordnung" bzw. „Kulturplan" bekannt geworden ist. Diese Verordnung wurde mit der folgenden Bestimmung zum Gründungsdokument der Arbeiter-und-Bauern-Fakultäten:

„Die bestehenden Kurse zur Vorbereitung von Arbeitern, Bauern und ihren Kindern für das Studium an den Hochschulen (Vorstudienanstalten) sind in dreijährige Arbeiter- und Bauernfakultäten umzugestalten."

In Befolgung dieser Bestimmung erließ die Deutsche Verwaltung für Volksbildung am 23. Mai 1949 die „Vorläufige Arbeitsordnung der Universitäten und wissenschaftlichen Hochschulen der sowjetischen Besatzungszone Deutschlands"[6], aufgrund derer die aus den Vorstudienanstalten hervorgegangenen Vorstudienabteilungen in den Rang von Fakultäten erhoben und in die Hochschulen voll integriert wurden. Dies fand seinen Ausdruck darin, daß die Hörer der ABF in die Studentenschaft und die Dozenten der ABF in die Lehrkörper der Hochschulen gleichberechtigt eingereiht wurden. Der Direktor der ABF erhielt wie die Dekane der Fachfakultäten Sitz und Stimme im Senat.

Zu Beginn des Wintersemesters 1949/50, im Oktober 1949, wurde an allen Universitäten und mehreren Hochschulen eine Arbeiter-und-Bauern-Fakultät feierlich eröffnet. Die Bedeutung des Ereignisses wurde durch die Anwesenheit führender Staats- und Parteifunktionäre unterstrichen. Die im selben Monat erfolgende Staatsgründung der DDR stand jedoch nicht in ursächlichem Zusammenhang mit den ABF-Gründungen. Diese resultierten vielmehr aus den Erfordernissen des Zweijahrplans für die Wirtschaft (Vgl. Stallmann, S. 189).

Literatur

Baske, Siegfried / Engelbert, Martha: Zwei Jahrzehnte Bildungspolitik in der Sowjetzone Deutschlands. Dokumente. 2 Bde., Berlin 1966
Belser, Helmut: Zweiter Bildungsweg. Das Problem eines berufsbezogenen Bildungsganges zur Hochschulreife. 2. Aufl. Weinheim 1965

---

[6] Die „Vorläufige Arbeitsordnung der Universitäten und wissenschaftlichen Hochschulen der sowjetischen Besatzungszone Deutschlands" vom 23. Mai 1949 ist veröffentlicht in: Forum, 3. Jg. (1949), H. 7, S. 4–6.

Berlin. Quellen und Dokumente 1945–1951. Hrsg. im Auftrage des Senats von Berlin. Berlin 1964

Demokratische Schulreform. Bericht über die gemeinsame Kundgebung der KPD und SPD am 4. November 1945

Först, Albert: Vorbereitungslehrgänge für Arbeiterstudenten. In: Die neue Schule, 1. Jg. (1946), H. 3, S. 16–19

Geschichte der Universität Rostock 1419–1969. Festschrift zur Fünfhundertfünfzig-Jahr-Feier der Universität. Bd. II: Die Universität von 1945–1969. Berlin 1969

Gesetz über den Fünfjahresplan zur Entwicklung der Volkswirtschaft in der DDR 1951–1955. Hrsg. v. Amt f. Informationen der DDR. o. O. o. J. (Berlin 1951)

Heidorn, Günter / Hoffmann, Horst / Hoffmann, Rosemarie: Zur Hochschulpolitik der Sozialistischen Einheitspartei 1946–1949/50. Unter besonderer Berücksichtigung der Entwicklung in Rostock. In: Das Hochschulwesen, 11. Jg. (1963), S. 645–657 und S. 803–816

Herrlitz, Hans-Georg (Hrsg.): Hochschulreife in Deutschland. Göttingen 1968

Müller, Marianne / Müller, Egon Erwin: „... stürmt die Festung Wissenschaft!" Die Sowjetisierung der mitteldeutschen Universitäten seit 1945." Hrsg.: Amt für gesamtdeutsche Studentenfragen des Verbandes Deutscher Studentenschaften und „colloquium" Zeitschrift der freien Studenten Berlins. Berlin 1953

Poeggel, Christel: Die Rolle der Vorstudienanstalten und der Sozialen Studienhilfe im Kampf um die Durchsetzung und Entwicklung des Arbeiterstudiums in Sachsen 1945–1949. Diss. Päd. Leipzig 1965 (Masch.)

Rau, Heinrich: Mehr Arbeiter- und Bauernstudenten. In: Forum, 3. Jg. (1949), H. 11/12, S. 29

Richert, Ernst: „Sozialistische Universität". Die Hochschulpolitik der SED. Berlin 1967

Sacke-Gaudig, Rosemarie: Arbeitsschulmethode und Erwachsenenbildung. In: Volkshochschule, 2. Jg. (1948), H. 1/2, S. 13–25

Stallmann, Herbert: Hochschulzugang in der SBZ/DDR 1945–1959. St. Augustin 1980

Studien- und Hochschulführer der Deutschen Demokratischen Republik 1954/55. Berlin 1954

Helmut Engelbrecht

Die Eingriffe der Alliierten in das österreichische Schul- und Erziehungswesen nach 1945

1 Vorbemerkungen

1.1 Aufgabenstellung

Es darf hier nicht erwartet werden, daß der Wiederaufbau des österreichischen Schulwesens zur Darstellung gelangt, der mühevolle Prozeß der Umleitung aus nationalsozialistischen Organisationsformen und nationalsozialistischem Erziehungsgeist in österreichische demokratische Schul- und Erziehungsstrukturen in Einzelheiten ausgebreitet wird. Vielmehr soll einmal im Zusammenhang festgehalten werden, welcher Art und welcher Stärke die Einmischungen und Eingriffe der Alliierten in die österreichische Unterrichtsverwaltung und in die österreichische Schulwirklichkeit waren und wie sich diese auf ihre unmittelbare Gegenwart, aber auch auf zukünftige Entwicklungen ausgewirkt haben. Der Einblick, der auf diese Weise gewonnen wird, gibt der Geschichte des österreichischen Schulwesens nach 1945 nicht nur zusätzlich Farbe und Konturen, sondern öffnet auch das Verständnis für Position und Kurs des österreichischen Unterrichtsministeriums sowie für das Verhalten der beiden stärksten politischen Parteien Österreichs, der Österreichischen Volkspartei (ÖVP) und der Sozialistischen Partei Österreichs (SPÖ), in den schwierigen Nachkriegsjahren.

1.2 Quellenlage

Vom Quellenmaterial her kann allerdings sogleich sichtbar gemacht werden, daß Unterricht und Erziehung für die Alliierten im Randbereich ihrer Interessen lagen. Die Zahl ihrer Äußerungen dazu ist verhältnismäßig gering; sie nimmt nach dem ersten Besatzungsjahr zudem rasch ab. Die westlichen Besatzungsmächte erklären schon früh den Unterrichtsbereich für eine rein österreichische Angelegenheit und bringen Einmischungsversuche zu Fall. Dies läßt sich deutlich aus den nicht zur Veröffentlichung bestimmten und zum Teil geheim erklärten Protokollen des Alliierten Rates, des Exekutivkomitees einschließlich der Mitschriften des amerikanischen Elements („Proceedings of the Allied Commission for Austria"; die Originalpapiere befinden sich im Department of State in Washington, auf Mikrofilm in der Nationalbibliothek Wien), aus dem „Report of the United States (ab 1946 High) Commissioner" (der offiziellen monatlichen Berichterstattung des U.S.-Elements in Österreich, die zunächst vom Military Government Austria, dann von der Allied Commission for Austria herausgegeben wurde) und der viersprachigen (Englisch, Französisch, Russisch, Deutsch) „Gazette of the Allied Commission for Austria" (englischer Titel; einer auch für die österreichischen Behörden bestimmten monatlichen Veröffentlichung, welche die offiziellen Texte, Proklamationen, Gesetze, Anleitungen, Befehle und Instruktionen der Alliierten brachte) herauslesen. Fragen des Unterrichts und der Erziehung (Education) waren zwischen 1945 und 1953 nur 53mal auf der Tagesordnung des Alliierten Rates bzw. des Exekutivkomitees; sie wurden in ihrer Geringfügigkeit nur von den Schiffahrtsproblemen in Österreich (Naval) und Streitpunkten der gemeinsamen Kontrolle in der Innenstadt von Wien (Vienna Inter-allied Command) unterboten (Ekern, S. 42 f.).

Wichtige unveröffentlichte Quellen, die sich in den National Archives und im Washington National Records Center in Washington D. C. befinden, liegen in Photokopien im Wiener Institut für Zeitgeschichte der Universität Wien auf und informieren gut – wenn auch mit einer gewissen Einseitigkeit – über die amerikanischen bildungspolitischen Anstrengungen vor allem im Rahmen der Tätigkeit ihrer Education Division. Sie wurden bereits von Alfred Hiller genützt (Amerikanische Medien- und Schulpolitik in Österreich (1945–1950), Phil. Diss. Wien 1974).

Zum ersten Mal allerdings kann nunmehr auch der Aktenbestand des Staatsamtes für Volksaufklärung, für Unterricht und Erziehung und für Kultusangelegenheiten bzw. des Bundesministeriums für Unterricht nach 1945 herangezogen werden, der sich zum Teil noch in der Registratur des Bundesministeriums für Unterricht und Kunst, zum Teil bereits im Allgemeinen Verwaltungsarchiv Wien befindet[1]. Er erlaubt es, eine Gesamtübersicht über die aktenkundig gewordenen alliierten Eingriffe in das österreichische Schulwesen zu gewinnen und die Akzente, auch wenn die Archive Frankreichs, Großbritanniens und der Sowjetunion noch verschlossen bleiben, besser zu setzen.

---

[1] Für die Möglichkeit, diesen Aktenbestand zu benützen, bin ich dem Bundesministerium für Unterricht und Kunst, besonders Sektionschef Dr. Adolf März und Oberrat Mag. Gerhard Silvestri, zu großem Dank verpflichtet. Die Akten werden augenblicklich von Archivaren durchgesehen, skartiert und in das Allgemeine Verwaltungsarchiv Wien verlagert.

1.3 Die österreichische Situation nach 1945

An die Besonderheit der österreichischen Situation nach dem Zweiten Weltkrieg muß freilich als Voraussetzung für das Verständnis der Vorgänge im Bereich des Schulwesens erinnert werden. Österreich galt weder als kriegführende Macht noch als befreites Land. Die Moskauer Erklärung von 1943 schob es in eine Zwitterstellung und machte es für seine Kriegsteilnahme an der Seite Hitler-Deutschlands verantwortlich. Österreich wurde daher von den Alliierten besetzt und das Staatsgebiet einschließlich Wiens (ausgenommen der 1. Bezirk, der zum „Internationalen Sektor" der Besatzungsmächte erklärt wurde und in dessen Verwaltungsführung sie sich ablösten) unter sie einigermaßen gleichmäßig aufgeteilt. Das sogenannte „Erste Kontrollabkommen" (4. Juli 1945) war noch von der Vorstellung geleitet, daß eine alliierte Militärregierung anstelle einer österreichischen Zentralregierung handeln werde. Doch bereits im „Memorandum des Alliierten Rates" (20. Oktober 1945) wurde auch von den drei westlichen Besatzungsmächten die von den Sowjets geförderte Provisorische Staatsregierung unter der Bedingung anerkannt, daß sie dem Alliierten Rat untergeordnet bleibe und die von ihr beschlossenen Gesetze und Verordnungen erst nach dessen Zustimmung Gültigkeit erlangten.

Das sogenannte „Zweite Kontrollabkommen" (28. Juni 1946) milderte zwar die 1945 gesetzten Auflagen und berücksichtigte die inzwischen wieder in Kraft getretene österreichische Verfassung 1920 in der Fassung von 1929. Österreichs Souveränität blieb allerdings weiterhin beschränkt. Die alliierte Kontrolle erhielt nunmehr verbindliche Formen. Die Alliierte Kommission setzte sich aus dem Alliierten Rat (Allied Council) der vier Hochkommissare, der obersten Körperschaft, dem Exekutivkomitee (Executive Committee), der Vertreter der Hochkommissare, das für die Durchführung der Beschlüsse des Alliierten Rates und ihrer eigenen verantwortlich war, und den Stäben (Divisions) jeder Besatzungsmacht, die sich in ihren Aufgaben mit einem oder mehreren der österreichischen Ministerien deckten, aber in einigen Fällen keinem Ministerium oder Amt entsprachen, zusammen. Alle vier Besatzungsmächte hatten eine derartige Abteilung für Schul- und Erziehungsfragen, die ihre gemeinsamen Entscheidungen im Quadripartite Committee on Educational Affairs (ab 1947 Educational Directorate) formulierten und dort auch beschlossen. Nur wenn keine Übereinstimmung erreicht werden konnte, mußte man sich darauf einigen, entweder die Diskussion des Problems überhaupt auszusetzen oder die Entscheidung der Exekutivkommission zu überlassen. Es genügte der Wunsch einer einzigen Besatzungsmacht, daß diese nächsthöhere Instanz in einer unentschieden gebliebenen Frage zu handeln begann. Konnte auch hier keine Lösung gefunden werden, wurde der Alliierte Rat tätig (Brauneder/Lachmayer, S. 264 f.; Hawkins, S. 3–24; Verosta, S. 111; Bader, S. 55–76).

Viele für das Unterrichtswesen wichtige Entscheidungen fielen bereits im Erziehungsdirektorium (Ekern, S. 105). Dieses war dem Unterrichtsministerium zugeordnet und hatte im ständigen Kontakt mit diesem dessen Absichten, Planungen und Weisungen unter Kontrolle zu halten.

1.4 Die Stellung der Alliierten zu Schulfragen

Die USA hatte bereits 1944 ihre bildungspolitischen Vorstellungen für Österreich formuliert und ihren Streitkräften als Direktive mitgegeben (Joint Chiefs of Staff, Handbook, Military Government Austria, 1944). Als oberstes Ziel war die Ausschaltung jeglichen nationalsozialistischen Einflusses auf Schulen oder andere Erziehungseinrichtungen gesetzt worden, was durch die Rückgängigmachung aller während der NS-Zeit durchgeführten Veränderungen und Wiedereinführung des Erziehungssystems und der Schulgesetzgebung Österreichs vor 1934 erreicht werden sollte. Eigene Offiziere hatten die Durchführung dieser Maßnahmen zu kontrollieren. Diese Richtlinien (Text zit. bei Hiller, S. 169 f.) waren so allgemein gehalten, daß die anderen Alliierten ihnen stillschweigend zugestimmt zu haben schienen. Im Juni 1945 erhielt General Mark Clark, der Oberbefehlshaber der amerikanischen Besatzungstruppen, zusätzlich die Anweisung, in dem vorgesehenen Programm der „reorientation" die Entwicklung demokratischen Ideengutes an den österreichischen Schulen besonders zu fördern („... to encourage the development of democratic ideas", zit. bei Hiller, S. 170).

Gemeinsame Zielsetzungen der Alliierten im Bereich des Unterrichtswesens konnten erst spät – 1946 – im sogenannten Zweiten Kontrollabkommen verbindlich festgelegt werden. Dessen vielzitierter Artikel 3 (e), auf den sich jeder Antragsteller bei gewünschten Eingriffen in das österreichische Schulwesen berief, lautete: „3. Die vornehmlichsten Aufgaben der Alliierten Kommission für Österreich sind: e) die Aufstellung eines fortschrittlichen Erziehungsprogrammes auf lange Sicht, das die Aufgabe hat, alle Spuren der Naziideologie auszumerzen und der österreichischen Jugend demokratische Grundsätze einzuprägen, zu sichern" (Verosta, S. 107; englische Fassung: „To ensure the institution of a progressive long-term educational program designed to eradicate all traces of Nazi ideology and to instil into Austrian youth democratic principles", in: Treaty Series No 49, S. 22; französische Fassung, ebd., S. 35; russische Fassung, ebd. S. 28 f.).

Die gegen den Nationalsozialismus, seine Träger und Anhänger sowie seine Hinterlassenschaft gerichteten Maßnahmen überwogen freilich bei weitem. Der zweiten Aufgabe, die Jugend in demokratisches Denken und Handeln einzuführen, kam man bloß am Rande nach.

Nur das von den USA in Österreich verfolgte Programm der „reorientation"[2] stellte dieses Anliegen in den Vordergrund. Das mag schon eine Ursache darin haben, daß der Leiter der Education Division Wien „seinen Platz als Osteuropas Vorposten westlicher Kultur zu sichern" wünschte. Er machte den Unterrichtsminister der USA 1946 darauf aufmerksam, daß Österreich jetzt nach Westen hin orientiert sei, daß es sich aber nach Osten hin orientieren werde, wenn die westlichen Länder und vor allem die Vereinigten Staaten „nicht ein aktives und waches Interesse an der Aufrechterhaltung enger Beziehungen zeigen" (AVA Wien BMfU Präs. Zl. 5522 ex 1946, Dr. Thomas E. Benner an J. W. Studebaker, 1. 7. 1946).

Dieser versprach umgehend, alles zu tun, um die amerikanischen Vertreter in Österreich in ihrer „wichtigen Arbeit zu unterstützen" (ebd., J. W. Studebaker an Th. E. Benner, 15. 7. 1946). Alle Aktivitäten in dieser Richtung brachten allerdings nicht den erwarteten Erfolg. Die Erziehung zur Demokratie sowie die Demokratisierung des Schulwesens ausschließlich durch Einsatz demokratischer Mittel zu erreichen, war in kurzer Frist nicht durchführbar. Daher wurden intern sogar Überlegungen angestellt, ob nicht im Staatsvertrag mit Österreich eine Klausel eingesetzt werden sollte, daß „the Austrian government will strive to develop a democratic program of education". Sogar die UNESCO wollte man für die Überwachung dieses Zieles herangezogen wissen (Hiller, S. 276 f.). Vor allem die sich Ende der vierziger Jahre versteifende Haltung der Sowjetunion im Alliierten Rat und ihre Interpretation des Begriffes „demokratisch", vielleicht aber auch das Naheverhältnis man-

---

[2] Die Bezeichnung „re-orientation" ist von der Leitstelle in Washington D. C. (Re-orientation Branch der War Department Civil Affairs Division) abzuleiten und für Österreich von allem Anfang an zutreffend. Denn die amerikanische Besatzungsmacht mußte sich – weil sie letztlich die vorgefundene provisorische Regierung unter K. Renner akzeptierte – grundsätzlich auf Beratung und Hilfeleistung in schulischen und kulturellen Fragen beschränken. Ein „reeducation-Programm", wie es vom Office of Military Government, US, Germany durchgeführt wurde, und das auf Anordnung und Befehl ausgerichtet war, erwies sich weder als notwendig noch möglich.

cher Pläne der Education Division mit den schulpolitischen Vorstellungen der SPÖ, die jedes Eingreifen zu einer Pression zugunsten des schwächeren Partners in der österreichischen Koalitionsregierung gestempelt hätten, dürften mitbestimmend gewesen sein, daß die USA offiziell von allen im engen Kreis diskutierten Maßnahmen absah und sich bedingungslos hinter die Entscheidungen der österreichischen Unterrichtsverwaltung stellte.

2 Ereignisse und Maßnahmen zwischen dem Einmarsch der Alliierten und dem Einsetzen vertraglich abgesicherter Besatzungspolitik

2.1 Die Beschlagnahmung von Schulgebäuden

Als die alliierten Truppen in das österreichische Gebiet einrückten, waren sie gezwungen, auch hier für ihre Soldaten Unterkünfte zu besorgen, Nachschubdepots einzurichten und Lazarette zu eröffnen. Schulgebäude eigneten sich besonders gut für diese Aufgaben, und daher war es gar nicht wunderlich, daß diese – soweit sie nicht zerstört waren – recht häufig der Beschlagnahme verfielen[3]. In manchen Fällen waren sie bereits von den deutschen Truppen in ähnlicher Weise genützt worden, es wurden nur die Besitzer gewechselt. Die dadurch notwendige weitere Aussetzung des Unterrichts wirkte sich deswegen so verhängnisvoll aus, weil im Schuljahr 1944/45 in vielen Gebieten nur bis Weihnachten ein einigermaßen regulärer Schulbetrieb aufrechterhalten werden konnte. Mangelndes Heizmaterial führte dann zu Wechselunterricht oder gleich

---

[3] Eine Übersicht über die für schulische Zwecke Anfang 1946 zur Verfügung stehenden Gebäude im Sekundarbereich erhält man durch die Auswertung der Fragebögen, die von den Landesschulräten bzw. dem Stadtschulrat für Wien dem Bundesministerium für Unterricht im Dezember 1945 vorzulegen waren. Daraus erfährt man, daß in Wien eine Schule auch von der Kommunistischen Partei Österreichs (KPÖ) „besetzt" worden war (Gymnasium IX, Wasagasse).
Die Fragestellung II/2 zum „Berichte der Landesschulinspektoren" lautete: „Welche Mittelschulgebäude sind a) ganz zerstört, bzw. unbenützbar, b) für nicht schulische Zwecke in Anspruch genommen, von welcher Stelle und wozu?" (BMUK. Reg. BMfU 10 A l in gen. Zl. 3024/IV ex 1946). Im Juli 1947 erbat Mr. Dexter G. Tilroe von der USFA – USACA Education Division vom Unterrichtsministerium tabellarische Übersichten über das österreichische Schulwesen. In diesem Akt wird der gesamte Ausfall von öffentlichen Schulgebäuden (vom Kindergarten bis zur Hochschule) durch Krieg und Beschlagnahme (Stand 1. 9. 1947) ausgewiesen (BMUK Reg. BMfU Zl. 4411 – Präs. I ex 1947).

zum Sperren der Klassen. Die heranrückende Kriegsfront – und damit Flüchtlinge, Soldaten, verlagerte Ämter u. ä., die sich häufig in Schulen einquartierten – machten deren Wiedereröffnung in der wärmeren Jahreszeit unmöglich. Das Ende des Krieges änderte zunächst wenig an diesem Zustand. In Vorarlberg waren etwa selbst in den entlegensten Tälern die Schulhäuser beschlagnahmt worden. Nicht einmal ein Notunterricht ließ sich hier durchführen (BMUK Reg. BMfU 10 A l in gen. Zl. 3024/IV/7 ex 1946, Bericht Winsauer, S. 3 f.). In Wien, das durch Kriegseinwirkungen besonders gelitten hatte, mußte die Unterrichtsverwaltung u. a. der erst später einrückenden amerikanischen Besatzungsmacht die Studentenheime zur Kasernierung ihrer Truppen anbieten (AVA Wien STfVUEK Präs. Zl. 237 ex 1945). Von der Primarschule bis in den tertiären Bereich traten daher infolge dieser militärisch-logistischen Eingriffe Lähmungserscheinungen auf, die für einen wesentlichen Teil der österreichischen Jugend den Verlust eines Schuljahres zur Folge hatten.

2.2 Die Bildungspolitik des österreichischen Staatsamts für Volksaufklärung, für Unterricht und Erziehung und für Kultusangelegenheiten sowie der österreichischen Schulräte

Bevor sich jedoch die alliierten Mächte auf ein gemeinsames Vorgehen in ihrer Schul- und Erziehungspolitik einigen konnten, hatte bereits das neu eingerichtete Staatsamt für Volksaufklärung, für Unterricht und Erziehung und für Kultusangelegenheiten, das von dem Kommunisten Ernst Fischer geleitet wurde, das Gesetz des Handelns an sich gezogen. E. Fischer, der am 10. April 1945 von Moskau aus in Österreich eingeflogen wurde (Fischer, 1969, S. 470), konnte sich vor allem auf die „klaglose Zusammenarbeit" (Fadrus, S. 125) mit der russischen Besatzungsmacht stützen. Er richtete sogleich außerhalb des Sektionsverbandes im Staatsamt eine „Kommission für Schulbücher und Schulgestaltung" ein, die mit dem Wiederaufbau des gesamten Schulwesens betraut wurde. Die nationalsozialistischen Lehrpläne wurden sogleich außer Kraft gesetzt und die Herausgabe, Begutachtung und Zulassung von Schulbüchern und Jugendschriften geregelt. Die Mitglieder oder Anwärter der NSDAP und ihrer Gliederungen wurden vom Dienst enthoben und die „Umschulung" der übrigen Lehrerschaft in Angriff genommen (Siehe dazu Engelbrecht, 1978, S. 115–117).

Was nun im Staatsamt für ganz Österreich beschlossen wurde, hatten in ähnlicher Form die Länder bereits für sich und ohne Weisung aus Wien durchgeführt. Um ein besonders gut belegtes Beispiel herauszugreifen: In Vorarlberg hatte der Leiter des Schulwesens[4] sofort nach der Amtsübernahme von den Bürgermeisterämtern sowie den Ortsstellen der österreichischen demokratischen Widerstandsbewegung Berichte über das politische Verhalten der Lehrpersonen zwischen 1938 und 1945 angefordert und mit Hilfe eines fünfköpfigen Personalausschusses deren „politische Durchsiebung" begonnen (BMUK Reg. BMfU 10 A 1 in gen. Zl. 3024/IV/7 ex 1946). 19,1 % der Lehrer im Primarbereich und 17,6 % der Sekundarschullehrer wurden von ihm ausgeschieden. Für die Lehrer, die 1939 oder später die Reifeprüfung abgelegt hatten und bei denen eine gesinnungsmäßige Umkehr zu erwarten war, richtete er einen zehnwöchigen Umschulungskurs im Stift Mehrerau ein. Dort wurden die Lehrer mit der österreichischen Geschichte zwischen 1918 und 1938, der Verfassung Österreichs, der österreichischen Kunst, Literatur, Musik und Kirchengeschichte vertraut gemacht und mit dem „wahren Gesicht" des Nationalsozialismus, dem Pangermanismus, Militarismus, der Lebensraumideologie und dem Rassenkult konfrontiert. Es wurde ausdrücklich die Weisung gegeben, sich der geschichtlichen Wahrheit verpflichtet zu fühlen, die Aussagen zu begründen und „nicht ausschließlich negative Kritik an der Vergangenheit" zu üben (ebd., S. 3). Derartige Umschulungen erwiesen sich nach den Worten der Berichterstatter als erfolgreich.

Viele der alliierten Forderungen stießen daher ins Leere, weil sie bereits zu Selbstverständlichkeiten der österreichischen Aktivitäten geworden waren.

2.3 Die Wiederaufnahme des Unterrichts mit Hilfe der Alliierten

Wenn auch im bereits erwähnten „Handbook" (S. 46 f.) vorgesehen war, die Schulen zum frühesten Zeitpunkt zu eröffnen, ordneten die westlichen Alliierten beim Einmarsch zunächst an, den Unterricht einzustellen. Die sowjetischen Truppen hingegen waren bemüht, ihn nach Möglichkeit sofort wieder in Gang zu bringen. Bereits im Mai 1945 wurde in Wien und in den von ihnen besetzten Gebieten der Unterricht

---

[4] Landesschulinspektor Hofrat Dr. Heinrich Winsauer war 1938 mit gekürzten Bezügen in den Ruhestand versetzt worden und hatte im Juni 1945 vom Präsidenten des Landesausschusses für Vorarlberg, Ulrich Ilg, den Auftrag erhalten, die Leitung des Vorarlberger Schulwesens zu übernehmen. Weil das Amt des Landesschulrates (mit allen Personalakten) von den Nationalsozialisten nach Innsbruck verlegt worden war, erwies sich der Neuanfang als besonders schwierig (BMUK Reg. STVUEK 10 A 1 in gen. Zl. 9228 ex 1945; in: Zl. 3024/IV/7 ex 1946).

in den noch zur Verfügung stehenden Schulgebäuden aufgenommen, und mit Hilfe von pensionierten Lehrern und mangelhaft ausgebildeten Schulhelfern (Braun/Zirkler, S. 111) das Schuljahr 1944/45, das bis August verlängert wurde, im Wechsel- und Schichtverfahren doch noch zu einem einigermaßen befriedigenden Abschluß gebracht (BMUK Reg. BMfU 10 A 1 in gen. Zl. 3024/IV/7 ex 1946, Bericht Stadtschulrat für Wien, 23. 1. 1946). In Graz wurden während der Besetzung durch die Sowjets vom Juli bis Ende September 1945 „Nachschulungskurse" für Schüler aller Schultypen und Klassen eingerichtet. Ein festgelegtes Mindestmaß an Lehrzielen konnte auch hier erreicht werden (ebd., Bericht des Landesschulrates für Steiermark, S. 9 und 17). Die nach Abzug der Sowjets eingerückte britische Militärbehörde förderte durch ihren Chef des Education Branch ebenfalls warmherzig die Bemühungen des steirischen Landesschulrates.

Die Westmächte begannen meist erst im Sommer mit der teilweisen Räumung der Schulgebäude und unterstützten die österreichischen Behörden, diese wieder verwendungsfähig zu machen. Die amerikanische Besatzungsmacht beschaffte vor allem Bau- und Brennmaterial. Mitte September 1945 konnten im amerikanisch besetzten Teil Oberösterreichs und in Salzburg erst 50 % aller Schulpflichtigen den Unterricht besuchen. Noch ärger stand es in Vorarlberg. Es bedurfte „zahlloser" Vorsprachen bei der französischen Besatzung, um den größten Teil der Schulgebäude wieder frei zu bekommen. Der französische Sachbearbeiter für das Schulwesen, der dem Militärgouverneur zugeteilt war, unterstützte dabei die österreichischen Behörden in ihren Anstrengungen (ebd., Bericht Winsauer, S. 6–8). Die Folge dieses ungleichen Verhaltens der Besatzungsmächte war, daß in Vorarlberg, Tirol und Oberösterreich die Schüler und Schülerinnen im allgemeinen das Schuljahr 1944/45 wiederholen mußten (in Vorarlberg und Oberösterreich war eine Aufnahmsprüfung in die nächsthöhere Klasse möglich, in: ebd., Bericht Winsauer, S. 3 f., Bericht des Landesschulrates Oberösterreich, S. 4; in Tirol wurde für gute Schüler eine Bewährungsfrist bis Weihnachten eingeräumt, bei Nichtentsprechen wurden sie rückversetzt, in: ebd., Bericht des Landesschulrates Tirol). In Kärnten wurden alle Schüler und Schülerinnen probeweise in die nächste Klasse versetzt, mußten sich aber am Ende des Wintersemesters 1945/46 einer strengeren Prüfung über den Lehrstoff des Schuljahres 1944/45 unterziehen; wer sie nicht bestand, wurde in die vorhergehende Klasse rückversetzt (ebd., Bericht des Landesschulrates in Kärnten, S. 6). In Salzburg hingegen entschied sich die Unterrichtsverwaltung trotz monatelangen Ausfalls des Unterrichts für das Aufsteigen der Schüler, doch mußten die ersten drei Monate des Schuljahres 1945/46 für die Wiederholung und Ergänzung des Lehrstoffes genützt werden (ebd., Bericht des Landesschulrates Salzburg). In der Steiermark konnte eine generelle Wiederholung des Schuljahres mit gutem Grund vermieden werden; der Abschluß des Schuljahres 1944/45 erfolgte trotz der Nachschulungskurse erst zu Weihnachten 1945 (ebd., Bericht des Landesschulrates Steiermark, S. 8). In der Russischen Besatzungszone wurden die Lehrziele des Schuljahres 1944/45, wenn auch unter „Weglassung alles überflüssigen Wissensballasts" (ebd., Bericht des Stadtschulrates für Wien vom 23. 1. 1946) erreicht. Rückstände mußten bis spätestens Weihnachten aufgeholt werden. Mit Hilfe der sowjetischen Besatzungsbehörde konnte Heizmaterial beschafft werden, so daß auch während der sehr kalten Jahreszeit der Unterricht fortgesetzt werden konnte.

3 Koordination der Maßnahmen und Eingriffe der Besatzungsmächte im Rahmen der „Allied Commission for Austria"

3.1 Das „Quadripartite Committee on Educational Affairs"

Das Kontrollsystem, das durch das am 4. Juli 1945 abgeschlossene Abkommen (deutsche Fassung in: Verosta, S. 66–71) von den Besatzungsmächten errichtet wurde, schloß natürlich auch das Schul- und Erziehungswesen ein, ohne es ausdrücklich hervorzuheben. Gesprächspartner des Staatsamtes waren zunächst bloß die Sowjets. Diese legten sogar eigene Sprechstunden dafür fest (dreimal wöchentlich; AVA Wien STfVUEK Präs. Zl. 286 ex 1945). Da aber diese Kontakte und Verhandlungen ohne zentrale Lenkung erfolgten, kam es zu Doppelgleisigkeiten, Mißverständnissen und unerwünschten Ergebnissen. Deshalb ordnete Staatssekretär E. Fischer an, daß in Angelegenheiten seines Unterrichtsressorts nur Sektionschef Dr. Heinrich Gassner und Ministerialrat Viktor Fadrus mit den alliierten Missionen verhandeln dürften (AVA Wien STfVUEK Präs. Zl. 762 ex 1945).

Als im September 1945 die Interalliierte Militärkommission in Wien ihre Tätigkeit aufnahm, ließ Staatskanzler K. Renner eine Verbindungsstelle (Interministerielle Kommission) einrichten, die von den verschiedenen Staatsämtern mit sprachkundigen Persönlichkeiten beschickt werden mußte. Damit gewann die Provisorische Regierung Österreichs zum ersten Mal Übersicht über alle Verhandlungen und die Partner ihrer Kontakte und hoffte, dadurch „Widersprüche sowie gefährliche Irrtümer" vermeiden zu können (AVA Wien STfVUEK Präs. Zl. 630 ex

1945). Als „Verbindungsstelle zum Alliierten Rat" wurde sie von der neuen Regierung im Ministerrat vom 9. 1. 1946 genehmigt. Über sie liefen alle Verhandlungen, Schreiben und Gespräche zwischen den Alliierten und der österreichischen Regierung. Die Angelegenheiten des Unterrichtsministeriums vertrat darin der Sektionschef Dr. Josef Musil (AVA Wien BMfU Präs. Zl. 363 ex 1946).

Die für das österreichische Schulwesen zuständigen Stellen der vier Alliierten schlossen sich – wie bereits erwähnt – im Quadripartite Committee on Educational Affairs (1947 in „Educational Directorate" – „Erziehungsdirektorium der Alliierten Kommission für Österreich" umbenannt; siehe Hiller, S. 171; Fadrus, S. 125) zusammen. Dieses traf sich am 8. September 1945 zum ersten Mal mit den Vertretern des Staatsamtes für Volksaufklärung, für Unterricht und Erziehung und für Kultusangelegenheiten. Es wurden die nach einer Lösung drängenden Probleme allgemein besprochen; ihre Spannweite reichte von der Beschaffung von Brennmaterial und Fensterglas für den Wiederaufbau der Schulen, der Reaktivierung verschiedener kultureller und wirtschaftlicher Organisationen über die Entnazifizierung der österreichischen Lehrkörper, Lehrplangestaltung, Schulbücher und Unterrichtshilfen bis zu Fragen einer langfristigen österreichischen Bildungsplanung (Educ. Rehab. III, S. 8; Hiller, S. 175 f.).

In diesem Gremium fiel auch die Entscheidung – auf ausdrücklichen Wunsch der USA –, daß das österreichische Schulwesen nach den bis 1934 gültigen Schulgesetzen wiedererstehen sollte (Hiller, S. 176). Die bereits vom Staatsamt für Volksaufklärung, für Unterricht und Erziehung und für Kultusangelegenheiten bekanntgegebenen „Lehrplanmaßnahmen" für den Sekundarbereich wurden daher zunächst von den westlichen Alliierten beeinsprucht; sie behielten nur in der sowjetischen Zone und im ersten Wiener Gemeindebezirk ihre Geltung. Sie sahen vor, daß an den Gymnasien, Realgymnasien und Realschulen Englisch ab der 1. Klasse (5. Schulstufe) und in der Oberstufe der Sekundarschule Französisch oder eine slawische Sprache unterrichtet würde. Später tolerierte und schließlich bewilligte das Quadripartite Committee den Beginn des Fremdsprachenunterrichts mit Englisch, an Realschulen auch mit Französisch (BMUK Reg. BMfU 10 A 1 in gen. Zl. 3024/IV/7 ex 1946, Bericht des Stadtschulrates für Wien, Bericht Springer). Diese Anordnung des Staatsamtes setzte sich nicht in allen Bundesländern durch, was zum Teil auch auf die Interessen der jeweiligen Besatzungsmacht zurückzuführen war. In Vorarlberg griff man auf modifizierte Lehrpläne des Jahres 1935 zurück und begann den Fremdsprachenunterricht an Gymnasien und Realgymnasien mit Latein, aber an den Realschulen und Oberlyzeen mit Französisch. Ähnlich war die Lage im Fremdsprachenunterricht in Tirol, nur konnten hier die Schüler und Schülerinnen zwischen Französisch und Englisch wählen. Auch in Salzburg setzte der Fremdsprachenunterricht an Gymnasien und Realgymnasien mit Latein nach den Lehrplänen von 1935 ein, an den Realschulen und Oberlyzeen freilich nur mit Englisch. Oberösterreich hingegen stützte sich dabei auf die Lehrpläne von 1928. Kärnten und Steiermark (englische Besatzungszone) beriefen sich sowohl auf die Lehrpläne von 1928 als auch von 1935 und stellten sie ihren Bedürfnissen nach zusammen. Während in Kärnten an allen Sekundarschulen der Fremdsprachenunterricht fortan mit Englisch einsetzte, entschloß man sich in der Steiermark, wenigstens am Gymnasium noch Latein als erste Fremdsprache zu führen (ebd., Abschnitt III der Berichte der Landesschulräte für Vorarlberg, Tirol, Salzburg, Oberösterreich, Kärnten, Steiermark).

Wahl und Abfolge der Fremdsprachen spiegeln am stärksten Interesse und Einflußnahme der Besatzungsmächte. Da die Mobilität der Österreicher zwischen den Besatzungszonen zunächst gering war, wirkten sich die unterschiedlichen Schullaufbahnen nicht als Hemmnis aus.

3.2 Die „Education Division" der amerikanischen Besatzungstruppen

Die amerikanische Schulpolitik für Österreich wurde vom Kriegsende bis Mitte 1946 vom Education Branch (Lt. Colonel Featherstone) und hierauf bis Herbst 1950 von der sich daraus entwickelten Education Division, USACA[5] formuliert. Deren vorgesetzte Dienststelle war das Re-orientation Branch der War Department Civil Affairs Division (WARCAD) in Washington. Zunächst stand dem Wiener Sprachrohr der Leitstelle in Washington ein Erziehungswissenschaftler (Dr. Thomas E. Benner, Mitte 1946 bis Mitte 1947), dann ein Zoologe und Völkerkundler (Dr. Samuel Williams, Mitte 1947 bis Herbst 1950) vor. Ab Herbst 1950 übernahm das State Department die politischen Aufgaben der amerikanischen Besatzungsmacht. Die Kulturagenden wurden nunmehr von Dr. Wilder Spaulding (Berater für Erziehungswesen: Warren M. Robbins) wahrgenommen. Die Education Division in Wien mußte ihre vielseitigen und mit Engagement vorangetriebenen Aktivitäten allerdings mit den Jahren einschränken, weil ihr personell und finanziell immer engere Grenzen gezogen wurden.

---

[5] United States Allied Commission Austria.

3.3 Aktivitäten des „Erziehungsdirektoriums der Alliierten Kommission für Österreich"

3.3.1 Entnazifizierung

Schon aus dem Umfang der Akten wird offenbar, daß für die Alliierten Personalprobleme im Vordergrund standen. Im Bundesministerium für Inneres wurde damals das Alliierte Denazifikationsbüro (Denazifizierungsbüro") eingerichtet, das in den ersten Nachkriegsjahren den Ministerien durch seine Anfragen, Weisungen und die regelmäßige Anforderung von Meldungen den größten Arbeitsaufwand bereitete[6]. Ein österreichisches „Ministerkomitee für Entnazifizierung" trug für eine vollständige und systematisch durchgeführte Ausschaltung aller Nationalsozialisten die Verantwortung. Sonderkommissionen überprüften Fall für Fall; monatliche Meldungen über die ergriffenen Maßnahmen sowie über die im Dienst befindlichen minderbelasteten Nationalsozialisten waren zu erstatten[7]. Auf Einzelheiten kann hier nicht eingegangen werden[8]. Die Zahl der entlassenen bzw. dienstenthobenen Lehrer war jedenfalls sehr hoch; nur um den Umfang der Außerdienstsetzungen ermessen zu können, seien einige Zahlen genannt. Ende 1946 standen den im Unterricht eingesetzten 18 108 Pflichtschullehrern 2 943 entlassene und 5 170 enthobene gegenüber. An den Sekundarschulen mit 3 410 Lehrern

---

[6] Am 9. 1. 1946 ordnete die Alliierte Kommission an, daß alle Beamten und Angestellten der Ministerien – ausgenommen der Minister – einen Fragebogen auszufüllen hätten, in dem mit großer Genauigkeit nicht nur das Verhältnis zur NSDAP und die berufliche Betätigung vor März 1938 ist, sondern u. a. auch die Vermögens- und Einkommensverhältnisse, die literarische und publizistische Tätigkeit ab 1933 sowie die Vereinszugehörigkeit und Vereinsbetätigung anzugeben waren. Ursprünglich mußte sogar gemeldet werden, ob man Mitglied einer österreichischen Wehrorganisation war (Heimwehr, Republikanischer Schutzbund, Freiheitsbund, Roter Frontkämpferbund, Vaterländische Frontmiliz). Die ausgefüllten Fragebögen mußten vom Präsidialvorstand geprüft und dem Bundeskanzleramt zur weiteren Veranlassung (ursprünglich waren 8 Abschriften vorgesehen) übergeben werden. Außerdem mußten Übersichtslisten vorgelegt werden, welche die Namen aller bisher nicht auf ihren Posten zurückgekehrten Beamten und Funktionäre bzw. der bereits im Zuge der Entnazifizierung „entfernten" Beamten enthielten. Die Fristen betrugen immer nur wenige Tage (BMUK Reg. BMfU Präs. Zl. 404 ex 1946; Präs. Zl. 142 ex 1946; Präs. Zl. 319 ex 1946 u. a.).
[7] Erst ab 7. Okt. 1949 wurde gestattet, diesen am 8. jeden Monats an den Alliierten Rat vorzulegenden Bericht nur mehr vierteljährig zu erstatten (AVA Wien BMfU Präs. I Zl. 5534 ex 1949; Präs. II Zl. 5374 ex 1949).
[8] Details zur Entnazifizierung der Sekundarschullehrer bei Engelbrecht, 1978, S. 130–134.

wurden 477 Lehrer entlassen, 859 vom Dienst enthoben (zusätzlich an den Lehrerbildungsanstalten 69 bzw. 106). Besonders schwierig war die Situation an den Hochschulen. Nur 57 Professoren durften ihrem Lehrauftrag nachkommen, 243 waren entlassen und 27 enthoben (AVA Wien BMfU Präs. Zl. 4411 ex 1947, USFA-USACA Education Division, tabellarische Übersicht über das österreichische Schulwesen). Daß viele minderbelastete Lehrer im Schuldienst geduldet wurden, lag vor allem daran, daß die Entnazifizierung – nicht nur wegen des Lehrermangels – in den Besatzungszonen ungleich exekutiert wurde. In Wien waren unter den 4 597 im Dienst stehenden Pflichtschullehrern nur vier minderbelastet, bei den 1 453 Sekundarschullehrern gar keiner. In Vorarlberg hingegen waren unter den unterrichtenden 759 Pflichtschullehrern 308 minderbelastet (bei den Sekundarschullehrern 34 von 117), in Tirol 520 von 1 206, in Kärnten 603 von 1 706 usw. Deutlich läßt sich erkennen, daß die Zahl der Minderbelasteten im Schuldienst gegen Westösterreich hin stieg (BMUK Reg. BMfU 10 C 1 in gen. Zl. 575–IV/ Pb ex 1948)[9]. Das Erziehungsdirektorium der Alliierten Kommission für Österreich verfolgte die Vorgänge der Entnazifizierung des Schulwesens mit größter Aufmerksamkeit.

3.3.2 Lehrpläne

Der Rückgriff auf die Lehrpläne vor 1934 war zwar vorgesehen, stieß aber auf Schwierigkeiten, weil Fortschritte in Wissenschaft, Didaktik und Methodik nicht berücksichtigt werden konnten. Staatssekretär E. Fischer ließ daher von über 40 Schulfachleuten, die von den drei zugelassenen Parteien (KPÖ, ÖVP, SPÖ) vorgeschlagen worden waren, provisorische Lehrpläne und Stundentafeln ausarbeiten und legte sie – nach Einholung der Zustimmung durch die Unterstaatssekretäre, durch das Unterrichtsamt und die drei Parteien – am 27. Oktober 1945 dem Quadripartite Education Committee vor. Dort schlug der sowjetische Vertreter bereits am 30. Oktober 1945 Änderungen vor, die die Einführung des Russisch-Unterrichts an österreichischen Schulen zum Ziele hatten. Man einigte sich darauf, daß keine Einwände gegen die geplanten Modifikationen der Lehrpläne erhoben würden, außer es zeigten sich darin nationalsozialistische oder pangermanistische Inhalte oder Tendenzen. Die Festlegung der Einzelheiten in den Lehrplänen überließ man der Entscheidung der österreichischen Regierung („... details of

---

[9] Das Unterrichtsministerium hielt daher 1947 die Außerdienststellung mancher Lehrkräfte in den westlichen Bundesländern für dringend notwendig (BMUK Reg. BMfU 2 A in gen. Zl. 70962 ex 1947).

school curricula were a matter for the Austrian Government ..."; in: Educ. Rehab. III, J). Dabei war es keineswegs so, daß den Amerikanern die österreichischen Lehrpläne vom pädagogischen Standpunkt besonders zusagten; sie diskutierten darüber jedoch mit den Beamten des Unterrichtsministeriums nur „informally" und „unofficially", offizielle Interventionen „in the purely pedagogical concerns of Austrian schools" lehnten sie ab (Report Nr. 2, S. 18). Ein dementsprechender Beschluß wurde dann im Exekutivkomitee am 26. Jänner 1946 gefaßt und dem Bundeskanzler mitgeteilt, daß keine Einwände gegen die „Provisorischen Lehrpläne" erhoben würden, ausgenommen in Deutsch, Französisch, Geschichte, Geographie, Philosophie, Psychologie und Pädagogik (an Frauenoberschulen); für diese Gegenstände seien neue Entwürfe vorzulegen (EXCO Meeting 25, Minute 209). Die Einwände begründeten sie einerseits damit, daß moderne Autoren (vor allem amerikanische) im Lektüreplan zu wenig vertreten seien; andererseits wären darin großdeutsches Gedankengut nicht vollständig ausgemerzt sowie die deutsche Geopolitik und die Angriffskriege nicht ausdrücklich genug verurteilt worden (Educ. Rehab. III, J).

Es zeigte sich allerdings bald, daß die Schuladministrationen verschiedener westlicher Bundesländer (Tirol, Vorarlberg u. a.) nicht gewillt waren, die Provisorischen Lehrpläne einzuführen. Sie ließen sich weitgehend von den zwischen 1934 und 1938 festgelegten Lehrplänen leiten. Diese uneinheitliche Entwicklung wurde von den Alliierten geduldet und erst ab 1948 – vergeblich – vom sowjetischen Vertreter beeinsprucht (EXCO Meeting 120, Minute 1550).

3.3.3 Lehrerausbildung

Besonders gründlich wurden die Lehrpläne für die Lehrerbildungsanstalten geprüft. Ein Vertreter des Bundesministeriums für Unterricht erläuterte am 4. Februar 1946 im Quadripartite Committee die Vorstellungen seiner Behörde. Doch der von Österreich vorgelegte Lehrplan aus der Ersten Republik wurde abgelehnt, weil die modernen Sprachen und vor allem „social studies" ungenügend berücksichtigt waren. Erst der überarbeitete Lehrplan wurde am 1. September 1946 genehmigt (Educ. Rehab. III, K). Da die amerikanische Besatzungsmacht dem Lehrer als Vermittler von Wissen und Haltungen große Bedeutung zumaß, verfolgte sie seine Ausbildung weiterhin mit verstärktem Interesse. Es lag ihr besonders daran, daß demokratisch erzogene und eingestellte Lehrer vor die Jugend treten sollten, denn nur dann könnte die Heranbildung auch demokratisch eingestellter Bürger erwartet werden. Ihre

Experten äußerten verschiedene Vorschläge, die von der Erweiterung des Studienganges auf sechs Jahre oder Verlegung der Ausbildung der Pflichtschullehrer auf die Hochschule über zusätzlichen Unterricht in Psychologie, Pädagogik, Didaktik und „social studies" bis zu einer Verstärkung der praktischen Ausbildung reichten (Hiller, S. 224–228).

Bei der Ausbildung der Sekundarschullehrer an den Universitäten störten sie vor allem die unzulänglichen Lehrveranstaltungen in Psychologie, Pädagogik und Didaktik und das völlige Fehlen einer praktischen Ausbildung. Die Amerikaner regten daher an, ein eigenes Universitätsinstitut mit diesen Aufgaben zu betrauen. Außerdem traten sie für eine Verbesserung der Lehrerfortbildung ein; von den Lehrern sei ein periodischer Erfolgsnachweis zu verlangen (Hiller, S. 229–232). Konkrete Forderungen dazu wurden aber in den alliierten Gremien nicht gestellt.

3.3.4 Unterrichtsmedien

Besonders zeitaufwendig und nicht ohne Schwierigkeiten verliefen die Bemühungen der Alliierten, die nationalsozialistischen Schulbücher, Lehrfilme, Schulfunksendungen usw. zu ersetzen. Schon im Juli 1945 erging an die österreichischen Schulbehörden der Befehl, alles nationalsozialistische Lehrmaterial zu sammeln und weitere Anweisungen abzuwarten. Die Amerikaner koordinierten dabei ihre Maßnahmen, soweit man sich einigen konnte, mit den Engländern und waren bereit, Schulbücher, die vor 1938 in Verwendung standen, nach Prüfung wieder zuzulassen. Die Briten zeigten sich bei der Schulbuchprüfung besonders eifrig. Am 1. August 1945 wurden die ersten Bücher zum Druck freigegeben. Bereits im September 1945 legte die im Staatsamt eingerichtete Schulbuchkommission dem Quadripartite Committee eine Liste der Bücher vor, die man zu veröffentlichen beabsichtigte (unter Anführung des dazu notwendigen Aufwands). Die Alliierten beschäftigten sich eingehend mit diesem Ansuchen, konnten sich aber über die Einzelheiten der Produktion nicht einigen. Inzwischen begannen einzelne Bundesländer ohne Zustimmung des Unterrichtsministeriums mit dem Druck von Schulbüchern. Das Exekutivkomitee beschloß erst am 15. Februar 1946 eine Resolution, die dem österreichischen Unterrichtsministerium den Wiederabdruck von Schulbüchern gestattete (EXCO Meeting 28, Minute 248). Bis zum 2. April trafen bereits 11 Listen mit bewilligten Buchtiteln beim Unterrichtsministerium ein. Aber erst im Juli 1946 gaben die Sowjets dem Drängen ihrer Alliierten nach und erklärten sich mit einer Freistellung einer gewissen Zahl der von ihnen beschäftigten Buchbinder einverstanden. Bis 17. Dezember 1946 konnten etwa eine Million Schulbücher (45 verschiedene Titel) hergestellt werden (Hiller, S. 196), dann fiel die Produktion wieder stark ab. Bis 30. Juni 1947 genehmigte das Education Directorate 213 Schulbücher, insgesamt waren bis zu diesem Zeitpunkt bereits 2,5 Millionen Exemplare gedruckt worden. Im Juli 1948 wünschten die westlichen Alliierten bereits eine Auflösung der alliierten Schulbuchzensur. Infolge des Widerspruchs der Sowjets blieb die Kontrolle aufrecht[10], betraf aber vornehmlich die Lehrbücher und -behelfe für die Fächer Geschichte und Geographie (Educ. Rehab. III, E; Hiller, S. 189–198).

Gerade weil es an Lehrern, Büchern und Lehrmitteln mangelte, dachte man schon früh daran, die Möglichkeiten des Rundfunks für den Unterricht zu nützen. Die Amerikaner machten bereits am 28. November 1945 den Vorschlag, den österreichischen Stellen dafür die entsprechenden Sendeanlagen zur Verfügung zu stellen. Das Quadripartite Committee nahm diesen Vorschlag am 5. Dezember 1945 an. Der Wiener Stadtschulrat sollte ein Programm für Wien, das Unterrichtsministerium eines für ganz Österreich ausarbeiten. Eine Arbeitsgruppe der Besatzungsmächte sollte dabei helfen und zugleich eine gewisse Kontrolle ausüben. Die Manuskripte wurden von den Besatzungsmächten zensuriert. Die erste Schulfunksendung wurde am 5. Februar 1946 von der Radio Verkehrs AG (RAVAG: gegr. am 30. September 1924) ausgestrahlt.

In der Zeit des Kalten Krieges war die amerikanisch-sowjetische Zusammenarbeit auf diesem Gebiet freilich großen Belastungen ausgesetzt. So stellte die RAVAG dem russischen Sprachkurs doppelt soviel Zeit zur Verfügung wie dem englischen. Die Sowjets behandelten in ihren Sendungen außerdem nicht allgemeine Themen aus dem Leben, sondern stellten die kulturellen und wissenschaftlichen Leistungen russischer Wissenschaftler zum Ärger der Westmächte groß heraus (Hiller, S. 304 f.).

4 Handlungsunwilligkeit und Diskrepanzen in den alliierten Gremien

4.1 Vielfalt der Lehrpläne

Seit 1948 führten die erhöhten Spannungen zwischen den westlichen Alliierten und den Sowjets auch in Schul- und Erziehungsfragen zu einer

---

[10] Auch als sich die Alliierten im Education Directorate am 28. November 1950 einigten, daß Lehrbücher als approbiert anzusehen sind, wenn innerhalb von 31 Tagen nach Erhalt des Manuskripts kein Einwand erfolge, wurde dieses Übereinkommen vom Executive Committee, den Vertretern der vier Hochkommissare, verworfen (Ekern, S. 105).

Reihe von Zusammenstößen in den verschiedenen Gremien. Ein besonderer Stein des Anstoßes für die Sowjets war der Maßnahmenerlaß des Unterrichtsministeriums für das Schuljahr 1948/49[11]. Durch ihn erhielten auch die Lehrpläne, die auf Initiative lokaler Autoritäten entstanden waren, eine gewisse legale Rechtfertigung. In der Sitzung des Erziehungsdirektoriums am 24. August 1948 sprach der sowjetische Vertreter von Sabotage und Verletzung der Beschlüsse vom 26. Februar 1946. Er verlangte, daß sich an den Haupt- und Mittelschulen in allen Bundesländern der Unterricht an die Provisorischen Lehrpläne von 1946 zu halten habe. Besonders wandte er sich dagegen, daß es durch diese Maßnahmen Hauptschülern nicht mehr möglich sei, in die Oberstufe einer Sekundarschule überzutreten. Amerikaner, Briten und Franzosen sprachen sich aber gegen eine Einmischung aus, weil durch diese Maßnahmen die Interessen der Alliierten nicht verletzt würden. Über Verlangen der Sowjets mußte diese Frage dem Exekutivkomitee vorgelegt werden. Doch auch hier schlossen sich die Vertreter der westlichen Alliierten nicht den Forderungen der Sowjets an (EXCO Meeting 120, Minute 1550). Daraufhin mußte sich auf Wunsch des sowjetischen Vertreters auch der Alliierte Rat damit beschäftigen (ALCO Meeting 82, Minute 885), in dem gerade der amerikanische Vertreter G. Keyes den Vorsitz führte. Der Vertreter der UdSSR V. V. Kourasov berief sich hauptsächlich auf den Artikel 3 (e) des sogenannten Zweiten Kontrollabkommens

---

[11] In diesem Erlaß („Maßnahmen für die Erteilung des Unterrichts an Haupt- und Mittelschulen im Schuljahre 1948/49", MVBl. 1948, Nr. 56) wurde nicht nur „im Rahmen des Möglichen den Wünschen verschiedener Landesschulräte Rechnung" getragen, sondern ausdrücklich erklärt, daß das Bundesministerium für Unterricht „grundlegende" Änderungswünsche anerkennt und „Abweichungen" genehmigt, wenn „unbehebbare Schwierigkeiten ... eine andere Einrichtung des Schulwesens als nötig erscheinen lassen". Ziel des Erlasses war freilich, „die Bundeseinheitlichkeit im österreichischen Schulwesen zu fördern, die infolge der Nachkriegsverhältnisse teilweise durchbrochen worden ist".
Die Stundentafeln für die einzelnen Schultypen wurden abgeändert. In der Hauptschule wurden u. a. die Lehrstunden für die „Unterrichtssprache" und Mathematik vermehrt und Geometrisches Zeichnen in der 3. und 4. Klasse (7. und 8. Schulstufe) als selbständiges Fach geführt. In der Unterstufe der „Mittelschulen" (Sekundarstufe I) wurde nunmehr Naturgeschichte in allen Klassen gelehrt, Kurzschrift als verbindlicher Gegenstand aufgelassen und der Unterricht im Geometrischen Zeichnen an Gymnasien und Realgymnasien eingestellt. Am schwerwiegendsten waren die Festlegungen für die Oberstufe der „Mittelschulen" (Sekundarstufe II). Hier wurde der relativ-obligate Unterricht in der modernen Fremdsprache im Gymnasium und der zweiten modernen Fremdsprache im Realgymnasium wieder abgeschafft. Schließlich wurden die provisorischen Lehrpläne als maximale Forderungen eingestuft und die Lehrer verpflichtet, schuleigene Mindestlehrpläne auszuarbeiten.

und sah in den Weisungen des Unterrichtsministeriums antidemokratische Züge, ein Element der Willkür in der Unterrichtsgestaltung und eine Grundlage für die Ablehnung der Provisorischen Lehrpläne. Vor allem würde durch sie die Kluft zwischen Haupt- und Mittelschule vergrößert und der Übertritt der Hauptschüler in die Oberstufe der Sekundarschulen verhindert, wovon besonders die Kinder der arbeitenden Klassen betroffen seien. Doch die westlichen Alliierten verblieben bei der Meinung, daß es sich hier um eine rein österreichische Angelegenheit handle („purely an Austrian matter") und es legal sei und der österreichischen Tradition entspreche, Vorschläge und Wünsche der Schulverantwortlichen der Bundesländer zu berücksichtigen („the suggestions and desires of provincial education authorities"). Die über diese Haltung empörte Sowjetunion behielt sich vor, die Maßnahmen des Unterrichtsministeriums in der Sowjetzone nicht wirksam werden zu lassen.

4.2 Das fehlende Schulgesetz

Scharf stießen die Sowjetunion und die Westmächte im Jahre 1950 zusammen, als der Sowjetvertreter unter Berufung auf den ominösen Artikel 3 (e) des Zweiten Kontrollabkommens die „Institution of a longterm Educational Program for Austrian schools" forderte (EXCO Meeting 162, Minute 2075). Diesmal kam er auf samtenen Pfoten. Weil die gegenwärtige provisorische Schuleinrichtung vielversprechende Erfolge („favorable results") erbracht habe, solle der Unterrichtsminister die notwendigen Maßnahmen für eine Überleitung in gesetzlich verankerte Formen treffen. Die westlichen Alliierten sprachen sich allerdings gleich gegen dieses Ansinnen aus, weil sich die österreichische Regierung bereits um die Ausarbeitung eines neuen Schulgesetzes („on the process of construction") bemühe und die Leistungen der Österreicher beim Wiederaufbau des Schulwesens lobenswert seien. Die USA machte dabei deutlich, daß sie nicht gewillt seien, ohne Grund in die österreichische Verantwortung einzugreifen; denn das Programm der österreichischen Schulverwaltung sei ihrer Meinung nach konstruktiv, flexibel und fortschrittlich. Der Sowjetvertreter Zheltov warf daraufhin den Amerikanern vor, zu versuchen, das Kontrollabkommen für Österreich aufzugeben („to cancel") und sich einseitig in die Arbeit der österreichischen Regierung einzumischen. Deshalb seien die USA auch besser informiert als die anderen. Doch der amerikanische Sprecher (J. C. Fry) interpretierte daraufhin seinen Standpunkt noch deutlicher:

„We believe that Austrians should be allowed to run their own affairs. We believe in cooperating and helping and not interference and dictation. Further, we believe that the Austrians have demonstrated their own ability and should be left alone."

Auch im höchsten Gremium der Alliierten, im Allied Council, fiel die Entscheidung nicht anders aus (ALCO Meeting 122, Minute 1212). Der französische Vertreter wies darauf hin, daß ein Gesetzentwurf bereits im Parlament liege und man sich auf den Unterrichtsminister, der im Konzentrationslager Gefangener der Nationalsozialisten gewesen war, verlassen könne. Eine Intervention sei daher nicht notwendig. Der sowjetische Vertreter schlug nun eine schärfere Tonart an und sprach davon, daß Verschlechterungen eingetreten und fortschrittliche demokratische Grundsätze verletzt worden seien. Dagegen protestierte der amerikanische Vertreter und erinnerte an die Worte der Sowjets im Exekutivkomitee. Die Westmächte verblieben bei der Meinung, man solle warten, bis das Parlament das Gesetz beschließe, dann habe man noch immer die Möglichkeit, zuzustimmen oder es abzulehnen. Schließlich einigte man sich auf den französischen Vermittlungsvorschlag, das Erziehungsdirektorium solle die Frage sorgfältig verfolgen und Informationen über das geplante Schulgesetz einholen.

Österreich löste sich jedoch erst 1962 von seinen Provisorien. Das neue Schulgesetz wurde zu einem Zeitpunkt beschlossen (1962), als alle Besatzungsmächte längst abgezogen waren und Pressionen nicht mehr befürchtet werden mußten.

5 Formen des Eingreifens

5.1 Interventionen

Nach Abebben der ersten Phase der Nachkriegszeit, die durch direkte Eingriffe, Befehle und Beschlagnahmungen gekennzeichnet war, wurden bereits im sogenannten „Ersten Kontrollabkommen" legale Formen für Eingriffe der Alliierten in die österreichischen Verhältnisse festgelegt, die allerdings häufig von den Österreichern als Willkür und Pression empfunden wurden. Am verbreitetsten war die Intervention in vielfachen Variationen. Als das Unterrichtsministerium im September 1946 dem Bundeskanzleramt eine Übersicht über die Interventionen und Vorsprachen von Angehörigen der Besatzungsmächte zu geben hatte, wies es gleich einleitend darauf hin, daß in der Regel die Namen der Intervenierenden nicht bekannt seien und neben den offiziellen Vertretern des Quadripartite Committee auch Beauftragte der Schulkommissionen der einzelnen Besatzungsmächte, Beamte des C. I. C. (Counter Intelligence Corps) und einzelne Persönlichkeiten mit Sonderaufgaben vorgesprochen hätten. Zahlenmäßig am häufigsten seien Interventionen in Entnazifizierungsfragen gewesen. Man habe die Einsichtnahme in die Personal- und Sonderkommissionsakten verlangt und sich Listen und Verzeichnisse verschiedenster Art und für verschiedene Personenkreise zusammenstellen lassen. Besonders oft intervenierte das russische Besatzungselement. Die Vertreter der französischen Besatzungsmacht standen den Sowjets wenig nach. Sie nahmen sogar trotz Protestes eine Reihe von Akten über Nationalsozialisten für mehrere Tage mit. Auch das amerikanische Besatzungselement ließ sich von der Mitnahme von Akten nicht abhalten. Sie brachten allerdings auch viele Unterlagen aus den Zentralarchiven der NSDAP mit, um Versuche zu durchkreuzen, dem Entnazifizierungsprozeß zu entgehen. Die Beamten des C. I. C. schnüffelten sowohl in den Akten über Ernennungen als auch in den Protokollen über Entnazifizierungsangelegenheiten. Am zurückhaltendsten verhielt sich das Education Branch der britischen Besatzungstruppen. Es intervenierte nur selten und in dringenden Fällen und setzte sich vor allem für die zurückgekehrten Emigranten und ihre Wiederaufnahme in den Staatsdienst ein. Auch wegen der Rückgabe des jüdischen Kunstbesitzes an die rechtmäßigen Besitzer wurde im Unterrichtsministerium verhandelt. Sowohl die Amerikaner als auch die Sowjets zeigten größtes Interesse am Wiener Theaterleben und besonders an der Spielplangestaltung, sie sahen aber von direkten Aufträgen an das Ministerium ab. Den alliierten Forderungen, die in den Interventionen ausgesprochen wurden, mußte allerdings in der Regel umgehend nachgekommen werden (AVA Wien BMfU Präs. Zl. 7784 ex 1946). Diese Form direkten Eingreifens war für österreichischen Schulbehörden außerordentlich zeitaufwendig[12] und belastend und bereitete viele Unannehmlichkeiten.

5.2 Informationen und Impulse

In starkem Ausmaße nützten die Besatzungsmächte auch indirekte und informelle Wege der Einflußnahme[13]. Ein Hauptweg, den alle vier Al-

---

[12] Manche Abteilungen gaben den Zeitaufwand sehr präzise an, z. B. die Abt. 2 (Jugendorganisationen u. ä.): 200 Telefonate, 80 Stunden Unterredungen, 50 Stunden Konzeptarbeit, 100 Seiten Schreibarbeit (AVA Wien BMfU Präs. Zl. 7784 ex 1946).
[13] Das amerikanische Besatzungselement hatte sich vorerst zwar auch die Möglichkeit von Pressionen überlegt, war aber dann auf einen Kurs eingeschwenkt, der sich auf demokratisches Überzeugen beschränken wollte (Hiller, S. 277 f.).

liierten dabei bestritten, war der einer ständigen und ausführlichen Information. Der dienten gleich anfangs Vorträge, die mit dem Schulsystem der Besatzungsmacht vertraut machen sollten. Hier zeigten sich Unterschiede des Vorgehens. So hatten sich im Herbst 1945 alle maßgebenden Beamten des Unterrichtsministeriums nach Dienstschluß die Darstellung des sowjetischen Unterrichtswesens anzuhören (AVA Wien STfVUEK Präs. Zl. 1231 ex 1945). Neben diesen höchst offiziellen und keineswegs immer freiwillig besuchten Veranstaltungen gab es in der Mehrzahl Vorträge und Diskussionen, die den österreichischen Lehrern – vor allem von der Education Division der US-Streitkräfte – allgemein angeboten wurden und sehr offenkundig die Ziele ihrer „re-orientation"-Politik ausdrückten. Das Idealbild einer Demokratie wurde dabei entworfen (Hiller, S. 245–249).

Ähnliche Aufgaben erfüllte die ab Januar 1948 von der Education Division herausgegebene Zeitschrift „Erziehung". Sie hatte eine beachtliche Breitenwirkung; sie wurde nämlich bis Ende 1950 den österreichischen Lehrern kostenlos – finanziert durch die Gewinne des „Wiener Kurier" – zugesandt. Die Auflagenhöhe betrug zuletzt 35 000 Stück. Darin wurden die österreichischen Lehrer, die als „typically provincial" eingestuft wurden (Brechbill H: Recommendations for Teacher Education in Austria, 1947. In: Washington National Records Center, Record Group 260, Box 58888-1), mit amerikanischem Erziehungsdenken vertraut gemacht. Auch wurde die Einstellung der Österreicher bekämpft, daß die amerikanischen Besatzer kulturell unterlegen seien. Nach Art eines „Digest" waren Artikel aus amerikanischen pädagogischen Zeitschriften mit Aussagen österreichischer fortschrittlicher Pädagogen gemischt. Ausgeprägte österreichische Probleme wurden nicht behandelt (Hiller, S. 286–301):

Nicht so offenkundig, obgleich sicher propagandistisch nicht wirkungslos, waren die Versuche, durch gezielte Aktionen maßgebliche Personengruppen mit amerikanischen Lernmustern, Bildungsauffassungen und wissenschaftlichen Werken vertraut zu machen. So stellte 1947 die Education Division vier verschiedene Titel (insgesamt 2 000 Exemplare) von amerikanischen Lernbüchern zur Verfügung, um damit die österreichischen Schulbuchautoren anzuregen. Eine Anthologie über die amerikanische Literatur („American Life and Literature") sollte den österreichischen Lehrern einen Überblick über die amerikanische Literatur vermitteln (Hiller, S. 199 f.). Der Sender der US-Besatzungsmacht „Rot-Weiß-Rot" strahlte ein eigenes Bildungsprogramm aus (wie etwa die „Rot-Weiß-Rot Hochschule für Jedermann"), das auf amerikanische Sendungen zurückgriff und sie für Österreich adaptierte.

Diese in verschiedener Art übermittelten Informationen sollten zugleich Anstöße geben, das österreichische Schul- und Erziehungswesen in der in den Heimatländern der Besatzungsmächte bewährten Richtung zu entwickeln. In noch stärkerem Ausmaße verstanden sich die American Dependent's Schools in Wien, Linz und Salzburg, die für die Kinder der Angehörigen der US-Streitkräfte eingerichtet worden waren, als Impuls geber. Die Education Division nützte sie, um österreichischen Lehrern in höheren Positionen, die laufend zu ihrem Besuch eingeladen wurden, ein signifikantes Beispiel demokratischer Schulmethoden vorzuführen. Auch Österreicher wurden an diesen Schulen als Sprach- und Assistenzlehrer angestellt, in der Hoffnung, diese würden später ihren Unterricht an den österreichischen Schulen in der hier gelernten Art fortsetzen. Modernste Schulmöbel, die Unterrichtsmethoden und das kameradschaftliche Verhältnis zwischen Lehrern und Schülern sollten die Besucher besonders beeindrucken (AVA Wien BMfU Präs. Zl. 4168 ex 1947; Hiller, S. 316 f.). Eine ähnliche Funktion hatte das 1946 in Wien eingerichtete Lycée Français, das lebhafte Kontakte mit Schulverwaltung und österreichischer Lehrerschaft pflegte.

Von der amerikanischen Besatzungsmacht wurde auf vielfältige Weise versucht, Anstöße zur Änderung oder zumindest Bereicherung der vorgefundenen Schulwirklichkeit zu geben. So etwa kaufte 1949 die Education Division 63 ausgewählte Schulbücher an und stellte sie drei Schulen (in Wien, Oberösterreich und Salzburg) zur Verfügung. Entscheidend dabei waren die beigelegten „Empfehlungen" („suggestions"), welche die österreichischen Lehrer veranlassen sollten, von dem üblichen Gebrauch des Schulbuches abzugehen (Report No. 47, S. 19). Auch das „Adoption-Program" verfolgte unter anderem das Ziel, „Austrian children are given a first hand insight into Democratic standards and practises" (zit. bei Hiller, S. 203) und damit Änderungen in den Denk- und Handlungsmustern der österreichischen Schüler auszulösen. Etwa hundert österreichische Schulen sind damals von amerikanischen Lehranstalten „adoptiert" worden; Briefe wurden ausgetauscht, für Lebensmittelsendungen bedankte man sich mit selbstgefertigten Geschenken. Besondere Breitenwirkung erhoffte sich die amerikanische Besatzungsmacht durch Einladung von leitenden Persönlichkeiten in die USA. Ein eigenes Auswahlkomitee, in dem auch ein Vertreter des Unterrichtsministeriums Sitz und Stimme hatte, wurde eingesetzt, doch infolge Fehlens ausreichender Mittel konnte nur für eine begrenzte Anzahl von Personen ein Studienaufenthalt in den USA finanziert werden, obgleich dieser Weg als die effektivste „re-orientation"-Methode angesehen wurde (Hiller, S. 306–309).

Wirkungsvoller erwiesen sich daher die Sommerseminare, die die Education Division ab Sommer 1949 in Österreich veranstaltete und zu denen vor allem Personenkreise eingeladen wurden, von denen man einen erheblichen Einfluß auf die Neugestaltung des österreichischen Schulwesens erwartete. Amerikaner und Österreicher hielten Vorträge, das Schwergewicht lag auf der Durchführung demokratischer Gruppenarbeiten (ausführlich bei Hiller, S. 281–285). Das amerikanisch-europäische Seminar auf Schloß Leopoldskron, in dem Europäer gemeinsam mit zwanzig Harvard-Studenten Probleme der Geschichte, Literatur, Kunstgeschichte, des Staatsrechtes und der Volkswirtschaftslehre diskutierten, bemühte sich um einen Brückenschlag zwischen amerikanischen und europäischen Vorstellungen (Hiller, S. 318).

5.3 Persönliche Kontakte

Die Pflege persönlicher Kontakte zwischen maßgebenden Vertretern der Besatzungsmächte und den Verantwortlichen der österreichischen Schulszene läßt sich zwar nur in Einzelfällen[14] nachweisen – Einladungen zu Essen und Empfängen hatten eine gewisse Regelmäßigkeit und wurden in der damaligen Notzeit gerne angenommen –, dürften jedoch eine nicht unbedeutende Rolle auch für die Bildungspolitik gespielt haben. Eine besonders enge Zusammenarbeit muß zwischen der Education Division der USA und dem Stadtschulrat für Wien angenommen werden. Die Reformvorstellungen sozialistischer Kulturpolitiker wurden fast gleichlautend auch von der Education Division geäußert, aber außer dieser moralischen Schützenhilfe griff diese nicht in die wie in der Zwischenkriegszeit hart geführten Auseinandersetzungen zwischen Unterrichtsministerium und Stadtschulrat ein (Hiller, S. 269 f.).

---

[14] So meldete 1948 ein Sektionschef des Bundesministeriums für Unterricht streng vertraulich seinem Minister, daß er bei einem Mittagessen mit Mr. Baty, dem Chef der Erziehungsabteilung des britischen Besatzungselementes, Ressortangelegenheiten besprochen habe. Hauptpunkt des Gesprächs war ein Unwillen erregender Artikel in der von der britischen Besatzungsmacht herausgegebenen „School Post", die in den Schulen als Lesestoff Verwendung fand. In einer dem Beitrag „Evolution: Darwinism and Modern Developments" (School Post, Nr. 40 v. 1. 5. 1948, S. 4 f.) beigefügten Zeichnung, die einen Familienstammbaum darstellte, war zuoberst ein geistiger Arbeiter abgebildet gewesen, der sich auf verschiedene Arten von Affen als Onkel und Vettern abstützte. Darüber hatte sich Vorarlberg sofort empört und die „School Post" verboten. Die „Arbeiter-Zeitung" (25. 6. 1948) reagierte darauf mit antiklerikal gefärbten Angriffen auf das Unterrichtsministerium. Die Intervention des Sektionschefs sollte die dadurch entstandene Spannung beseitigen (AVA Wien BMfU Präs. Zl. 8048 ex 1948).

Aus amtlichen Kontakten entwickelte sich mit den Jahren ein freundschaftlicher Verkehr, und die gegenseitige Wertschätzung manifestierte sich auch öffentlich. So wurde dem Leiter der Education Division, Dr. Thomas E. Benner, in Anerkennung der amerikanischen Hilfeleistungen das Ehrendoktorat der Universität Wien verliehen (Educ. Rehab. III, C).

5.4 Kritik und Wünsche

Die amerikanischen Erziehungsfachleute machten freilich kein Hehl daraus, daß sie aus ihrer Sicht – und sie hatten ihr eigenes Erziehungssystem vor Augen – vieles am österreichischen Schulwesen zu tadeln hatten. Sie sprachen sich für eine Einheitsschule aus, damit die gegenwärtige soziale Strukturierung nicht konserviert und die Erziehung demokratisiert werde. Sie stellten sich gegen die reine Anhäufung von Faktenwissen in einer „Drillschule" und wiesen auf die Notwendigkeit hin, die praktisch-kritische Anwendung des Gelernten und die Entscheidungsfähigkeit zu üben. Auch an den Sekundarschulen sollte zur Achtung vor manueller Arbeit erzogen werden. Die Lehrerausbildung war Gegenstand besonders eingehender Kritik, worauf bereits hingewiesen wurde. Die amerikanischen Pädagogen, die im amtlichen Auftrag das österreichische Schulwesen inspizierten und deren Analysen die Grundlagen für die Kritik der Education Division bildeten, hielten weiter die Einführung eines fünften Hauptschuljahres für notwendig, weil die Lehrlingsausbildung sonst zu früh einsetze, und den Einsatz von psychologischen Tests im Schul- und Berufsberatungswesen. Die landwirtschaftliche Berufsausbildung stuften die Amerikaner für Österreich als besonders wichtig ein. Sie regten die vermehrte Schaffung landwirtschaftlicher Ausbildungsstätten (Versuchsanstalten, Musterhöfe) an und empfahlen die Einrichtung von Volkshochschulen besonders auf dem Lande. Das weitgehende Fehlen des Arbeits- und Gruppenunterrichts und die mangelnde Diskussionsbereitschaft der Schüler wurde getadelt. Unterricht in Fragen des menschlichen Verhaltens und der gesellschaftlichen Strukturen wurde für notwendig gehalten, um den Schülern ihre Verantwortung vor ihrem eigenen Volk und der Menschheit einsichtig zu machen. Toleranz, Zusammenarbeit und Respekt sollten schon in der Schule geübt werden; man schlug vor, die strenge Schuldisziplin aufzuheben, um dadurch das demokratische Verhalten und die Persönlichkeitsentwicklung der Schüler zu fördern.

Die Kritik am österreichischen Geschichtsunterricht war außerordentlich hart. Die Zeitgeschichte käme zu kurz, es gäbe zu viel österreichische Geschichte, zu viel Kunst- und Literaturgeschichte, aber zu wenig Verfassungs- und Wirtschaftsgeschichte. Die gegenwärtigen Verhältnisse würden nicht aus ihrer geschichtlichen Entwicklung heraus einsichtig gemacht. Es wurde eine Zusammenlegung des Geschichts- mit dem Geographieunterricht empfohlen, um das Verständnis für gegenwärtige wie vergangene Ereignisse zu erhöhen.

Eine wichtige Aufgabe wiesen die Amerikaner den Elternvereinen zu, die durch aktive Teilnahme am Schulleben zu dessen Demokratisierung einen bedeutsamen Beitrag leisten sollten. Nicht zuletzt wurde die zu geringe Ausnützung der österreichischen Schulgebäude kritisiert, die nachmittags für Jugendaktivitäten und abends für Bildungs-, Kultur- und Rekreationsaufgaben der Gemeinde geöffnet werden sollten. Die Zusammenlegung von Schulen im ländlichen Raum zu Schulzentren wurde befürwortet. Das an den österreichischen Schulen noch weitverbreitete Lehrerpodium wurde – da der Demokratisierung abträglich – verurteilt (detailreiche Darstellung bei Hiller, S. 206–273).

Analyse, Kritik und Wünsche wurden von den amerikanischen Schulexperten ausführlich vorgebracht, doch sie suchten die österreichischen Verantwortlichen von der Richtigkeit ihrer Ansichten zu überzeugen und sie dafür zu gewinnen. Sie scheinen nach allem, was an Material vorliegt, direkte konkrete Eingriffe in die Bildungspolitik zur Durchsetzung ihrer Wünsche vermieden zu haben.

5.5 Hilfeleistungen

Starke Sympathien brachten vor allem der amerikanischen Besatzungsmacht die großzügigen Hilfeleistungen ein, die sie der Schuljugend und den Unterrichtseinrichtungen zukommen ließen. Diese reichten von den Schulausspeisungen, die in den ersten Nachkriegsjahren für viele Kinder eine lebenserhaltende Ernährungsmöglichkeit waren, bis zu umfassenden Bücherspenden für die österreichischen Bildungsinstitutionen. 1947 wurde der Kulturaustausch[15] durch ein Abkommen geregelt (Hiller, S. 201–205). Die Education Division hatte jederzeit ein offenes Ohr, wenn auch zunehmend nicht die Mittel für die österreichischen Bedürfnisse. Sie half splendid, soweit es in ihrer Macht stand; sie ließ sich vom Bundesministerium für Unterricht Listen über die dringendsten Erfordernisse vorlegen und versprach, die größten Anstrengungen auf sich zu nehmen, um die „Bürde" des Unterrichtsministers zu erleichtern (AVA Wien BMfU Präs. Zl. 5417 ex 1947).

---

[15] „Exchanges of Cultural Materials" (Hiller, S. 240 f.).

6 Ergebnisse und Folgen

Daß das österreichische Schul- und Erziehungswesen nach 1945 kein fremdes Gepräge erhielt und die Einwirkungen der Alliierten nur bescheidene Erfolge erzielten, hatte eine Reihe von Ursachen. Am meisten wurde diese Entwicklung dadurch beeinflußt, daß die sowjetische Besatzungsmacht der Provisorischen Staatsregierung unter K. Renner von vornherein eine weitgehende administrative und legislative Bewegungsfreiheit geboten hatte. Freilich dachte sie Gesetzgebung und Verwaltung durch österreichische Kommunisten steuern zu können, was aber durch die Wahlen vom 25. November 1945 abrupt abgebrochen wurde (Stourzh, S. 322). Dem Kommunisten E. Fischer an der Spitze der Unterrichtsverwaltung stand daher nur eine kurze Regierungszeit zur Verfügung. Sein geplanter „pädagogischer Putsch"[16] konnte nicht mehr durchgeführt werden. Ab Ende 1945 vermochte schon ein Vertreter der ÖVP, Dr. Felix Hurdes, den von den Sowjets eingeräumten Freiraum zu nützen und weiter auszubauen.

Nicht minder bedeutungsvoll erwies sich die Tatsache, daß die Amerikaner mit der Weisung unser Land besetzten, die österreichischen Schulverhältnisse vor 1934 wiederherzustellen. Möglicherweise hatte die Tätigkeit der sozialdemokratischen Emigranten in New York zur Verankerung dieser Festlegung geführt, die dann auch von den anderen Besatzungsmächten anerkannt wurde. Daß die österreichische Regierung ebenfalls nichts dagegen hatte, auf die Kompromißregelungen vor 1934 zurückzugreifen, lag daran, daß die Bildungsvorstellungen der Parteien noch immer weit auseinanderklafften und man in der schwierigen Situation des Wiederaufbaus Streitfragen in diesem Bereich lieber nicht neu diskutieren wollte. Die von Wien weiter entfernten Länder mit schwachen sozialistischen Minderheiten hielten sich freilich nicht an die darin festgelegten Bestimmungen und richteten ihr Schulwesen weitgehend nach den zwischen 1934 und 1938 getroffenen Regelungen aus. Es war wieder der Geschicklichkeit und dem elastischen Vorgehen des Unterrichtsministers zu verdanken, daß trotz unterschiedlicher Teilentwicklungen des Schulsystems in den Besatzungszonen der Zusammenhang erhalten blieb und die Wege zu einer Vereinheitlichung offenblieben. Die

---

[16] E. Fischer wollte eine Einheitsschule ohne jede Differenzierung einführen, die bis zum 14. Lebensjahr zu besuchen war. Außerdem sollte im Fremdsprachenunterricht eine westliche und eine slawische Sprache angeboten werden. Der Staatskanzler K. Renner lehnte aber diesen „pädagogischen Putsch" ab (Fischer, 1973, S. 133–136).

finanzielle Schwäche des Staates und die hohen Wiederaufbaulasten trugen zusätzlich dazu bei, sich im Unterrichtsbereich zu bescheiden. Das knappe Unterrichtsbudget zwang zu großer Sparsamkeit und brach bereits die Schwingen von Plänen, bevor sie zum ersten Fluge ansetzen konnten.

Die zunehmende Entfremdung zwischen den Alliierten führte 1948 zu einem Rollentausch. Nunmehr waren es die westlichen Alliierten, die keine Eingriffe in die österreichische Unterrichtsverwaltung zuließen und sich voll – trotz ihrer intern geäußerten kritischen Haltung – hinter sie und ihre Entscheidungen stellten. Daher konnten die sowjetischen Abänderungswünsche abgeblockt werden, die 1945 nicht ausgesprochen worden waren, weil ihre Verwirklichung durch in Moskau geschulte Österreicher erwartet wurde. Da sich die österreichischen Großparteien 1948 neuerlich auf extreme Standpunkte in Schulfragen zurückzogen und darüber Verhandlungen im Parlament aufgenommen wurden, konnten die Westmächte die plausible Ansicht vertreten, daß der Alliierte Rat sich erst mit einem beschlossenen Gesetz zu beschäftigen habe und die demokratische Diskussion nicht gestört werden dürfe. Diese wurde jedoch erst nach Abzug der Besatzungstruppen einem Ende zugeführt.

Die Erfolge der alliierten Eingriffe blieben daher in der Regel gering; sie äußerten sich am stärksten in der Fremdsprachenwahl der österreichischen Sekundarschüler. Die Position des Englischen wurde stark verbessert; sein Einsetzen im Unterricht rückte in der Regel in die fünfte Schulstufe (1. Klasse), eine Veränderung, die bereits durch die nationalsozialistische Schulreform herbeigeführt worden war und die man nunmehr in weiten Teilen Österreichs nicht aufheben wollte. Stark angehoben wurde die Zahl der Französisch und Russisch lernenden Schüler. Daß hier nicht nur Neigungen bei der Wahl maßgeblich waren, zeigte sich nach Abschluß des Staatsvertrages im Jahre 1955. Französisch und besonders Russisch fielen zurück und verloren ihre Anziehungskraft[17].

---

[17] Ein Vergleich der Fremdsprachenwahl im Schuljahr 1954/55 (vor Abschluß des Staatsvertrages) und im Schuljahr 1962/63 (acht Jahre nach dem Abschluß des Staatsvertrages) zeigt dies deutlich. Während Englisch und Latein von den Sekundarschülern signifikant häufiger gewählt wurden, sank die Schülerzahl im Französischunterricht von 19,2 % aller Sekundarschüler auf 18,2 % (absolut nur um 8 Schüler) und im Russischunterricht von 2,6 % auf 1,1 %. Nur mehr 869 österreichische Jugendliche wollten die russische Sprache erlernen (siehe die Unterlagen in: Bundesministerium für Unterricht unter Mitwirkung des Österreichischen Statistischen Zentralamtes [Hrsg.]: Österreichische Schulstatistik. Schuljahr 1954/55. Heft 4, Wien o. J.; Schuljahr 1962/63. Heft 13, Wien o. J.).

Dem Wirken und dem Einfluß der amerikanischen Education Division ist es wohl zu danken, daß 1949 das Unterrichtsministerium einen Erlaß über „Staatsbürgerliche Erziehung" veröffentlichte (MVBl. 1949, Nr. 83), der den Lehrern die Aufgabe zuwies, die Schüler zu verantwortungsvollen kritischen Staatsbürgern zu erziehen und ihnen eigene Verantwortung sowie eine praktische Demokratieerfahrung zu ermöglichen.

Schließlich muß festgehalten werden, daß viele der von den pädagogischen Experten der USA geäußerten Anregungen in der Diskussion blieben und sich im Laufe der Jahre durchsetzten, ohne daß eine direkte Einflußnahme nachgewiesen werden kann. So wurde 1949 ein „Psychologischer Dienst" durch das Unterrichtsministerium eingerichtet und in Wien-Heiligenstadt ein Institut für Erziehungshilfe nach dem Muster einer amerikanischen „Child-Guidance"-Klinik gegründet. Auch das „Institut für Zeitgeschichte" an der Wiener Universität basiert auf den Forderungen der Amerikaner nach mehr Beschäftigung mit Gegenwartsproblemen. Die Schaffung des Österreichischen Buchklubs der Jugend und die Aktivierung der Elternvereinigungen gehen nachweislich auf Initiativen der Education Division zurück (Hiller, S. 326). Manche Gedanken düngten freilich nur den Boden und machten ihn fruchtbar für Neues.

Quellen und Literatur

Quellen

Department of State, Washington: Proceedings of the Allied Commission. Official minutes of the meetings of the Allied Council (ALCO) and the Executive Committee (EXCO), and verbatim accounts as recorded by the U.S. element, as well as other papers and annexes *(zit. als: ALCO bzw. EXCO)*. Die offiziellen Protokolle („Minutes") zu den einzelnen Tagesordnungspunkten der Sitzungen („Meetings") wurden fortlaufend numeriert. (Auf Mikrofilm in: Österreichische Nationalbibliothek, Wien.)

Washington National Records Center, Washington D. C.:
    Benner, Thomas E.: Synopsis of Post-war Education in Austria, 1947, Record Group 260, Box 58888-1 *(zit. als: Synopsis).*
    Educational Rehabilitation in Post-war Austria. Part III: The effects of the occupation on Austrian education, Chapter E-O *(zit. als: Educ. Rehab. III).* Record Group 260, Box 58888-1
    Rehabilitation of Austrian Education 8 May 1945–31 December 1947. Record Group 260, Box 58888-1 *(zit. als: Rehab. 1945–1947)*
    (Kopien in: Institut für Zeitgeschichte, Universität Wien)

Allgemeines Verwaltungsarchiv, Wien:
    Staatsamt für Volksaufklärung, für Unterricht und Erziehung und für Kul-

tusangelegenheiten bzw. Bundesministerium für Unterricht, Präsidialakten 1945 ff. *(zit. als: AVA Wien STfVUEK bzw. BMfU Präs.)*
Bundesministerium für Unterricht und Kunst, Registratur:
Staatsamt für Volksaufklärung, für Unterricht und Erziehung und für Kultusangelegenheiten bzw. Bundesministerium für Unterricht, Aktenbestände 1945 ff. *(zit. als: BMUK Reg. STfVUEK bzw. BMfU)*
Agreements between the Government of the United Kingdom, the United States of America and the Union of Soviet Socialist Republics and the Government of the French Republic concerning Control Machinery and Zones of Occupation in Austria and the Administration of the City of Vienna. Treaty Series No. 49. London o. J. (1946). *(zit. als: Treaty Series No. 49)*
Allied Commission for Austria: Gazette of the Allied Commission for Austria. Vienna, 1945–1955 *(zit. als: Gazette No.)*
Military Government Austria: Report of the United States (High-)Commissioner. Vienna Nos. 1–53 (1945–1951) *(zit. als: Report No.)*

Literatur

Aichinger, Wilfried: Sowjetische Österreichpolitik 1943–1945. Wien 1977 (Materialien zur Zeitgeschichte 1, hrsg. von der Österreichischen Gesellschaft für Zeitgeschichte, Wien)

Bader, William B.: Austria Between East and West 1945–1955. Stanford Cal. 1966

Braun, Josef / Zirkler, Josef: Das Pflichtschulwesen in Niederösterreich seit 1945. In: Pädagogische Mitteilungen. Beilage zum Verordnungsblatt des Bundesministeriums für Unterricht, Jahrgang 1954, S. 111–112

Brauneder, Wilhelm / Lachmayer, Friedrich: Österreichische Verfassungsgeschichte. Einführung in Entwicklung und Strukturen. Wien 1976

Ekern, H. O.: Index to Subjects considered by the Allied Council and Executive Committee from September 11, 1945 to September 11, 1953. Vienna o. J.

Engelbrecht, Helmut: Lehrervereine im Kampf um Status und Einfluß. Zur Geschichte der Standesorganisationen der Sekundarschullehrer in Österreich. Wien 1978

Fadrus, Viktor: Der Wiederaufbau des österreichischen Bildungswesens nach 1945. In: Freie Lehrerstimme 70 (1965), S. 125–126

Fischer, Ernst: Erinnerungen und Reflexionen. Reinbek 1969 *(zit. als: Fischer, 1969)*

Fischer, Ernst: Das Ende einer Illusion. Erinnerungen 1945–1955. Wien–München–Zürich 1973 *(zit. als: Fischer, 1973)*

Fischl, Hans: Schulreform, Demokratie und Österreich 1918–1950. Wien o. J.

Hannak, Jacques (Hrsg.): Bestandsaufnahme Österreich 1945–1963. Wien–Hannover–Bern 1963

(Hawkins, Harold M.): Allied Commission for Austria. Background, Principles and Procedures. A. Guide. o. J.

Hiller, Alfred: Amerikanische Medien- und Schulpolitik in Österreich (1945 bis 1950). Phil. Diss. Wien 1974

Institut für Österreichkunde (Hrsg.): Zwei Jahrzehnte Zweite Republik. Graz–Wien 1965

Österreichisches Jahrbuch 1945–1946. Nach amtlichen Quellen hrsg. vom Bundespressedienst. 18 (Wien 1947); 1947, 19 (Wien 1948) ff.
Kocensky, Josef (Hrsg.): Dokumentation zur österreichischen Zeitgeschichte 1945–1955. Wien–München 1970 (2. Aufl. 1975)
Mikoletzky, Hanns Leo: Österreichische Zeitgeschichte. Vom Ende der Monarchie bis zum Abschluß des Staatsvertrages 1955. Wien 1962 (2. Aufl. 1964)
Peter, Heinrich: Die Entwicklung der österreichischen Lehrerbildung seit 1945. In: Pädagogische Mitteilungen. Beilage zum Verordnungsblatt des Bundesministeriums für Unterricht, Jahrgang 1954, S. 37–41
Reichhold, Ludwig: Zwanzig Jahre Zweite Republik. Österreich findet zu sich selbst. Wien 1965
Spachinger, Othmar / Spreitzer, Hans / Sretenovic, Karl (Hrsg.): Die österreichische Schule 1945–1975. Wien 1975
Stourzh, Gerald: Die Regierung Renner, die Anfänge der Regierung Figl und die Alliierte Kommission für Österreich, September 1945 bis April 1946. In: Archiv für österreichische Geschichte 125 (Wien 1966) S. 321–342
Verosta, Stephan: Die internationale Stellung Österreichs. Eine Sammlung von Erklärungen und Verträgen aus den Jahren 1938–1947. Wien 1947
Weinzierl, Erika / Skalnik, Kurt (Hrsg.): Das neue Österreich. Geschichte der Zweiten Republik. Graz/Wien/Köln 1975

Register

Personenregister

Acheson, Dean G. 84
Ackermann, Anton 232, 238, 243, 246 f., 252, 264
Adcock, Clarence 77
Alexander, Georg 121, 138
Alexander, R. Thomas 64, 73, 81 f.
Amelunxen, Rudolf 114
Anderson, Eugene 71 f., 80
Anweiler, Oskar 12
Arnold, Karl 114
Asbury, William 116

Balfour, Michael 174
Bardenhewer, Luise 144
Barker, Sir Ernest 177
Barth, Karl 133
Baty (Chef der Erziehungsabteilung, britisches Element, Österreich) 301
Becker, Hellmut 166
Beckmann, Emmi 144
Beckmann, Joachim 182
Beermann (Gymnasialdirektorin) 157
Bell, George Kennedy Allen (Lordbischof von Chichester) 130 f.
Benaerts, Pierre 204
Benner, Thomas E. 282, 289, 302, 306
Benton, William 76, 79
Bergmann, Walter 80 f.
Bergstraesser, Ludwig 126
Bertaux, J. 205
Bertaux, P. 205
Beveridge, Lord William Henry 171
Bevin, Ernest 116, 133
Bidault, Georges 204
Birley, Sir Robert 115–120, 122, 124–131, 135 ff., 151, 163, 176, 179 ff., 188
Bishop, Sir Alec 127
Bismarck, Otto von 128 f., 191
Boehringer, Erich 170
Bohlen, Adolf 144
Bolz, Lothar 247
Borinski, Fritz 127, 138

Bormann, Martin 208
Borodin, Alexander 150
Bovenschen, Sir Frederick 69
Bowles, Gordon 71
Boyle 77
Brandt, Willi 65
Brauer, Max 114
Braun, Max 159
Britten, Benjamin 150
Browning, Gordon 77
Brownjohn (Generalleutnant) 116
Brzezinski, Zbigniew K. 232, 243
Buhrmann, Parker 78
Buisson (General) 204
Buller, Amy 186
Bungardt, Karl 94
Burge (Bischof von Oxford) 131
Butenandt, Adolf Friedrich Johann 196
Butler, E. M. 186
Butler, R. A. 106, 108
Byrnes, James Francis 62, 64, 79, 89 ff.
Byroad 84

Carlisle, Ian 155
Castellan, Georges 208
Churchill, Sir Winston 103
Clappier, Louis 208
Clark, Mark 281
Clay, Lucius D. 58 f., 62, 74–79, 81 ff., 91 f., 94 ff., 101
Collinson, W. E. 186
Cortlett (Unterhaus-Abgeordneter) 126
Courant (Professor) 186
Coverlid (Melbourner Germanistin) 159
Crawford (Leiter des German Educational Department) 117, 130, 134 f.
Creighton (Deputy Educational Adviser) 116, 133
Crespigny, Hugh de 116
Cunningham (University Control Officer) 116

Dance, B. 159
Daudet, Léon 203
Davis, Hedley 155 ff., 164 ff.
Day, Edmund 71
Dean (Leiter des German Political Department) 130
Deiters, Heinrich 256, 259 f., 265
DeLong, Vaughn 75
Dewey, John 40 f., 45—51, 60, 91
Dimitroff, Georgij 231
Dodds, Eric Robertson 111, 172 f., 175
Döblin, Alfred 209
Dorn, Walter 77
Douglas, Sir Sholto 116
Drenckhahn, Friedrich 180
Droysen, Gustav 15

Ebbinghaus (Rektor) 74
Eckert, Georg 129, 146, 157, 160
Eden, Anthony 108
Ehard, Hans 82
Eisenhower, Dwight D. 68, 73, 120
Elgar, Sir Edward 150
Eliot, Thomas Stearns 171
Elvers, Gerd 155
English, Mildred 82
Everling, Henry 179 ff., 188

Fadrus, Viktor 284, 287 f., 307
Falk, Charles 82
Faulhaber, Michael von 81
Featherstone (Lt. Colonel) 289
Fichte, Johann Gottlieb 43, 48 f.
Fischer, Aloys 251
Fischer, Ernst 284, 287, 291, 304
Först, Albert 271 f., 277
François-Poncet, André 203, 205
Fraser, Lindley 133
Fricke, Karl-Wilhelm 240
Friedmann, Wolfgang 174
Friedrich der Große 146
Fry, J. C. 296
Fulbright, James William 100
Fuller, Leon 71

Gailey, Charles 77
Galilei, Galileo 46
Gamillscheg, Ernst 196
Garve, Christian Heinrich 17
Gassner, Heinrich 287

Gaudig, Hugo 224
Gaulle, Charles de 193, 204
Gayre (Colonel) 111
Geyer, George 68, 75
Giron, Irène 207
Gläser, Lothar 246 f., 265
Goebbels, Josef 153
Goethe, Johann Wolfgang von 118
Goldstein, Thomas 83
Gollancz, Viktor 107, 113, 130
Grace, Alonzo 64, 83 f.
Graham, Frank 71 f.
Grappin, Jacqueline 208
Grappin, Pierre 201, 209
Grew, Joseph 72
Grimm, Jacob 128
Grimme, Adolf 114, 122, 125, 133, 141, 156
Grosche, Robert 180, 183
Grotewohl, Otto 239
Gruber, Otto 180
Guardini, Romano 196

Haffner, Sebastian 202
Hagener (Schulbuchautor) 165
Hallstein, Walter 177 f.
Hamilton, Alexander 43
Harcourt, Robert d' 204
Hartshorne, E. Y. 73 f.
Hearnden, Arthur 119
Hegel, Georg Wilhelm Friedrich 18, 43, 48 f.
Heine, Heinrich 141, 196
Heise, Wilhelm 255 f., 265
Heiter, Heinrich 232, 243
Henderson, Lord William Watson 135
Herbst, Jurgen 12
Herder, Gottfried 16
Hilldring, John 69, 76
Hiller, Alfred 279
Hindenburg, Paul von 128
Hitler, Adolf 47, 50, 90, 104, 122, 130, 143, 153
Hoffmann, Ernst 262, 265
Honnecker, Erich 230
Hovde, Bryn 70, 72
Howe, Mark 69 ff.
Humboldt, Wilhelm von 81, 118, 122
Hume (Direktor der Education Branch 1947–1948) 115, 128

Hundhammer, Alois 62, 64, 81 ff., 93
Hurdes, Felix 304
Husemann, Harald 185
Hynd, John 116

Ilg, Ulrich 285

Jaspers, Karl 187
Jefferson, Thomas 43
Jodds (Professor) 133
Johnston 83

Kaiser, Jakob 238
Kant, Immanuel 45 ff., 203
Karsen, Fritz 75, 159, 160
Kellermann, Henry 80, 83 ff., 101
Kerschensteiner, Georg 224, 251
Key, Ellen 224
Keyes, G. 295
Kirby (General) 111
Kirkpatrick, Sir Ivone 117 f., 130
Klafki, Wolfgang 247
Knappen, Marshall 56, 68, 73 ff., 80, 85
König (Schulbuchautor) 164 f.
Koenig, Pierre 204
Koeppler, Heinz 132 ff.
Kogon, Eugen 126
Konen, H. 114
Kopernikus, Nikolaus 146
Kopf, Hinrich 114
Koszyk, Kurt 115
Kourasov, V. V. 295
Kreuziger, Max 252
Kuklinski, Wilhelm 114

Lacroix, Elisabeth 159
Laferton, Franz 188
Landahl, Heinrich 114, 123, 180
Lattre de Tassigny, Jean de 120, 204
Lawson, Robert F. 22
Leberl, Lucie 165
Lemmer, Ernst 238
Leonhard, T. J. 159 f., 163
Leß, Heinrich 252, 266
Leverich 79, 80
Lichtwark, A. 224
Lieth, Hermann 224
Lilje, Hanns 126
Lindemann, Edward 71

Lindsay (Lord) 125, 131, 133, 163, 179, 182, 185 ff.
Litt, Theodor 251
Littmann, Ulrich 100
Löwe, Adolf 187
Lüdemann, Hermann 114

MacLeish, Archibald 58, 61, 69 ff., 90
März, Adolf 279
Mann, Willi 250 f., 257, 266
Manns, Peter 192
Marquardt, Erwin 253, 256, 266
Marshall, George 62, 233, 238
Marx, Karl 196
Mauersberger (Professor) 151
Maurois, André 205
Mayes, Martin 82
McCloy, John J. 95
McClure (General) 76
McGuire, Martin 71
McRae, Robert 79
Meinzolt, Hans 77
Melnikov (Professor) 160
Merck, Ernst 144
Minder, Robert 203, 208
Mitropolsky (Professor) 159 f., 253
Moberly, Sir Walter 186
Möhlmann, Carl 144 f.
Montgomery, Bernard Law 116, 120
Morgenthau, Hans 40–44, 50 f., 54 ff., 87
Mounier, Emmanuel 208
Mountford, Sir James 187
Müller (Regierungsdirektor) 157
Müller, Ernst 263, 266
Müller, Hugo 161
Muller, Walter 76, 82
Murphy, Robert 74, 78
Murray, Gilbert 173
Musil, Josef 288

Napoleon Buonaparte 148, 191
Newton, Sir Isaac 46
Niebuhr, Reinhold 71 f.
Niemöller, Martin 76
Nietzsche, Friedrich 203
Nizer, Louis 201

Oesau (Schulbuchautorin) 165
Olagnier, Paul 203

Ormesson, Wladimir d' 203
Ortega y Gasset, José 187

Pakenham, Lord Francis Augnier 116, 123, 133
Pakschies, Günther 115
Panzer, Gertrud 144
Pechel, Rudolf 126
Pestalozzi, Johann Heinrich 164
Petersen, Katharina 180, 183
Pieck, Wilhelm 246
Pinnow (Schulbuchautor) 160
Potter, John Milton 71
Pundt, Alfred 76

Quillan (Professor) 159

Rambert, Marie 171
Ramschauer (Direktorin der Pädagogischen Hochschule Oldenburg) 164
Ravel, Maurice 150
Read, James 89
Reimers, Walter 183, 187
Renner, Karl 282, 287, 304, 308
Riddy, Donald 68, 115
Rivau, Jean du 208
Robbins, Warren M. 289
Robertson, Sir Brian 116, 121, 133, 135 ff.
Rönnebeck (Oberschulrat) 144
Roeßler, Wilhelm 12 f.
Romains, Jules 200
Ronalds, N. B. 109
Roosevelt, Theodore 41, 53, 56, 103
Rotteck, Karl von 20
Rovan, J. 205
Rudzio, Wolfgang 124 f.
Rücker, Fritz 246, 253, 266
Rückriem, Georg 13
Rul, Georges 203
Rusack, Werner 157

Salis, Jean Rudolf von 125, 182 f., 187
Samuel, Richard Herbert 177
Sasela (Schulbuchautor) 165
Sauer, Albert 216, 222
Schacht, Hjalmar 43
Schäfer (Schulbuchautor) 165
Schauer (1. Vorsitzender des Central Textbook Committee) 156

Scheel, Walter 65
Schietzel (Schulbuchautor) 165
Schiller, Friedrich von 128
Schirach, Baldur von 146
Schmid, Carlo 126, 212, 214, 216, 219, 227
Schmidt, Helmut 181
Schmittlein, Raymond 192 ff., 199, 206 f., 210, 212, 228
Schöningh, Eduard 165
Schnabel (Schulbuchautor) 160
Schukow, Grigori 120
Schumacher, Kurt 125, 133
Schwarz, F. H. Chr. 20
Schwarz, Hans-Peter 232
Schafer, Paul 70
Schuster, George 71
Siemsen, Anna 251
Silvestri, Gerhard 279
Smith, T. V. 73
Snell, Bruno 180
Snyder 81
Spalding, Willard 79
Spaulding, Wilder 289
Spender, Stephen 183
Spranger, Eduard 17, 196, 251
Springer (Stadtschulrat für Wien) 288
Stalin 104, 161, 233, 255
Staritz, Dietrich 235
Stayer, M. C. 75
Steltzer, Theodor 126
Stone, Shepard 89
Strafford, Orrell 155, 158
Strang, Sir William 108, 113, 116, 136 f.
Studebaker, J. W. 282
Stückrath (Schulbuchautor) 165
Suckut, Siegfried 235
Süvern, J. W. 19 f.
Swarm, William 82

Taylor, John 68–81, 133
Teusch, Christine 114, 122
Theunert, Franz 182
Thomas, Richard Hinton 177
Thompson, Dorothy 202
Tilroe, Dexter G. 283
Toynbee, Arnold 131, 133
Troutbeck, John-Morton 108
Truman, Harry S. 62, 72, 233

Truscott, Bruce 187
Tulpanow (Politoffizier der SMAD) 238
Turn (Schulrat aus Braunschweig) 157

Uhlich, Robert 72
Uhlig, Gottfried 253, 255
Ulbricht, Walter 238, 241, 248, 259, 267

Vaillant, Jérôme 12
Vansittard, Lord Robert Gilbert 104 f., 107, 112, 201 f.
Vermeil, Edmond 203

Wächtler, Fritz 153
Wagoner, Van 82
Walker, Herbert 116, 118, 123, 128 f., 132 ff.
Wandel, Paul 248, 252, 256, 267
Waterfield, Sir Percy 186
Weber, Alfred 129
Weber, Carl Maria von 150
Weber, Max 129
Weizsäcker, Carl Friedrich von 182, 187
Welcker, Otto 20
Wells, Herman B 58, 64, 74, 81, 83 f., 89, 94, 96 f.
Werdier (Schulrat aus Hamburg) 157
Werneke (Professor) 157
Wilcox (Chief Educational Officer) 116
Wilhelm II. 50
Wilkinson, Ellen 142
Williams, Samuel 289
Winant, James 69
Winsauer, Heinrich 284 ff.
Witte (Schulbuchautor) 164 f.
Wittwer, Wolfgang W. 12
Wolf, Friedrich August 16 f.
Woods, Sam 77, 82

Zheltov 296
Zimmern, Sir Alfred 69
Zook, George 79 f., 84, 96

Sachregister

Abitur(s) 207, 220
—, Reform des 200
Adolf-Hitler-Schulen 151
Adoptions-Programm 300
Aktionsprogramm des Blocks der kämpferischen Demokratie 246
„Allemagne" 208
„Allemagne d'aujourd'hui" 208
Allgemeinbildung 256, 258
Allied Control Authority (ACA), Directive Nr. 54   23, 81, 220
Allied Control Council (s. a. Kontrollrat, Alliierter) 70, 81
Alliierter Kontrollrat, Directive Nr. 54 23, 81, 92, 94
Alliierter Rat 278 ff., 297
American Council on Education 96
Amerikahäuser 96
Amerikanisierung des Schulwesens 64
Anlernung in verkürzter Lehrzeit 249
Anstellung der Dozenten und Professoren 168
Antifa-Lager 204
Antifaschismus 231
Antikapitalismus 161
Antikommunismus 135, 161
Arbeiterbewegung 19, 21, 257
Arbeiter- und Bauernkinder, Förderung der 242
Arbeiter- und Bauernstudium 26 ff.
Arbeitsgemeinschaft der Schulbuchverleger 155, 157
Arbeitskräfte, Lenkung der 236
Arbeitsschulbewegung 224
Arbeitsschultheoretiker 242
Arbeitsstudium, Vorschule für das 271 f.
Arbeitsunterricht 302
Assistentenaustausch 149 f., 152

Association of University Teachers
 (AUT) 172, 174 f., 179, 182, 186,
 188
Atlantische Charta 68, 103 f.
Aufbauschule 80
Aufstiegsideologie 260
Ausbildung, berufsbildende 26
— der Länder 34
—, örtliche 29
—, technische 26
Auslese 221
Ausleseverfahren 34
Außenministerkonferenzen
 (s. u. Konferenzen)
„Aussprache" 208
Austausch (s. a. Besucherprogramm)
 125, 147, 149, 171
—dienst 96
—politik 54
—programm 59, 64 f., 79 f., 83, 94,
 97, 99 f.
Autonomie der Institutionen 25
— des Menschen 48

Baden 211
Basic Handbook for Military Government of Germany 55
Baulehrhof 250
Bayern 62, 81 f., 84, 93
BBC 149
Begabtenförderung 218, 255
Begabtenprüfung 272 f.
Begabungsgruppen 34
Behörden, Zusammenarbeit mit deutschen 143
Benotungssystem 197
Beratung, pädagogische 94
Bergakademie Clausthal-Zellerfeld 169
Berlin 27 ff., 93, 128, 143, 150, 158,
 250
Berufsausbildung 206
—, niedere 249
Berufsberatung 36, 302
Berufsbilder 248, 251
Berufsschule 44, 56, 145, 235, 302
Berufsschulpflicht 249, 251, 253 f.
Berufsschulreform 1948 260
Berufswahl 33
Besatzungsstatut 64, 137, 222, 229

Bestrafungskonzept 54
Besucherprogramm 149
Betriebsberufsschulen 236, 261
Betriebsgewerkschaftsleitung (BGL)
 239
Bibliotheken 96, 98
Bildung(s) 14, 23, 174, 195
—bürgertum 117
—chancen 59
—ideal 256
—kommission für Deutschland 78 f.
—kommission für Japan 78
—politik 14, 16
—privileg(s), Brechung des 264
—programm 24
—rat, Deutscher 100
—reform, sozial-demokratische 23, 25
—system, einheitliches 260
—werte, klassische 26
—wesen, Wandel im 23 f.
—ziel 14
Biologie 145
Bischöfliches Ordinariat Rottenburg
 212, 217, 221
Bizone 63
„Blaues Gutachten" 172, 188
Board of Education 108, 111, 173
Bodenreform 234, 240
Bolschewismus 146
Bremen 62, 64, 93, 134
Britischer Rat (s. u. British Council)
British Council 128, 136 f., 148, 173
Buchklub der Jugend 306
Büro für internationale Beziehungen
 und Dokumentation (BILD) 208
Bund Entschiedener Schulreformer
 224, 246
Bundesministerium für Unterricht 279,
 292 ff., 297 ff., 301, 303, 306
Bundesrepublik Deutschland 13 ff.,
 19, 28, 65, 134, 137
Bundestag 97 f.
Burge Memorial Trust 131

CCS 551   111
Central Textbook Committee 155 ff.,
 163
Chancengleichheit 32, 60 f.
Chatham House 173

Chemie 145
„Child-Guidance-Clinics" 98, 306
Christentum 130 f., 217, 219
Christlich-Demokratische Union (CDU) 63 f., 114, 198, 215 ff., 219 f., 225, 234, 239, 272
Christlich-Soziale Union (CSU) 64
Christlich-Sozialer Volksdienst (CSVD) 215
christliche Erziehung 217
Civil Affairs Detachment 70
Civic Affairs Training (CAT) 73
Comité français d'échanges avec l'Allemagne nouvelle 208
Containment 62
Control Commission for Germany, British Element 69, 111 f., 115 f., 126 f., 131 f., 136, 140 f., 149, 151, 153, 172, 174 f., 178 f.
Control Office for Germany and Austria 115 f.
Council for Education in World Citizenship 173
Counter Intelligence Corps (CIC) 76, 297 f.
Cultural Relations Division (ECR) 81 ff.
Curriculum Centers 158

„Das Goldene Tor" 209
Demokratie 15, 40, 43, 52, 54 f., 57, 61, 65, 82, 91, 93, 117, 124 f., 128, 136, 138, 148, 196 ff., 209, 232, 257, 282, 299
—, Erziehung zur 42
—, soziale 23, 35
Demokratisierung 50, 52, 55 f., 60, 65, 68, 92, 95, 135 f, 167 f., 172, 215, 217 f., 220, 227, 241, 281 f., 292, 303
Denkschrift zur Neuordnung des Erziehungswesens 222
Department of State (s. u. State Department)
„Der Ruf" 204
Deutsche(n), Zusammenarbeit mit den 26
Deutsche Demokratische Republik (DDR) 14 f., 19, 22, 25, 31 f., 36, 162

Deutsche Verwaltung für Volksbildung (DVfV, vormals: Deutsche Zentralverwaltung für Volksbildung) 248, 253 ff., 274, 276
Deutsche Volkspartei (DVP) 215 f., 219
Deutsche Wirtschaftskommission 236, 275
Deutsche Zentralverwaltung für Volksbildung 268
Deutscher Gewerkschaftsbund 186
Deutsches Reich 19
Deutsch-Französischer Vertrag (1963) 199
deutschkundliche Fächer 18
Deutschunterricht 145, 157, 163, 292
dezentralisiertes System der Erziehungsverwaltung 33, 70
Dezentralisierung 54, 199
Didaktik 293
„Die Brücke" 127
Direction de l'Education Publique 192
Directive on Education, Youth Activities and German Church Activities 1945 118
Direktive Nr. 54 des Alliierten Kontrollrats (s. a. Allied Control Authority) 220
Diskurs 16
Disziplin 94, 204, 212
„Documents" 208
Doktrinen, kommunistische 26
Dolmetscherschule Germersheim 207
Dozenten, Stellung der 177
dreigliedriges Schulsystem 59 ff., 64, 237
Drittes Reich 19, 141, 149, 154, 165, 173, 203
Durchlässigkeit 223, 256, 296

Ecole nationale d'Administration 207
Ecoles normales 206, 219
Education Act (1944) 69
Education Branch 115 f., 118, 120 f., 123, 125, 128, 132, 134, 137, 140, 156, 158
Education Division Wien 282 f., 289, 299 ff., 306
Education Instructions to German Authorities 123

Education and Religious Affairs
　　Branch (ERA) 68–85
Education and Religious Affairs
　　Subsection 68
Education Section 70
Educational Advisor of the Military
　　Governor 115 f., 124, 135
Educational Directorate 280, 288, 294
Educational Reconstruction 124
„Einheit" 232
Einheit, deutsche 242
—, nationale 55, 68, 90
Einheitlichkeit 22, 31 f.
Einheitsschule 18, 22, 28, 31 f., 37,
　　79 f., 92 f., 100, 218, 222 f., 245–
　　264, 302, 304
Eisenbahnerschulen 249
EKD 131, 222
Elementarschulen 42
Elite(n) 27, 29
—austausch 240
Elternvereine 64, 303, 306
Emigranten 43, 56, 72, 298, 304
Emigration 107, 246
Englischunterricht 145, 162, 288 f.,
　　305
Enteignung 236, 240
Entkonfessionalisierung 247
Entmilitarisierung 54, 88 f., 117
Entnationalisierung 54
Entnazifizierung(s) 40, 61, 74, 77 f., 81,
　　88 f., 106 f., 111 f., 117, 119, 144,
　　153, 173 f., 192, 195, 201 f., 205 f.,
　　213, 218, 223, 225, 239 ff., 247 f.,
　　284, 290 f., 298
—kurs 144
Entstaatlichung 54
Erdkunde 145 f.
Erstes Kontrollabkommen 280, 297
Erwachsenenbildung 18, 125, 127, 182,
　　187
„Erziehung" 299
Erziehung(s), allgemeinbildende 33
—, berufsbildende 33, 36
—, nationale 20
—, staatsbürgerliche (Staatsbürger-
　　kunde) 64, 92 f., 205, 306
—amt 145
—direktorium 281
—feld 15, 18

—hilfe 306
—ideen, radikale 22
—ministerkonferenz (1947) 81
—wesen, Wandel im 25
—ziele, Planung der 92
European Advisory Commission
　　(EAC) 108 f., 111
Evangelische Kirche 180, 217, 221
Evangelische Lehrergemeinschaft 216
Evangelischer Oberkirchenrat
　　(Stuttgart) 212, 221

Fabrikschulen 249
Facharbeiter 236, 249, 258
Fachschule 248, 256
Familie 43
Faschismus 201 ff., 236, 240, 257
Flüchtlinge (s. u. Emigranten)
Foreign Office 104 f., 108 f., 111, 123,
　　129, 167, 171
Forschung 46
Fragebogen 168 f., 183, 206, 290
Französischunterricht 288 f., 292, 305
Fraternisierungsverbot 112, 123
Frauenoberschulen 292
Frauenstudium 184
Freie Universität Berlin 83
Freier Deutscher Gewerkschaftsbund
　　(FDGB) 263, 272
Freiheit, akademische 99
—von Forschung und Lehre 182
Fremdsprachenunterricht 288 f., 292,
　　305
Friedensgesinnung 15
Führerprinzip 61
Fulbrightabkommen (1952) 100

„Gazette of the Allied Commission
　　for Austria" 279
Gebildete 47
Gemeinde 34
Gemeinschaftskunde 65, 165
Geographie 157, 159, 163, 292, 294,
　　303
German Advisory Section (im Foreign
　　Office) 108
German and Austria in the Post-
　　Surrender Period: Policy Directives
　　for the Allied Commanders in
　　Chief 110

German-British Christian Fellowship 127
German Country Unit (GCU) 68 f.
German Department (im Foreign Office) 116
German Educational Department (im Foreign Office) 117, 128, 130
German Political Department (im Foreign Office) 116 f., 130
German Section (im Foreign Office) 116 f., 126, 136, 172
Gesamtschule 24 f., 101, 200
Gesamthochschule 200
Gesamtschulsystem 60
Geschichtsunterricht 23, 93, 128, 145 ff., 157, 159 f., 163, 195, 246, 292, 294, 302 f.
Gesellschaft(s), demokratische 259
—, kapitalistische 63, 161
—, pluralistische 33, 35
—lehre 157
Gesetzgebung der Länder 93
Gesinnung, staatsbürgerliche 14, 19, 21
Gewerbeschulen 249
Gewerkschaft Erziehung und Wissenschaft (GEW) 14
Gewerkschaft ÖTV 225
Gewerkschaften 63, 98, 182, 186, 217
Gleichberechtigung im Schulwesen 92 f., 95
Gleichheit 20, 28, 31, 71
Gleichschaltung 229
Griechischunterricht 220
Grundgesetz 15, 84, 127, 134, 229
Grundrechte 104, 197
Grundschulen 74, 92, 112, 154, 220, 223, 246, 252 f., 256
Gruppe 47 208
Gruppenunterricht 302
Gutachten zur Hochschulreform (s. u. „Blaues Gutachten")
Gymnasien 74, 78, 143, 149, 220 f., 224, 288 f., 295
Gymnasialreform 112

Hamburg 93, 114, 134, 141, 143
Handbook of German Education 141
Handbuch 55, 68, 70, 110, 281, 285
Handwerksideal 258

Hannover (Provinz) 143
Hauptschule 295 f.
Heimat 15
—kunde 157, 159, 163
Heimvolkshochschule 127
Herrschaft 18
Hessen 62, 93
High Commissioner (HICOG) 84, 89, 95 ff., 99 f., 137
High School 50 f.
Hilfswerk, akademisches 170
Hitlerjugend 141, 169
Hochkommissar (s. a. High Commissioner) 89, 95, 280
Hochschule(n) (s. u. Universität)
—, Öffnung der 18
— für Politik 98
—, Wiedereröffnung der 44, 74, 118, 167, 196
Hochschulgründungen 199
Hochschullehrer 109
Hochschulrat 177, 184 f.
Hochschulreform 125, 167, 169, 172–188
Hochschulreife 18
Hochschulzugang 252
Humanismus 214, 221
Humanität 20, 219

Idealismus, Philosophie des deutschen 45 f., 49, 221
Imperativ, Kategorischer 48
Imperialismus 46, 202
Industrie 42 f., 46, 54, 56, 190, 202, 236, 263
Information Control Division (ICD) 74, 76
Ingenieurschulen 236
Integration von berufsbildender und allgemeinbildender Erziehung 32, 255, 259, 261, 263
Intelligence Branch 76
Interalliierte Kommission 287
Interdivisional Committee on Germany 69 ff., 90
Interministerielle Kommission (Wien) 287
Internal Affairs and Communications Division 75

internationale Erziehungskommission 176 f.
Inter Nationes 100

Japan 78
JCS 1067 44, 56 f., 59, 70, 89 ff.
JCC 1779 59 f., 63, 91, 92
Jugend 15, 19, 21, 24, 28, 35, 40, 88, 195, 198, 212, 217, 221, 249, 258
—aktivitäten in der Schule 303
—arbeit 145
—bewegungen 30
—büchereien 157
—treffen 207
—verbände 54

Kalter Krieg 59 f., 62, 83, 88, 229
Kapitulation 106, 173
Katholische Elterngemeinschaft 216
— Erziehungsgemeinschaft 216
— Kirche 183
Kernstudien 35
Kinderfürsorge 98
Kindergarten 43, 254, 283
Kirche(n) 34, 64, 184, 197 f., 208, 212 f., 215, 217, 220 ff., 224 f.
„Klassensystem" (s. a. Schulsystem, mehrgliedriges) im Schulwesen 95
— im Hochschulwesen 176
Kollektivschuld 55, 76, 107, 131, 202
Kominform 242
Kommission für Schulbücher und Schulgestaltung 284
— für die Umgestaltung des Unterrichtswesens 246
Kommunalverfassung 125
Kommunismus 31, 57, 60, 62 f., 160 f.
Kommunisten 225, 237, 242, 262, 284, 304
Konferenz von Casablanca 105 f.
— von Jalta 105 f.
— von London 134
— von Moskau 62, 108, 116, 134
— von Teheran 105 f.
Konfession(s) 50
—schule 112, 197, 199, 214, 217 ff., 224, 226
Kontrollkommission, britische (s. u. Control Commission)
—, sowjetische (s. u. SMAD)

Kontrollrat, Alliierter 44, 92, 120, 195, 220 ff.
Konzentrationslager 42
KPD 215 f., 219, 234 f., 237 f., 246 f., 252, 255, 270, 272
— Gründungsaufruf 238
KPÖ 283, 291
Kriegsgefangene(n), Umerziehung der 132, 201, 204 ff.
Kriegsverbrecher 117
Kultur, abendländisch-europäische 19, 130, 214
—, christlich-humanistische 122, 214
—, deutsche 27, 33, 36, 71, 93, 122, 173, 205
—arbeit, nationalsozialistische 153
—austausch 99, 303
—leben 21
—gut 37
—imperialismus, französischer 198
—kampf 82, 198
—mission (franz.) 208
—nation, kulturnational 14 f.
—normen 37
—politik 53, 181, 193, 201, 204 f., 209
—raum, deutscher 15
—vereinbarung mit den USA 100
Kulturelle Beziehungen 91
Kunsterziehung(s) 145
—bewegung 224
Kurssystem 253

Länder 28, 114, 117, 134, 142, 162, 199, 254, 274
—, Partikularismus der 199
Lageruniversität 205
„Lancelot" 209
Landerziehungsheime 224
Landesschulrat 285 f.
Landschulbuchausschuß 155
Landtagswahlen 1947 114, 134
Landwirtschaft 30, 33, 234 f.
Lateinunterricht 145, 220, 288 f., 305
Lebensraumideologie 285
Lehrbetriebe 254
Lehrbuch, Lehrbücher(n) 56, 58, 109 ff., 144 f., 147, 153, 195, 294
—, Mangel an 149
—überprüfungsstelle 146

Lehrer 14, 18, 42, 69, 109, 147, 155, 162
— aus dem Ausland 110
— aus den USA 75
—, Entsendung von 43
—, Kurse für 117, 147 ff.
—ausbildung, —bildung 18, 23, 79, 92, 142, 145, 218, 220, 223, 292 f.
—bildungsanstalten 157, 292
—fortbildung 127, 293
—mangel 100, 142
—stand 14, 18
—verbände 34
Lehrbetriebe 254
Lehrfilme 293
Lehrgänge, differenzierte 35
— zur Lehrerbildung 206
Lehrmethoden 109, 112, 163
Lehrmittel 92, 107, 156, 195, 213, 218, 223
Lehr-, Lernmittelfreiheit 218, 223
Lehrplan, Lehrpläne 30, 32, 34 f., 38, 44, 107, 111, 142 f., 145 ff., 154, 157, 163, 223, 248, 254, 284, 288 f., 291 f., 294 ff.
—, nationalsozialistische 154
—reform 112
Lehrstellenmangel 250
Lehrstoff, Gestaltung des 92, 94, 98, 100 f.
Lehrwerkstätten 250, 258, 260 f.
Leibeserziehung 145 f.
Lernschule 255
Lesehefte 112
Liberale, Liberalismus 24, 225
Liberale Partei Deutschlands (LPD) 272
Long-Range Policy Statement for German Re-education (SW NCC 269/5) 58, 61
London International Assembly (1943) 108, 173
Lycée Français 300

Mädchenschulen 148
Mangelberufe 249
Marburger Hochschulgespräche 177, 186
Marshallplan 63 f., 96, 233, 238, 242

Marxismus-Leninismus 19, 160 f., 242
Massenmedien 30, 106
Mathematik 144 f.
Medizinische Akademie Düsseldorf 175
medizinische Fakultäten 74
Memorandum des Alliierten Rates 280
Menschenrechte 15
„mental-hygiene" 98
Mentalität 15, 17 ff., 21 f., 176, 202
Methoden des Unterrichts 163 f.
Militärregierung 12, 29 f., 63, 70, 73 ff., 79–84, 88, 92 f., 95 f., 109, 114 f., 125 f., 153, 156, 167 ff., 171, 181, 190, 192 f., 195, 208 f., 211–215, 217–222, 224 f., 227
Militarismus 43, 107, 153, 202, 206, 212, 221, 234, 285
—, Einflüsse des 42, 71
—, preußischer 234
Military Government Austria 279
Military Government Regulations (MGR) 58 f., 64, 92
Ministerial Committee on Armistic Terms and Civil Administration 108
Ministerkomitee für Entnazifizierung 290
„Miseducation" 42
Mitläufer 240
Mittelschule 44, 56, 246, 248, 252, 295 f.
Mobilisierung 27 f.
Mobilität, soziale 37
Modernisierungsstrategien 36 f.
Moral, kommunistische 14
Morgenthau-Plan 42, 54, 172
Musikunterricht 145, 150 f.

Nachschulungskurs 286 f.
Nationalbewußtsein 19
Nationalbildung 20
Nationaldemokratische Partei Deutschlands (NDPD) 247
Nationalgefühl 19 f.
Nationalismus 161, 173, 206, 212
Nationalkomitee Freies Deutschland 29, 204 f., 246 f.
Nationalsozialismus 25, 44 f., 47, 51 f., 71, 76 f., 87 f., 91, 98, 104, 106 f.,

109, 122, 128, 153, 160, 201, 203, 208, 212, 221, 226, 268 f., 282
—, Einflüsse des (Gedankengut, Nazis, Naziregime etc.) 27, 30, 42 ff., 60, 69 f., 90, 93, 104 f., 109 f., 112, 119, 140, 143, 148, 150, 154, 165 f., 194, 198, 202, 206, 214, 223, 240, 281, 284, 291, 293
Nationalsozialisten 40, 41, 56, 118, 168, 298
Nationalsozialistischer Lehrerbund (NSLB) 153
Nationalstolz 14
Nazi-Lehrer 44, 50 f., 143, 145
Naturgesetze, Erforschung der 46
NSDAP 206, 235, 240, 284, 290, 298
NS-Elite 54, 151
NS-Schulbücher 44, 153
NS-Schulwesen 44, 120, 144, 153, 213 f., 218
NS-Staat 45, 47, 140, 146
Neulehrer-Lehrgang 241
„Neue Zeitung" 97
Niedersachsen 114, 134, 141, 183
Nordrhein (Provinz) 143
Nordrhein-Westfalen 114, 134
Nordwestdeutscher Rundfunk (NWDR) 128

Oberschule 195, 236, 246 f., 252 f., 255 f., 259, 262, 264, 271
—, zehnjährige allgemeine polytechnische 32, 236
Oberlyzeum 289
Oberstufe(n) 36
—klassen 35
—ausbildung 36
Obrigkeit 202
Ökumene 131
Österreich 278–307
Österreichische Volkspartei (ÖVP) 278, 291
OMGUS 58, 68, 75, 78, 89 f., 93, 96 ff., 282
Organisation for European Economic Cooperation (OEEC) 134
Orientierungsstufe 36
Ost-West-Differenz 26
Ost-West-Kontext 28

Pädagogik 51, 53, 162
— in der Schule 27
—, sowjetische 242
—unterricht 292 f.
— „vom Kinde aus" 224
Pädagogische Hochschule Göttingen 157
Pädagogische Hochschule Oldenburg 164
Pädagogischer Kongreß 242, 256
pädagogischer Putsch 304
Pädagogisierung der Arbeit 250, 264
Pariser Außenministerkonferenz 57, 62
Parlamentarischer Rat 127, 134
Parteien 28, 34, 53, 98, 123, 215, 227, 234, 304
Patriot, Patriotismus 14, 161
Pazifismus 46
Philips-Universität Marburg 74
Philologenverband 14, 64
Philosophieunterricht 292
Physik 145
Policy Enforcement Branch 76 f.
„political re-education" 114, 117, 119, 121, 124, 132, 134
Politikunterricht 23
politische Erziehung 35, 64
Politologie 98, 101
Polizeiwesen, Reformierung des 98
polytechnische Bildung 32 f.
„popular democracy" (s. a. Volksdemokratie) 109 f.
Potsdamer Abkommen 30, 56 ff., 89 f., 119, 140, 153, 161, 239
Pragmatismus 50 f.
Pressepolitik 54
Preußen 146, 203
Preußendeutschland 107
Priesterseminar 205
Primarschule 284
Privatschulen 26, 197, 247
Produktionsschule 224
Professorenaustausch 83
Professorenschaft 117, 168
Propaganda 47, 69
Prüfungsordnungen 248
Prügelstrafe 94
Psychologieunterricht 292 f.
Psychologischer Dienst 306
Public Affairs Division 84, 96

Public Health and Welfare Division 75
Public Safety Branch 168 f.

Quadripartite Committee on Educational Affairs 280, 287 ff., 291 ff, 297
Quellenbücherei, britische 158 f., 162

Rasse 50, 71, 91, 206
Rassenkult 285
Rassenpolitik 104
RAVAG 294
Realgymnasien 288 f., 295
„Réalités allemandes" 208
Realschulen 288
Rechtsstaat 18
Re-education, Re-educationspolitik 19, 41, 45, 50, 53 ff., 58–62, 64 f., 68, 71 f., 77, 80, 86 ff., 90 f., 95, 103 ff., 107 ff., 112 f., 115, 119, 121, 123 f., 156
Reformanstöße 24
Reformpädagogik, -pädagogen 62, 223, 243, 250 f., 254 f., 258, 262
Reifeprüfung in den Kriegsjahren 269
Religionsunterricht 18, 34, 145, 214
Re-orientation 19, 86, 88 f., 91, 95, 96 ff., 281 f., 299 f.
Reparationen 89, 108
„repräsentatives Zitat" 21
Revolution 15, 203, 231
Rheinlandbesetzung 191
Rheinland-Pfalz 193, 194
Rheinstaat 204
RIAS 96, 97
Richtlinien 28 ff., 62, 78, 90, 154, 158
— zur Durchführung der Schulreform auf dem Lande 235
„Rot-Weiß-Rot" (Rundfunksender der US-Besatzungsmacht in Wien) 299
Rundfunkpolitik 54
Russischunterricht 305

SA 88
Saarkommission 158 f.
Saarland 158, 193 f.
Sachsen 240
Säkularität 22, 31

Säuberung, Säuberungsaktion 69, 71, 75, 206, 248
Schleswig-Holstein 114, 116, 125, 127, 134, 143, 145
„School Post" 301
Schülerbücherei 154
Schülerschaft, Kollektivierung der 32
Schulaufsicht 218, 248
Schulbücher 42, 44, 56, 69 f., 74, 82, 92, 107, 111 f., 153–166, 207, 288, 293 f., 300
Schulbuchausstellung 158, 162 f.
Schulbuchkommission 293
Schuldisziplin 302
Schule, Schulwesen, allgemeinbildende(s) 18, 26, 36, 145, 245, 248, 255
—, demokratische 50, 69
—, Mehrgliedrigkeit des 51
—, Zugang zur höheren 252
Schulen als Anstalten des Staates 50
—, berufsbildende 31
—, höhere 31, 44, 92, 246, 248, 269 f.
—, Partnerschaften zwischen 142
— und Hochschulen, Schließung der 42, 44, 70, 110 f., 173, 211
—, Wiedereröffnung der 44, 61, 74, 118 f., 145, 206, 212, 214, 224, 284 ff.
—, Zerstörung der 141
Schulfunk 112, 128, 149, 293
Schulgebet 214
Schulgeldfreiheit 23, 59, 82, 92 f., 220
Schulgesetz, österreichisches 296 f.
Schulgesetz (SBZ, 1946) 26, 245, 247, 253–260
Schulkonzept, laizistisches 197, 219
Schulpartnerschaften 152, 300
Schulpflicht 23, 220, 246
Schulpolitik, Pluralismus in der 198 f., 223
Schulpolitische Richtlinien der SED 242
Schulprogramme 26
Schulreform 34, 94, 211–227
—, demokratische 30
—bewegung 94
Schulstufen 32, 59, 92
Schulsystem, amerikanisches 55
—, einheitliches (comprehensive; s. a. Einheitsschule) 59

—, konfessionelles 70, 81, 197
—, mehrgliedriges 50, 59 f., 220
—, sozialistisches 31
Schulwahlgesetz 218
Schulzentren 303
Schundliteratur 157
Schwalbacher Richtlinien 177, 186
Selektion 264
Sendung, deutsche 47
Sicherheitsausschuß des Bundestages 98
Siedler- oder Gartenarbeitsschulen 250
Simultanschule, christliche 217
SMAD 229, 231 f., 235, 237 f., 240 f., 248 ff., 253 ff., 263
— Befehl Nr. 40   30, 248
— Befehl Nr. 49   251
— Befehl Nr. 50   268
— Befehl Nr. 153   249
„social segregation" 92
social studies 65, 292 f.
Sommerseminare 301
Sowjetdemokratie 231
Sowjetische Aktiengesellschaften (SAG) 236
Sowjetunion 12, 16, 22, 25, 29 ff., 57
Sozialdemokratische Partei Deutschlands (SPD), Sozialdemokratie 63, 65, 114, 215 f., 219, 225, 235, 237 ff., 252, 270, 272
soziale Reform 34
soziale Schichtung und Schule 50, 61, 197
sozialer Wandel und Schule 23, 34, 50
Sozialfürsorge 101
Sozialisierung(s) 27
—politik 63
Sozialismus 160, 214, 229–233, 238, 243
Sozialisten 21 f., 31, 262
Sozialistische Einheitspartei Deutschlands (SED) 30, 232, 234, 236 ff., 241, 243, 260, 262
Sozialistische Gesellschaft 161
Sozialistische Partei Österreichs (SPÖ) 278, 283, 291
Sozialistischer Deutscher Studentenbund (SDS) 181
Sozialstruktur 23

Sozialwissenschaft(en) 17, 24, 65, 98
Special Branch 76
Sportunterricht 146
SS 88
Staat(s) 20 f., 48 ff.
—, eine Erziehungsanstalt 19
—amt für Volksaufklärung, für Unterricht und Erziehung und für Kultusangelegenheiten 279, 284, 287 f., 293
—bürger 14, 21, 91, 306
—ideologie 19
—nation 14 f., 19
—pädagogik 20
—schule 50, 197
—vertrag 282
Standesprivilegien 223
State Department 56, 58, 69 ff., 76, 79 f., 86 ff., 90 f., 95, 278 f., 289
Steuerung der Berufswünsche 298
Stipendien 275
Strafvollzug, Reformierung des 98
Studenten, Zulassung der 168 f., 180, 270
—ausschüsse 170
—austausch 99
—heime 170
—schaft, soziale Zusammensetzung der 177, 275
Studienaufenthalte 173
Studienausschuß für Hochschulreform 174, 176, 179
Studium generale 187
Südbaden 193
Supreme Headquarters Allied Expeditionary Forces (SHAEF) 68, 70, 73, 111 f.
SWNCC 269/5   58, 72

Technical Manual on Education and Religious Affairs 111
Technische Hochschule Berlin 151, 175
Technische Hochschule Braunschweig 175
Technische Hochschule Hannover 175
Teilung Deutschlands 25
Test 302
Textbook Section 112, 153–166

Theologiestudium 221
Toleranz anderer Kulturen und Rassen 91
Totalitarismus 206
Tradition, christlich-humanistische 122
Trumandoktrin 62

UdSSR 29, 104, 109, 203
Umerziehung 14, 40 f., 43, 51, 58, 70, 76, 88, 103, 105 ff., 109 ff., 118 f., 121 f., 130, 137, 156, 172, 190, 204 f., 208, 212, 226, 257
Umschulung 249, 284, 285
UNESCO 159, 176, 282
Universität(en) 36, 42 ff., 47, 50, 74–79, 83, 92, 117, 125 f., 129, 142, 145, 151, 157, 188, 195, 200, 252, 264, 268, 270, 274, 283, 291 f.
— Berlin (Ost) 175
— Frankfurt 177
— Freiburg 207
— Göttingen 167–171
— Jena 273
— Köln 177, 185
— Mainz 207
— München 76
— Tübingen 195 f., 207
— Wien 302
— Würzburg 77
—, Zugang zu den 92, 173
University Planning Committee (UPC) 74
Unternehmerverbände 64
Unterricht(s), allgemeinbildender 256
—inhalte 64
—medien 293 f.
—methoden 246
—, Unentgeltlichkeit des (s. u. Schulgeldfreiheit)
U. S. Group Control Council 69

Vansittart-Memorandum 105, 107, 112
„Vent debout" 209
Verbindungsstelle zum Alliierten Rat 288
Vereinigte Staaten von Amerika 32
Vereinigungen der gegenseitigen Bauernhilfe (VdgB) 234

Verfassung(s), neue 126
— für das Land Württemberg-Hohenzollern 215 f.
— Nordrhein-Westfalens 15
—, österreichische 280
—gericht 98
„Verger" 209
Vernunft 46 ff.
Verordnung Nr. 57 114 f., 117, 125
Verordnung über die Erhaltung der deutschen Wissenschaft und Kultur 239, 276
— über die Zulassung zum Studium 268
Versailles, Frieden von 42, 93, 106
Verstaatlichung 236, 240, 257
Verwaltungsschule Speyer 207
Viermächtekontrolle 88
visiting experts 77, 80
Völkergemeinschaft 15
Völkerrecht 86
Volksbildung 20 f.
Volksbüchereiwesen 153
Volksdemokratie (s. a. „popular democracy") 230 ff., 239, 242
Volkserziehung 20 f.
Volksgeist 17, 20, 49
Volkshochschulen 182, 274, 302
Volkskongreß-Kampagne 238
Volksschul(e) 34, 36 f., 44, 56, 92, 157, 195, 220, 234, 246 f., 252
—lehrerbildung 18, 206
Volkstum 14, 21
volkstümliche Bildung 18, 22
Volkstümlichkeit 20
Vorläufige Arbeitsordnung der Universitäten und wissenschaftlichen Hochschulen 276
Vorschuleinrichtungen 36
Vorschulprogramm 31 f.
Vorstudienanstalt 268, 272 ff.

Wanderausstellung „Das Schulbuch in Großbritannien und Amerika" 157
War Department 72, 76, 78
War Department Civil Affairs Division (WARCAD) 69 f., 76, 79, 282, 289
War Office 108, 132

Wehrpflicht- und Soldatengesetz 98
Weimarer Reichsverfassung 14, 19, 21
Weimarer Republik, Zeit der, Einflüsse der 14, 18 f., 22, 56, 59, 73, 77, 88, 93, 96, 100, 141, 143, 155, 160, 165, 196, 203, 218, 220, 223 f., 247 f., 250, 260, 269
„Weiß-Grau-Schwarz-Listen" 70
Weltanschauung(s) 33
—unterricht (WAU) 250
Weltbürgertum 46
Weltgeist, Gesetze des 49
Weltkunde 157, 163
Werkschulen 250
Werwolf 88
Westdeutsche Rektorenkonferenz (WRK) 180
Westfalen (Provinz) 143
Westintegration 54 f., 57, 65, 229
Westmächte 25
Widerstand gegen Hitler 107, 122
Wiederaufbau 91 f., 172
—, sozialistischer 29
Wiederaufbauamerikaner 54 ff.
Wilton Park 132 f., 135, 185, 204
Wirtschaft(s) 37, 56 ff., 63, 65, 90, 190, 241

—, kapitalistische 54, 57, 65, 202 f., 238, 260
—rat 63
Wissenschaftliche Abteilung des Bundestags 97
Working Party on the Re-education of Germany 111 f.
Württemberg-Baden 62, 93
Württemberg-Hohenzollern 193, 211–227

youth-activities 80

Zeitgeist 17
Zeitgeschichte 302, 306
Zensurenskala 207
Zentralausschuß (s. u. Central Textbook Committee)
Zentrale Planung 32, 68, 199 f.
Zentralgewalt 203
Zentralismus 193, 198
Zook-Kommission 45, 50 f., 58–62, 79 f.
Zweites Kontrollabkommen 280 f., 295 f.

Verzeichnis der verwendeten Abkürzungen

ABF	Arbeiter- und Bauern-Fakultät
ACA	Allied Council Authority
AUT	Association of University Teachers
BBC	British Broadcasting Corporation
BGL	Betriebsgewerkschaftsleitung
BILD	Büro für internationale Beziehungen und Dokumentation
CAT	Civil Affairs Training
CCG/BE	Control Commission for Germany/British Element
CCS	Combined Chiefs of Staff
CDU	Christlich-Demokratische Union
CIC	Counter Intelligence Corps
CSU	Christlich-Soziale Union
CSVD	Christlich-Sozialer Volksdienst
DGfE	Deutsche Gesellschaft für Erziehungswissenschaft
DVfV	Deutsche Verwaltung für Volksbildung
DVP	Deutsche Volkspartei
DWK	Deutsche Wirtschaftskommission
EAC	European Advisory Commission
ECR	Education and Cultural Relations Division
EKD	Evangelische Kirche Deutschlands
ERA	Education and Religious Affairs Branch
FDGB	Freier Deutscher Gewerkschaftsbund
FDJ	Freie Deutsche Jugend
FU	Freie Universität Berlin
GCU	German Country Unit
HICOG	Office of the High Commissioner, US, Germany
HMG	His Majesty's Government
ICD	Information Control Division
JCS	Joint Chiefs of Staff
KPD	Kommunistische Partei Deutschlands
KPdSU	Kommunistische Partei der Sowjetunion
KPÖ	Kommunistische Partei Österreichs
LPD	Liberale Partei Deutschlands
MGR	Military Government Regulations

NDPD	Nationaldemokratische Partei Deutschlands
NWDR	Nordwestdeutscher Rundfunk
NKFD	Nationalkomitee „Freies Deutschland"
NS	Nationalsozialismus
NSDAP	Nationalsozialistische Deutsche Arbeiterpartei
OEEC	Organisation for European Economic Cooperation
OMGUS	Office of Military Government, US, Germany
ÖTV	Gewerkschaft öffentliche Dienste, Transport und Verkehr
ÖVP	Österreichische Volkspartei
Pg	Parteigenosse
RAVAG	Radio Verkehrs AG
SAG	Sowjetische Aktiengesellschaft
SBZ	Sowjetische Besatzungszone
SED	Sozialistische Einheitspartei Deutschlands
SHAEF	Supreme Headquarters Allied Expeditionary Forces
SMAD	Sowjetische Militär-Administration
SPD	Sozialdemokratische Partei Deutschlands
SPÖ	Sozialistische Partei Österreichs
SU	Sowjetunion
SWNCC	State War Navy Coordinating Committee
USACA	United States Allied Commission Austria
USFET	United States Forces, European Theatre
UPC	University Planning Committee
VdgB	Vereinigungen der gegenseitigen Bauernhilfe
VEB	Volkseigene Betriebe
VE-Day	Victory-in-Europe-Tag
Vosta	Vorstudienanstalt
WARCAD	War Department, Civil Affairs Division
WAU	Weltanschauungsunterricht
WP	Wilton Park
ZK	Zentralkomitee

Manfred Heinemann (Hrsg.)
Erziehung und Schulung im Dritten Reich

Teil 1: Kindergarten, Schule, Jugend, Berufserziehung
Mit einer Einleitung von W. Roeßler
348 S., Register, Linson
ISBN 3-12-933110-7

Teil 2: Hochschule, Erwachsenenbildung
300 S., Register, Linson
ISBN 3-12-933120-4

Veröffentlichung der Historischen Kommission der Deutschen Gesellschaft für Erziehungswissenschaft, Band 4.1 / 4.2

In der gegenwärtigen Diskussion über die Zeit von 1933 – 1945 wird auch die Frage nach den nationalsozialistischen Erziehungsvorstellungen gestellt. Mitglieder der Historischen Kommission der Deutschen Gesellschaft für Erziehungswissenschaft und Wissenschaftler aus Großbritannien, Israel, Österreich, Polen und den USA haben sich mit diesem Problem beschäftigt. Dabei kamen sie zu der Meinung, daß die Eroberung aller bildungspolitischen Institutionen durch die NSDAP mehr den Absichten der Partei als pädagogische Zielen diente. Die Gleichschaltung durch den totalitären Staat lähmte nicht nur das Schul- und Hochschulwesen im Reichsgebiet, sondern zerstörte auch planmäßig das institutionalisierte Bildungswesen in den besetzten Gebieten.

KLETT-COTTA

Hans-Peter Schwarz
Vom Reich zur Bundesrepublik

Deutschland im Widerstreit der außenpolitischen Konzeptionen in den Jahren der Besatzungsherrschaft 1945 – 1949

910 Seiten, Leinen mit Schutzumschlag
ISBN 3-12-936980-5

Die Bundesrepublik Deutschland wurde nicht um ihrer selbst willen geschaffen, sondern galt ihren Vätern zunächst als staatliches Provisorium: Inzwischen besteht sie nicht nur länger als die Weimarer Republik und Hitlers Tausendjähriges Reich zusammengenommen, sondern hat auch mehr innere und äußere Standfestigkeit bewiesen.

Dieser westdeutsche Teilstaat entstand in den Jahren der Besatzungsherrschaft von 1945 bis 1949, und das politische Interesse an seiner Gründung hält an. Es wird also weiterhin nach dem Bild der äußeren Zusammenhänge gefragt und nach den staatsrechtlichen, wirtschaftlichen und politischen Überlegungen, die in der damaligen Diskussion um Blockfreiheit und Westintegration maßgebend waren.

KLETT-COTTA